स्मृतियाँ जो संगिनी बन गईं

(संस्मरण)

स्मृतियाँ जो संगिनी बन गईं

मृदुला सिन्हा

वाणी प्रकाशन ग्रुप | भारतीय ज्ञानपीठ

वाणी प्रकाशन : भारतीय ज्ञानपीठ की पुस्तकों के एकमात्र प्रकाशक एवं वितरक

लोकोदय ग्रन्थमाला : ग्रन्थांक 1365

सजिल्द दूसरा संस्करण : 2021
सजिल्द तीसरा संस्करण : 2024
सजिल्द चौथा संस्करण : 2026

वाणी प्रकाशन : भारतीय ज्ञानपीठ की पुस्तकों के एकमात्र प्रकाशक एवं वितरक

वाणी प्रकाशन

4695, 21-ए, दरियागंज, नयी दिल्ली-110 002
दूरभाष : 011-23273167, 23275710
ईमेल : sales@vaniprakashan.in
www.vaniprakashan.com

ISBN : 978-93-8791-902-0

मूल्य : ₹ 695

स्मृतियाँ जो संगिनी बन गईं
(संस्मरण)
मृदुला सिन्हा

SMRITIYAN JO SANGINI BAN GAYIN
(Memoriers)
by Mridula Sinha

मुद्रक : आर. टेक ऑफ़सेट प्रिंटर्स, दिल्ली-110 032

पुस्तक में अंकित सारी स्मृतियों

को

जो मेरे दैनन्दिनी में बिन बुलाए उपस्थित होते रहते हैं।

भूमिका

छोटी यात्रा के बड़े सहयात्री

सौर मंडल के ग्रह-नक्षत्रों की यात्रा को छोड़ भी दें तो इस पृथ्वी पर समय के जीवन की भी बहुत लम्बी यात्रा है। विभिन्न कालखंडों में आए असंख्य लोगों के जीवन की छोटी ही यात्रा रही। सौर मंडल की तुलना में नगण्य। हर मनुष्य की जीवन-यात्रा छोटी होती है।

मेरे पचहत्तर वर्ष के जीवन की यात्रा अभी पूरी हुई है। यह यात्रा कहाँ तक चलेगी, यह किसी को नहीं मालूम। लेकिन दो-तीन वर्ष की अवस्था से लेकर पचहत्तर वर्ष की अवस्था में अपने दोनों परिवारों मायका और ससुराल के लोगों के साथ समय बीताते हुए सामाजिक, साहित्यिक, राजनैतिक जीवन में लाखों लोगों से मिलना हुआ। हजारों से बातचीत हुई। सैंकड़ों लोग समय-समय पर याद आते रहते हैं। लेकिन कुछ लोग ऐसे रहे जो थोड़े या अधिक समय तक मिलकर ही जीवन की स्मृतियों में रूढ़ हो गए हैं। उनकी स्मृतियाँ मन से जाती नहीं। विभिन्न अवसरों पर वे पात्र नजर के आगे या शरीर के पीछे से संबल बनकर खड़े हो जाते हैं। निर्णय की कठिन घड़ियों में उनमें से किसी एक या अनेकों व्यक्तित्वों के कर्तृत्वों से ढूँढ़कर अपनी समस्या का समाधान और निर्णय ले पाती हूँ। वे स्मृतियाँ गुदगुदाती, हँसाती, रूलाती और इस उम्र में भी कुछ-न-कुछ सीखाती रहती हैं। इनमें स्त्री और पुरुष दोनों पात्र हैं। काकी, माँ, चाचियाँ और भाभियों ने जीवन जीने के अनेकों सूत्र दे दिए। दादी सास ने अपने और परायों को एक समान समझने की सीख दी, तो सासु माँ ने अपनी सहृदयता एवं अपने उच्च व्यवहार से बहुत कुछ सीखाया। उसी प्रकार स्वर्गीय साहित्यकार महादेवी वर्मा ने अपने को पहचानने और महिलाओं की समस्याओं को समझने की एक अटल दृष्टि दे दी।

चालीस वर्षीय लम्बी राजनैतिक यात्रा में कई वरिष्ठ लोग उँगुली पकड़कर राजनीति की राह पर मुझे चलाते रहे। चलते-चलते उनके व्यक्तित्व से कितने सारे भाव और सीख मैं सँजोती रही, उन्हें भी नहीं पता चला। लेकिन आज भी वे सीखें मुझे सामाजिक कार्य में आगे बढ़ाती हैं।

ये स्मृतियाँ, जो छोटी यात्रा के बड़े लोगों के साथ सँजोया है, मैं भूला नहीं

सकती। मेरे मानस के पन्नों से वे खिसक कर बाहर नहीं निकलतीं, प्रेरित करती हैं। अँधेरे में चिंगारी के समान हैं ये स्मृतियाँ। सुखों के पल में आनन्द का रंग भर देती हैं। दुःख के समय हलराती-दुलारती सहारा देती हैं। ये स्मृतियाँ अमूल्य निधि के समान मेरे अवचेतन और चेतन मानस पर अवस्थित हैं। सच्चाई तो यह है कि मेरी छोटी यात्रा की ये बड़े लोग मेरे लिए अभी जीवित ही हैं।

इन संस्मरणों को पुस्तकाकार रूप में संग्रहित कराने का उद्देश्य यह है कि आज की और आनेवाली पीढ़ियाँ जीवन के विभिन्न क्षेत्रों में किस प्रकार से व्यवहार करती रहें, किस प्रकार इनके कदम 'सर्वे भवन्तु सुखीनः' को साकार करने की ओर बढ़े। मुझे प्रसन्नता है कि साहित्य जगत की प्रथम एवं सम्मानीय संस्था भारतीय ज्ञानपीठ ने इन संस्मरणों को पुस्तकाकार देने का निर्णय लिया। मैं आभारी हूँ कि उन्होंने समाज के कुछ चुनिन्दे व्यक्तित्व के व्यवहारों को पाठकों के बीच पहुँचाने का संकल्प लिया है। मैं संस्था के अधिकारियों के प्रति आभार प्रकट करती हूँ।

पाठकों से अपेक्षा रखती हूँ कि इस पुस्तक के पन्नों पर अंकित अपने कार्यों से बड़े बने व्यक्तियों के बड़प्पन को समाज में फैलाएँ। आप सबके इस सहयोग से ही मेरी लेखनी धन्य-धन्य होगी। लेखकीय श्रद्धांजलि देकर कृत-कृत होऊँगी।

—मृदुला सिन्हा

अनुक्रम

खंड : 3
साहित्यिक

खंड-4 :
राजनैतिक

खंड : 1

पारिवारिक (मायका)

कद्दावर बाबूजी

बाबूजी की तीन सन्तानें। किशोरी, रामेश्वर और धनमन। तीनों में दस-दस वर्ष का अन्तराल। पर धनमन को ही नहीं, किशोरी और रामेश्वर को भी ऐसा महसूस होता था कि 'बाबूजी' धनमन के ही थे। आखिर क्यों?

शायद इसीलिए कि अपने माता-पिता की अन्तिम सन्तान धनमन ने 'बाबूजी' सम्बोधन को जीवन्तता प्रदान की थी। छपरा गाँव के एकमात्र पढ़े-लिखे (अंग्रेजी) मास्टर साहब का घर आँगन 'धनमन', 'धनमन' और 'बाबूजी', 'बाबूजी' पुकार के आदान-प्रदान से गूँजता रहता था। धनमन भी मगन रहती थी। उसके बाबूजी उसे ही पुकारते थे, इस एहसास से छोटा-सा मन भी प्रफुल्लित रहता था। एक दिन जाने-अनजाने उसे बड़े प्यार से पालनेवाली काकी ने उस प्रफुल्लता पर कुठाराघात कर दिया। धनमन को काकी अपनी गोद में बैठाई उसका बाल सँवार रही थी। इतने में अपने दरवाजे से मास्टर साहब ने आवाज लगाई— "धनमन! धनमन!!"

धनमन काकी की पकड़ से अपनी चुटिया छुड़ाती झटके से उठ खड़ी हुई। काकी ने उसका फ्रॉक पकड़कर खींचा और पुनः गोद में बैठा लिया। बोली— "चुप कर बैठ यहाँ। वे तुम्हें नहीं, तुम्हारी माँ को पुकार रहे हैं। यही चाल है उनकी। बेटा, बेटी या घरवाली की भी जरूरत होगी तो पुकारेंगे धनमन ही।"

धनमन के मन में यह बात बैठ गई। वह जब तब अपने बाबूजी की पुकार का अर्थ समझने की कोशिश करने लगी। ठीक ही तो कहा था काकी ने। उसके बाबूजी धनमन, धनमन ही पुकारते। घर के किसी कोने में धनमन अपनी हमजोलियों के साथ गुड्डा-गुड़िया या भतवा-दलवा खेलती हो, काकी या मंगल चाचा की गोद में बैठी हो, अपने ऊँचे मकान के चारों ओर बनी टट्ट की दीवारों वाले अँधेरे घरों में किसी नवेली भौजाई से चुटिया बनवा रही हो, बाबूजी की पुकार पर दौड़कर चली आती। उसके बाबूजी कहते— "कहाँ छुपी रहती हो? जाओ अपनी ईआ को बुला लाओ।" कभी कहते— "भैया को बुलाओ।"

कभी-कभी तो दरवाजे पर पड़ी आरामकुर्सी में धँसे अपने गठिया ग्रसित

शरीर को निकाल, छड़ी पर उसके ऊपरी भाग का बोझ डाल आँगन की ओर बढ़ते। दरवाजे और आँगन के बीच एक बड़ा कमरा पार करते दसों बार धनमन धनमन की रट लगा जाते। घर आँगन में बैठी काम में जुटी उनकी पत्नी, भावज, बेटी, बहू अपना पल्लू सँभालने लगती। धनमन उनकी पुकार पर दौड़कर पास जाती पर बाबूजी उसकी उपस्थिति की ओर ध्यान दिए बगैर उसकी माँ या बहन या भौजाई को कोई निर्देश देने लगते।

बाबूजी की एक-एक पुकार पर तिल तिल बढ़ती दस वर्ष की हो गई धनमन। रामेश्वर भी विवाह के योग्य। कई बेटी वाले रिश्ते लेकर आने लगे। एक रिश्ता तय हुआ। मास्टर साहब अपनी कद-काठी से इलाके में प्रतिष्ठित थे ही। इकलौता सहनशील बेटा रामेश्वर। बेटे के विवाह के समय उन्होंने स्वयं लड़की नहीं देखी पर किसी को किसी बहाने लड़की वाले के यहाँ भेजकर पक्का कर लिया कि गोरी चमड़ी वाली लड़की सुन्दर और सुशील थी। विवाह की हर चर्चा में धनमन उनके पास बैठी रहती। शहर जाते वक्त भी उनके साथ जाती। इधर-उधर नजर खिलाती, धनमन को वहाँ नहीं देखकर उस दिन काकी उनके पास आकर मन्द स्वर में बोली— ''आप तो बहुत पढ़े-लिखे हैं। दुनियादारी समझते हैं। फिर भी एक बात कहना चाहती हूँ। अपनी धनमन देखने में सुन्दर नहीं है। इसे आप दुनिया भर में (गाँव से शहर तक) घुमा रहे हैं। सबको दिखा रहे हैं। विवाह का समय आएगा फिर कौन करेगा इससे विवाह?''

काकी को नहीं पता चला था कि उसके पीछे खड़ी धनमन ने उसकी बात सुन ली थी। उस समय पहली बार मास्टर साहब ने अपनी धनमन के चेहरे को गौर से देखा। उसके जनमते ही अपने गहरे प्यार की परत चढ़ाकर उसे देखा करते थे, इसलिए उसके रूप-रंग को देखने-समझने का मौका कहाँ मिला था। काकी द्वारा धनमन की कुरूपता दिखाने के बाद भी उन्हें अपनी नजरों से वैसा नहीं दिखा। उन्होंने कहा— ''जा जल्दी चोटी करवा कर आ जा। शहर चलना है।''

काकी ने भी सुना। अपनी कमर सीधी करती मास्टर साहब की सीढ़ियाँ उतरती भुनभुनाई— ''घुमाइए शहर। बेटी को छिपातिरिथ करवाइए। वर ढूँढ़ते समय पता चलेगा। बहू ढूँढ़ते समय जितना छीलछाल किया। गोरी चाहिए। दूधिया रंग। नाक ऊँची। छरहरा बदन। न जाने क्या क्या। अपनी बिटिया का रूप-रंग देखा नहीं।''

अन्तिम सीढ़ी उतर कर कमर सीधी किए खड़ी हुई कि धनमन कंघी चोटी लिए रास्ता रोके खड़ी थी— ''काकी। चोटी बना दो। ईआ खाना बना रही है।''

चोटी बनाकर मुँह पोछकर धनमन का मुँह निरखती रही। काकी की आँखों

पर भी प्यार का चश्मा ही चढ़ा रहता था। धनमन के चेहरे को हथेली में भरती चूमने लगी। धनमन बिसूर पड़ी— "काकी! हुक्का पीकर आई हो। मुँह से दुर्गन्ध आ रही है।"

काकी की हँसी फूट गई। धनमन उसे हँसते छोड़ फिर अपने घर की ओर भागी। माँ की डाँट सुनने का साहस बटोरती। माँ स्कूल छोड़कर बाबूजी के साथ शहर जाने के लिए अवश्य डाँटेगी। उसे भट्ठा और पाटी लेकर मंगल चाचा विद्यालय पहुँचा आते। स्कूल के शिक्षक धनमन की विशेष देख-रेख करते। शायद पढ़े-लिखे पिता की पुत्री होने के कारण ही। दरअसल, गाँव के बहुत परिवारों से जमीन जायदाद में कम हैसियत रखने वाले मास्टर साहब ने पढ़ाई-लिखाई करके अपनी कद-काठी सबसे ऊँची कर ली थी। जाहिर है उनके घर के सभी सदस्य क्या उनके हलवाहे चरवाहे को भी उनके द्वारा उपार्जित सम्मान का कतरा-कतरा मिलना। धनमन तो फिर धनमन ही थी। गाँव वालों को भी मालूम था कि वह अपने बाप की विशेष सन्तान थी। उसके भाग्य में यही बदा था। नहीं तो एक बेटी के ब्याहने के बाद दूसरी बेटी का जन्म किसी के लिए भी सुखकर नहीं हो सकता था। कभी-कभी कोई व्यक्ति अपने हिस्से आए दुर्भाग्यफल को भी अपने सौभाग्य का कारण बना लेता है। धनमन के पिता ने भी यही किया। शायद इसलिए भी कि पहले दोनों बच्चों से वे पितृ सुख प्राप्त नहीं कर पाए थे। उन दिनों अपने पिता के सम्मुख अपने बच्चों से खेलना क्या, बातें करना भी बेशर्मी मानी जाती थी।

कारण जो भी रहा हो, धनमन के प्रति पिता के विशेष लगाव की सुगन्ध गाँव में फैल गई थी। पिता ने अपनी बहुत सारी दबी इच्छाओं की पूर्ति के लिए बेटी को माध्यम बनाया। गाँव जवार में कई कारणों से बाबू छबीला सिंह की विशेष ख्याति थी। वे गाँव के लोगों को बुलाकर कहते— "आपके घर की महिलाएँ शौच के लिए जंगल, खेत और बागीचे में जाती हैं। यह तो अच्छी बात नहीं। आप लोगों ने अब ईंट या मिट्टी के बड़े-बड़े घर बनवा लिए लेकिन अपने घर की महिलाओं के लिए टट्ट का भी शौचालय नहीं बनवाया। यह तो बुरी बात है। मैंने शहर से गड्डा खोदने की मशीन मँगवा दी है। आप लोग अपने घर के पिछवाड़े उस मशीन से गड्डा खुदवाइए, बाँस फूस से घेरा डलवाइए। हींग लगे, न फिटकिरी रंग चोखा।"

किसी ने पहल नहीं की। उन दिनों उनके गाँव वालों के लिए औरत के बारे में सोचने, उन्हें भी मनुष्य मानने के प्रचलन की शुरुआत नहीं हुई थी। मास्टर साहब के टमटम पर एक छोटा-सा नौकर बैठता था। खेती-बाड़ी करने के लिए छः फुटा काला-कलूटा झगड़ुआ भी था। दोनों की छोटी-बड़ी गलतियों पर मास्टर साहब छड़ी उठा लेते। अपनी कोठरी में ले आते। फिर अपनी बेंत की छड़ी या घोड़े वाली

चाबुक से गठिया ग्रसित हाथ से ऐसे मारते, मानो फूल की डाली से सहला रहे हों। फिर भी। मार तो मार थी। मार खाने वाला अपने बचाव में इधर-उधर हाथ मारता और रोता-बिसूरता भी। पर अकसर चाबुक और झगड़ुआ के बीच धनमन आ जाती थी। धनमन जोर-जोर से चिल्लाकर रोने लगती। अपने बाबूजी से चिपक जाती। फिर क्या। झगड़ुआ मार खाने से बच जाता। मास्टर साहब अपनी बच्ची का कच्चा कलेजा दुखाना नहीं चाहते थे। बोलते— "जाओ। आज धनमन की खातिर छोड़ दिया। आइन्दा ऐसी गलती करेगा तो एक हड्डी नहीं बचेगी।" पर बचती गई उसकी हड्डी। तभी तो जी तोड़ मेहनत कर मास्टर साहब की खेती करता था।

मास्टर साहब की बड़ी बेटी किशोरी की दो बेटियाँ हुईं। टुन्नी और मुन्नी। दोनों नानी घर ही पलीं। तीसरा बेटा होने पर किशोरी के पति ने उसे अपने घर ले जाने की जिद्द ठान ली। यद्यपि मास्टर साहब बच्चे को भेजना नहीं चाहते थे, पर उन्हें बेटी विदा करनी पड़ रही थी। धनमन उनके पास आई। बोली— "बाबूजी! बहिन की बेटियाँ यहीं पाली। अब बेटा (नाती) हुआ तो आप उसे ससुराल भेज रहे हैं।"

मास्टर साहब अपनी नन्हीं बिटिया को कोई जवाब नहीं दे पाए, परन्तु उस नन्हें मन में बेटे का अधिक महत्त्व देखकर उन्हें अचम्भा अवश्य हुआ। वह बच्चा अपने पिता के घर जाकर मर गया। इसकी पीड़ा मास्टर साहब के मन पर स्थायी स्थान बना गई। वे अकसर कहते— "मैंने इस मामले में अपनी धनमन की बात नहीं मानी। मुझे पछताना पड़ा।"

कभी-कभी मास्टरनी आस-पड़ोस की किसी औरत के बीमार होने की खबर मास्टर साहब को देती। मास्टर साहब उसके घरवाले पर आग बबूला हो जाते। उसे तुरन्त बुलावा भिजवाते। मास्टर साहब की बुलाहट उस पुरुष के लिए सम्मन का काम ही करती। वह खेत, खलिहान या दुरा दरवाजा कहीं होता भागकर आता। मास्टर साहब चिल्लाते— "तुम्हें मालूम है कि तुम्हारी घरवाली (या माँ या बहन जो भी रही हो) बीमार है!"

वह व्यक्ति अपनी अनभिज्ञता प्रगट करता— "नहीं! मुझे किसी ने बताया ही नहीं। कई दिनों से मैंने उसे घर आँगन में काम करते देखा ही नहीं।" मास्टर साहब के गुस्से का पारा चढ़ जाता।

"तुम लोगों ने औरत को समझ क्या रखा है। वह बैल की तरह खटती रहे। पर मरे या जिए, तुम्हें कोई लेना-देना नहीं। एक मरेगी, दूसरे दिन दूसरी ले आओगे न!"

बीमार औरत को जबर्दस्ती अस्पताल भिजवाते। स्वयं शहर पहुँचकर डॉक्टर से बात करते। छोटी-मोटी बीमारियों के लिए तो होम्योपैथी की मीठी गोलियाँ और

शीशियों में पानी जैसी दवाएँ अपने पास ही रखते।

अपने गाँव की महिलाओं के लिए एक और अनोखा कार्यक्रम मास्टर साहब किया करते। शहर से छः मील दूर गाँव था। शहर के सिनेमा हॉल में यदि कोई अच्छी फिल्म लगे, शहर में कोई प्रदर्शनी लगे, उनके घर की महिलाएँ धनमन से कहतीं— ''अपने बाबूजी से कहो न, हमें भी सिनेमा दिखवा दें।''

दरअसल, उन्होंने ही महिलाओं को यह चस्का लगवाया था। धनमन के आग्रह को मास्टर साहब टाल ही नहीं सकते थे। फिर क्या था। दूसरे ही दिन दोपहर को फिटिन गाड़ी शहर से आ जाती। कभी-कभी सम्पनी भी। उनके घर और आसपास की महिलाएँ ठँस कर बैठती। सिनेमा देखकर शाम को लौटती। धनमन तो अपने बाबूजी के साथ उनके टमटम गाड़ी पर ही जाती। वैसे महिलाओं के बीच अपनी बिटिया को कम ही बैठने देते मास्टर साहब। उसे अपने पास बुलाकर कहते— ''झोंटैला पंच के बीच में कहाँ बैठती हो। वे केवल सास ननद की लड़ाई सिखाएँगी। एक-दूसरे की शिकायत बतियाना ही उनका काम है।'' सुनकर मास्टरनी चिढ़ जाती। झल्लाती— ''हाँ! हाँ!! बेटी को कलक्टर बना दीजिएगा। कचहरी करेगी।''

''हाँ! हाँ!! बनाऊँगा न! मेरी बेटी बहुत पढ़ेगी-लिखेगी। आपकी तरह चूल्हा फूकती नहीं रहेगी।''

और अपनी बात को सत्य साबित करने के लिए मास्टर साहब के मन में एक विचार आया। उस छोटे से गाँव से निकाल बेटी को छात्रावास में भेजकर पढ़ाने का विचार। छात्रावास ढूँढ़ते हुए उन्हें बिहार के बालिका विद्यापीठ, लखीसराय की जानकारी मिली। उनके जानने वालों में उच्च मध्यम वर्ग के परिवारों की लड़कियाँ वहाँ पढ़ रही थीं। मास्टर साहब का उठना-बैठना, आना-जाना शहर और आसपास के सभी प्रतिष्ठित लोगों से था ही। उन्होंने भी अपना रूतबा वैसा ही बना रखा था। पर अन्दर की बात और थी। उनकी ऊँची काया, झकाझक धुला सफेद कुर्ता-धोती, सफेद टोपी हाथ में छड़ी ऐसा सुदर्शन व्यक्तित्व लेकर वे गाँव से शहर अपने टमटम पर सवार होकर निकलते। अधिक जमीन जत्था वाले गाँव वालों का कद घोड़े की नाल तले रौंदते हुए। पर असलियत कुछ और थी। उनकी कद-काठी और जेब में कोई सामंजस्य नहीं था। घर का खर्चा खेती-बाड़ी से चल जाता था। ऊपर का खर्चा नौकरी की तनख्वाह से।

प्रतिमाह बेटी का छात्रावास का खर्च तीस रुपये जेब से निकालना आसान नहीं होता। पर उन्हें बेटी को पढ़ाना ही था। छात्रावास भेजकर पैसे के जुगाड़ में लग गए। स्वयं मुजफ्फरपुर डिस्ट्रिक बोर्ड में कार्यरत थे। एक दिन एक फाइल उनकी मेज पर

आई। लखीसराय में पढ़ रही बालिकाओं को छात्रवृत्ति दिलाने सम्बन्धित फाइल। उन्होंने ध्यान से पढ़ा और अपनी बेटी के लिए भी आवेदन लगा दिया। उस फाइल में जिन बापों की ओर से आवेदन थे वे सबके सब समृद्ध थे। मास्टर साहब के मस्तिष्क में एक विचार कौंधा— "छात्रवृत्ति तो आर्थिक दृष्टि से कमजोर परिवार को मिलनी चाहिए। इस सूची में मैं ही सबसे कमजोर हूँ। इसलिए मेरी बच्ची का नाम तो सूची में सबसे ऊपर होना चाहिए।"

उस तथ्य को कबूल कर प्रगट करना उनके द्वारा सप्रयास बनाई, सँवारी और सँभाली गई अपनी कद-काठी के अनुकूल नहीं था। अपनी बेटी को भी छात्रवृत्ति दिलाई, पर अपने को आर्थिक दृष्टि से कमजोर साबित कर नहीं। बड़े लोगों के बीच उठने-बैठने की अपनी ऊँची हैसियत पर।

धनमन को छात्रावास भेजकर उन्हें स्वयं अपनी दिनचर्या में कई कठिनाइयों का सामना करना पड़ा। सुबह-सुबह जब वे नहाते रहे होते, धनमन उनकी पूजा अर्चना के लिए पीली मिट्टी से तीन फीट का स्थान लीप कर उस पर कुश की चटाई बिछाती थी। छोटे आकार के रामचरितमानस और गीता, चन्दन घिसने के लिए पत्थर के गोल टुकड़े को धोकर उस पर चन्दन का एक लम्बा टुकड़ा रखती। धूपदानी में गोइठा की आग भी सँभाल-सँभालकर ले आती। उनकी बड़ी बेटी और बेटा भी इन कामों को करने के लिए तत्पर रहते। घर के काम के लिए दाई भी थी। यह काम धनमन की छोटी हथेलियों से सम्पन्न होना। मास्टर साहब को सुखकर लगता। धनमन मग्न हो ही जाती। प्रतिदिन यह काम करने और शाम तक रामचरितमानस की एक चौपाई याद कर सुनाने के लिए धनमन को प्रति शाम एक इकन्नी मिलती। वह सँभाल-सँभालकर रखती। काकी के साथ लसगरीपुर मेला देखने जाने के लिए।

गाँव की अन्य लड़कियों से अपने को भिन्न समझने का नजरिया पिता ने ही पुत्री को दिया था। छात्रावास भेजकर उसे पढ़ने वाली पुत्री की पहचान बना दी। ग्रामीण जीवन के रिश्ते नाते, आपसी घात-प्रतिघात, लड़ाई-झगड़े की बारीकियों में जाते थे मास्टर साहब। और उन्होंने अपनी मित्र-बेटी धनमन में भी वह दृष्टि डाल दी। जब कभी किसी व्रत त्योहार या शादी विवाह के अवसर पर महिलाओं का झुंड लोकगीतों का गायन करता, वे उन गीतों के भावों तथा समाज मन पर पड़ने वाले उनके प्रभावों का विश्लेषण करते। अपनी बिटिया से कहते— "धनमन, सुना तुमने इस गीत को। क्या गा रही हैं महिलाएँ? ये महिलाएँ गीत गा-गाकर भी सास-बहू, ननद-भौजाई का झगड़ा लगाती हैं। सुना तुमने?"

धनमन ध्यान लगाकर गीत की पंक्तियाँ सुनती। कभी-कभी गाकर सुनाती। फिर क्या था। वह महिलाओं के झुंड में समाकर उनके स्वर में स्वर मिलाकर गीत

गाने लगी। अपने पिता को सुनाकर अचम्भित करने का ही भाव रहता था। उसकी बहुत-सी गतिविधियाँ अपने बाबूजी को खुश करने के लिए ही होती थीं।

धनमन की माँ, मास्टरनी के बाजार जाने का सवाल ही नहीं उठता था। मास्टर साहब ही ऑफिस से लौटते हुए शहर से सामान खरीद कर लाते। चाहे वे सामान चौका-चूल्हा का हो, कपड़ा-लत्ता हो या दवा-दारू। उनके ऑफिस जाने की तैयारी का आधा घंटा समय धनमन के लिए भी अतिव्यस्त होता। कभी अपने चौके की चौकी पर जमी बैठी ईआ पुकारती— "धनमन जरा इधर आना। बाबूजी से कहना गरम मसाला लेते आएँगे।"

धनमन दौड़कर बाबूजी के पास जाती। अपनी ईआ का सन्देशा सुनाती। टोपी पहनते बाबूजी झल्लाते— "हुँह! गरम मसाला के बिना सब्जी ही नहीं बनेगी। कितनी मँहगाई है इन्हें क्या मालूम!"

जब तक धनमन अपने बाबूजी की झल्लाहट ईआ तक पहुँचाती, बीच में दादी पुकार लेती— "धनमन! बाबूजी को कहना एक धोती लेते आएँ। फट गई मेरी धोती।"

धनमन दादी की माँग बाबूजी तक पहुँचाने दौड़ती। वे सीढ़ियाँ उतर रहे होते। वह दादी का सन्देशा सुनाकर टमटम पर बैठने के लिए मचल उठती। उसके बाबूजी टमटम पर बैठा लेते। यह प्रतिदिन की चर्या थी। थोड़ी दूर जाकर धनमन टमटम से उतर जाती। घोड़े के अपने दरवाजे से पचास कदम आगे बढ़ने पर धनमन धीरे-से अपनी कोई-न-कोई फरमाईश रख देती। शाम ढले बाबूजी के लौटने तक इन्तजार करती। ईआ का गरम मसाला, दादी की धोती भले ही भूल जाएँ, धनमन की फरमाईश जरूर पूरी होती। फरमाईश भी कोई बड़ी नहीं होती थी। बड़ी ही होती तो क्या! घर के सभी सदस्यों की जरूरतों को दरकिनार कर धनमन की फरमाईश पूरी करते उसके बाबूजी। पढ़नेवाली बिटिया जो थी। हॉस्टल भेजते हुए उसकी जरूरत के सभी सामान खरीदने पड़े। बक्सा, दरी, चादर, गद्दा, रजाई। सब छोटे-छोटे।

1952 में अपने क्षेत्र की प्रथम बिटिया को छात्रावास में भेजने के पीछे उनका उद्देश्य केवल अक्षर, अंक पढ़ाना नहीं था। वहाँ रहकर उनकी बिटिया संगीत सीखती थी, नृत्य सीखती थी। छुट्टियों में उसके घर आने पर हारमुनियम पर गीत गाकर सुनाती। गाँव के लोग इकट्ठे हो जाते। उनकी प्रशंसा सुन फूले न समाते मास्टर साहब।

धनमन दसवीं कक्षा में पहुँच गई। टायफायड से पीड़ित हो गई। मास्टर साहब ने अपनी पत्नी को सेवा-श्रुरुषा के लिए विद्यालय भेज दिया। उन्हें सन्तोष नहीं हुआ। स्वयं चले गए। घर लाकर भी बहुत ख्याल रखा। स्वयं निरामिष भोजन

करनेवाले मास्टर साहब अपनी बिटिया के शरीर में ताकत लौटाने के लिए कभी मछली, कभी बकरे की कलेजी खरीदकर रिक्शा पर रखवा लाते। गाँव वालों के आश्चर्य का ठिकाना नहीं था।

धनमन छुट्टियों में घर आती। अपने बाबूजी को शिक्षक, शिक्षिकाएँ और सहेलियों के किस्से सुनाती-सुनाती नहीं थकती। अब वह चौदह-पन्द्रह वर्ष की हो गई। उसके बाबूजी और धनमन के बीच उम्र की ऊँचाई बाधक नहीं बनी। एक दिन दरवाजे पर बैठी वह अपनी एक सहेली के किसी लड़के के साथ प्रेम-प्रसंग सुनाने लगी। अन्दर कमरे में उसकी भाभी और बहन सुन-सुन अवाक रह गईं। उसकी बड़ी बहन ने पुकारा। धनमन अन्दर गई। बहन ने कहा— "क्या सुना रही हो बाबूजी को! यही सब सुनाती हो। अब तुम बड़ी हो गई। सोच-समझकर बाबूजी से बात किया करो।"

धनमन दुपट्टा सँभालती अपना बड़ापन आँकने लगी। उसकी बहन ने दुपट्टे की तह खोल उसकी छाती पर पसार दी। बोली— "ठीक से दुपट्टा लेकर बाबूजी के पास जाया कर। और हाँ, अब हमेशा दरवाजे पर बैठने की जरूरत नहीं। लड़की की जात है।"

उसके बाबूजी उसे बड़ी हुई माने तब तो बात बने। मैट्रिक पास कर गई धनमन। उसके बाबूजी की खुशी का ठिकाना नहीं था। उन्हें बधाइयाँ देते गाँववाले सुझाव दे जाने लगे। कोई कहता— "टीचर ट्रेनिंग करवा दीजिए।"

किसी का उत्तम सुझाव था— "अब शादी विवाह कर दीजिए। आप भी अब रिटायर करेंगे। बुढ़ापे की एक जिम्मेदारी पूरी कर जाइए।"

मास्टर साहब सबकी सुनते। धनमन भी उनके पास बैठी सुनती-गुनती रहती। उसे अपने बाबूजी की आर्थिक स्थिति की थोड़ी-बहुत जानकारी थी। एक दिन बाबूजी को अकेले पाकर उसने अपना मन पसार दिया— "बाबूजी। मेरा नाम कॉलेज में लिखवा दीजिए न। मैं दो तीन दिन कॉलेज जाकर फिर पढ़ाई छोड़ दूँगी। एक बार कॉलेज जाने का शौक पूरा हो जाएगा। आपका भी इलाके में नाम हो जाएगा कि आपकी बेटी कॉलेज में पढ़ती है।"

यह गम्भीर गुहार थी एक सयानी हो रही बेटी की। मास्टर साहब ने बेटी की बात उतनी ही गम्भीरता से ली। उसी दिन महिला कॉलेज जाकर नामांकन फॉर्म ले आए। नामांकन की प्रक्रिया पूरी होने में समय लगा। पर उनकी धनमन आश्वस्त हो गई। यह भी विश्वास कि अपनी शक्ति भर इच्छापूर्ति में उसके बाबूजी कभी विलम्ब नहीं करते। बेटी को कॉलेज के छात्रावास में रखकर पढ़ाना (मासिक पचास रुपये का खर्च) भी उनकी शक्ति के बाहर की बात थी। पर नाम लिखवा दिया। नए

कपड़े बनवाए। छात्रावास में छोड़ आए। कॉलेज में पढ़ती बिटिया के लिए एन.सी.सी. में सम्मिलित होना भी आवश्यक था। साल में एक बार एन.सी.सी कैम्प में उसे भेजते। एक बार राँची कैम्प से लौटी धनमन। स्टेशन पर उसके बाबूजी लेने आए थे। धनमन ने कहा— "मैं कपड़े बदल लूँ।" वह खाकी फुल पैंट-शर्ट में थी। उसके बाबूजी को बिटिया को उसी ड्रेस में अपने गाँव वालों को दिखाना था। टोपी भी नहीं उतारने दी। गाँव के स्त्री-पुरुष, बच्चे इकट्‌ठे हो गए। धनमन शरमा रही थी। पर उसके बाबूजी के आनन्दित होने की फिर बारी आ गई।

इधर बेटी के लिए वर व घर की भी तलाश जारी रखी। अपनी जेब की औकात के एहसास से वे भरे रहते। फिर भी अपनी बाहरी कद-काठी की औकात के अनुरूप ही घर खानदान और लड़का ढूँढ़ने की ख्वाहिश थी। एक लकड़ा ढूँढ़ा। लड़के के पिताजी छोटे किसान, पर संस्कारी थे। लड़के को विवाह के लिए राजी करवाने लंगट सिंह महाविद्यालय के दो प्रोफेसर श्री रामस्वार्थ मिश्र और डॉ. सुरेन्द्र नाथ दीक्षित को साथ ले गए। उनके धन की कमी-पूर्ति इलाके के जाने-माने जन कर देते थे। शहर के प्रतिष्ठित लोगों के बीच उनका उठना-बैठना ही उनकी पूँजी थी। उसी पूँजी की लागत लगाकर वे अपने लिए सुख सौभाग्य अर्जित करते रहते।

बिटिया का विवाह तय हुआ पर मास्टर साहब के पास कोई बचत खाता नहीं था। अपने गाँव में किसी के आगे हाथ पसारना भी उनकी प्रतिष्ठा के विरुद्ध था। जैसे-तैसे विवाह सम्पन्न हुआ। विवाह की परिणति उसकी विदाई भी होगी, उन्होंने जैसे विचार ही नहीं किया था। बेटी को विदा करना उन्हें नहीं रूच रहा था। वे कहने लगे— "मैं अपनी बेटी का गौना करूँगा। अभी जल्दी क्या है?"

उन्हें समझाने वालों में उनके समधी दुर्गा बाबू की विशेष भूमिका थी। विवाह के बाद भी विदा न करने का कारण कोई समझे, न समझे, धनमन समझ गई थी। जिस लड़के से धनमन की शादी रचाई गई थी, उसका घर मिट्‌टी का था। बहुत बचपन में एक बार अपने आसपास मिट्‌टी फूस का घर देखकर धनमन ने अपने पिता से कहा था— "बाबूजी। मिट्‌टी के घर की दीवारें मिट्‌टी से ही क्यों लिपी जाती है। मुझे तो ऐसे घर बिलकुल नहीं पसन्द। इसीलिए मैं काकी के साथ नहीं सोती। उनकी मड़ैया में मुझे डर लगता है।"

तब की उसकी बातों की और बात थी। तब तो वह अपने पिता की अन्तरंग मित्र थी। अब सयानी जो हो गई थी। धनमन अब कैसे अपने बाबूजी से कहे कि उसे ससुराल भेज दें। अब तो वह सयानेपन की कई सीढ़ियाँ चढ़ चुकी है। लोगों की जिद्द पर धनमन विदा हुई। पर विदा के समय बाबूजी अपनी कोठरी की चिटकनी अन्दर से बन्द कर लिए थे। दरवाजा पीटकर उन्हें बुलाने की शक्ति वहाँ

उपस्थित पचास लोगों में से किसी की नहीं थी। तीन दिनों बाद ससुराल से लौटकर भी धनमन बाबूजी के सम्मुख नहीं गई। उनसे छुपते रहने का कारण कुछ और रहा होगा पर उसके बाबूजी ने अन्दाजा लगाया— ''निश्चय ही ससुराल में मिट्टी की दीवारों पर फूँस की छत का घर देखकर बेटी मुझसे नाराज है।''

उन्होंने अपनी बहू से कहा— ''मुझसे नहीं मिलेगी धनमन। आखिर उसकी शादी करके मैंने कौन-सा गुनाह किया है।''

धनमन उनके सामने लाई गई। गर्दन नीची किए खड़ी बेटी का बहू बना रूप निरख मास्टर साहब का मन पीड़ा और प्रसन्नता के मिले-जुले भाव से भर गया। उन्होंने इतना ही पूछा— ''वहाँ भात खाने को मिला न! बहुत धान होता है। दूध दही भी। इसलिए तुम्हें वहाँ ब्याहा है।''

धनमन की चुप्पी उन्हें सालती रही। वे बार-बार अपने को सन्तोष और बेटी को भरोसा दिलाते कहते— ''लड़का प्रोफेसर है। कमा रहा है। शीघ्र ईंट का घर बनवाएगा।''

एक दिन उन्होंने धनमन को बुलाकर कहा— ''बेटी समाज भय से मैंने तुम्हारी शादी कर दी। पर मेरी हार्दिक इच्छा है कि तुम एम.ए. पास करो। लेक्चरर बनो। इलाके में शोर होगा दामाद लेक्चरर है तो बेटी भी बन गई।''

धनमन का क्या। वह तो बहुत सारे कार्य बाबूजी की प्रसन्नता के लिए ही करती थी। दिन-रात मेहनत करके पढ़ने लगी। उसके पति पश्चिम बंगाल में लेक्चरर थे। वह मुजफ्फरपुर के दर्शनदास महिला कॉलेज की द्वितीय वर्ष की छात्रा।

मास्टर साहब रिटायर कर गए। अब उनके लिए बेटी को हॉस्टल में रखकर पढ़ाना और भी मुश्किल। उन्होंने बड़े लोगों से अपनी जान-पहचान का फायदा उठाकर दामाद को ही बंगाल से बुलाकर अपने शहर के रामदयालु सिंह कॉलेज में नौकरी लगवाना उचित समझा। प्रथम तो उसी महिला कॉलेज, जहाँ धनमन पढ़ती थी, में अंग्रेजी के लेक्चरर के रिक्त स्थान पर दामाद को बैठाने की चेष्टा की। धनमन को यह खबर लगी। उसने अपने पति को अपने कॉलेज में आने से मनाकर दिया।

और भी कॉलेज थे मुजफ्फरपुर शहर में। उनके दामाद आर.डी.एस. कॉलेज में लेक्चरर हो गए। एक घर भी किराए पर ले लिया। पर न उनकी धनमन, न उनके दामाद, घर-गृहस्थी चलाने का प्रशिक्षण एक को भी नहीं मिला था। शिकवे-शिकायत शुरू हुए। अकसर उनके दामाद कहते— ''लड़कियों को छात्रावास में रखकर नहीं पढ़ाना चाहिए। घर से बाहर रखकर, घर चलाने का उनका प्रशिक्षण नहीं हो पाता।''

मास्टर साहब सब समझते थे। पर बेटी तब पढ़ रही थी। उसका पढ़-लिख कर एम.ए. पास करना और पिता की महत्त्वाकांक्षानुसार लेक्चरर बनना ज्यादा आवश्यक था। वे दामाद के आगे गिड़गिड़ाते— ''बस दो वर्ष और। उसे पढ़ाई पूरी कर लेने दीजिए। सब सीख जाएगी।''

धनमन ने बी.ए. ऑनर्स किया। मास्टर साहब की खुशी का ठिकाना नहीं रहा। उन्होंने गाँव में सत्यनाराण भगवान की कथा और कीर्तन करवाया। अपने गाँव की प्रथम बी.ए. ऑनर्स थी धनमन। पिता की उम्र तो बढ़ी ही। एम.ए. के प्रथम वर्ष में प्रवेश कर वह गर्भवती भी हो गई। नाती हुआ। नाती की देख-रेख के लिए वे अपनी पत्नी को शहर भेज देते। पत्नी के बिना अपनी दिनचर्या में आए कष्ट उठाना कबूल था। पर बच्चे की देखरेख में धनमन की पढ़ाई में व्यवधान उन्हें मंजूर नहीं था। धनमन ने एम.ए. भी पास कर लिया। फिर क्या था, उनकी मनसा पूरी होने में बस एक सीढ़ी बाकी थी। मोतिहारी महिला कॉलेज में लेक्चरर का स्थान रिक्त था। उस कॉलेज के अध्यक्ष भी वही व्यक्ति थे जो उनके दामाद के कॉलेज के थे। उन्होंने दामाद से कहा— ''आप मेहश बाबू से मिलिए। वे आपकी बहुत प्रशंसा करते हैं। आपके कार्य से प्रसन्न हैं। आपके कहने पर वे धनमन को भी लेक्चरर की नौकरी दे देंगे।''

विनोदी स्वभाव दामाद ने बड़े अदब से कहा— ''मैं अपनी पत्नी को मालकिन बनाकर रखना चाहता हूँ। किसी से अनुग्रह करके नौकर क्यों बनवाऊँ।''

उड़त चिड़िया की टाँग में तेल लगाने वाले मास्टर साहब के लिए इतना इशारा काफी था। उनके दामाद पत्नी की नौकरी के लिए पैरवी करने नहीं जाने वाले थे, तो क्या? मास्टर साहब के शरीर में इतना तो दम था ही। चले गए महेश बाबू के पास। ले आए पत्र। एम.ए. के रिजल्ट निकलने के चौदह दिनों बाद ही धनमन लेक्चरर बनने जा रही थी। पिता के सपनों को साकार करने। भला बाबूजी कैसे नहीं जाते उसके साथ। घुटनों में गठिया के दर्द के कारण कमोड या कुर्सी के बिना उनका नीचे बैठना कठिन था। उन्होंने अपने शौचालय में लकड़ी का कमोड बनवाया हुआ था। बेटी को लेक्चररशिप दूसरे शहर में मिला था। उसे ज्वायन करवाने जाने से पूर्व उन्होंने लकड़ी का फोल्डिंग कमोड बनवाया। वहाँ जाकर होटल में खाना खाया (शायद जिन्दगी में पहली या दूसरी बार)।

धनमन लेक्चरर बन गई। कॉलेज हॉस्टल में ही उसका रहना तय हुआ। पर अठारह महीने के बब्लू को कहाँ रखें। मास्टर साहब ने सहर्ष प्रस्ताव रखा— ''छपरा में (उनका गाँव) अपने पास रख लेता हूँ। उसकी छोटी नौकरानी भी रहेगी। धनमन की माँ भी देखती-भालती रहेगी। मैं तो हूँ ही।''

पत्नी से भी गठिया के कारण उठा-बैठा नहीं जाता था। दो महीने का बच्चा भी दो पल नहीं सँभाल सकती थी। अपने हाथ से तो उन्हें एक पानी भरा लोटा भी उठाना मुश्किल। पर पति के प्रस्ताव की हिम्मत देखिए। उस बूढ़ी हड्डियों में भी बल आने का कारण बस एक था। बेटी को लेक्चरर के रूप में देखना। गाँव में इस बात की चर्चा होना। उनकी कद-काठी में इजाफा होना। बेटी दामाद से प्रस्ताव मंजूर करवा लिया मास्टर साहब ने। उसे कार्यान्वित करवाना आसान नहीं था। नाती बब्लू को ले आए। उनसे बब्लू उठनेवाला तो था नहीं। नौकर व दासी पर चिल्लाते रहे। रात्रि को दामाद जी शहर से गाँव आ गए। रात भर श्वसुर दामाद अपनी अम्मा के लिए रोते-बिलखते बब्लू को चुप कराने की कोशिश में स्वयं भावुक होते रहे। बिना माँ का बच्चा पालना कठिन था। वह भी पुरुषों से। धनमन की नौकरी बरकरार रखने के लिए कई व्यवस्थाएँ की गईं। सब असफल होती गईं।

एक दिन धनमन ने अपने बाबूजी से कहा— "बाबूजी! मैं नौकरी छोड़ देती हूँ। दूसरे शहर में रहकर मुझे भी परेशानी होती है और इन्हें भी। बच्चा तो बँट गया है ही।"

धनमन को विश्वास था कि उसके पिताजी बच्चे को रखने की पुनः कोई कारगर उपाए बताएँगे, पर नौकरी छोड़ने को कभी नहीं कह सकते। पर मानो उनका सोचा-समझा सुझाव था— "हाँ हाँ। छोड़ दो। जैसा मेहमान जी (उनके दामाद) कहें वैसा ही करो। मुझे तो इलाके वालों को जताना भर था कि दामाद प्रोफेसर है तो बेटी भी प्रोफेसर बनी।" (बिहार में लेक्चरर को भी प्रोफेसर ही कहा जाता है।)

धनमन अवाक रह गई। पहली बार पिताजी को ठीक से न समझ पाने का एहसास हुआ। पति की योजना से धनमन मुजफ्फरपुर में ही एक विद्यालय की प्राचार्या हो गई। दूसरा बेटा भी दो वर्ष का हो चुका था। शहर में एक जमीन खरीदी। वहाँ घर बनवाने की जिद्द उसी की थी। सीमित आमदनी थी। वैसे में घर बनवाने की उसके पति की कोई इच्छा नहीं थी। धनमन ने घर बनवाना शुरू किया। प्राचार्या पद का काम था ही। छोटे बच्चों की देखभाल। घर बनवाने की मुसीबतें। सब सँभाल रही थी धनमन। राजनीति में सक्रिय उसके पति की जिम्मेदारियाँ अलग थीं। घर बनवाने के क्रम में आई परेशानियों को झेलती धनमन के व्यवहारिक अनुभव की अनुभूति से उसके पति कायल हुए। बेटी का हालचाल पूछने आए पिता से उन्होंने कहा— "बहुत परिश्रमी है आपकी बेटी और अब दुनियादारी भी सीख गई। सारा काम अकेले सँभाल रही है।"

दामाद मुख से अपनी बेटी की प्रशंसा सुन जवानी की लाल परत से आच्छादित हो गया पिता का मुखड़ा। विभोर होकर बोले— "मैं कहता था न! जरा

धैर्य रखिए। उसे पढ़ लेने दीजिए। फिर कुशल गृहिणी भी बन जाएगी।''

उस शाम घर लौटकर उन्होंने अपनी पत्नी को यह खुशखबरी सुनाई। परिवार के सभी सदस्य बाहर थे। गाँव में केवल मास्टर मास्टरनी बच गए। दिन काटना मुश्किल। रात तो पहाड़ ही लगता था। दोनों एक-दूसरे के सहारे। बेटा-बहू आते-जाते। उनके आने से घर रौशन हो जाता। एक बार इकलौते आज्ञाकारी पुत्र रामेश्वर की कोई बात चुभ गई मास्टर साहब को। फिर क्या था। रिक्शावाले लगन महतो को बुलाया और धनमन के घर आ गए। धनमन के घर तो वे आते रहते थे। पर कभी रात्रि विश्राम नहीं किया था। उस दिन दरी में लिपटा तकिया चादर, लोटा, गिलास और धोती देख धनमन का मन ठनका। बाबूजी को रिक्शे से उतारने के लिए वह नीचे गई। उसका सहारा लेकर उतरते पिता ने कहा— ''वह अपने को समझता क्या है। क्या मैं उसके बिना नहीं रह सकता! मैं भी कहकर आया हूँ। बेटी को भी मैं बेटे बराबर ही पाला हूँ। उसी के साथ रहूँगा। बेटी के घर ही रहूँगा।''

नहीं रह पाए बाबूजी बेटी के घर। नहीं बना पाए अपने मन में बेटा-बेटी के लिए बराबरी का आसन। एक-दो दिन में ही बेटे के प्रति गुस्सा ठंडा हो गया। फिर तो बेटी के घर में अपना ठहराव उन्हें न्यायोचित नहीं लगा। समाज सम्मत भी नहीं। वे रामेश्वर की राह देखने लगे। दामाद से अंग्रेजी साहित्य, संस्कृत साहित्य और इतिहास पुराण की चर्चाएँ कर, नातियों को हिसाब और संस्कृत पढ़ाकर भी मन नहीं बहलता। धनमन को बात समझ में आ गई थी। उसके बाबूजी अपने बेटे के लिए व्याकुल थे। वे कहते थे— ''तुम्हारे घर में मुझे बहुत अच्छा लगता है। बच्चों का सुबह-सुबह श्लोक पाठ करना, रामचरितमानस की चौपाई और गीता की पंक्तियाँ दुहराना, सुनना मुझे सुखद लगता है। पर मुझे बैठे-बैठे तुम्हारे घर का अन्न खाना अच्छा नहीं लगता। मैं गुस्से में था। जल्दी चला आया। चालव, गेहूँ, मूँग, अरहर की दालें साथ ले आता।''

धनमन के लिए बाबूजी का मनोभाव समझना आसान था, पचाना और आत्मसात करना कठिन। आखिर उसके बाबूजी भी इसी समाज के सदस्य थे। बिटिया को पढ़ाया, लिखाया, लेक्चरर बनाया, पर उनके मन-आसन पर बेटे के बराबर स्थान नहीं पा सकी धनमन। उन्होंने गाँव लौटने की इच्छा जाहिर की। धनमन ने नहीं रोका। शाम को कॉलेज से लौटकर घर आए उसके पति की झल्लाहट थी— ''तुमने उन्हें रोका क्यों नहीं। कितने खुश थे तुम्हारे पिताजी यहाँ। यहीं रहने देती। माँ को भी बुला लेती। आखिर उनकी जिन्दगी ही कितनी है। सुख

से यहीं रहते। उनके अनुसार बेटे-बेटी में क्या फर्क?''

धनमन कैसे समझाए अपने पति को। चुप ही रही। कुछ दिनों बाद ही माँ की बीमारी की खबर सुनकर छपरा गई। माँ को भाभी शहर ले आई थीं। मीठनपुरा में उनके घर रहती थीं। लम्बी बीमारी के बाद ईआ चल बसीं। ईआ की मृत्यु पर हिया फाड़कर रोए थे मास्टर साहब। अकेले रह गए। पर उनकी जिद्द थी कि गाँव में ही रहेंगे। एक दिन गिर गए। कुल्हे की हड्डी टूट गई। फिर तो बेटा रामेश्वर उनकी पत्नी मनोरमा और धनमन जीप लेकर गाँव पहुँचे। शहर लाना था। बाबूजी की इच्छा थी कि वे धनमन के घर जाएँ। पर सब समझते हुए भी धनमन ने एक बार भी अपनी ओर से प्रस्ताव नहीं रखा।

वे रास्ते भर पूछते रहे— ''मुझे कहाँ ले जा रहे हो?''

किसी ने कुछ नहीं कहा। उन्हें मीठनपुरा में उतारा गया। फिर कुछ नहीं बोले। घर लौटकर धनमन को पति की डाँट सुननी पड़ी— ''क्यों नहीं लाईं अपने घर?''

मानो धनमन के मुँह में जबान ही नहीं। छः महीने बिछावन पर पड़े रहे बाबूजी। बेटा-बहू, पोतियाँ सेवा करते। कभी-कभी धनमन मिलने चली जाती। उस दिन ईआ की बरसी थी। धनमन घर लौटते समय अपने बाबूजी से मिलने गई। उनकी तबीयत ज्यादा खराब थी। धनमन की आने की सूचना किसी ने कान के पास मुँह ले जाकर दी— ''धनमन आई है।''

धनमन भी उनके सिरहाने सिर झुकाए उनकी धीमी आवाज सुनने की कोशिश करने लगी। उनके पोपले मुख से आवाज रिसी— ''आने दो।'' चेहरे पर झल्लाहट भी थी। धनमन की आँखों से दो धारें बहकर बाबूजी का चेहरा धोने लगीं। फिर तो बाबूजी के दो कोटरों से भी धार बही। अन्तिम मिलन था बाप-बेटी का। सुबह चार बजे फोन आ गया था। धनमन दौड़ी-भागी। रिक्शा मिला नहीं। पैदल ही तीन किलोमीटर पहुँच गई। अपने पेट में पल रहे चार महीने के भ्रूण की भी चिन्ता किए बगैर। उसके बाबूजी विदा ले ही रहे थे। थरथराते हाथों से उनके खुले मुख में तुलसी, गंगाजल डाला। किसी ने कहा— ''मुँह हिलाओ।'' शायद एक बूँद अन्दर गया हो।

उसके बाबूजी नहीं रहे। इस एहसास से धनमन तड़प उठी। शोकाकुल कुल के सभी छोटे-बड़े सदस्यों के आगे अपने-अपने अनुभव-स्मृतियों के अनुरूप पसरे पड़े थे छबिला सिंह, उर्फ मास्टर साहब। धनमन की आँखों के सामने जमीन पर लिटाए बाबूजी की कद-काठी बहुत विस्तृत थी। कहाँ-कहाँ से याद करें। स्मरण करने के लिए जिन्दगी पड़ी थी। उन्हीं यादों के साथ अब बाबूजी को जिन्दा रखना

था। सूने मन में शान्त हुए उनके पार्थिव शरीर को अपनी आँखों में भरती रही। यदा-कदा समयानुसार उनके स्मरण मात्र से आँखों से निरन्तर बहती धाराओं के साथ भी अब तक बह नहीं सकी है। तीस वर्षों बाद भी नहीं। कद्दावर जो थे धनमन के बाबूजी। उन्होंने ही धनमन का नाम स्कूल में मृदुला लिखवाया था। उनकी जबान पर धनमन ही जड़ा रहा।

मास्टरनी

हाँ, वह मास्टरनी थी। उसके माता-पिता ने कभी विद्यालय नहीं भेजा तो क्या उसके भाग्य में लिखा था इसलिए बिन पढ़े-लिखे भी मास्टरनी कहलाई। उसके गाँव में विद्यालय था ही नहीं, उसके पिता पढ़ने भेजते कहाँ। घर में भी माँ को अक्षर और अंक का ज्ञान कहाँ था। बेटी को विवाह से पूर्व कम-से-कम चिट्ठी लिखना तो सिखा देती। वह अपने भैया को बस्ता लेकर पढ़ने जाते देखती अनुराग, हुलास से भरी सयानी होती गई। अनूपा को स्वयं बड़ी होने का एहसास भी नहीं हुआ और उसके बाबू ने लगन उचाड़ दिया। उसे नहीं पढ़ाया-लिखाया तो क्या, बाबू ने वर पढ़ा-लिखा ढूँढ़ा था। सातवीं में पढ़ता बारह वर्षीय होनहार लड़का। एक पढ़े लिखे लड़के को अपने होने वाले वर के रूप में सोचकर अनूपा सहमी भी नहीं। दरअसल, उसने इस विषय पर सोचा ही कहाँ। उसकी सोच के विषय कुछ और होते थे। उसे इतना भर जानकारी थी कि बुधिया के गुड्डे से उसकी गुड़िया का विवाह रचाते रचाते दोनों सहेलियों का झगड़ा हो गया तो विवाह बीच में ही रुक जाता था और एक बार क्यों उस गुड़िया-गुड्डे का विवाह तो प्रतिदिन एक बार रचाया जाता था। इसलिए सुपली मौनी खेलती अनूपा अपनी गुड़िया का ब्याह भी ठीक से नहीं रचा पाई थी कि उसकी अपनी बारात दरवाजे लग गई। विवाह मंडप में माँ उसे गोद में लेकर बैठी रही। पंडित जी के अनुसार कन्या के लिए करणीय बहुत सारे रस्म अदायगी माँ ने ही पूरे किए और अनूपा ब्याह दी गई छबिला के साथ। बारह बरस की वय। माँ-बाप द्वारा ससुराल भेजने का प्रश्न ही नहीं उठता था।

ब्याह का रस्म भी अनूपा ने वैसे ही निभा दिया जैसे कार्तिक मास की पूर्णिमा तिथि को सामा चकवा (भाई-बहनों का त्योहार) के समापन पर माँ द्वारा हाथ पकड़कर भाई की धोती में फाँड़ (चूड़ा और बताशा) भरने की रस्म अदायगी करती रही थी। दूल्हा भी तब पढ़ ही रहा था। विवाह के बाद दूल्हा बाराती के साथ अपने घर लौट गया और दुल्हन फिर मिट्टी का भात दाल बनाती, खम्बे के बनावटी सास-ससुर को परोसती, सखियों के साथ खेलती अपने पीहर में ही रही। अनूपा के

शरीर और मन में कोई बदलाव नहीं आया था। उसकी माँ सिर में तेल चुपड़कर दो कसी हुई चोटियों के बीच सलीके से माँग काढ़ती। माँग सीधी करने में उसे आधा-पौन घंटा लग जाता। एक भी बाल इधर का उधर नहीं होना चाहिए था। मान्यता थी कि बालों की सीधी जड़ों के बीच माँग काढ़कर ही सिन्दूर भरना चाहिए। वरना पति इधर-उधर भटक जाएगा। माँ सीधी माँग काढ़ उसमें चुटकी से सिन्दूर भर देती। साँवले-सलोने मुख की लालिमा गहरा जाती। शीशे में बिना अपना चेहरा देखे, अनूपा सहेली के साथ खेलने भाग खड़ी होती।

दिन बीतते गए। उस दिन माँ द्वारा चोटी बाँधने और माँग में सिन्दूर भरने के बाद अनूपा हाथ में लिए छोटे आईने में अपना चेहरा देखती रह गई। सोलहवें साल में प्रवेश हुई बेटी द्वारा शीशे में अपना मुखड़ा निहारती निरखती माँ निहाल होती रही। उसने उसी रात अपने पति से कहा— ''अब तो अनूपा को ससुराल भेजने का दिन उचाड़ना ही चाहिए।''

''खेलत रहलौं में सुपली मौनिया, औझट में आई गेल नेआर।''

पिया के घर से बुलावा आ गया। गौना होना था। विदाई की घड़ी आ गई। गाँव में अपनी हम-उम्र सखियों की विदाई देख-देख विवाह का वह पक्ष अनूपा की समझ में आ गया था कि अम्मा से बिछुड़ना पड़ता है। सखि-सहेली, माँ-बाप, घर-दुआर सब छूट जाएगा। पता नहीं कब इन सबसे फिर मिलना हो। इस समझ से बिलख-बिलख कर रोई थी अनूपा। अम्मा व भौजी के गले मिलते, भैया और बाबू के पाँव पकड़े। डोली में चढ़ने से इनकार करने में अपनी पूरी शक्ति लगा दी। उसे डोली में चढ़ाना अम्मा, काकी, फुआ और बहनों के बस की बात नहीं रही तो चाचाओं ने जबर्दस्ती डोली में बैठाकर बाहर से कुंडी लगा दी। अनूपा दरवाजा पीटती रही। कहार ने डोली नहीं रोकी। जब रोकी तो गाँव की सीमा आ गई थी। दरवाजा खुलते ही अनूपा ने देखा सामने लोटा में पानी लिए खड़े इकलौते बड़े भैया गगन देव को। अंगोछे से अपनी लाल आँखें पोछता हाँफते हुए भैया ने कहा— ''अनूपी पानी पी ले। रोते-रोते गला सूख रहा होगा। अभी दस कोस दूर जाना है।'' गगन देव भी बहन को पानी पिलाने डोली के पीछे दौड़ता आया था। भाई द्वारा थामें लोटे का पानी गटकती, भाई के चेहरे पर टिकाई नजरों से पानी की दो धार बहाकर अपने मन को सिंचती अनूपा सयानी हो गई। एक बार भी डोली से कूदने की चेष्टा नहीं की। डोली के पीछे पालकी में बैठा दूल्हा छबिला एक बार तो बेचैन ही हो उठा था— ''कहीं दुल्हन भाग खड़ी हुई तो क्या होगा।'' भाई ने आश्वासन दिया— ''अनूपी मैं जल्दी तुमसे मिलने आऊँगा'' और अंगोछे से आँखें पोछता भाग खड़ा हुआ घर की ओर। बहन की डोली को आँखों से ओझल होते देखने की

हिम्मत नहीं थी उसमें।

अनूपा ससुराल के दस कोठरियों वाले बड़े आँगन के एक छोटे कमरे में कैद हो गई। दिन भर घुँघट में लिपटी। शौच के लिए खेत में ननदें ले जाती थी। भोर भिनसार सास उठा देती। दिन में लघु शंका और बड़ी शंका के लिए जाने का प्रश्न ही नहीं उठता था। यदि पेशाब क़रने की अनुभूति हो भी तो अनूपा दाब लेती। ऐसी साधना उसे उसी आँगन की बड़ी बहुओं ने सिखाई थी। चिलमची जो मँगानी पड़ती। ससुराल आने के दूसरे दिन चिलमची माँगने पर बुढ़िया पनभरनी ने ओलखन दिया— "बाप ने चिलमची तो दिया नहीं, अब अंजुरी में मूतो और छककर पीओ।" सुनते ही अनूपा की पेशाब की नली ऐसी सूखी कि दो दिनों तक एक बूँद भी पानी बाहर नहीं आया। उस आँगन की मुखिया मौसी ने पनभरनी का उलाहना सुन लिया था। आँगन की बड़ी-बूढ़ी महिलाओं के साथ पनभरनी के बड़बोलेपन पर विचार-विमर्श हुआ। सबने अपने-अपने अनुभव सुनाए। उनकी शादियाँ होकर जब आई थी तो उसी बुढ़िया पनभरनी की सास ने उनके माँ-बाप को क्या-क्या न कहा था।

उनको डाँट फटकार कर ससुराल के चाल-चलन सिखलाए थे। परन्तु उनकी सासों ने कुछ नहीं कहा। मौसी जी ने सबकी सुनकर कहा— "वह जमाना और था। अब जमाना बदल गया। अब तो कोई दुल्हन बर्दाश्त नहीं करेगी। अपनी इस दुल्हन ने तो चुपचाप सुन लिया। बेचारी! मुँह में जबान ही नहीं है।" सासों की मंडली उठ गई थी और मौसी जी अपनी कमर सीधी करती दुल्हन के कमरे में आ गई थी। अपनी भारी भरकम काया पलंग पर पसारती हुई बोली— "पलंग तो बहुत मजबूत दिया है तुम्हारे बाबू ने।" किसने बनवाया?

"......" अनूपा अपने सिर पर घुंघट सँवार मौसी के पाँव दबाने लगी थी।

"लगता है अपने दरवाजे पर ही बढ़ई बुलाकर बनवाया होगा। वैसे भी तुम्हारे गाँव में शीशम बहुत है। भैरो स्थान मेला में तुम्हारे गाँव के बढ़ई ही लकड़ी के सामान की दुकान लगाते हैं। दुकान पर तो कच्ची लकड़ी का पलंग पटिहाट ही मिलता है। सुना तुम्हारे दादा जी ने बहुत शीशम लगवाए थे। तभी तो इतना बढ़िया पलंग दिया है। तुम्हारी सास के दुरागमन पर जो पलंग मिला था साल भर में ही टूट गया। चमुंडा स्थान मेला से खरीदा था। उसके गाँव में शीशम का पेड़ है ही नहीं।"

मानो अनूपा के मुँह में जुबान ही नहीं हो। उस भरी पूरी महिला द्वारा छिड़के स्नेह स्वर में अनूपा भींग-भींग जा रही थी। इसलिए भी कि उस आँगन की जमा दस महिलाओं में एक वही महिला थी जो उसकी दादी जैसी लगती थीं और उसके दादाजी, बाबूजी और भैया के लिए भी अनुराग भरकर बोलती थी।

''तुम्हारे बाबूजी ने तुम्हें क्यों नही पढ़ाया।'' मौसी जी ने पूछा।

यह प्रश्न अनूपा के आगे कभी पसरा ही नहीं था। दरअसल, उसकी सखियों में कोई विद्यालय गई नहीं थी। इसलिए उसे भी कभी यह अभाव नहीं खला। तीन हजार आबादी वाले गाँव में दो लड़कियाँ पाँचवीं तक पढ़ी थीं। वे भी इसलिए कि उनके पिता मास्टर थे।

मौसी जी बोली— ''तुम्हारा दूल्हा पढ़ रहा है। इसलिए तुमको भी पढ़ना चाहिए। मैं तुम्हें कल से पढ़ाऊँगी। आज पाटी और भट्ठा मँगवा लेती हूँ।''

घुँघट के भीतर ही अनूपा की बत्तीसी चमकी थी। मानो बिन बादल बिजली कौंधी हो, जिसे मौसी जी नहीं देख पाईं। अपने प्रस्ताव का अनूपा पर पड़े असर का विशेष अनुमान भी नहीं लगा पाई।

दूसरे दिन दोपहर को जब सब मर्द खा-पीकर खेत पर चले गए मौसी जी ने अनूपा की सास को आवाज दी— ''सुनो! जरा चहुंटा वाली दुल्हिन को इधर लाकर मेरे पास बैठाओ।'' अपने आँगन में भी कभी पैर नहीं काढ़ा था अनूपा ने। सास की हिम्मत नहीं थी कि मौसी जी की आज्ञा टाल जाए। इसलिए अनूपा को चादर ओढ़ाकर मौसी जी की खटिया के पास बैठा आई।

मौसी जी ने अनूपा को पूरब मुँह बैठाकर हाथ में पाटी पकड़ा दी। उसकी सास भी अपना घुँघट का एक छोर दाँत में दाब हँस पड़ी।

मौसी जी ने डाँट लगाई— ''ही ही ही ही क्या करती हो। पढ़ा लिखा पुरुष और अनपढ़ औरत की जोड़ी कैसे बनेगी।'' उन्होंने पाटी पर चावल गुड़ रखा, पूजा की और 'र मा ग ति' लिखा। अनूपा की उँगलियों ने कभी भट्ठा नहीं पकड़ी थी। परन्तु उसने बड़े मनोयोग से भट्ठा पकड़ लिया। नया काम सीखने का आनन्द था ही। पहली बार पति के बारे में सोचने की शुरुआत भी हुई। मानो पाटी पर अंकित अक्षर नहीं पति का मुखड़ा हो, जिसे वह पहली बार देख रही थी। शरीर में अनुराग की बिजली-सी कौंधी जिसे वह पहले दिन पहचान भी नहीं पाई। परन्तु दूसरे ही दिन से उसे उस बिजली कौंधने का इन्तजार-सा रहने लगा। फिर तो पढ़ने का नशा-सा हो गया। वह स्वयं मौसी जी द्वारा अपनी सास की पुकार का इन्तजार करती। सास के कोठरी में प्रवेश करने के पूर्व चादर ओढ़ पाटी और भट्ठा लिए खड़ी रहती। मौसी जी उसे अक्षर लिखने का अभ्यास करवाती, छबिला के बचपन के अनेक रोचक प्रसंग सुनाती जाती। बीच-बीच में यदि अक्षर लिखने में कहीं गलती हो जाए तो मौसी जी झिड़क देतीं— ''कहाँ खो गई। पिया की कथा सुनने में इतना रस आ रहा है कि अक्षर लिखने में भी गलती कर दे रही है।''

अनूपा शरमा जाती। छबिला को यह खबर मिल गई थी और उसने मन-ही-

मन अपनी मौसी जी को धन्यवाद दिया था। उसने अपने यार दोस्तों के बीच अपनी घरवाली के पढ़ने की बात की तो सबने चुटकी ली थी— "अरे फिर तो पत्नी को पढ़ाने के बहाने दिन में भी उसके घर में जाने की अनुमति मिल जाएगी तुम्हें।"

दूसरे ने कहा— "और रात में भी लालटेन बुझाने की जरूरत नहीं। लालटेन की रोशनी बाहर आ भी गई तो मौसी जी सुबह-सुबह फटकार नहीं लगाएँगी— "अरे निर्लज्ज रात भर लालटेन जलाकर औरत का मुँह निहारता है। पढ़ना, लिखना नहीं है क्या?" और हमउम्र साथी चुहलबाजी में मस्त हो जाते। एक रात्रि को सचमुच छबिला लालटेन जलाकर पाटी के ऊपर पत्नी के लिखे अक्षर देख धन्य हो गया था। 'र मा ग ति देह सुमति'

छबिला पढ़ने में दिन रात एक करता। मैट्रिक की परीक्षा में प्रथम श्रेणी में उत्तीर्ण हुआ। अनूपा बहुत खुशी थी। गाँव क्या इलाके भर में कोई लड़का उसके पिया जैसा नहीं था। उसका पति पढ़ा-लिखा था इसलिए गाय भैंस पालने से मुक्त था। अनूपा की सास स्वयं जवान थी इसलिए वैसे भी उसे घर का काम नहीं करना पड़ता। दूजे वह पढुआ लड़के की पत्नी थी। थोड़ा बहुत सब्जी काटने, चावल बीनने जैसे हल्के काम करती। अनूपा एक बार मैके जाना चाहती थी। दो वर्ष बीत गए थे। उसके भाई गगनदेव मिलने आए। अनूपा अपने घर के एक-एक सदस्य और सखियों का हाल चाल पूछती-पूछती बिलख-बिलख कर रोई। घर लौटकर गगनदेव ने अपने माँ-बाप को बहन का हाल सुनाया। मैके से शीघ्र बुलावा आ गया। मैके जाकर अनूपा बहुत खुश थी। मानो उसके हाथ-पाँव की जकड़न खुल गई हो। सखियाँ और भाभियाँ पति के बारे में पूछ-पूछकर उसे परेशान कर रही थीं।

मैके से छः महीने बाद ही सास ने बुलवा लिया। छबिला कॉलेज में पढ़ रहा था। अनूपा गर्भवती हो गई। एक बेटी को जन्म दिया। पहली सन्तान बेटी हो या बेटा सन्तान का आगमन ही हर्ष देनेवाला था। पोते की आकांक्षा रखने वाले ससुर जी पोती जन्म पर भी प्रसन्न ही हुए। साँवली सलोनी बेटी हुई। माँ पर गई थी। किसी ने उलाहना नहीं दिया। पढ़ाकू पति की पत्नी थी अनूपा। दिन बीतते गए। पति को मास्टरी की नौकरी मिल गई। गाँव से दूर जाना पड़ा। दूर जाकर छबिला ने अपनी पत्नी को पत्र लिखा। पत्नी से मिलने घरवालों से लुकछिप कर अर्द्धरात्रि को जाता था और पौ फटने से पूर्व अँधेरे में ही निकल आता था। भला थोड़े-से समय में लिखने-पढ़ने की क्या बात करता। इसलिए उसे कहाँ पता लगा था कि उसकी पत्नी ने कब का पढ़ना छोड़ दिया। उसकी चिट्ठी सबसे पहले मौसी के हाथ में आई।

दरवाजे से आँगन तक सब लिख लोढ़ा पर पत्थर जो थे। मौसी जी ने भी कैथी लिपि सीखी थी। छबिला ने देवनागरी लिपि में चिट्ठी लिखी थी। टो-टाकर मौसी पढ़ने लगीं। दो चार अक्षर पढ़कर ही उनकी हँसी छूट गई। बोली— "अरी! छबिला की माँ! यह तो तुम्हारे बेटे की पाती है। परन्तु लिखी बहुरिया के नाम है।"

आँगन में अपने-अपने कोठरी में खाना खाती, कोई चौका लगाती, कोई बच्चे को दूध पिलाकर सुलाती सभी ललनाएँ अपना काम छोड़ मौसी को घेर कर खड़ी हो गई। उस आँगन के जीवन में वह पहला अवसर था जब किसी पिया ने अपनी विरहिणी पत्नी के लिए पाती भेजी हो। उन ललनाओं ने विरहिणी नारियों के मन के भाव बारहमासे में गा-गाकर खूब उकेरे थे। उनके सब गीतों के भाव यही होते थे कि परदेस जाकर पिया अपनी पत्नी को भूल जाता है। छबिला की पाती ने उन सभी महिलाओं के मन में पिया के प्रति प्रेमभाव जगा दिया था। सब एक-दूसरे के कन्धे पर हाथ रख गूँथी खड़ी पूछ बैठी थी— "मौसी जी! चिट्ठी तो बाँचो। क्या लिखा है?" सबको अपने छोड़ आए अधूरे काम की भी चिन्ता थी। एक ने कह ही दिया— "मौसी जी! मैं तो ताबे में रोटी छोड़ आई हूँ। जल जाएगी।"

मौसी जी बोली— "तुम्हारे भतार की चिट्ठी है जो बाँच कर तुम्हें सुनाऊँ। जा मैं नहीं सुनाऊँ। मैं तो उसी को सुनाऊँ जिसकी चिट्ठी है।" और सबको भगाती अपनी मोटी काया को उठाती आवाज देने लगीं— "अरे चहुँटा वाली दुल्हिन, क्या कर रही हो?"

अनूपा अपने कोठरी की साफ-सफाई कर रही थी। बोली— "यहाँ हूँ मौसी जी। क्या बात है?"

मौसी जी उसके पलंग पर बैठती बोली— "पूछती हो क्या बात है? सारे गाँव में ढ़िढोरा पिट गया कि तुम्हारे परदेसिया ने पाती भेजी है और तुम पूछती हो कि..."

मौसी जी का वाक्य भी पूरा नहीं हुआ। अनूपा झट उनके हाथ से चिट्ठी लेकर कोठरी के कोने में चली गई। चिट्ठी खोलकर ऊपर नीचे आँखें घुमाती उलटती पलटती रही। उसने तो पढ़ना सीखा नहीं था। वह पाती और किसी से पढ़वाना भी नहीं चाहती थी। पर करे क्या? आज उसे मौसी जी के डाँट फटकार तथा अनुग्रह के बावजूद पढ़ाई छोड़ने का बड़ा दुख हुआ। तत्क्षण दूसरा भी भाव जागा— "नाहक बाबू ने पढ़े-लिखे लड़के से विवाह कर दिया।" मिले-जुले भाव लिए वह पछताती रही। मौसी जी ने आवाज लगाई— "लाओ मैं चिट्ठी पढ़ दूँ। मैं

किसी से कुछ नहीं कहने वाली। लाओ चिट्ठी।'' मरता क्या न करता। मौसी जी के हाथ में चिट्ठी थमा, अनूपा वहीं जमीन पर बैठ गई। मौसी जी ने पढ़ना शुरू किया—

प्रिय प्राण प्यारी,

प्रणाम!

और हँसते-हँसते लोट-पोट हो गई। छबिला ने पत्नी को 'प्रणाम' लिखा था। मौसी द्वारा पति का उपहास उड़ाना अनूपा को गँवारा न हुआ। इस आशंका से कि कहीं आगे और भी ऐसी वैसी बातें न लिखी हो, अनूपा ने चिट्ठी मौसी के हाथ से खींच टुकड़े-टुकड़े कर दिए। मौसी जी का तेवर बदल गया। उन्होंने पहली बार अनूपा को ऐसी डाँट लगाई कि अनूपा बिफर पड़ी। मौसी जी की फटकार और पिया का सन्देशा नहीं पढ़ पाने की कसक, अनूपा ने खाना भी नहीं खाया। औंधे मुँह पड़ी रही कोठरी में।

बिटिया आकाश फूल की बढ़त के साथ अनूपा के ऊपर घर की जिम्मेदारी भी बढ़ गई थी। उसकी सास और पड़ोसन को भी अनूपा के पुनः गर्भवती नहीं होने की चिन्ता सता रही थी। अनूपा गर्भवती हुई पर पूरे नौ वर्ष बाद। इस बार पुत्र को जन्म देकर अनूपा ने घरवालों के बीच अपना भाव बढ़ा लिया। ससुर जी के मुँह से निकला था— ''पत्थर पर दूब जमी है। भगवान ने मेरी सुन ली। रामेश्वर नाम रखूँगा। रामेश्वर!''

गृहस्थी चलती रही। छबिला अपने गाँव से दूर की नौकरी छोड़ अपने शहर (गाँव के नजदीक) ही आ गया। गाँव में ईंट का मकान बनवाना प्रारम्भ किया। वह बड़ा आँगन भी तीन छोटे आँगनों में बँट गया। दो भाइयों का परिवार एक आँगन में और दो भाइयों के परिवार दूसरे आँगन में समा गए। छबिला अपने पिता की अकेली सन्तान था। उसके पिताजी की बड़ी इच्छा थी कि दूसरा पोता भी हो। बेटा रामेश्वर विद्यालय जाने लगा। लिखना-पढ़ना सीख गया। छबिला के पिता ने अपनी पौत्री के लिए वर ढूँढ़ा। बड़ी धूमधाम से आकाशफूल का विवाह रचाया गया। अब छबिला सिंह, मास्टर साहब हो गए थे। गाँव वाले उन्हें इसी नाम से पुकारते और अनूपा को मास्टरनी कहना प्रारम्भ कर दिया था।

अनूपा फिर गर्भवती हो गई। वह गर्भ उसे रास नहीं आया। बड़ी बेटी का विवाह हो चुका था। दामाद के सामने फिर जच्चा बनना उसे गँवारा नहीं लगा। चालीस की उम्र में जोड़ों का दर्द प्रारम्भ हो चुका था। ऐसी स्थिति और अवस्था में पुनः माँ बनना किसे रास आता। इसलिए उसने धाय बुलवा कर दवा मँगवाई और पेट गिराने की जड़ी बूटी खा ली। अपनी सास को भी नहीं बताया। अपने आँगन में

रह रही अपनी बेटी के उम्र की देवरानी को भी नहीं। लेकिन उसकी तबीयत बिगड़ने की खबर जब छबिला सिंह को लगी वे झटपट ताँगा मँगवाकर पत्नी को शहर ले गए। पत्नी की बीमारी के इलाज के लिए पति द्वारा लिया गया वह पहल उस गाँव के लिए पहली घटना थी। गाँव में तरह-तरह की चर्चाएँ फैल गईं। परन्तु उन दिनों पढ़े लिखों का लोहा मानने का श्रीगणेश हो चुका था। इसलिए छबिला की माँ भी नहीं रोक पाई। पिताजी प्रसन्न हुए कि दूसरा पोता भी आ जाएगा। डाक्टरी इलाज से अनूपा का गर्भ रूक गया। परन्तु फिर एक लड़की के जन्म की खबर सुनकर सबका मन बैठ गया। मृत्यु शैया पर पड़े उसके ससुर जी के मुँह से निकला— ''पंडित ने मुझे धोखा दिया। पतरा देखकर बोला था— दूसरा पोता होगा।'' पौत्री जन्म के उन्नीसवें दिन ही वे स्वर्ग सिधार गए। मास्टर साहब के सिर पर घर की जिम्मेदारी आ गई। चालीस वर्ष में पिता की मृत्यु के उपरान्त अचानक सयाना हो गए छबिला सिंह। अपने पिता के सामने अपने बच्चों से कभी बात ही नहीं की थी। परन्तु अपनी नन्हीं बिटिया को देखकर उससे खेलने की इच्छा जागृत हुई। मानो पहली बार बाप बने हो। सच तो यही था कि पहली दो सन्तानें उनके पिता के हिस्से की थी, तीसरी ही उनके हिस्से की बनी। बेटी के जन्म के पूर्व अनूपा के शरीर में प्रवेश किया जोड़ों का दर्द उस बेटी के साथ ही पल-पल बढ़ता गया। वह बेटी उसे कभी नहीं भायी। उसकी चचेरी सास ही बच्ची को पालती। जब कभी खाना पकाती अनूपा के पास बच्ची को लाकर काकी गिड़गिड़ाती— ''एक घूँट दूध पिला दो। गला सूख गया बच्ची का।''

अनूपा झल्लाती— ''इसी चूल्हा में डाल दीजिए। जल जाएगी। इसकी जरूरत ही क्या थी। क्या धरती अनाथ हो रही थी इसके बिना।''

और काकी अनूपा को भला बुरा सुनाती बच्ची को दूसरे आँगन में ले जाती। किसी दूसरी दुधारू औरत से कहती— ''तुम्हारा बच्चा सोया हुआ है। दो घूँट दूध से इसका गला भिंगा दो। चिल्ला-चिल्लाकर गला सूख गया।''

उस औरत को उस बच्ची पर तरस आ जाता। अपनी गोद में लेकर उसे दूध पिलाती उसका नाक नक्श निहारती। बच्ची दो चार घूँट दूध पीकर ही सो जाती। काकी उसे उठाकर अपने गाँगन ले आती। सुलाकर अपने चौका चूल्हा का काम करती बड़बड़ाती रहती— ''हुँह! बेटी जनमने में अच्छा लगा था। दूध नहीं पिलायेगी। बेटा होता तो क्या ऐसा ही करती। बेटा के लिए कोई ऐसा नहीं करती।''

काकी तवे से दो रोटी ही निकाल पाती कि बच्ची जग जाती। वह पुकारती— ''मंगल! जरा इस बिन माँ की बच्ची (गुस्से का इज़हार) को उठा ले। दो रोटियाँ

और सेक लूँ मैं।''

उनका बेटा मंगल उस बच्ची को उठाकर धन्य हो जाता। कभी भैंस की पीठ पर बैठा, कभी कुट्टी काटते पुआल पर सुला उससे खेलता। उसकी माँ हुक्का लिए आ जाती दरवाजे पर।

''ला, दे दे मुझे बच्ची।'' उस नन्हीं ने जिस दिन जन्म लिया था, शहर से शाम को लौटकर आए थे छबिला सिंह।'' हर्शित होते हुए काकी को सूचना दी थी— ''निरंजन की नौकरी लग गई। जेल में नौकरी मिली है।''

अपने बड़े बेटे निरंजन की नौकरी की खबर सुनकर मन-ही-मन फूली न समाई थी चार बेटों की माँ काकी। चौथे बेटे के जन्म के दस दिनों बाद ही पति की अकस्मात मृत्यु हो गई थी। जमीन भी बहुत कम। काकी मास्टरनी के घर के कामों में हाथ बँटाती। मास्टर मास्टरनी की छत्र छाया में ही जिन्दगी कट रही थी। मास्टर साहब ने बड़े बेटे को अब नौकरी भी लगवा दी। उनके प्रति अपना अनुराग और आभार किन शब्दों में प्रगट करे काकी। इतना ही बोली— ''निरंजन की नौकरी लगी। खुशखबरी है। आपके घर भी धनमन आई है। बेटी पैदा ली है। धनमनती है धनमनती।'' मानो तेरा तुझको अर्पण कर दिया हो। बेटे की नौकरी लगाने के आभार स्वरूप बेटी के आने की सूचना।

बेटे की नौकरी मिलने का काकी का हुलास उस बच्ची के जन्म के साथ जुड़ गया। उसका नाम वही रहा। छबिला सिंह भी अन्दर ही अन्दर खुश हुए। ज्यों ज्यों धनमनती के क्रियाकलाप और काया बढ़ती गई, उसकी माँ के शरीर के जोड़ों का दर्द भी विस्तार लेकर गर्दन और घुटनों में अपना स्थायी स्थान बनाता गया। धनमनती ने माँ का यही रूप देखा। दिनभर काम करती रहती। पर जोड़ों के दर्द से बेचैन। धनमनती की वह ईआ (माँ) थी, पर गाँव वालों की मास्टरनी। क्या बड़ा, क्या छोटा सब उसे 'मास्टरनी' कहकर ही पुकारते। आसपास की देवरानियों के बच्चों के लिए अवश्य वह 'बड़की चाची' थीं। बच्चे अपनी बड़की चाची से खूब डरते थे। उनकी माएँ भी अपने बच्चों को 'बड़की चाची' का भय दिखातीं। बच्चे बड़का चाचा के ऊँचे दरवाजे पर चढ़ते, उनकी आराम कुर्सी को छू भर लेते, मास्टरनी चिल्लाती— ''मत छूओ! कहाँ-कहाँ से हाथ में गन्दा लगाकर आता है। इनकी कुर्सी गन्दी हो जाएगी। सब भागो।''

मास्टर साहब का कमरा, उनका बिछावन, कुर्सी, लोटा, छड़ी, अन्य इस्तेमाल का सामान मजाल था किसी बच्चे या बड़े का, कि छू तक ले। ऐसे अवसर पर मास्टरनी सचमुच की मास्टरनी बन जाती। अपने बेटे रामेश्वर को भी मास्टर साहब का कोई सामान नहीं छूने देती। मास्टर साहब की कोठरी में बने उस गाँव के पहले

बाथरूम में नहाने नहीं देती। पर अपनी बेटी धनमन को रोक नहीं सकी मास्टरनी। क्योंकि मास्टर साहब स्वयं उस बेटी के साथ सन्तान सुख प्राप्त कर लेना चाहते थे। उस उम्र में वे धनमन के साथ खूब खेलते। बेटी से बहुत सारी अपेक्षाएँ भी साध ली। बेटी को भी पढ़ाएँगे। गाँव में पाँचवीं कक्षा तक ही विद्यालय था। उन्होंने अपनी धनमन को छात्रावास में भेज दिया। तब उस गाँव में किसी ने बेटी को बाहर भेजकर पढ़ाने की बात न सुनी, न देखी थी। इसलिए धनमन को छात्रावास के लिए विदा करने वास्ते गाँव वालों की भीड़ लग गई। मास्टर साहब का आँगन पूरा दरवाजा सब भर गया।

काकी तो कई दिनों से रो रही थी। खाना–पीना भी छोड़ रखा था। काकी और उनके तीसरे बेटे मंगल सिंह की जान मानो धनमन में ही बसती थी। वे दोनों मास्टर साहब से नाराज। बुरा तो मास्टरनी को भी लग रहा था। धनमन के गर्भ में आने और उसके जनमने तक भले ही शर्मिन्दगी महसूस करती थी मास्टरनी, धनमन की उम्र बढ़ने के साथ उसके प्रति माँ की ममता भी बढ़ने लगी थी। परन्तु वह अपने मास्टर साहब के निर्णयों पर प्रश्नचिह्न नहीं लगा सकती थी। क्योंकि उसकी आराधना में अपने देवता के प्रति कभी खोट नहीं उभरता। इसलिए नन्हीं बिटिया का बिछोह का दर्द पति की सज्ञानता की समझ से उत्पन्न अभिमान के नीचे डूब धँस जाता। पति के उपनाम को उसने ओढ़कर आत्मसात कर लिया था। स्वयं मास्टरनी बन गई थी। उसने कभी इस सम्बोधन को नकारा नहीं। उलटा 'मास्टरनी' सम्बोधन सुन फूल कर बैठती। ऐसे सम्मानित पति द्वारा अपने को नहीं समझे जाने की सनातनी 'पत्नी पीड़ा' उसके अन्दर भी थी। पति को अपनी बात नहीं समझा पाने की पीड़ा। कभी-कभी मास्टरनी बिफर पड़ती— "अंधरा आगू रोई, अपन दीदा खोई।" और इस लोकोक्ति के सत्य को आत्मसात करती मास्टरनी अपनी पीड़ा को भी जग की पत्नियों की पीड़ा में समाहित कर उस जल से अपना हिया धो लेती। धुले हुए हिया में फिर सबसे काबिल पति की पत्नी होने का गर्व भरा एहसास समा लेती।

बेटी को छात्रावास के लिए विदा कर मास्टरनी खूब रोई। बेटी के लिए कम पति की पीड़ा के समर्थन में अधिक। मास्टर साहब बेटी को छात्रावास में भर्ती कर आए। परन्तु अपना निर्णय स्वयं उनके लिए भारी पड़ गया। रात्रि को खाना भी नहीं खाते। रात्रि को बेटी उनके साथ ही खाती थी। इतना क्या कम था मास्टरनी की समझ के लिए। वह भी रोती रहती। मानो 'घाव कहीं, पीड़ कहीं।' मास्टर साहब के हिया का दर्द मास्टरनी की आँखों से रिसता रहा।

एक दिन मास्टर साहब ने कहा— "लौटा लाएँ उसे।"

मास्टरनी ने बड़ी कशमकश से कलेजा कठोर किया। बोली— "नहीं। पढ़-

लिख लेगी तो उसका भविष्य बनेगा। मेरी तरह चूल्हा फूँकना नहीं पड़ेगा न।''

मास्टर साहब को भले ही यह दलील कारगर नहीं लगी, वे चुप रहे। बेटी को छात्रावास से लौटाना वे भी नहीं चाहते थे। पत्नी का ही समर्थन स्वीकार किया हो। बिटिया ने मैट्रिक पास किया। गाँव वालों की नजर में ब्याहने योग्य हो गई। मास्टरनी ने भी अपने पति को पंखा झलकर खाना खिलाते हुए कहा— ''अपनी बिटिया अब ब्याह के लायक हो गई। लड़का ढूँढ़िए न!''

'कान्ता सम्मति उपदेश विधे' के रूप में आए पत्नी के सुझाव पर भड़कने की मास्टर साहब की आदत उनकी उम्र के साथ ही प्रौढ़ हुई थी। झल्लाकर बोले— ''मुझे भी मालूम है। लड़का ढूँढ़ ही रहा हूँ। कोई ऐसा वैसा भैंस चराने वाला तो नहीं चाहिए न! पढ़ा-लिखा ढूँढ़ना है।''

मास्टर साहब ने पढ़ा लिखा प्रोफेसर दामाद ढूँढ़ा। दामाद को निरख-निरख न्योछावर हो रही थी मास्टरनी। आँख, नाक, ललाट, होंठ एक एक को निहारती उसकी छवि अपने हृदय में उतारती। बिटिया की विदाई पर पुक्का फाड़कर रोई मास्टरनी। अपनी करनी पर पश्चाताप भी था। काकी ने कह ही दिया था— ''आज दामाद को देखकर कैसी मग्न हो रही हो। तूने तो गर्भपात के लिए दवा खा ली थी। यह बिटिया नहीं जन्मती तो इस उम्र में इतना बड़ा सुख कैसे देखती।''

''ठीक कहती हैं काकी। आज तो मैं धन्य हो गई।'' बेटी विदा के समय रूदन जल में मास्टरनी अपने हृदय में बैठाए अपनी भूल के शूल को निकालती रही। बिटिया तो आठ वर्ष की आयु में ही विदा होकर छात्रावास में पढ़ने गई थी। पर यह विदाई मास्टरनी के हृदय में गहरे तक समाई। मास्टरनी का गला पतला और साँस ऊँचाई तक जाती थी। जब किसी की बेटी विदाई या बच्चा जन्म पर गीत गाती थी तो उसके स्वर के साथ किसी महिला का स्वर नहीं बढ़ पाता था। इसलिए वह अकेली ही गाती थी। सभी महिलाएँ उसे घेरकर गीत के शब्दों के भावों में मास्टरनी के डूबने उतरने की साथिन बनकर। बेटी विवाह का एक गीत मास्टरनी की जुबान पर ही छजता था—

'रूक्मिनी कामिनी सखि से पूछइ छथिन
राजा घर कौन उछाह
राजा शिशुपाल असुरवा के बेटा
हुनको से तोहरो विवाह
एतना बचनिया रूकुमिण सुनहू न पावत
रूकुमिण गिरले मुरछाए।
अंचरा में फाड़ी रूकुमिण

कगजा बनाओल, नयन कजर मशीहान
चारों ओर लिखले रूकुमिण क्षेम कुशलवा
बीचे बीचे रूकुमिण बयान'

और रूकुमिणी कृष्ण के प्रेम व विवाह प्रसंग में डूब जाती मास्टरनी। यह गीत और कोई महिला नहीं गाती थी। मास्टरनी के सामने तो नहीं ही। गीत के स्वर को बिगाड़ने, भाव में डूबे बिना गीत की पंक्तियों को तोता रटंत की तरह सुनाने से मास्टरनी को पीड़ा होती थी। मानो अपने जाए के अंग टूटने की अनुभूति।

धनमन के ब्याह के समय भी पन्द्रह दिन पूर्व से हर रात्रि को विवाह गीत गाए जाते थे। प्रति रात मास्टरनी वह गीत गाती। अपने भावों में डूबती उतराती। अपने दामाद को बहुत स्नेह करती मास्टरनी। उसके रूप, रंग, गुण और स्वभाव पर लट्टू होती। एक बार उसके दामाद छुट्टी पर कलकत्ता से आए। उन्हें पन्द्रह मील दूर अपने गाँव जाना था। मास्टरनी का गाँव नजदीक था। मास्टर साहब दामाद को स्टेशन से अपने घर ले गए। दामाद बार-बार कह रहा था— ''मुझे अपने गाँव जाना था। बेकार यहाँ ले आए।''

जब तक मास्टर जी क्षमा भाव के कुछ शब्द बिनते मास्टरनी बोल पड़ी— ''घर तो आपको जाना ही है। यह तो वेटिंग रूम है। वेटिंग रूम में नहा धोकर, नाश्ता करके घर जाइए।''

अंग्रेजी का प्रोफेसर मास्टरनी के दामाद अपनी सास के उपमा उपमेय के उपयोग पर स्तब्ध और मुग्ध रह गए। फिर तो एक बार भी शिकायत नहीं की। दामाद अकसर अपनी सास को छेड़ा करते— ''आपने मुझे शादी में कुछ भी नहीं दिया।''

मास्टरनी कहती— ''यह तो ठीक कहते हैं।''

दामाद— ''आपने दहेज नहीं दिया।''

मास्टरनी— ''यह ठीक बात है। दरअसल, हमारे पास पैसा था ही नहीं तो हम देते कहाँ से।''

''आपकी बेटी देखने में सुन्दर नहीं है।''

''यह भी ठीक कहते हैं आप। हम लोगों को डर था कि इसकी शादी कैसे होगी।'' इस तरह दामाद की सारी शिकायतों पर रीझती उन्हें स्वीकार करती गई अनूपा। जमाई बाबू अपनी सास की सरलता के आगे परास्त हो जाते। कहते— ''आपने मुझे माटी का लौंदा दिया है। उसमें आँख कान ही नहीं बनाए।''

मास्टनी कहती— ''अब मैं क्या करूँ। इसके बाबूजी का सारा दोष है। वहीं अपनी बेटी को सिर चढ़ाए रखे। घर का कामकाज भी सीखने नहीं दिया। लेकिन

आपकी सेवा करेगी। अब तो जैसी भी है स्वीकार कर लीजिए।''

जमाई बाबू की ही हार हो जाती। उनकी शिकायतें चूक जातीं। सास को आश्वासन दिलाते— ''ठीक है। मैं आपकी बेटी को रख लेता हूँ। आँख कान मैं गढ़ लूँगा। अपनी नजरों से दुनिया दिखाऊँगा।''

धनमन अपनी नजर से दुनिया देखे या अपने पति की नजरों से, अनूपा को क्या फर्क पड़ता था। उसके जमाई ने बेटी को स्वीकार किया, इतना ही बहुत था।

विवाह के चार वर्ष बाद धनमन गर्भ से रही। नाती के जनम पर मास्टरनी के सुख का क्या कहना। उसने अपनी समधिन से कहा— ''जब से सुना कि यह गर्भ से है, शिव-पार्वती और बीच में गणेश की मूर्ति को आरती दिखाती थी। कहती थी— हे भगवान हमारी पार्वती की गोद में भी गणेश देना। भगवान ने सुन ली। गणेश आ गए।''

प्रसव पीड़ा झेलकर उबरी धनमन ने भी सुना और बोली— ''ईआ! तुम्हारे गणेश जी को सूंड नहीं है। वह भी माँग लो न!''

सब लोग विहंस पड़े। सुख की चटाई पसरी थी। सबको उस पर बैठने की पड़ी थी।

अनूपा के आँगन में खुशियाँ पसरती ही गई थी। बेटे रामेश्वर की पत्नी मनोरमा, उसकी दो बेटियाँ किरण और मंजू एक बेटा मुकुल। बड़ी बेटी किरमेरी की दो बेटियाँ टुन्नी मुन्नी। मास्टर मास्टरनी के शरीर में बुढ़ापा अपना पाँव फैला रहा था। मास्टरनी ने भोजन बनाना नहीं छोड़ा। खाना पकाना उसके लिए साधना थी। पति और बच्चों के मनोनुकूल मनोयोग से खाद्य सामग्रियाँ बनाना ही उसके जीवन का लक्ष्य था। शरीर के जोड़ों के दर्द उसकी साधना में बाधक बनते जा रहे थे।

सभी बच्चे बाहर रहने लगे। पति-पत्नी और एक-दो नौकर चाकर बच गए। बुढ़ापे में एक-दूसरे का सहारा। अनूपा विचारमन्त थी। उसने एक दिन अपने पति से कहा— ''मेरी माँ एक कहावत कहा करती थी। उसका माने अब समझ में आया। कहावत थी—लड़िकन के न मैया मरे / बुढ़वन के न जोय / बछड़न के न गैया मरे/ तीनो टूगर होय।''

मास्टर साहब अपनी पत्नी द्वारा बताए ज्ञान सागर में डूबने-उतराने लगे। कहावत का भावार्थ था— ''बच्चों की माँ, बछड़े की गैया और बूढ़ों की जोड़ी नहीं मरनी चाहिए। तीनों टूगर (यतीम) हो जाते हैं।'' पत्नी के मन का भाव समझ गए मास्टर साहब बोले— ''जिसका जितने दिनों का साथ है, रहेगा। मुझे चिन्ता है आपकी। मैं पहले मर गया तो आपको कौन देखेगा?''

मास्टरनी कहती— ''मेरी चिन्ता मत करिए। मैं आपसे पहले मरना नहीं

चाहती। आपको मेरे बाद कौन देखेगा। खटिया पर पड़े-पड़े भी आपके खानपान के लिए नौकर चाकर को हिदायत देती रहती हूँ। हे भगवान हम दोनों को साथ ही उठाना।''

मास्टर साहब भी मन-ही-मन भगवान से कुछ माँगते रहते। बच्चों के कभी कभार गाँव आने पर दोनों अति प्रसन्न हो जाते। घर आँगन बच्चों की किलकारियों से गूँज उठता। दो-तीन दिनों में ही उनके वापस चले जाने पर फिर घर आँगन सूना हो जाता।

मास्टरनी कहती— ''क्यों बाड़ी फुलवाड़ी (बच्चों को पाला पोसा) लगवाए। सब वीरान हो गया।''

मास्टरनी की हालत ज्यादा खराब हो गई। वह बिछावन से उठ-बैठ भी नहीं सकती थी। भारी शरीर था। उसकी बहू मनोरमा सास को शहर ले आई। उतने भारी शरीर को भी पूरा का पूरा उठाकर कृशकाय मनोरमा पॉटी पर बैठाती, नहलाती धुलाती, खाना खिलाती। फिर तो मास्टरनी भगवान से गुहार करने लगी— ''अब उठा लो इस काया हो।''

मास्टर साहब की देख-रेख का भाव जाता रहा। अब तो अपनी सेवा में लगी बहू का कष्ट उससे सहा नहीं जाता था। रात बे-रात शरीर के दर्द को भी दाँत पर दाँत बैठाकर सह लेती अनूपा। उसकी लाडली बहू को कष्ट न हो। बहू के दुबले-पतले शरीर को देख-देख झँकती। उसके रोम-रोम से बहू के लिए लाख-लाख आशीष निकलती।

एक पोता दो नातियों का यज्ञोपवीत देख चुकी थी। दो नातिनों और एक पोती की शादी भी हो चुकी थी। अनूपा के भी विदा होने का समय आ गया।

एक और चाहत बची थी अनूपा की। धनमन को लड़की नहीं हुई। बड़ी बेटी और बहू को मान मनौवल से बेटा हुआ था। परन्तु छोटी के तीन बेटे हो गए। बेटी नहीं हुई। धनमन के तीसरे बेटे के जनम पर अनूपा बोल पड़ी— ''धनमन को बेटी नहीं हुई। एक बेटी होने से भाइयों के भी शौक पूगते। बिन बेटी का आँगन सूना लगता है और बिन बेटे का द्वार।''

एक दिन स्वयं आँगन द्वार सूना कर, मास्टर साहब और बच्चों को बिलखते छोड़ संसार से विदा हो गई अनूपा। मास्टरनी को अन्तिम विदा देने सारा गाँव उमड़ पड़ा था। मास्टर साहब बुढ़ापे में जोड़ बिना, तीनों बच्चे और उनके बच्चे माँ बिना और नौकर चाकर अपनी मालकिन बिना अनाथ हुए थे। टूगर।

मास्टरनी के लिए बिसूरने वालों की पीड़ा साठ साल बाद अकेले रह गए मास्टर साहब के लिए भी थी। मास्टर साहब बिलख रहे थे। रुक-रुक थम-थमकर

उनकी सिसकियाँ उबलती थी। साठ वर्षीय जीवन के असंख्य पल जीवन्त हो उठे थे। मास्टरनी की अन्तिम इच्छा, पति के साथ या उनके बाद मरने की चाहत। आम औरत से अलग थी मास्टरनी। पति के पहले मरने, सिन्दूर और लाल चुन्दरी में अर्थी पर सवार होने की आकांक्षा तो सभी औरतों की होती है। पर अपने खनिहार (मास्टर साहब) के लिए मास्टरनी की ममता ने उसके दिल में मास्टर साहब के बाद मरने की चाहत पैदा की थी। ताकि बुढ़ापे में मास्टर साहब टूगर न हो जाएँ।

मास्टर साहब भी सालभर ही जीवित रहे। मास्टरनी की मृत्यु की बरसी की रात्रि को खटिया पर पड़े पड़े मास्टर साहब ने धनमन से कहा— "तुम्हारी माँ रात को आई थी। कह रही थी कि उसने वहाँ (स्वर्ग में) बड़ा घर बनवाया है। मुझे लेने आई थी।"

धनमन रो पड़ी। पिता की हालत बिगड़ ही रही थी। पर अपनी प्यारी पुत्री धनमन के आँसू नहीं रोक पाए मास्टर साहब को। वे मास्टरनी की पुकार पर जाने के लिए उद्धृत हो गए। धनमन ने बिसूरते हुए इतना ही कहा— "बाबूजी! जा ही रहे हैं तो जाइए। ईआ से कह दीजिए उसकी धनमन फिर माँ बनने वाली है। उसकी चाहत पूरी होगी। इस बार बेटी ही होगी।" धनमन की बेटी हुई। अब वह बेटी भी बहुत बड़ी हो गई। परन्तु ईआ जब कभी अपनी साँवली सलोनी सूरत के साथ सामने आती है अनुराग से भर देती है। कहती है— "बाँटने का मन हो तो प्यार ही बाँटना, छीनने का मन हो तो किसी का दुःख ही छीनना।"

माँ को श्रद्धांजलि देते हुए उसकी नन्ही बिटिया धनमन (जो स्वयं अब दादी बन गई) अपनी बिटिया मिली को प्यार बाँटना और दूसरों का दर्द हरना ही सिखाती है। जिन्दगी एक रिलेरेस है। जो मास्टरनी ने अपनी बिटिया को सिखाया उसे वह भी अपनी बेटी को सिखा दे। इतना ही क्या कम है। धनमन से मृदुला और अब माँ, दादी बन गई। ईआ की स्मृतियाँ संगसाथ हैं।

बनिया वाली काकी

वह बारह बरस की उम्र तक ही माँ-बाप के द्वारा दिए गए नाम से पुकारी जाती रही। ससुराल में नया नाम मिला। बनिया वाली। हाँ! वह सबके लिए बनिया वाली ही थी। चालीस वर्ष की उम्र में ही चार भाइयों के खानदान की तीन पीढ़ियों की वह काकी बन गई थी। तीसरे भाई लखन सिंह की धर्मपत्नी छपरा गाँव से करीब बीस मील दूर बनिया बसाढ़ गाँव की बेटी थी। बनिया और बसाढ़ दो जुड़वें गाँव। वही गाँव देश भर में प्रमुख ऐतिहासिक स्थली 'वैशाली' है। 'दस कोस पर पानी बदले, बीस कोस पर वाणी' कहावत है। गाँव छोड़ आई, पर काकी अपने ससुराल की सत्तर वर्षीय जीवन-यात्रा में भी मैके की भाषा नहीं छोड़ सकी। भोजपुरी और वज्जिका का मिश्रण थी उसकी बोली। मात्र काकी के बड़े बेटे निरंजन सिंह ही उसकी बोली बोलते थे। चार बेटों को काकी के आसपास दौड़ते, रेंगते, घुटरन चलते, ससरते छोड़, उसके पति उसे उसके भाग्य और दो बीघे जमीन के आश्रित रख गए।

काकी चारों में से कभी एक तो कभी दूसरे को पीठ पर चढ़ाए या गोद में बैठाए जिन्दगी घसीटने लगी। तन को तानकर चलाने के लिए कुछ था ही नहीं, इसलिए मन को भी झुकाए, तन-मन को एक तापमान पर समानान्तर ही रखती थी। सबकी हाँ में हाँ मिलाती, औरों की जिन्दगी के साथ अपनी जिन्दगी ससारती गई। उसके बड़े जेठ के इकलौते बेटे छबिला सिंह की नौकरी के कारण आर्थिक स्थिति अन्य तीनों परिवारों से थोड़ी बेहतर थी। उन्नसवीं सदी के तीसरे-चौथे दशक में उस गाँव के ज्यादातर परिवारों का जीवन खेती पर ही निर्भर था। उस समय तक समाज में कहावत चरितार्थ होती थी—

'उत्तम खेती, मध्यम वाण
निषिद्ध चाकरी भीख निदान'

खेती करने वाला ही बादशाह माना जाता था। परन्तु छोटे खेतिहरों की जीविका मात्र खेती पर निर्भर नहीं रह पा रही थी। इसलिए छोटी-मोटी नौकरी

करके अपनी स्थिति सुधारने का चलन चल पड़ा था। सिपाही, चौकीदार, मुनीम और भी छोटी नौकरियों में छोटे किसानों के अनपढ़ तथा पाँचवीं-सातवीं पास बच्चे भर्ती होने लगे थे। ज्यादातर नौजवान कलकत्ता की ओर भागते। बंगाली बाबूओं और सेठों के घर, दुकान या व्यापार में कोई-न-कोई छोटी-मोटी नौकरी मिल जाती। साल में होली, दीवाली और छठ में ही घर लौटते। घरवालों के लिए कपड़ा, साबुन, तेल, पाउडर और पेट काटकर बचाए नगद नारायण लेकर आते।

बड़े भाई जगदेव सिंह के सुपुत्र छबिला सिंह गाँव के पहले मैट्रिक पास युवक थे। पुलिस में भर्ती हो गए। उनका दारोगा बनने का मन बन आया। इधर छबिला सिंह की माँ का रो-रोकर बुरा हाल। छबिला सिंह के पिता को गाँव के रोड बनवाने, मिट्टी भरवाने या पोखर खुदवाने जैसी छोटी-छोटी ठेकेदारी मिलती थी। इसलिए अंग्रेजों के जमाने में भी पुलिस वालों से औरों की तुलना में उन्हें कम भय लगता था। उन्होंने अंग्रेज पुलिस ऑफिसर के सामने जाकर गुहार लगाई— "मेरे माई बाप। छबिला मेरा इकलौता बेटा है। उसे पुलिस की नौकरी में नहीं भेजना है। पुलिस में रहकर वह गरीब और निर्दोष लोगों को भी मारेगा-पिटेगा। उनके परिवार वाले रोएँगे-बिलखेंगे। उसे उनकी आह लग जाएगी। वह निरवंश हो जाएगा। मैं हाथ जोड़ता हूँ। मेरे बेटे को पुलिस की नौकरी से हटा दें।"

ऐसी ही विनती कर करके अपने छबिला सिंह को दारोगा की नौकरी से मुक्त करा लाए। अब छबिला सिंह मास्टर बन गए। अपने गाँव से बहुत दूर सुरसंड हाई स्कूल में शिक्षक हुए। घर में उनकी पत्नी और माँ बची। ये दोनों महिलाएँ औरों की तुलना में थोड़ी सुकुमार थीं। एक और बात थी। वे कमाऊ की माँ और परदेसिया की पत्नी थीं। थोड़ी-बहुत नगद आमदनी आने लगी। कोई आठ-नौ रुपये माहवार। इसलिए उन्होंने अपने हाथों अन्न कूटना-पीसना छोड़ने की शुरुआत कर दी थी। उन दिनों चालव कूटने, आटा पीसने की मिलें नहीं थीं। घर के लिए चावल व चूड़ा कूटना और आटा पीसना, दाल दड़रना मास्टरनी (छबिला सिंह की पत्नी) से अकेले सम्भव नहीं था। इसलिए बिन कहे काकी उनकी मदद करने लगी। इस घर के काम में मदद करते करते दोनों परिवार अधिक नजदीक होते गए। एक-दूसरे के सुख-दुःख के साथी। काकी दिनभर मास्टर साहब के घर में काम करती, फिर उनके बच्चे कहाँ जाते। वे भी वहीं रहते।

उन्हें अपने घर में काम ही क्या था। काकी सुबह-सुबह मक्की की पाँच-छः मोटी रोटियाँ बना लेती। सब्जी हो न हो, मट्ठा या कभी-कभी मट्ठा या अचार से

बच्चे खा लेते। बिन बाप के होकर भी चारों बेटे बहुत सलज्ज, सुशील, मेहनती और दूसरों के मददगार बने। जिस किसी की मदद करने को तैयार। इसलिए अपने मुहल्ले में सबके लाड़ले। भाभियों की तो वे आवश्यकता ही बन गए थे। विशेषकर मास्टरनी के हाथ-पैर। वे दूसरों की मदद अपने शरीर से करते तो बदले में उन्हें थोड़ी बहुत आर्थिक मदद मिलती रहती। पर उन्हें सहायता करने वाले कभी उन पर एहसान नहीं जताते। अपनी आर्थिक तंगी के कारण मास्टरनी या अन्य बहुओं से दबकर काकी की कद-काठी कहीं से भी कमजोर नहीं हुई। उसे पूरे मुहल्ले में इज्जत मिलती।

शादी-ब्याह और तीज-त्योहार पर काकी की पूछ और बढ़ जाती। देवता मनौवल के गीत से लेकर सारे रस्म-रिवाजों के गीतों की काकी विशेषज्ञ थी। सभी बच्चों को लाड़ लगाती। इसलिए बहुएँ अपने बच्चों से तंग आकर उन्हें काकी के पास भेज देतीं— "जा काकी के पास जा।" माँओं को राहत मिलती। अपना बड़ा बेटा निरंजन कमाऊ पुत्र होकर भी चालीस वर्षों तक अविवाहित ही रहा। पर काकी नाती-पोतों वाली थी। बहू-बेटियों और बच्चों से घिरी रहती। किसी के बढ़ते खानदान को देख उसे कभी ईर्ष्या नहीं हुई। काकी की मड़ैया बच्चों से अंटी रहती। मानो वह क्रेच चलाती हो।

मास्टरनी की बेटी आकाशफूल उसकी प्यारी पोती थी। दोनों एक-दूसरे पर आश्रित। वह भी बड़ी हो गई। उसका विवाह हो गया। आकाशफूल की विदाई पर काकी बहुत रोई। फुक्का फाड़ कर। मास्टरनी से भी ज्यादा। काकी के गले मिलती आकाशफूल का भी कलेजा फटने लगा था।

काकी के दो बेटे कमाने लायक हो गए। कहीं-न-कहीं दोनों को नौकरी पर लगाना था। मास्टर साहब को यही चिन्ता सता रही थी। मास्टरनी फिर गर्भ से रही। चालीस वर्ष की उम्र में ठहरा दो महीने का गर्भ उसे अधिक ही चुभने लगा। मास्टरनी ने काकी के आगे अपना दुखड़ा सुनाया। काकी ने कहा— "क्या हुआ तो। बच्चा भगवान की देन होता है। एक बेटा भी भला कोई बेटा होता है। भगवान चाहेंगे तो रामइसवर (रामेश्वर) की जोड़ी लग जाएगी। इस उम्र में बच्चा पालने से घबराती हो न। मैं हूँ न अभी जिन्दा। पाल दूँगी। चिन्ता मत करो।"

काकी के आश्वासन का मास्टरनी के मन पर कोई असर नहीं पड़ा। उसने गर्भपात कराने की दवा खा ली। काकी को मालूम हुआ। अपने खानदान के चार परिवारों और गाँव घर के भी अनसुनी व अनकहे समाचार मास्टर साहब को देने वाली काकी ही थी। उनकी खुफिया पुलिस। उस दिन काकी मास्टर साहब के पास धीमी गति से आई। उनके हाव-भाव व चाल से मास्टर साहब को समझते देर नहीं

लगी कि उन्हें कोई विशेष बात कहनी थी। मास्टर साहब दरवाजे से उठकर अपनी कोठरी में गए। काकी धीमे स्वर में मास्टरनी के गर्भ ठहरने और उसके द्वारा गर्भ गिराने की दवा खा लेने की बात बता आई। मास्टर साहब मास्टरनी को शहर ले गए। पत्नी को शहर ले जाकर ईलाज करवाने वाले उस इलाके के पहले पति। पढुआ जो थे। सात महीने बाद मास्टरनी को बेटी हुई। उसी दिन मास्टर साहब को निरंजन को नौकरी लगाने के प्रयास में सफलता मिली थी। शाम को घर लौटे मास्टर साहब हर्षित होकर काकी से बोले— ''आज निरंजन को जेल के सिपाही की नौकरी मिल गई।''

खबर सुनकर काकी का कलेजा जुड़ा गया। उसी जुड़ाए कलेजे से अह्लाद निकला— ''हमरो धनमन अयलन (आई) ह। लक्ष्मी पोती।''

मास्टर साहब को समझते देर न लगी कि उनकी पत्नी को फिर बेटी हुई थी। काकी धनमन को अपने कलेजे से लगाए पालने लगी। उसने मास्टरनी से वादा जो किया था। बेटे मंगल को भी इस काम में लगाए रखती। काकी का शरीर भारी हो गया था। पर धनमन के काम में कोई आलस नहीं। तीन बेटे बाहर चले गए। दो प्राणियों का खाना बनाना। धनमन भी उसी के घर खाती। धनमन के मुँह में बिना निवाला डाले मंगल सिंह का हाथ अपने मुँह तक नहीं पहुँचता। धनमन बड़ी होती गई।

उसका हमउम्र एक कुत्ता भी था। उसका नाम था मींटा। ईश्वर से अपने सफेद शरीर पर चार पाँच भूरे-रंग के धब्बे डलवा कर चितकबरा की श्रेणी में आ गया था मींटा। काकी के दूसरे बेटे वृजवन्दन सिंह की भी नौकरी किसी चावल मिल में लग गई। चौथे सुमंगल सिंह को भी मास्टर साहब ने इलाके के बड़े जमींदार के यहाँ रखवा दिया था। गाँव में अकेला मंगल सिंह खेतीबाड़ी तथा अपनी माँ और भाभियों के काम-धन्धे के लिए बचे। मंगल सिंह बहुत ही मेहनती। मात्र खेती-बाड़ी से घर का खर्च चलने वाला नहीं था। इसलिए एक भैंस भी पालते थे। दूध बेच देते। थोड़ी नगद आमदनी हो जाती।

शाम ढलते ही धनमन अपनी लुटिया लेकर आ धमकती। जैसे ही मंगल सिंह भैंस के थन से दूध निकालने के लिए अपने पाँवों पर नीचे बैठ बाल्टी दोनों जाँघों के बीच थामते, धनमन लुटिया लिए उनकी पीठ पर लद दोनों हाथों गर्दन छान लेती। दूध की पहली धार उसकी लोटकी में ही पड़ती। पाव भर दूध से लोटकी लबालब भर जाती। उसकी औकात भी धनमन के पेट के बराबर ही थी।

वहीं पास में खटिया पर हुक्का पीती काकी झँकती— ''सब दूध छलक जाएगा। ला मैं घर तक पहुँचा दूँ।''

धनमन नहीं गानती। वह लोटकी को दोनों हाथों से कसकर पकड़े, नन्हे पाँवों को थाम-थामकर चलाने का अभ्यास कराती अपने दरवाजे तक पहुँचती। माँ से उस दूध को उबालकर अपने लिए अलग छोटी छछिया में दही जमाने की जिद्द करती। उसे दही और चिउरा का नास्ता बहुत पसन्द था। उस जमाने में किसी साधारण परिवार में बेटी को दही चिउरा जलपान कराना विशेष बात थी। धनमन विशेष थी ही। इसलिए चारों परिवारों के लगभग एक दर्जन बेटों को भलेहिं बासी भात, मक्के की रोटी या सत्तू जलपान में मिलता, धनमन दही चिउरा ही खाती।

काकी के चौके चूल्हे की सेहत बहुत अच्छी नहीं थी। फिर भी मींटा के लिए एक आध रोटी बनाकर सँजोकर रखती काकी। दूसरे घरों से कौरा खा-खाकर उसका पेट भलेहि भर रहता, काकी के हाथ का एक निवाला खाकर ही वह अघाता। उसे खिलाकर काकी स्वयं जो अघा जाती। अपनी मड़ैया के बाँस का फाटक सटाती मींटा से कहती— "यही बैठा रह। मैं धनमन को देखकर आती हूँ।"

अपने जमाने में मुहल्ले में पैदा हुए सभी बच्चों का पहला मुँह काकी ने ही देखा। धाय को जच्चा-बच्चा सँभालने, दोनों को मालिश कर नहलाने-धुलाने का निर्देश देती शौरगृह में ही डंटी रहती। उस दिन तो मंगल सिंह के भोजन में देर होनी ही होती। उनकी ईआ विभिन्न प्रकार की समाज-सेवा में लगी रहती, रोटी कौन पकाए। और ऐसे दिन सप्ताह में एक दो बार आते। मंगल चू शब्द नहीं बोलते। अपनी ईआ को घुड़कते उन्हें कभी किसी ने देखा सुना नहीं। भाभियाँ आवाज लगाती— "हे मंगल सिंह! इधर आकर खाना खा लीजिए। काकी तो हैं नहीं। रोटी कौन बनाएगी?"

मंगल सिंह कहते— "घर में सत्तू था। घोलकर पी लिया।" कभी कहते— "घर में बासी रोटी थी। खा ली।" भैंस की सेवा, खेत का रख-रखाव, टोला मुहल्ला जाकर भाभियों के हुक्म बजाते मंगल सिंह को दातून करते, कुआँ पर पानी भरकर नहाते दिन के दो बज जाते। घर के बच्चों के तीसरी बार 'बेरहटिया' खाने का समय हो आता। एक हड्डे मंगल सिंह की काया को नहाते देख पलंग पर लेटा खाना पचा रही मास्टरनी खिड़की से देखती, भुनभुनाती— "कैसा सूखल खटाई शरीर है। खट-खट के बेहाल। आगे नाथ न पाछे पगहा। किसके लिए खटते हैं। एक महतारी है। दिन भर दूसरे की सेवा में मगन। बेटा का हाल तो देखो।"

मंगल सिंह के कानों तक मास्टरनी के ममता भरी झल्लाहट नहीं पहुँचती। वे कुएँ से छोटी बाल्टी में पानी निकाल अपने सिर पर डालते जाते। मास्टरनी अपनी कोठरी से उनका नहाना निहारती रहती। कन्धे पर भींगा गमछा, कमर में लपेटी धोती और छोटी पनभरनी डोल में पानी लिए मंगल सिंह अपनी मड़ैया की ओर प्रस्थान

करते। दरवाजे पर बैठी काकी अपनी भारी भरकम काया को घसीटती अन्दर ले जाती। बीच घर में पीढ़ा लगा तीन ईंच कान वाली पीतल की थाली में दो मक्की की रोटी सब्जी और मट्ठा देती। धनमन आ धमकती। उसके हाथ की कटोरी में भी कभी सब्जी, कभी कढ़ी-बड़ी कभी खीर होती। धनमन कटोरी बढ़ाती कहती— "ईआ ने दिया है। मंगल चाचा के खाने के लिए। मुझे इसमें से नहीं खाना है।" भाभी का स्नेह-सना सन्देश पाकर मंगल सिंह मगन हो जाते। धनमन को अपनी थाली के सामने बैठा लेते। पहले उसके मुख में निवाला डालते। यह सिलसिला चलता रहा।

धनमन के भाई रामेश्वर की शादी के रिश्ते आने लगे थे। काकी तो कूटते-पीसते, बर्तन माँजते, खाना बनाते, बेटा-विवाह के गीत ही गाने लगी थी।। एक दिन एक बरतुहार (वर ढूँढ़ने वाला लड़की का पिता) धनमन के दरवाजे आए। मास्टर साहब शहर गए थे। बाहर का दरवाजा बन्द कर मास्टरनी घर के काम में लगी थी।

बरतुहार ने धनमन को अपने पास बैठाया। उसे दुलराया-पुचकारा। अपने पास बैठाया। सलीके से गूँथी उसकी चुटिया की सराहना की। धनमन ने पड़ोस की भाभी द्वारा सिली अपनी फ्रॉक और काकी द्वारा मेले से लाई गई चुटिया की बात बताई। घर के एक-एक व्यक्ति के सुभाव को अपने अनुभव और आकलन की असगनी पर पसारती गई। बरतुहार ने पूछा— "तुम्हें क्या खाना अच्छा लगता है।"

"रात को मैं काकी के घर ही खाती हूँ। माड़ भात। मेरे घर तो रोटी बनती है। छीं। मैं नहीं खाती रोटी। काकी के घर बोरे में भरकर बाजार से चावल आया है। ढेर सारा। काकी कहती है कि सबका भात मैं ही खाऊँगी।" और भी न जाने कौन-कौन से घर के किस्से। वे बातें जो बेटे के विवाह के लिए रिश्ता लेकर आए बेटी वालों से छुपाई जाती हैं। धनमन ने सब सही-सही बता दीं। मंगल सिंह ने कुछ-कुछ सुन लिया।

धनमन का हाथ पकड़कर पिछवाड़े दरवाजे से आँगन में माँ के आगे खड़ा कर दिया। मानो जज साहब के सामने मुद्दालय को खड़ा कर स्वयं इज़हार कर रहे हों। सारी बातें सुनकर चूल्हे के सामने बैठी ईआ आग-बबूला हो गई। जलावन का एक चईला उठाकर धनमन की ओर फेंका। उसके नन्हे पाँव में जाकर लगा। खून निकल आया। धनमन कातर नजर से मंगल चाचा को देखती रही। बचाने में एक-दो थप्पड़ मंगल सिंह पर भी पड़े। यह सुबह-सुबह की घटना थी। उस दिन मंगल चाचा ने खाना तक नहीं खाया। अपनी लाड़ली भतीजी की आँखों में उतरे प्रश्नों का जवाब नहीं दे पाए थे। बच्ची भी रोती-रोती सो गई। पर धनमन को यह ज्ञात नहीं हुआ कि उसकी गलती क्या थी? उसने तो वरतुहार से सही बात बताई थी।

काकी दिन भर हुक्का गुड़गुड़ाती धुएँ से अपना पेट भरती रही। मींटा को भी उस दिन उस मड़ैया में दुख का आलम पसरने की अनुभूति हुई। इसलिए काकी के पास बैठा रहा। पर रोटी देने पर खायी नहीं। ऐसे अनेक विस्मरणीय प्रसंगों को बनाती धनमन बढ़ती गई।

धनमन के पिता द्वारा अपनी बेटी को छात्रावास में पढ़ने भेजने का निर्णय सुन भी, दोनों माँ-बेटे ने अनशन कर दिया। पर उनके सत्याग्रह का कोई असर नहीं हुआ। धनमन हॉस्टल पढ़ने गई।

दिन बहुरे काकी के भी। उसकी मड़ैया के सामने भी शहनाई बजी। काकी के बड़े बेटे निरंजन सिंह का विवाह पैंतीस वर्ष की उम्र में हुआ। नाजुक-सी बहू आई। लगभग धनमन की हमउम्र। चौदह-पन्द्रह वर्ष थी आयु। दूसरा बेटा भी ब्याहा गया। अब काकी की मड़ैया भी अपनों से भर गई। पोते-पोतियाँ भी हुए, पर उसके लिए धनमन ही विशेष थी।

काकी बहुओं से बहुत खुश नहीं थी। पर अपनी नाराजगी कभी किसी के सामने नहीं प्रगट करती। शायद इसलिए भी कि लोग क्या कहेंगे— "बेटों की शादी नहीं हो रही थी तो परेशान। अब शादी हो गई तो परेशान।"

काकी को दूसरों के आगे अपना दु:ख पसारने की लत नहीं थी। वह तो स्वयं दु:खहरनी थी। दूसरों के दु:खों का चुटकी भर दवा हुआ करता था उसका निरपेक्ष व्यक्तित्व।

धनमन की शादी का समय आ गया। मास्टर साहब ने एक लड़का देखा। काकी से कहा— "लड़का लेक्चरर है। परन्तु रंग काला है।" काकी ने साफ मनाही कर दी। उसकी पोती के लिए काला दामाद नहीं चाहिए था। काकी स्वयं काली थी। मोटी नाक, मोटे-मोटे होठ, छोटी-छोटी आँखें, कद छोटा और शरीर मोटा। उसने अपनी धनमन के नाक-नक्श भी निहारे थे। सुन्दरता के एक भी निशान नहीं दिए थे ईश्वर ने। पर काले लड़के से अपनी लाड़ली को ब्याहना कबूल नहीं था। धनमन ब्याही गई एक गोरे-चिट्टे सुदर्शन नौजवान से। काकी का हिया जुड़ा गया।

धनमन विदा हो गई। शहर में रहने लगी। अकसर गाँव आती। काकी उसे बैठाकर ससुराल में करणीय व्यवहार सिखाती। सास-ससुर का आदर करना मुख्य सीख होती थी। धनमन को शहर में अपना घर बसाना था। एक मकान किराए पर लिया। उसकी माँ ने चौके-चूल्हे के लिए बरतन-बासन दिए। उसकी रसोई में एक महत्त्वपूर्ण उपकरण की कमी थी। सील-बट्टा। उन दिनों घर-घर में मसाला पीसा जाता था। धनमन ने माँ से कहा। उसकी माँ ने खरीदकर मँगवा लिया। काकी ने देखा। पूछा— "सील-बट्टा क्यों मँगवाई हो।"

“धनमन को देना है।” काकी का गुस्सा पहली बार देखा धनमन ने। वह चिल्लाई— “बुढ़िया हो गई। अब तक अक्ल-बुद्धि नहीं आई। बेटी को पत्थर नहीं दिया जाता।”

धनमन पूछ बैठी— “क्यों?”

काकी बोली— “अब यह मत पूछो। इतना ही जान लो कि बेटी को पत्थर दान देने से उसका कलेजा पत्थर का हो जाता है।”

काकी ने पत्थर दान करने नहीं दिया। पर उसकी बीमारी पर धनमन के बहुत देर से पहुँचने पर उसके मुख से शब्द रिस रहे थे— “कइसा पत्थर का कलेजा हो गया तुम्हारा। तुम्हें देखने के लिए नजर पथरा गई। तुम अब आई हो। अब तो मैं जा रही हूँ। जमराज बुलाने आए हैं। सुखी रहो।”

काकी नहीं रही। काकी के साथ बिताए सारे प्रसंग याद करके धनमन का कलेजा फटने लगा। बिलख-बिलखकर रोई। उसके मंगल चाचा उसके पास खड़े होकर बोले— “चुप रहो धनमन। मैं भी तो टुअर (यतीम) हो गया। बाप को देखा भी नहीं। ईआ ही माई-बाप थी। आज मैं टुअर हो गया।”

वहाँ उपस्थित सभी के हृदय में हूक-सी उठी। उन सबके लिए काकी का जाना दुःखकर था। पर वे रोए मंगल सिंह के लिए। टुअर हुए मंगल सिंह के लिए। धनमन भी। काकी की मृत्यु के तीस साल बाद मंगल सिंह भी अपनी माँ के पास चले गए। अब धनमन भी स्वयं दादी बन चुकी है। अपने प्रति किए गए काकी के व्यवहार ही पोतियों के साथ दुहराना चाहती है। पर सम्भव नहीं होता। धनमन काकी नहीं बन सकती। वह तो बहुत बड़ी थी। अपने उतने बड़े व्यक्तित्व को छोटी मड़ैया में कैसे फँसाकर रखती थी। काश! उस कद-काठी के अनुसार घर भी मिला होता। वह मिला, न मिला। काकी तो काकी थी। गुदरी में गदराई एक भारतीय नारी।

छः भाभियाँ, देवर एक

आँगन दो थे, चूल्हे चार। दो आँगन में अंटे चार भाइयों के परिवार। नौ बेटे थे। नौ बहुएँ आनी ही थीं। बड़े भाई का विवाह हुआ। घर आई उस नवेली भाभी के हिस्से में आठ देवर आए। दो तो माँओं का दूध ही पी रहे थे। दूसरे तीसरे नम्बर के भाई ब्याहे गए। आगे आने वाली भाभियों के देवरों की संख्या कम होने लगी। चार भाइयों के विवाह होने के बाद रोक-सी लग गई। चिन्ता व्यक्त की जाने लगी। मानो पाँचों कुँआरे ही रहने वाले थे। चिन्ता का विषय तो था ही। पाँचवें की शादी की उम्र बीत गई थी। अपने से बीस वर्ष छोटी उम्र की लड़की से हो गया उनका भी विवाह। छठे नम्बर के भाई की जोड़ी की भी लगभग यही स्थिति थी। दूसरे नम्बर की भौजी ही बड़की भौजी हो गईं। और नीचे से दूसरे नम्बर के देवर मंगल सिंह सभी भौजाइयों के प्यारे देवर। किसी ने ठीक ही कहा है— देवर का शाब्दिक अर्थ होता है द्विवर-दूसरा वर। और उसका काम होता है, भाभी के सभी काम सम्पन्न करवाना। हाट-बाजार के काम। मंगल सिंह उस परिवार की भाभियों के दुलारे देवर थे। उनके लिए भाभियों द्वारा बताए कोई भी काम असम्भव नहीं। वे उनका हुकूम बजाने के लिए पानी में तैर जाते थे। बांस पर चढ़ जाते थे। आधी रात को गाय दूध लेते थे। उनके लिए कोई भी आज्ञा असम्भव नहीं होती थी। स्वयं कुँआरे रहे मंगल सिंह।

किसी आज्ञा को सुनकर वे एक पल विचार करते। भाभी कहती—"नहीं होगा तो छोड़ दीजिए।" भाभी और देवर दोनों को यह बात मालूम होती कि यदि मंगल सिंह से वह काम पूरा नहीं हुआ तो किसी के बूते की बात नहीं थी काम पूरा करना।

मंगल सिंह सिर हिलाकर कहते—"अच्छा देखता हूँ।" और शाम तक वह काम पूरा हो जाता। मंगल सिंह की सात भाभियाँ थीं। भाइयों में उनका आठवाँ नम्बर था। उनके ऊपर सात भाइयों के विवाह हुए। वे और उनके छोटे भाई कुँआरे रह गए। उनके ऊपर एक ब्याहे पुरुष से पाँच गुणा जिम्मेदारियाँ थीं। बाईस भतीजे-

भतीजियाँ थीं। बड़ी भौजी की बड़ी भतीजी किशोरी तो उनसे एक दो वर्ष ही छोटी थी। उसके बाद पाँच भतीजे ही हुए। मंगल सिंह उन्हें दुलारते रहते। पर बड़की भौजी के फिर से गर्भवती होने पर उन्होंने मन-ही-मन कामना की थी—'एक भतीजी हो जाए'। उनकी भौजी ने तो अपने गर्भवती होने की ही कामना नहीं की थी। चालीस की उम्र थी। अपनी बेटी का ब्याह रचाकर भला कोई स्त्री क्यों माँ बनना चाहेगी। पर उनके भाग्य में लिखा था। गर्भवती होने पर बहुत रोई थी अनूपा। एक दिन उसे एक उपाय सूझा। पति से इस बात की चर्चा का सवाल ही नहीं उठता था। उसने अपनी देवरानियों और सासों से बात करनी उचित नहीं समझी। दरवाजे पर से मंगल सिंह को बुलवाया। पीछे गली में चली गई। मंगल सिंह ने पूछा—"क्या बात है?" जरूर कोई चुप चोरी की बात होगी। ऐसी बात जिसे देवर भाभी के सिवाय कोई न जाने। 'बारमती दाय को बुलवाना है'। भाभी ने स्वर दाबकर कहा। मंगल सिंह समझ गए। वारमती तभी बुलवाई जाती थी जब किसी भाभी को दर्द उठता था। मंगल सिंह ही बुलाने जाते थे। अर्द्धरात्रि क्यों न हो। लाठी और लालटेन लेकर चल देते। हाँ! उनके साथ उनका चहेता मींटा भी जाता। फिर डर कैसा! और बारमती भी मंगल सिंह के बुलावे पर ही आती थी। पर भौजी द्वारा बारमती को बुलाने की बात मंगल सिंह को समझ नहीं आई। यूँ तो भाभियों से बातें करते समय मंगल सिंह की आँखें नीची ही रहती थीं। कभी उनसे आँखें नहीं मिली। फिर भी भाभियों का गर्भ उनकी आँखों से नहीं छुपता था। बड़की भौजी की वह स्थिति तो थी नहीं। फिर क्यों बुलाया बारमती को?

सवाल नहीं उभरते थे मंगल सिंह के जबान पर। वे अपना काम जहाँ का तहाँ छोड़ चले गए बारमती को बुलाने। बारमती को अपने बेटे के पीछे-पीछे आते देख दरवाजे पर बैठी हुक्का गुड़गुड़ा रही उनकी माँ का माथा ठनका। बारमती क्यों आ रही है? बड़की भौजी के पिछवाड़े जाते देख समझ गई। दूसरे दिन फिर आई बारमती। इधर-उधर नजरें घुमाती अपने आँचल तले कुछ छुपाकर ला रही थी। कोई देख न ले। कहावत है—धाय से कोख नहीं छुपती। मंगल सिंह की माँ से भी कोई बात नहीं छुपती थी। बारमती के जाने के बाद वे बड़ी बहू के पास गईं। पूछा—"बारमती क्यों आई थी?"

बारमती गर्भपात करवाने की जड़ी-बूटी लाई थी। बड़ी बहू ने मँगवाई थी। और वह खा भी चुकी थी। उन्होंने बड़की के पति से कहा—"किशोरी की माँ गर्भ से है। उसने दवा खा ली है। शहर ले जाकर उसका इलाज करवा दीजिए। एक बेटा, कहीं बेटा हुआ है। ईश्वर ने दस वर्ष बाद सुनी है। वे चाहेंगे तो बेटा ही होगा। उमर हो गई तो क्या!"

बड़की के पति उस गाँव ही नहीं इलाके के पहले पति थे जिन्होंने शहर ले जा कर पत्नी का ईलाज करवाया। बड़की का गर्भ ठहर गया। छः माह बाद उसने एक बेटी को जन्म दिया। रोने लगी बड़की। उसके सास-ससुर भी दु:खी हुए। परन्तु उसके पति, मंगल सिंह और उनकी माँ को लक्ष्मी घर आने का एहसास हुआ। माँ बेटे ने मिलकर ही धनमन नाम दिया। अपनी दिनचर्या में उलझे दोनों धनमन का अवश्य ध्यान रखते।

मंगल सिंह का धनमन के बिना मन नहीं लगता। उसके लिए अलग से लुटिया में गाय का दूध निकालकर भौजी को दे आते। पाँच भतीजे के बाद एक भतीजी हुई थी। लाड़ली धनमन बड़ी होती गई। चार-पाँच वर्ष की धनमन अपने चाचा के कन्धे पर ही बैठती। दरवाजे का काम करते मंगल सिंह के कन्धे पर बैठी धनमन न जाने कितने प्रश्न पूछती। उसके हमउम्र भाई विजय, कामेश्वर नीचे रहते। मंगल चाचा ने उन्हें कन्धे पर नहीं बैठाया। पाँचों भाई धनमन के भाग्य पर तरसते। धनमन की ओर सबका ध्यान रहता।

अपनी बड़ी भाभी के आज्ञाकारी मंगल सिंह धनमन को डाँट लगाती भाभी का विरोध करने का मन हो आता था। चुप रहते। अपने गुस्से का इज़हार करने का एक ही तरीका था। भाभी के पुकारने पर भी नहीं आना। मंगल सिंह के व्यवहार में यह परिवर्तन देखकर अनूपा को बड़ा दुखाश्चर्य हुआ। वह समझने की कोशिश कर रही थी। एक दिन मंगल सिंह की माँ से पूछ बैठी— "सुबह से बुला रही हूँ। मंगल सिंह क्यों नहीं आए? दिखे भी नहीं।"

"अब क्या बताऊँ! तुमने सुबह-सुबह धनमन को डाँटा। एक चपत भी लगा दी। मंगल ने सुन लिया। धनमन रोते-रोते उसके पास गई। मंगल की भी आँखें भर आई। वह तो नाश्ता भी नहीं किया। मुँह लपेटे खटिया पर पड़ा है। धनमन को तुम डाँटा मारा नहीं करो। चोट तो हम माँ-बेटे को लगती है।"

सुबकने लगी मंगल सिंह की माँ। फिर तो अनूपा अपने ऊँचे दरवाजे से उतरकर मंगल सिंह की मड़ैया तक गई। हाथ में भरी हुई थाली लेकर। "मंगल सिंह! क्या हुआ? अभी तक जगे नहीं। लीजिए! थोड़ा खा लीजिए। धनमन की जिद्द थी। खीर और दाल भरी पूड़ी बनाई थी।"

"मैं भी खाऊँगी। चाचा! मैं भी खाऊँगी।"

फिर चाचा क्यों सोए रहते। धनमन ने तो माँ की डाँट पचा भी ली। बहुत पुरानी बात हो गई। पाँच घंटे जो बीत गए थे। फिर तो चाचा-भतीजी ने मिलकर थाली साफ कर दी। सभी भाभियों को खबर लग गई थी कि उनके बेटों से अधिक प्रिय धनमन थी। मंगल सिंह के लिए धनमन के काम पहले। उसके स्कूल छोड़ने,

वापस लाने, सुनार के घर जाकर उसके नन्हे पाँवों में झाँझ पहनवाने और दूसरे ही दिन उतरवाने का काम मंगल सिंह का ही था। धनमन के काम के आगे किसी के काम महत्त्वपूर्ण नहीं होते थे। उनकी माँ का काम भी नहीं।

धनमन के बिना वे थाली में परोसे भोजन में हाथ नहीं लगाते थे। मंगल सिंह की माँ धनमन दरवाजे से पुकारती— ''धनमन! धनमन!!''

उसकी माँ कहती—''जा, जा! तुम्हारे चाचा के कौर नहीं उठ रहे होंगे।'' धनमन दौड़ जाती। मंगल चाचा उसके नन्हे मुँह में एक दो कौर डालकर स्वयं खाते। मानो भगवान का भोग लगा लिया हो।

दस वर्ष की हो गई धनमन। इसी बीच चार और भतिजियाँ भी आ गईं। पर धनमन तो धनमन थी। उसके पिता ने धनमन को छात्रावास में भेजकर पढ़ाने का निश्चय किया। मंगल चाचा स्वयं कभी विद्यालय नहीं गए। काला अक्षर भैंस बराबर ही था। पर अपने भतीजों को बराबर पढ़ने के लिए कहते रहते थे। धनमन तो बेटी थी। उन्होंने छात्रावास का नाम भी नहीं सुना था। उनके अनुसार तो लड़की पैदा होने के बाद बाप के घर से ससुराल ही जाती थी। दोनों माँ बेटे ने मिलकर धनमन के पिता को उसकी उम्र की दुहाई देकर बहुत रोकने की कोशिश की। धनमन का छात्रावास में पढ़ने जाना निश्चित हो गया। धनमन खुश थी। नये-नये कपड़े, बाक्स, जूते, बर्तन सब उसके लिए सहेजे जा रहे थे।

फिर चादर ओढ़कर सोए रहे मंगल चाचा। दोपहर बीत जाने तक गाय नहीं दूही गई। दरवाजे पर झाड़ू नहीं लगा। उनके पिता समान बड़े भाई उनकी खटिया के पास आए— ''क्या हुआ? तबीयत खराब है क्या?''

''आप जाइए। मैं आपसे बात नहीं करता।'' विफर पड़े मंगल सिंह। मास्टर साहब को बड़ा आश्चर्य हुआ। जो भाई उनके सामने कभी खटिया पर बैठा नहीं, उस क्षण उनकी उपस्थिति की अवहेलना कैसे कर दी। खटिया के पास बैठी हुक्का पी रही मंगल सिंह की माँ ने कहा—''वह कल रात से ही कुछ खाया-पीया नहीं है। मेरे घर में चूल्हा ही नहीं जला। आप तो निर्दयी हैं। छोटी बच्ची जिसके बिना आप भी नहीं रह सकते, आज ही ससुराल भेज रहे हैं। हम दोनों भी किसके सहारे जिएँगे।''

धनमन के पिता की भी आँखें भर गई। तभी धनमन दौड़ते आ गई थी। अपने मंगल चाचा के मुख पर से चादर उतारती बोली—''चाचा! देखिए न! मेरी फ्राक देखिए। सुन्दर है न! मैं पढ़ने जा रही हूँ न! मेरे लिए बहुत-से नये कपड़े आए हैं। चलिए न! देखिए।''

अपने चाचा के मनोभाव से अनभिज्ञ धनमन उनकी उँगुली पकड़कर खींचती

अपने आँगन में ले गई। अपना बाक्स खोलकर एक-एक समान दिखाने लगी— "पता है यह मेरा बक्सा है। यह देखो, यह देखो।" चाचा की आँखों से कुछ नहीं दिख रहा था। धनमन ने अपने चाचा की आँखों में आँसू देख लिए। उसकी इतनी उम्र हो गई थी कि वह आँसू का अर्थ समझ सके। बड़ी जोर से रोई धनमन। मंगल सिंह ने उसे छाती से चिपका लिया। जी भरकर रोए। भाभी ने डाँट लगाई— "क्यों रो रहे हैं। आपके भाई तो कसाई हैं। नहीं मानेंगे। इसे ससुराल भेज कर ही रहेंगे।"

बिफर पड़ी अनूपा। जोर से रोई। धनमन को समझ में न आए। उसे इतने सुन्दर-सुन्दर सामान मिले थे। वह बाहर जा रही है। सब रो क्यों रहे हैं। मंगल चाचा भी इसके इस प्रश्न का जवाब नहीं दे पाए। वह अपने बाबूजी के पास गई। पूछा— "ईआ, मंगल चाचा, काकी और भी लोग क्यों रो रे हैं?"

उसके बाबूजी ने उसे छाती से चिपका लिया। वे भी रोने लगे। उसके विदा होने का समय हो गया था। टमटम पर बैठी। सभी भाई-बहनें उसे विदा कर रहे थे। हँस रही थी धनमन। मंगल चाचा विदा करने नहीं आए। काकी भी नहीं। पर धनमन तो मगन थी।

छात्रावास तक पहुँचने तक वह मगन रही। वहाँ पहुँचकर उसे मंगल चाचा के रोने का अर्थ समझ में आने लगा। उसके बाबूजी उसे छोड़कर घर लौटने लगे। वह चिल्लाई— "नहीं! मैं घर जाऊँगी। यहाँ मंगल चाचा नहीं हैं। यहाँ मैं नहीं रहूँगी। नहीं।"

सब सामान तबतक पुराने पड़ गए थे। नये थे मंगल चाचा। दस वर्षों में कभी पुराने नहीं पड़े। छः महीनें बाद लौटी थी घर। मंगल चाचा से जाकर लिपट गई। धीरे-धीरे वह बड़ी होने लगी। मंगल चाचा से दूरियाँ बढ़ने लगी। पर मंगलवार और शनिवार को टरमा पेठिया (हाट) जाते थे मंगल सिंह। धनमन के लिए अपने गमछा में बाँधकर कुछ खाने की चीज लाना नहीं भूलते। धनमन अब उनके कन्धे पर नहीं बैठती थी। उनके गमछे को नहीं छीनती थी। और धनमन की यह बढ़त मंगल सिंह को सालती थी। विद्यालय से लौटी धनमन। छः वर्ष बाद। फिर चली गई कॉलेज में पढ़ने। फिर छात्रावास में। विवाह निश्चित हुआ। धनमन के लिए पायल, कंगन, सिकड़ी सब खरीदे गए। नई साड़ियाँ, वक्षे और भी बहुत कुछ। पर धनमन के मन से उन्हें देखकर वे खुशियाँ नहीं लौटी जो आठ वर्ष पूर्व छात्रावास जाते वक्त हुई थी। वह अपने चाचा को खींचकर भी नहीं लाई। चाचा भी चादर तानकर नहीं सोए। भतीजी का विवाह था। मंगल सिंह को कहाँ फुर्सत थी एक पल बैठने की भी। एक काम पूरा न हो कि भैया पुकारते—"मंगल! अरे हलवाई को बयाना मिल गया?"

''हाँ।''

भाभी पुकारती—''मंगल सिंह! सुनार को तो बुलवा लाइए।''

बारात दरवाजे लग गई। पर मंगल सिंह को कुर्ता भी पहनने का समय नहीं मिला। सबलोग दरवाजे पर थे। आँगन खाली हो गया था। मंगल सिंह किसी काम से अन्दर गए। उन्हें फटी हुई बनियान, सिर पर गमछे की पगड़ी और मैली-कुचैली ऊँची धोती देखकर धनमन के मुख से बोल फूट पड़े—''चाचा! कपड़े बदल लीजिए न!''

''ठीक तो है। मुझे कौन-सा महफिल में बैठना है। काम ही तो करना है। समधी से गले भी नहीं मिलना। फिर क्यों कपड़े बदलें। बारात के लोग देखकर समझेंगे कि मैं भी कोई नौकर-चाकर हूँ।''

धनमन का मन किया चाचा के आगे मचल उठे। उन्हें कपड़े पहनाए। पर अब वह सयानी हो गई थी। उस सयानेपन ने उसे चाचा से भी दूर कर दिया था। अच्छा ही हुआ। वरना ससुराल कैसे जाती।

मेरे विदा होने के पहले मंगल चाचा कहीं चले गए थे। एक सप्ताह बाद घर लौटे। उनकी बड़की भौजी ने डाँट लगाई— ''जब मेरी कोख का बच्चा, बेटी ही हो, की मनौती मानी थी तब नहीं सोचा था कि बेटी है विदा हो जाएगी। मैंने उसे मन से नहीं पाला-पोसा, बचपन में मर भी सकती थी। फिर क्यों गले से लगाए फिरे। बेटी थी न। उसे एक दिन विदा होना ही था। फिर विदा होते समय आशीर्वाद क्यों नहीं दिए। कहाँ चले गए थे?

सुना, मंगल चाचा सिर झुकाए सुनते रहे। फिर तो दोनों देवर-भाभी जोर-जोर से रोए। उनकी बड़की भौजी, मेरी माँ के लिए वे पुत्रवत हीं थे। आज्ञाकारी पुत्र। मेरे विदा होने पर माँ मेरे लिए कम, मंगल चाचा के लिए ज्यादा रोई थीं।

मैं छः मील दूर शहर में रहती थी। अकसर गाँव आती-जाती। मंगल चाचा और काकी से मिलने का मन होता था। मेरे बड़े पुत्र बब्लू के जनम पर वे बहुत प्रसन्न हुए। जब शिशु को लेकर मैं गाँव गई, मेरी माँ ने उन्हें पुकारा। उनके आने पर मेरी माँ ने कहा— ''नाती को देखिए न! जमा पूँजी दीजिए।''

माँ ने बच्चे को अपनी गोद से उनकी गोद में डाल दिया। वे एकटक निहारते रहे। मुस्कराए। मानो कितनी पुरानी पहचान हो। उनकी सातों भाभियाँ घेर कर खड़ी थीं। एक ने पूछा—''क्या देख रहे हैं? बेटी नहीं है। बेटा है। आप तो बेटी को ही प्यार करते हैं न!''

''ना! अब नहीं। धनमन को पालते हुए एक दिन उसके विदा होने का डर नहीं था। अब किसी की भी बेटी देखकर डर जाता हूँ।'' फिर आँखें गीलीं हुई

मंगल चाचा की। मंगल चाचा की माँ काकी नहीं रहीं। सबलोग काकी के लिए नहीं, मंगल चाचा के लिए रोए। अब अकेले हो गए। कौन देखभाल करेगा। मंगल चाचा की बड़ी दो भाभियाँ थीं। वे उनकी खातिर जीने लगे। उनके बच्चों को पालते-पोसते रहे। बड़की भौजी नहीं रहीं। उन्हें तो भाभियों के टहल बजाने का अभ्यास हो गया था। सो बजाते रहे।

शरीर को थकना ही था, थकता गया। मैं अपनी पौत्री को लेकर गाँव गई थी। मंगल चाचा की गोद में डाला। पता नहीं कहाँ खो गए चाचा। अनुमान लगाया जा सकता था। उन्हें धनमन का बचपन स्मरण हो आया होगा। धनमन अब दादी बन गई।

समय कहाँ ठहरता है। सब अपनी-अपनी दुनिया में व्यस्त रहते हैं। यादें तो आती ही हैं। दरअसल, अपने जीवन में मंगल चाचा का महत्त्व तो दादी बनकर ही समझ में आया।

फिर तो मंगल चाचा ही नहीं रहे। सुना अन्त समय में उन्हें बड़ा कष्ट हुआ। उनकी सेवा के लिए कोई नहीं पहुँचा। धनमन ही नहीं पहुँची तो दूसरों का क्या कहना। दूसरों के लिए जीने वाला शख्स संसार से विदा ले लिया। खटिया पर पड़े-पड़े उन्हें धनमन का बचपन भी स्मरण आता होगा। धनमन क्या करे! वह भी संसार के मायाजाल में उलझी थी। स्मृतियाँ कचोटती हैं।

उनका होना न होना

मेरे मानस पटल पर पचास वर्ष बाद भी चाची की दिनचर्या पुरानी नहीं पड़ी है। उनकी यादों में डुबकी लगाते हुए कहीं से भी कभी बासीपन की गन्ध नहीं। उन दिनों उनकी दिनचर्याओं में कुछ विशेष नहीं सूझता था। अब तो भोर-भिंसार अर्द्ध नींद में घुलटते, बिछावन त्यागने का उपक्रम करते समय चाची अपने पूरे कुनबे के साथ स्मृति रेखाओं के सहारे चेतना में, पूरी शिद्दत के साथ मुझसे आँखें मिलाती हुईं उतरती है।

उनके चार पुत्र और दो पुत्रियाँ थीं। मेरी स्मृति में वे उन छः सन्तानों की दीदी, (माँ) एक सौतेली दबंग सास की दब्बू बहू, सरस पति की दूसरी पत्नी और अपने दो जेठ और दो देवरों की सन्तानों की चाची के रूप में ही उभरती हैं। हाँ उस आँगन में और एक जान थी, उनके कुनबे का सदस्य। आँगन के कोने में ओसारे से टँगा था पिजड़ा। पिजड़े से उतनी ही बार 'दीदी' की पुकार स्वर गूँजता, जितनी बार दिनभर में उनके छः बच्चे उन्हें दीदी कहकर पुकारते—"दीदी! सतुआ दे न।"

"दीदी! पानी दे न।"

"दीदी! भूख लगी है।" गला खँघालकर साफ शब्दों में तोता बोलता। एक बार नहीं। वह तो बोलता ही जाता, जब तक उसके पिंजड़ें में सत्तू की पीठुरी, लाल मिर्च के साथ दीदी न पहुँचा दे। चाची को पिंजड़े के पास आए देख तोता नाचना प्रारम्भ करता। पिंजड़ा हिलता जाता। कुछ देर तो उसे हिलने देती चाची। उनकी जान को भी तो उतनी ही देर का सुकून मिलता था। पिजड़े में बन्द अपनी सन्तान जैसे जीव का कौतुक देखने का आनन्द। इस बीच कई बार कई लोगों के द्वारा पुकार ली जातीं। फिर तो पिंजड़ा को पकड़कर उसमें सत्तू का पीठुरी डाल देती। लाल मिर्च भी। चाची दूसरे की पुकार की ओर हाजिर होती। काकी ने कहा था— "एकबार आँगन की खाट पर लेटकर चाची अपनी छोटी बिटिया को दूध पिला रही थी। तोता 'दीदी', 'दीदी' की रट लगाने लगा। चाची नहीं जागी। पिंजड़े का दरवाजा खुला छूट गया था। तोता उड़कर चाची की दूसरी छाती पर बैठा। दूध पर चोंच मारने लगा

तभी छुटकी चिल्लाई। उसका हाथ तोता पर पड़ा था। वह डर गई थी। दीदी उठ बैठी तोते को एक थप्पड़ लगाकर पिंजड़े में बन्द किया। तुरन्त उसे सतुआ भी दे आई।''

चाची और चाचा की जोड़ी तो बेमेल थी ही। चाचा के गोरे-चिट्टे चेहरे पर ईश्वर ने दो बड़ी-बड़ी आँखें जड़ दी थी। घुँघराले काले बाल। कद छोटा, पर काठी भरी पूरी थी। मांसल शरीर। चाची का साँवलापन गाढ़ा ही था। छोटा मुख। दाँत थोड़ा बाहर को निकला। छोटी ललाट। कद छोटा, काठी भी दुबली-पतली। ललाट तक घूँघट। पाँवों में अवश्य गति थी। इधर-उधर दौड़ती भागती। उनकी दिनचर्या भोर होने के पूर्व प्रारम्भ हो जाती। वह परिवार वालों की निश्चिन्तता का समय होता। इसलिए वे चक्की पर घंटा डेढ़ घंटा बैठ जातीं। गेहूँ, जौ या मकई पिसती। ओखली में मूसल से चोट करते और ढेंकी पर अपने पाँवों से मारती, चाची को झूमते भी देखा ही जाता था। अपने काम में मगन चाची आँगन में प्रवेश करनेवालों का भी स्वागत अवश्य करती। ''बैठिए अभी आई। बस! चार चोट मार दूँ। चावल साफ हो जाएगा। थाली में लाल भात परोसे जाने पर जयनाथ के बाबू नाराज हो जाएँगे।''

और ओखल में मूसल से चार चोट मारकर वे आगन्तुक के पास थोड़ी देर बैठतीं। हालचाल पूछतीं। अपने प्रश्नों के जवाबों को वे हू-ब-हू स्वीकार कर लेतीं। जवाब के झूठ को पकड़ने की उन्हें कहाँ पड़ी रहती थी। फुर्सत ही नहीं। एकबार मेरे शहर से जाने पर मुझसे पूछा— ''क्या खाया?''

मेरे बदले उनकी बेटी (मेरी हमउम्र) नारायणी ने जवाब दिया— ''पूरी, जलेबी, लड्डू, पेड़ा, बर्फी, रसगुल्ला। और क्या?'' इसलिए कि किसी से मिलने पर उनकी जबान से फिसलने वाला वह स्थायी प्रश्न था। किसी से भी बात की शुरुआत वे इसी प्रश्न से करतीं। सुन-सुन कर उनकी बेटी ऊब गई थी।

जवाब की सत्यता में उलझे बिना मेरी पीठ पर हाथ फेरती चाची बोलीं— ''बड़ा बढ़िया। गरीब चाची के यहाँ थोड़ा सत्तू खा लो न।''

उनकी बेटी नारायणी जोर से हँसी— ''लड्डू पेड़ा पर सत्तू?''

वे भी हँसने लगीं। बोली— ''स्वाद बदलने के लिए।'' दरअसल, हम संगत का स्वाद बदलने ही शहर से भी चाची के पास जाते थे। उनका चूल्हा निर्धन नहीं था। अच्छे-अच्छे स्वादिष्ट खाना पकता। उनके पति पाक विद्या में भी पारंगत थे। अकसर चूल्हा के पास पालथी मारकर बैठते। हम सब उन्हें घेरकर खड़े रहते। वे पुआ, रसगुल्ला, कड़ी-बडी और मछली मांस भी बड़े प्रेम से बनाते। शौक से हमें पहले चखाते, फिर खिलाते। अपनी घरवाली से बार-बार कुछ-कुछ जरूरत का सामान माँगते। वे अनथक सामान जुटाने में रत रहतीं। चाचा अपनी पत्नी का परिचय

देते— "अपने नइहर में बकरी चराती रही है। इसे क्या मालूम रसगुल्ला कैसे बनता है?"

चूल्हे पर कराही में खौलते गर्म घी में तैरते पकवान से खिसक कर मेरी निगाह चाची पर चली जाती। उन्हें अवश्य बुरा लगा होगा। पर उनके घूँघट के नीचे से उनकी बत्तीसी झाँकती दिखती। कभी किसी से बातें करते देख चाचा पुकारते— "ये वन बिल्ली। इधर आओ। एक लोटा पानी तो दे दो।"

हर समय डाँट। पता नहीं उन्हें कितने जानवरों के मादा नाम दे रखे थे। चाची थी कि मानो कभी किसी बात का बुरा न मानने की हठ ठान ली हो। मैं सोचती— "चाचा का जब चाची के साथ ऐसा सम्बन्ध है तो छः-छः बच्चे कैसे हुए? चाची के साथ प्रेम प्रसंग कैसे पसरे।"

मेरी माँ ने एकबार मेरी शंका का समाधान कर दिया था— "हम आठ गोतनियाँ (जेठानी देवरानियाँ) हैं। सबसे भगवन्ती तुम्हारी कुशी चाची है। देवर जी उसे बहुत मानते हैं। झिड़की और डाँट तो उनके प्रेम का प्रगटीकरण है। दिखावा है। देखो न कैसी-कैसी छींट की साडियाँ, नये डिजाइन का ब्लाउज, जम्फर कभी-कभी गहने लाकर देते हैं। बहुत प्यार करते हैं।"

हाथ कंगन को आरसी क्या! एक सप्ताह बाद ही चाचा नौकरी पर से गाँव आए। दीवाली आने वाली थी। ढेर सारा सामान लाए थे। हम सब बड़े-छोटे उन्हें घेर कर खड़े हो गए। वे गठरी खोलकर एक-एक सामान निकालते, जिसके लिए था, उसकी ओर फेंकते जाते। वह बच्चा या सयाना व्यक्ति अपने कपड़े शरीर पर अटाने के लिए घेरे से बाहर चला जाता। एक सामान चाचा के हाथ लगा। उन्होंने झट अपने जांघों के नीचे छुपा लिया। मैंने पूछा— "वह क्या है? किसके लिए है?" मेरी बड़ी बहन ने मुझे चिकोटी काटकर धीरे से कान में कहा— "चुपकर। वह बॉडी (चोली) है। चाची के लिए लाए हैं।" मैंने चाची की ओर देखा। उनकी छातियाँ तो हमेशा की तरह पेट तक लटकी पड़ी थीं। वे कभी बॉडी नहीं पहनती थीं। फिर क्यों लाए चाचा? यह मेरी सोच थी।

चाचा बोले— "छोड़ो उसे। यह देखो। मैं अपनी सुपनेखिया के लिए क्या लाया हूँ।" उन्होंने मेरी ओर ही फेंका। खोलकर देखा तो नये डिजाइन का भूरा रंग का कोट था। उस गाँव में किसी औरत के लिए खरीदा गया पहला ही कोट। मेरी माँ ने चाची को पहनाने की बड़ी कोशिश की। वे नहीं मानी। मेरे बड़े होने पर माँ ने बताया था— "एक रात चाचा चारों भाभियों को अपने कमरे में बुलाए। उन्होंने अपने हाथ से पत्नी को बॉडी और कोट पहनाया था।"

भाभियों के देख लेने पर बोले— "चल! खोल! ई मुँह मसूर की दाल।"

परन्तु उस प्रेम में पगे डाँट फटकार का कोटा समाप्त हो गया। अचानक एक दिन चाचा की हृदयगति रुक गई। बड़े बेटे की मूँछे आनी प्रारम्भ ही हुई थी। पहाड़ टूट पड़ा। पर चाची थोड़ी देर ही रोईं। बच्चों और तोते ने पुकार लिया। उनके लिए काम करने लगीं। सास की छात्रछाया थी। सास ने बाहर, चाची ने अन्दर सँभाला। बड़ा बेटा छोटी उम्र में ही सयाना हो गया। अपने बड़े होने के एहसास के साथ बड़े बेटे का ब्याह हुआ। अपनी दबंग सास के नीचे दबी धँसी चाची स्वयं सास बन गईं। पर उनका सास पद नहीं खुला। चाची का काम भी कम नहीं हुआ। चूल्हा चौके का काम अवश्य छूट गया। इधर-उधर भागने और बच्चा खेलाने का काम हाथ रह गया। एक दिन दोपहर को चाची को रोते देखा। पूछा— "क्या हुआ? भाभी ने कुछ कहा क्या?" क्योंकि सास और पति के कहे तो वे रोने से रहीं। उनका हिचकना शुरू हो गया। बोलीं— "नहीं। बहू क्यों कुछ कहेगी। मैं ही उसके पीछे पड़ी हूँ। कब से कह रही हूँ पहले मुँह धोकर कुछ खा लो। फिर काम करना। मानती ही नहीं।"

दरअसल, बहू के लिए उनकी ममता को सम्मान नहीं मिल रहा था। भाभी से पूछा तो वे बोलीं— "दिनभर मेरे पीछे ही पड़ी रहती हैं। मैं खाती और आराम करती रहूँ तो काम कैसे पूरा हो।" तो हमारी चाची इस तरह भी बहू द्वारा सतायी जा रही थीं।

एक-एक करके चाची के चारों बेटे ब्याहे गए। वे अपनी चारों बहुओं की सेवा में रत रहतीं। किसी की भी कोई शिकायत नहीं। चाची के मुख से बहुओं की शिकायत सुनने के लिए आस-पड़ोस और गाँव वालों के कान तरस गए। बेटी के लिए बेटों ने ही वर ढूँढ़ा था। दरवाजे लगे बरात का परिछावन बहुएँ कर रही थीं। गीत मंगल गाए जा रहे थे। एक खम्भे की ओट से दामाद को निरखती चाची सुबकने लगीं। ढोलढाल की तेज आवाज में भला कौन सुनता। विवाह के रस्म-रिवाज पूरे होते रहे। चाची सुबकती रहीं। उन्हें दामाद का रूप रंग पसन्द नहीं आया। दूसरी सुबह पुक्का फाड़कर रोईं। चाचा के नहीं रहने का ठहरा गम बीस बरस बाद बरस पड़ा। मानो बादल फटे हों। चारों बेटों और बहुओं ने दीदी को घेर लिया। दीदी के साथ पूरा कुनबा रोया।

मेरी माँ ने कहा— "जाओ। सब लोग काम में लगो। अभी बारातियों को खिलाना-पिलाना है। लड़की विदा होनी है।"

सभी चले गए। मेरी माँ ने कहा— "मैं कहती थी न, गाहे-बेगाहे देवर जी के लिए रो लिया कर। तुमने तो बच्चों की सेवा में उन्हें बिसरा ही दिया। कभी रोई नहीं उनके लिए। आज रोई न।"

"नहीं। बहन जी! नहीं। उन्हें नहीं बिसराया। उनके प्यार-दुलार को भी नहीं। मैं तो भगवन्ती थी बहन जी। पर मेरी बेटी का क्या होगा?" चाची फिर बिसूर पड़ीं।

"सब ठीक होगा। मेरे देवर जी सुन्दर थे। तुम नहीं। बेटी के साथ उलटा होगा। बेटी सुन्दर, दामाद नहीं। और सब ठीक होगा।"

"बहन जी! आज वे होते तो ऐसा दामाद नहीं उतारते। बेटे तो चार हैं। दस भी हो सकते थे। पर बेटा बेटा है, पति, पति। मुझे आज पता चला। आज उनकी कमी खली।"

मेरी माँ बोली— "बड़ी गुणवन्ती हो! बड़ी-बड़ी बातें करती हो। तुम तो ऐसा कुछ नहीं बोलती थी। तुम्हारे मुँह में तो जवान ही नहीं थी।"

"बहन जी! समय आने पर ही बोलना चाहिए न! आज उनकी याद का भंडार फट पड़ा।" वे कहते थे— "देखना अपनी रानी बेटी के लिए गाँव में अबतक आए सभी दामादों से सुन्दर दामाद लाऊँगा। सब देखते रह जाएँगे। गाँव में आए तभी तो मेरी बेटी एक-एक दामाद में नुक्श निकाल आती थी। आज गाँव की सभी महिलाओं ने बदला सधाया। सब मेरे दामाद को देखकर हँसने लगीं। उसका चाल-ढाल भी मुझे नहीं जँचा।" फिर रोईं चाची।

मेरी माँ ने कहा— "उठो! मुँह धोओ। हँसी खुशी से बेटी को विदा करो।"

विवाह तो हो ही गया था। नारायणी को विदा करते समय भी चाची का हिया फटा। और फिर कुछ ही दिनों बाद नारायणी का ससुराल से वापस आना। नइहर में रहना। गाँव में तरह-तरह की चर्चा होना। फिर तो चाची नि:शब्द हो गईं। उनकी बत्तीसी के दाने तो कब के एक-एक कर मुँह से बाहर निकल गए थे। जब मैं एकबार गाँव गई, उनके पोपले मुख में मुस्कान भर आई थी। वे मेरे पास आईं। मेरे हाथ सहलाती हुई बोलीं— "बड़ी सुन्दर चूड़ियाँ हैं। ऐसे ही भर-भर हाथ पहने रखना। भगवान तुम्हारा सुहाग अमर रखे।"

उनके हाथों को चूड़ियाँ विहीन हुए चालीस साल बीत गए थे। वे सूखे टटाए हाथ भी एक दिन शरीर के साथ अग्नि को समर्पित हो गए।

उस दिन सुबह चाची बहुत याद आ रहीं थीं। अमेरिका स्थित अपने बेटे की कोठी में बैठी थी। वे फिर मेरे सामने सिद्दत के साथ आ गईं। और वे सारी स्मृतियाँ। मैंने सोचा— "काश! चाची जिन्दा होती। कितना मजा आता। मैं अपने पोते के बारे में उन्हें सुनाती। मैं भी अपनी बहू की सेवा कर रही हूँ उन्हें बताती। वे बहुत खुश हो जातीं।" दिल्ली लौटकर भी प्रसंगवश चाची याद आती ही रही।

पिछले महीने गाँव गई थी। अपनी भाभी के आँगन से निकलकर उनके आँगन

में खड़ी हुई। वहाँ की भयावहता, सूनापन और रीतापन देखकर मन में विचार आया— "अच्छा हुआ चाची चली गई। वहीं, जहाँ दोनों पुत्र, तीनों बहुएँ और कई पोता-पोतियाँ भी उन्हें छोड़कर चली गई। और उनके पति। अब उन्हें वे भी मिल गए होंगे।"

उस आँगन में खड़े-खड़े मुझे सुनाई पड़ रहा था— "बबुनी आई है। चटाई तो बिछाओ।"

मेरे उम्र के साथ आए मेरे घुटने में दर्द की खबर उन्हें होती। वे कुर्सी मँगवाती। और पूछतीं— "क्या खाया?"

मैं पीज़ा, बर्गर या चाउमीन खाकर शहर से आने की बात नहीं बताकर कहती— "चाची सत्तू है? मकई के लावा वाला। चना, जौ चावल और थोड़ा धनिया भूनकर मिलाया हुआ? आपके हाथों पिसा सत्तू?"

वे बहुत दुखी हो जातीं। चालीस वर्ष पुराना अपने हाथों पीसा सत्तू मुझे न खिला पाने के गम में डूब जातीं। उनका क्या! कहीं कोने में मिट्टी की परतों से ढँकी पड़ी चक्की निकालना प्रारम्भ करतीं। आग सुलगाती। मकई, चना और जौ भुनती। नहीं। नहीं। चाची को नब्बे बरस की उम्र में यह सब करना शोभा नहीं देता। और मुझे भी सत्तू माँग देने का बड़ा पछतावा होता।

चाची के शब्दकोश में 'न' नहीं था। अच्छा हुआ चाची समय से चली गईं। मैं हूँ न चाची। मुझे उन्होंने यही तो उपहार दिया था। मैं भी सबसे पूछती रहती हूँ— "क्या खाया? भूख लगी होगी। पेट हत्तो-हत्तो है। मुँह सूखा है। कुछ खा लो न।"

चाची के व्यक्तित्व का प्रमुख अंश मैंने अपने अन्दर सँजोया है। इसलिए सबसे खाने के लिए ही पूछती रहती हूँ। तीस वर्ष पूर्व मैं टी.वी. पर आई थी। दहेज विरोध में बोल रही थी। लड़की को पिता के जमीन में हिस्सा मिलने की भी बात कही।

उस गाँव के मुहल्ले में भी एक टी.वी सेट आ गया था। मेरे घरवालों ने बताया—चाची मेरी बातें सुनकर बिसूर पड़ी थीं— "जेठ जी ने दहेज नहीं दिया न, बबुनी तभी तो जमीन में हिस्सा माँग रही है। यही तो कह रही है।" टी.वी के पर्दे से मेरे हट जाने पर बोलीं— "जा! चली गई? किसी ने खाने के लिए भी नहीं पूछा?" सब हँस पड़े चाची की अज्ञानता पर। नये जमाने के नये उपकरणों से अनभिज्ञ थीं चाची। भिज्ञ थीं तो केवल उस बात से कि ईश्वर ने सब शरीर में पेट गढ़ दिया है। मनुष्य हो या जानवर वह पेट भरता है, खाली होता है। और खाली पेट को भरना ही सबसे बड़ा पुण्य कार्य है। इतना कुछ भी कहाँ जानती थी चाची। कौन अपना कौन पराया, क्या मेहमान क्या मजदूर, सबका मुख निहारती। किसी को भी

एक मुट्ठी सत्तू और चुटकी भर नमक के साथ एक ग्लास पानी पिलाने में आलस नहीं करती थीं।

मुझे घेर कर उस आँगन में खड़े लोगों का दोष नहीं था। मुझे भूख नहीं लगी थी। इसलिए उनमें से किसी ने खाने के लिए नहीं पूछा तो कोई बात नहीं। पर चाची का होने और नहीं होने में बड़ा फर्क था। चाची नहीं रही, यही अच्छा हुआ। और यह भी अच्छा हुआ कि चाची के सशरीर न रहने का अब मुझे दुख नहीं होगा। उस आँगन का जो रूप मैंने देखा, उसमें चाची नहीं जँचती। चाची तो जीवन्त थी। क्या पता उनके रहने से वह आँगन आज भी जीवन्त ही रहता। मैं द्विविधा ग्रस्त हूँ। उनके होने, न होने के बीच।

ग्यारह भाइयों की बहन

'सूरती मूरती दैव के देल
माँगा एक, छः सात भेल'

छः हमउम्र बहनों को एक साथ फुदकते देख मंगल चाचा की जिह्वा पर उपरोक्त पंक्तियाँ तिर आती थीं। पता नहीं कि उन्होंने स्वयं वे पंक्तियाँ गढ़ी थीं या उस समाज में प्रचलित एक कहावत कहा करते थे। जो भी हो, ये पंक्तियाँ उन बहनों की स्थिति पर सटीक बैठती थीं। दरअसल, मंगल चाचा की शादी नहीं हुई थी। वे अपने बड़े भाइयों के बच्चों को अपना ही समझते थे। चार भाइयों के नौ बेटे और नौ बेटों में पाँच का ब्याह हो चुका था। उस बड़े आँगन का चूल्हा तीसरी पीढ़ी में चार चूल्हों में बँटा था। पहली बहू को पहला पुत्र पैदा हुआ फिर दूसरी बहू को पहली बेटी। उस पहली बेटी के बाद, फिर तीन बहुओं की कोख से छह बेटे ही पैदा हुए। मंगल चाचा को एक भतीजी भी चाहिए थी। पता नहीं, उन्होंने मनौती मानी या नहीं, पर उनकी बड़की भौजी ने अपने चालीस की उम्र में एक बेटी को जन्म दिया तो वे फूले न समाए। उस भतीजी को कलेजे से लगाए फिरते। परन्तु उस बेटी के बाद चार वर्ष के अन्दर चार बहुओं की कोख से छह बेटियाँ और पैदा हो गईं। अब आँगन-दरवाजे हमउम्र उन बेटियों की जमात को देख मंगल चाचा अनुराग से वे पंक्तियाँ दुहराते थे, जिसका आशय था— "ये बेटियाँ ईश्वर की देन हैं। मैंने एक ही माँगी थी, ये सात हो गईं।" यह सुनते हुए मंगल चाचा के चेहरे को देखकर अनुमान लगाया जा सकता था कि वे बेटियों को देख-देख हुलसते भी थे। भला झल्लाते भी क्यों? उनको कौन-सी बेटी ब्याहनी थी। ब्याहनी तो उन माँ-बाप को पड़ती, जिनकी वे बेटियाँ थीं। पर मंगल चाचा उन्हें दुलारने-हलराने और अपना मन बहलाव करने से क्यों चूकें?

चार चूल्हों में बँटे उस बड़े कुनबे का रहस्य यह था कि भोजन के समय पता नहीं चलता था कि कौन किसका बच्चा था। बड़ों की थालियों में परोसी गई सब्जियाँ भी उनके ही चूल्हे पर पकी हो, आवश्यक नहीं। कोई बच्चा किसी दादा-दादी या चाचा-चाची के साथ खा सकता था, खाता ही था। आर्थिक दृष्टि से अत्यन्त

सामान्य गृहस्थ परिवारों में भी भोजन में मितव्यता नहीं बरती जाती थी। किसी भी चूल्हे पर रोटियाँ गिनती की नहीं बनती थी।

उन चौदह भाई-बहनों में धनमन का अपना रूतबा था। वह मंगल चाचा की माँगी बेटी जो थी। सात भाइयों के बाद पैदा हुई थी। इसलिए धनमन चाचा के कन्धे पर और उसके भाई लोग पैदल चलते थे। भाइयों को डाँट लगती थी, धनमन को नहीं। निश्चय ही उस चौपाल में लड़के उपेक्षित होते थे, लड़कियाँ नहीं। वे लक्ष्मी जो थीं। किसी लड़की के पैदा होने पर दुःखी होकर भी कहा जाता था— "लक्ष्मी आई है।"

अपने सात बड़े भाइयों की छोटी बहन धनमन इतराती चलती थी। उम्र में थोड़े ही बड़े होने पर भी सभी भाई उसे बहुत प्यार करते थे। बच्चों के साथ पक्षपात उसके पिता ने भी किया। अपने इकलौते बेटे को नहीं, बेटी को छात्रावास भेजकर पढ़ाया। स्वाभाविक था धनमन के मन में अपने को विशेष मानने के बीज का पड़ना। अवसर मिला तो धनमन ने भी उस अवसर का मान रखा। मन लगा कर पढ़ती थी। उसके हमउम्र भाई पढ़ाई में पीछे पड़ते जा रहे थे। किसी ने भी हाई स्कूल पास नहीं किया। धनमन ने मैट्रिक पास किया और शिक्षा प्रेमी पिता ने कॉलेज में दाखिला दिलाया। उससे दो वर्ष बड़े चचेरे भाई कामेश्वर का भी उसी शहर के एक कॉलेज में नाम लिखाया। धनमन के छात्रावास में पचास रुपये ख़र्च होते थे। उसको अपने पिता द्वारा किए गए पचास रुपये के महत्त्व का हर पल एहसास रहता। वह पिता से पाँच रुपये कम ही माँगती। बाकी पाँच रुपये के लिए माँ का मान-मनौवल करना पड़ता। कामेश्वर को सौ रुपये से ज्यादा मासिक खर्च होता था। उसकी माँ ने एक दिन पूछा— "धनमन को पचास रुपये ही खर्च होते हैं। तुम्हें दुगुना क्यों? दोनों एक ही शहर में एक ही पढ़ाई कर रहे हो न? फिर तुम क्यों फिजूल खर्ची करते हो?"

कामेश्वर सकते में आ गया। सीधे-सादे भोले कामेश्वर की दलील थी— "धनमन को क्या दाढ़ी बनवानी और बाल कटवाने पड़ते हैं। वह तो लड़की है। लड़की लड़के के रहन-सहन में फर्क तो होगा न!"

उसकी माँ चुप हो गई। बेटे की दलील उसके गले नहीं उतरी। वह जानती थी कि कामेश्वर को पढ़ाई-लिखाई से अधिक, शहर में घूमना-फिरना, सिनेमा देखना भाता था। कामेश्वर के पिता भी उसे बराबर धनमन का उदाहरण देते।

कई वर्ष पूर्व भी यही स्थिति थी। कामेश्वर आठवीं में था और धनमन सातवीं में। वार्षिक परीक्षा में कामेश्वर को अच्छे अंक प्राप्त नहीं हुए। बेटे को पढ़ाने की उत्कंठा लिए उसके पिता अमीर सिंह ने बेटे की बड़ी पिटाई की। उन्होंने यह भी कह

दिया— "बेटी होकर धनमन अच्छे अंक लाती है। तू बेटा होकर मेहनत से जी चुराता है?"

कामेश्वर बहुत रो रहा था। धनमन से अपने प्यारे हमजोले भाई का रोना देखा नहीं गया। वह उसके स्वर में स्वर मिला कर रोती, उसे चुप कराती रही। कामेश्वर झल्लाया— "हाँ हाँ। खूब पढ़ो। अच्छे नम्बर लाओ। पास होती जाओ। तुम्हारे पास होने के कारण ही तो मुझे मार खानी पड़ती है।"

धनमन का मन कचोटने लगा। उसके मन में आया— "काश। मैं फेल कर गई होती, भैया को मार तो नहीं पड़ती।"

एक अपने और सभी चचेरे बड़े भाइयों के प्यार में पग कर बड़ी होती गई धनमन। अपने भाई रामेश्वर (दस वर्ष बड़े) की शादी में मात्र नौ बरस की आयु थी। सबकी दुलारी थी ही। दुल्हन के लिए बनारसी साड़ी खरीदी गई। उस साड़ी के ब्लाउज के कपड़े में से ही एक नन्हा-सा ब्लाउज उसके लिए भी बना। छोटी अरज की सुन्दर सी साड़ी खरीदी गई। तीन पत्तियों वाला नग जड़ा कान का टॉप्स भी। भैया की शादी में साड़ी-ब्लाउज पहनने के लिए कब से मचल रही थी धनमन। उन कपड़ों को अपने शरीर से लगाकर बार-बार देखती, मंगल चाचा को दिखाती। बारात शाम को जाने वाली थी। परन्तु दोपहर को ही महिलाओं के झुंड द्वारा देवी-देवता पूजन कर लौटते समय ट्रक से दबकर पड़ोस की एक दादी की मृत्यु को गई। कुल खानदान में किसी की मृत्यु हो जाने पर विवाह रूक जाने का रिवाज था।

संयोग से लड़का शहर में ही था। पंडित जी ने कहा— "यदि लड़के के कान में मृत्यु की खबर नहीं पहुँचे तो विवाह हो सकता है।" तत्काल निर्णय लिया गया। एक बार में बड़ी बहन किशोरी और घर में काम करने वाली भुलनी को शहर भेजे जाने (दूल्हे को सजाकर विदा करने वास्ते) का निर्णय। दोनों को सिखाया गया कि वे रामेश्वर (होने वाला दूल्हा) को मृत्यु की खबर नहीं बताए। लेकिन उसके बाबूजी धनमन को भूल गए थे। धनमन उनके सामने आकर खड़ी हो गई। कुछ बोली नहीं। उन्होंने कहा— "ठीक है। तुम्हें भी दीदी के साथ जाना है। तुम्हें भैया से बात नहीं करनी होगी।"

उन्हें शक था कि धनमन अपने भैया को दादी की मृत्यु की खबर कह देगी। ऐसा ही हुआ। शहर जाकर उसने अपने भैया को देखा। उसके भैया उसे अलग कमरे में ले गए। पूछा— "क्या हुआ धनमन। अपनी दादी मर गई क्या?"

जब तक धनमन अपने भैया को सच बताए, उसकी बड़ी बहन आ गई थी। उन्होंने धनमन को डाँट लगाई। दोनों सहम गए। रामेश्वर को यह अनुमान था ही कि किसी की मृत्यु हुई थी, पर मृत व्यक्ति कौन था, यह नहीं जान सका। बारात विदा

हुई। चौदह दिनों बाद खानदान की पहली बहू और धनमन की भाभी घर आई। फिर तो धनमन की व्यस्तता बढ़ गई। रूतबा भी बढ़ा। अपनी सहेलियों के बीच भाभी की चर्चा और भाभी से सखियों को मिलाने में अति व्यस्त हो गई धनमन। भाभी का अनुराग भरा प्यार मिलने लगा। प्रतिदिन सिर में तेल डाल कंघी कर चुटिया बनाती उसकी भाभी। पाउडर लगाकर बाहर भेजती। सजी-सँवरी रहती थी धनमन। अपनी भाभी से आयु में दस वर्ष छोटी धनमन भाभी पर रौब भी गाँठती थी। उसी बीच ज्वर से पीड़ित हो गई। उस समय चौबीस घंटे उसे भाभी की सेवा चाहिए थी। उसकी सहनशीला भाभी कभी पाँव दबातीं, कभी सिर, कभी वार्ली बनाकर खिलाती-पिलाती लगी रहती अपनी ननद की जी-हुजूरी में।

धनमन बड़ी होती गई। उसके रामनाथ भाई की भी शादी हुई। भाभी आईं। फिर क्या था। धनमन उस भाभी के कमरे में भी थोड़े दिन घुसी रही। पर उसके पिता ने अपनी पुत्री को छात्रावास भेजकर पढ़ाने का निर्णय लिया। दोनों भाभियों को बड़ा दु:ख हुआ।

साल में दो बार छुट्टियों में घर आती धनमन। उसकी बड़ी बहन किशोरी और भाभियों को भी धनमन के आने का बेसब्री से इन्तजार रहता। अत्यन्त सफाई प्रिय माँ की उम्र की उसकी बड़ी बहन किशोरी, धनमन के आगमन के पूर्व जूँ निकालने वाली कंघी खोज-ढूँढ़कर रखतीं। उनका वश चलता तो दरवाजे पर बैठाकर धनमन का सिर साफ कर ही अन्दर प्रवेश करने देतीं। छात्रावास से आने पर धनमन का सिर जूँ से भरा रहता।

किशोरी अपनी बीस वर्ष छोटी बहन की देख-रेख बेटी की तरह ही करती थी। उसके पति श्रीराम की भी प्रिय साली थी धनमन। उसे अत्यन्त प्यार करते। किशोरी और श्रीराम के विवाह के समय धनमन का जन्म नहीं हुआ था। श्रीराम का एक साला तो था। पर साली नहीं। इसलिए साली जनम पर उसने खुशी मनाई।

धनमन को अपने भाई-बहनों के साथ झगड़ने, छीनने, बाँटने का मौका नहीं मिला। चचेरे भाई-बहनों के साथ भी बाल सुलभ नोक-झोंक नहीं होती। एक वर्ष का बड़ा विजय भी उसे स्नेह देता और धनमन भी अपनी छोटी बहनों नारायणी, विद्या, शान्ति और उषा को प्यार देती।

अपने पिता की प्यारी पुत्री होने की खबर सबको थी। एक दिन विजय ने धनमन से कहा— "तुम्हें पता है, तुम्हारे बाबूजी तुम्हें क्यों अधिक प्यार करते हैं?"

धनमन ने कहा— "नहीं।"

नौ वर्षीय विजय उससे एक वर्ष बड़ा था ही। समझाने लगा— "मैं देखने में अपने बाबूजी की तरह हूँ। इसलिए चार भाई और एक बहन में वे मुझे ही अधिक

प्यार करते हैं। तुम्हारा चेहरा भी तुम्हारे बाबूजी जैसा है, इसलिए तुम्हारे बाबूजी तुम्हें अधिक प्यार करते हैं।''

इतना अवश्य हुआ था कि अपने दरवाजे लौट कर धनमन अपने बाबूजी को एकटक निहारती रही। दाढ़ी बनाते बाबूजी ने पूछा— ''क्या हुआ?''

''बाबूजी! मैं आपकी तरह हूँ?''

''आओ देखें!'' कहकर उन्होंने सामने रखा छोटा शीशा हाथ में उठा लिया। धनमन का चेहरा भी अपने चेहरे से सटा शीशा देखने लगे। धनमन ने भी देखा। बोली— ''हाँ मैं तो आपकी तरह हूँ।''

''नहीं। तुम अपनी माँ जैसी हो।''

धनमन का मन टूटा। वह रोने लगी। इसलिए भी रोना आया कि बाबूजी के चेहरे पर लगा साबुन उसके गाल पर भी लग गया था। उसका वह रूप देख उसके बाबूजी हँसते-हँसते लोटपोट और धनमन गला फाड़कर रोने लगी। वह चुप भी उन्हीं के चुप कराए होने वाली थी। इसलिए कोई दूसरा बीच-बचाव के लिए नहीं आया।

देखते-देखते धनमन ब्याह के योग्य हो गई। एक ऐसे गाँव में ब्याह कर गई, जहाँ भयंकर बाढ़ आती थी। ससुराल जाने के तीसरे दिन उसके कामेश्वर भैया उसे विदा कराने आए। कामेश्वर को अपनी बहन का मिट्टी का घर देखकर बहुत दुःख हुआ। धनमन के कमरे में जाकर उसका दुःख गहरा गया। उसने पूछा— ''धनमन कहाँ सोई हो?''

धनमन चटाई पर बैठी थी। हुलस कर बोली— ''इसी पर।''

भोले कामेश्वर को अपनी नव-ब्याहता बहन के प्रसन्न मन की थाह नहीं लगी। वह उसके ससुराल की स्थिति को देखकर रोने लगा। धनमन ने फिर चुप कराया। उम्र में छोटी होकर भी भैया को चुप कराने की स्थिति में ही सदा रही वह। कामेश्वर अपने बड़े चाचा (धनमन के बाबूजी) पर बड़ा गुस्सा हुआ। आखिर उसके चाचा ने उसकी बहन को वैसे घर में क्यों ब्याहा था। कामेश्वर की चलती तो अपनी बहन को किसी राजा से ब्याह कर किसी महल में ही बैठाता। ऐसी ही थी सभी भाइयों की प्रतिक्रिया। पर धनमन तो सयानी हो गई थी। अपने पिया के प्रेम में पगने लगी थी।

उसके ब्याह के साथ ही एक और बड़े भाई जयनाथ की शादी हुई। वह भाभी भी धनमन की हमउम्र। विवाह के बाद भी धनमन शहर के कॉलेज हॉस्टल में रह कर पढ़ती थी। पर छः किलोमीटर पर स्थित गाँव जाना उसे हमेशा सुखकर लगता। तीज-त्योहार, छुट्टी पर वह गाँव चली जाती। भाभियाँ उसे बहुत प्यार करती थीं।

इसलिए भी गाँव आकर्षित करता था।

एक बार की बात है। धनमन को खबर लगी कि उसके चारों दादाओं के पसरे खानदान में से किसी एक का विवाह हो रहा है। मैके जाने के लिए उसकी टाँगों में गति आने लगी। पर विवाहित थी। बिन बुलाए कैसे जाए? एक शाम उसके जयनाथ भैया आ गए। शायद पहली बार उसके दरवाजे। वह भाई बहुत कम बोलने वालों में से था। धनमन उसे देख गदगद् हो गई। अपने पति के पास उन्हें बैठाकर चाय बनाने चली गई। चाय लेकर आते हुए उसने अपने पति को कहते हुए सुना— ''नहीं। आपके साथ नहीं जाने दूँगा। इनके पिताजी की कोई चिट्ठी-पत्री आप लाए नहीं।''

धनमन के दोनों हाथ चाय के प्यालों से भरे थे, प्यालों को पति की बात सुन कर छलकना ही था, छलक गया। वैसे भी उसके जयनाथ भैया चाय पीने वाले नहीं थे। वे उठकर चले गए। फिर कभी नहीं आए उसके दरवाजे।

धनमन को एक भाई के ब्याह पर गाँव में बज रही शहनाई के स्वर सुनाई पड़ते रहे। फिर भी वह दु:खी नहीं हुई, आँखें नहीं भरने दीं। दरअसल, वह तो पति द्वारा जयनाथ भैया को पराया समझ लेने पर अचम्भित हुई थी। जन्म के बाद ही कई औरतों का दूध पीकर पली थी। कई चूल्हों की रोटियाँ खाकर बड़ी हुई। ग्यारह भाइयों का प्यार-स्नेह पाकर ससुराल तक पहुँची। उसे अपने भाइयों से घिरे रहने का एहसास होता था। स्मरण कर भी बल मिलता था। उसके पति ने क्यों वीरान समझ लिया। धनमन ने पति को माफ कर दिया। दोबारा मैके जाने पर उसे पता चला कि उसके पति द्वारा जयनाथ को लौटाने की खबर जंगल में आग की तरह फैलकर बुझ भी गई थी। किसी के पूछने पर पति की ओर से ही सफाई दी। क्या करती? उसे तो मैके में पति और ससुराल में भाइयों का सिर ऊँचा रखना था। जयनाथ भी उससे मिलते वक्त वही पुराना अनुराग छलकाता रहा। फिर क्या था।

धनमन के साथ भाइयों के कुनबे बढ़ते रहे। उसके मैके में कई चूल्हे बढ़े। एक आँगन से निकल कर कई घर बनें। धनमन जाती रही मैके। सुकून पाने के लिए। उसके छोटे भाई कामोद के बेटे का उपनयन संस्कार था। धनमन दिल्ली आ गई थी। मैके कैसे नहीं जाती। कामोद का घर उसके घर से तीस-चालीस मीटर पर था। भीड़ वहीं जुटी थी। धनमन के पिताजी का दरवाजा बिलकुल सूना। वह ऊँचे दरवाजे की निचली सीढ़ी पर बैठ गई। चाँदनी पसरी पड़ी थी। उसे वहाँ बैठना बड़ा सुखद लग रहा था। जिन्दगी पीछे भागने लगी। बचपन की यादों में डूब रही थी। उसकी एक भाभी आ गई।

''क्या कर रही है। अकेले क्यों बैठी है?'' उसकी भाभी ने उसके अकेलेपन की निर्मम हत्या कर कई सवाल भी दाग दिए। धनमन को अपने बचपन से जवान

और जवानी से चार बच्चों की माँ बनने की यात्रा तय करने में थोड़ा समय तो लगना ही था। वह चुप रही। उसकी भाभी को अपनी ननद के, किसी कारण नाराजगी का भान हुआ। वह धनमन का हाथ पकड़कर खींचने लगी। धनमन वर्तमान में आ चुकी थी। बोली— ''भाभी! मुझे अकेले छोड़ दीजिए। बड़ा अच्छा लग रहा है। मैं थोड़ी देर बाद उधर आती हूँ।''

भाभी चली गई। पर अकेले का आनन्द उसे समझ में नहीं आया।

उसकी अपनी भाभी मनोरमा उसे माँ जैसी ही लगती। बड़ा रस आता था धनमन को अपनी भाभी के साथ। दुनियाभर की बातें। सखी-सहेलियों के किस्से। भाभी के बोल इतने मीठे कि पूछिए मत। फुहार में भींगने की इच्छा लिए ही धनमन बार-बार मैके जाती। भाभी भी उसके घर आतीं।

धनमन के तीनों पुत्रों के जन्म पर भाभी ही उसकी प्रसव-पीड़ा को हरती रहीं। द्वितीय पुत्र के जन्म का प्रसंग था। बच्चे की छठी पूजी जा रही थी। धनमन की माँ ने कहा— ''धनमन! अपनी ननद को बधाई में रेडियो दे दो।''

रेडियो बड़ी चीज थी। शादी-ब्याह में मध्यम वर्ग में उपहार में लड़के को रेडियो, साइकिल और घड़ी अवश्य दी जाती थी। पर धनमन के ब्याह के समय ये चीजें उसके लेक्चरर पति को नहीं मिली थीं। उसने माँ से कहा— ''माँ। तुम्हारा वाला रेडियो दे दूँ क्या?''

उसकी माँ ने सहज ढंग से कहा— ''मैंने तो नहीं दिया। मेरे पास पैसे नहीं थे। पर तुम्हारे पास तो पैसे हैं। दूसरा बेटा हुआ है, इनाम तो दो।''

छठी पूजन के लिए इकट्ठी महिलाएँ माँ-बेटी का विनोद सुन विहंसती रहीं। भाभी को शायद बुरा लगा। शायद इसीलिए उन्होंने बेटे के जन्म पर ननद द्वारा पहनाई साड़ी दूसरे दिन लौटा दी। धनमन को दुःख हुआ। उसने अपने ससुराल वालों को यह बात नहीं बताई। पति को भी नहीं। बीस-पच्चीस वर्ष बाद बातों-बातों में जब यह प्रसंग पति को बताया, पति छनक उठे— ''अच्छा। आपने मुझे तब नहीं बताया?''

अरे अब बताया तो इतना गुस्सा। तब बताती तो न जाने क्या करते। क्यूँ बताती धनमन। पारिवारिक जीवन की बातें छीलने में वह विश्वास नहीं करती। उसे एहसास था कि बातें छीलने से रूखड़ी और लकड़ी छीलने से चिकनी होती है और मैके की बात ससुराल और ससुराल की मैके कभी नहीं की उसने। सुखद प्रसंगों का आदान-प्रदान अवश्य करती थी। तभी तो उसकी सास उसकी भाभी को भी उतना ही प्यार करती थीं, जितना उसे।

धनमन बचपन की यादों में ही हिचकोले खाती रही। माँ से सास और दादी

भी बन गई। एक बार धनमन मुजफ्फपुर, मोतीहारी रोड पर आ रही थी। गाड़ी को भी वहीं खराब होना था, जहाँ से धनमन के गाँव का रोड निकलता था। धनमन सोचती रही। कौन से गाँव जाए। वहाँ कौन मिलेगा? कई भाई-भाभियाँ दुनिया छोड़ गए। कई शहर में रहते हैं। गाँव क्या अपने चार दादाओं के कुनबों में से भी बहुत कम बचे और वे भी धनमन को पहचाने, न पहचाने। बच्चे अपनी माँ से पूछेंगे। माँओं को भी बताने में बहुत समय लगेगा— "तुम्हारे मुकुल चाचा हैं न। उनकी ये फुआ हैं। इनके बाबूजी ही तुम लोगों के बड़का बाबा थे। वही बड़ा घर है उनका, जिसमें बड़ा ताला लटका रहता है। जिसके चौड़े आसारे पर तुम लोग क्रिकेट खेलते हों...और भी न जाने क्या क्या..."

धनमन अपनी छोटी भाभियों की परेशानी नहीं बढ़ाना चाहती। भाई-भाभियाँ गईं तो गईं। धनमन ही कौन कौआ की जीभ खाकर पैदा हुई है। वह भी एक दिन चली जाएगी। जब तक जिन्दा है, दुनिया के किसी भाग में शरीर रहता है। मन तो भाई-भाभियों और बहनों के बीच ही है। अच्छा है धनमन गाँव से बहुत दूर है। उसे हर पल उनके गाँव में होने का एहसास रहता है। मानो गाँव में उसके ईआ बाबूजी, काकी, अमीर चाचा, मंगल चाचा, गोनू चाचा, सभी चाचियाँ और भैया-भाभियाँ जिन्दा ही तो हैं। उन्हें मरा हुआ मान ले, अपनी स्मृति से दूर कर दे तो स्वयं कैसे जिन्दा रहे। ग्यारह भाइयों की बहन धनमन ने अपने जिन्दा रहने का भरपूर इन्तजाम कर रखा है। दिल्ली के राजपथ पर खड़ी, राष्ट्रपति भवन के अशोक हॉल में बैठकर भी, उन भाई-भाभियों को साथ रखती है, तभी तो जीवन्त रहती है।

चौरासी वर्षीया किशोरी

चाची नहीं रहीं। यह उनका नाम नहीं था। वे अपने नाम से जानी भी नहीं जाती थीं। वह नाम तो अपने मायके, अथरी गाँव में ही सात दशक पूर्व छोड़ आई थीं। इस गाँव व घर में ईआ की दुलहिन, श्यामनन्द सिंह, मंगल-सुमंगल सिंह की भौजी, कामेश्वर, कामोद, विद्या व शान्ति की दीदी (माँ) धीरज, पंकज, रिंकू, जूली और छोटी की दादी कइयों की चाची थीं। दरअसल, दैनन्दिनी के आदान-प्रदान और काज-प्रयोजनों पर सामाजिक जीवन में महिला का नाम और लेने का विशेष रिवाज भी नहीं था। यदि उनका नाम 'किशोरी' मेरे मानस पर अंकित है तो इसका श्रेय शादी ब्याह के अवसर पर गाली गाने वाली उन महिलाओं को ही जाता है जो उनका नाम लेकर ही गाली गाती थीं। दादी, ईआ और चाचियों के नाम सुनने जानने का माध्यम गाली बना। पूजा-पाठ कन्यादान जैसे कार्य, जो पति-पत्नी को गाँठ जोड़कर ही सम्पन्न होते थे, मात्र आधा अंग, पति का नाम ही लिया जाता था। पत्नी गौण रहती थी। दूध के अन्दर मलाई की तरह अथवा फलों के भीतर मिठास की तरह है।

हाँ। तो मेरी चाची, पिछले माह तक मेरे परदादा के चार भाइयों के ग्यारह बेटों और उनकी पत्नियों में अन्तिम कड़ी, जीवित थी। उनके साथ ही मेरे परदादा राम गुलाम सिंह की तीसरी पीढ़ी का अवसान हो गया। उनके लिए अति पीड़ा का विषय था कि उनके सामने ही मेरे भाई-भाभियों, चौथी पीढ़ी में से भी कई गुजर गए। मेरा सौभाग्य है कि मैंने उस वंश की पाँच पीढ़ियों को देखा, परखा, समझा और आत्मसात् किया है। पाँच पीढ़ियों के प्रवाह में कभी तेज तो कभी धीमी गति से बदलाव भी होते देखा है। अपनी पौत्री हंसा और समृद्धि को जब अपनी दादी और माँ-बाबूजी के जीवन प्रसंग सुनाती हूँ, तो वे वैसे ही ध्यानमग्न हो सुनती हैं, जैसे राम और कृष्ण या पंचतन्त्र की कथाएँ। चाची के व्यक्तित्व को शब्दांजलि देना इसलिए भी आवश्यक था कि सबको जोड़ने वाला चाची जैसा व्यक्तित्व, अब शायद आने वाले समय में मिले न मिले। जीवन पर्यन्त जोड़ती रहीं चाची। मैं उस समय की साक्षी नहीं, जब लगभग सात दशक पूर्व चाची ने मेरे चाचा अमीर सिंह से ब्याह कर मेरे चार दादाओं के संयुक्त आँगन में दुल्हन के रूप में प्रवेश किया था।

मुझे उनकी ममता भरी सूरत की पहचान वहाँ से है, जब उनके बड़े बेटे कामेश्वर से दो वर्ष छोटी अपनी माँ की अन्तिम सन्तान, मैं, उनके प्यार-दुलार की उतनी ही हकदार थी, जितना उनका लाड़ला। कभी-कभी तो उससे भी अधिक। वह दृश्य मुझे स्मरण नहीं, पर दादी और माँ बताया करती थीं कि मैंने उनका दूध भी पिया था। मेरी बीमार माँ मुझे दूध नहीं पिला पाती थी। मेरी चाची, अपने दूध पीते (दो वर्ष का) के हाथ में मकई की रोटी का टुकड़ा थमा, मुझे दूध पिलाने बैठ जाती थी। नन्हा कामेश्वर अपने अधिकार क्षेत्र (माँ की गोद) में मुझे देख रोता था। अपने नन्हे हाथों मुझे खींचता था। चाची कहती— ''ना ना! मर जाएगी। फिर तुमको भैया कौन कहेगा? वउआ है।'' और माँ द्वारा बेटे के कोमल मन पर बहन के प्रति डाला स्नेह बीज अब बड़ा वृक्ष बन गया है। कामेश्वर भैया आज भी (मेरी 63 वर्ष की उम्र में) मुझे बऊआ ही कहते हैं।

इतना तो सुना था कि चाची ने अभाव के आँगन में पाँव धरे थे। उनके पाँव का महावर और हाथ की मेहँदी की लाली आँगन की सूखी टटाई मिट्टी ने सोख ली थी। उनकी सास अपनी तीन जेठानियों से छोटी थी। उस बड़े आँगन में अपनी पीढ़ी की वे चौथी बहू थीं। चार सासों की नजर उनपर ही आकर टिकी थी। उन्होंने हँसते-हँसते अभावों के पैबन्दों से जुड़ी ससुराली चादर ओढ़ ली। ठफ तक नहीं किया। थोड़े ही दिनों में चाची सबकी प्रिय हो गईं। अपनी दोनों जेठानियों की विश्वासपात्र। थोड़ा अक्षर और अंक का ज्ञान लेकर मायके से आई थीं। इसलिए भी विशेष बन गईं। ससुराल में पाँव रखते ही उन्हें एक सखी मिली थी। उनकी हमउम्र ही नहीं हमनाम भी। उनकी बड़ी जेठानी की बड़ी बेटी किशोरी। फिर क्या था। उन दोनों किशोरियों के बीच सखाभाव लताओं के लय ताल में बढ़ने लगा। उठना-बैठना, खाना-पीना, रोना-हँसना, हुनर-सीखना, गीत-संगीत, सब साथ।

बाबा की लाड़ली पोती किशोरी को भी ब्याह कर दूसरे गाँव जाना था। यह सोच ही उनकी सहेली चाची का दिल दहला देती। किशोरी को ब्याह कर ले जाने वाला बारह वर्षीय दूल्हा श्रीराम, अपनी आयु के साठवें वर्ष तक कहते सुने जाते थे— ''विवाह के समय मेरा साला तो पाँच वर्ष का ही था। परन्तु मुझे ससुराल में एक नई नवेली सरहज अवश्य मिली थी। रिश्ते में सास और व्यवहार में साली-सरहज।''

वे यह सुनकर गदरा जाती थीं। वे साली-सरहज के लहजे में ही उनसे हँसी ठिठोली भी कर लेती थीं। कभी-कभी उन्हें इस कारण अपनी जेठानी से हल्की झड़प भी खानी पड़ती। उनकी जेठानी नहीं, वह तो माँ थी। उन्हें एक ऐसी बेटी मिल गई थी, जिससे उन्हें कभी बिछुड़ना नहीं था। उन्हें विदा नहीं करना था। अपने

घर आँगन आई उस बेटी को पराया धन भी नहीं मान सकती थी। वह तो उनके साथ हमेशा रहने वाली थी। देवरानी। फिर क्या। उनकी जेठानी का सब कुछ आश्रित होता गया अपनी उस बेटी सदृश देवरानी पर। चाची, मेरी माँ की विश्वासपात्र थीं। इसलिए भी कि यह पात्रता उनमें थी। वरना माँ का विश्वास कुँआरा ही रह गया होता। चाची ने बखूबी सम्मानित कर साथ निभाया जेठानी के विश्वास का।

वे तो राम गुलाम सिंह के वंश के कुनबे के सभी बड़े छोटों की विश्वास पात्रा थीं। अन्तरंग। इसलिए आँगन की स्त्री हो या दरवाजे का पुरुष, चाची के आगे अपने अन्तरमन की पीड़ा ऐसे पसार जाता जैसे चाची ने आँगन में पसरे चटाई की माफिक अपना हृदय पसार रखा हो। चटाई पर दादी बड़ी सहजता से अन्न पसारा करती थीं। चाची के पसरे हिया पर अपनी पीड़ा पसारने वाले को यह विश्वास रहता कि उसके भाव का एक कण भी बाहर नहीं जाने वाला था। चाची अपनों की उन अन्तरंग बातों को मन की तिजोरी में बन्द कर अपनी पात्रता का ताला लगा देती थीं। तभी तो सबकी विश्वासपात्र थीं।

बांस के कोपलों की तरह दो भाई माँ की कोख से ही बँटे-बँटे पैदा होते हैं। जमीन जायदाद के लिए प्रिय से प्रिय भाइयों में लड़ाई झगड़ा होता रहता है। चाची के चचेरे जेठ (मेरे पिताजी), ही भाइयो में सबसे बड़े और पढ़े-लिखे व्यक्ति थे। उन्होंने अपना जेठपन भी ओढ़ लिया था। इसलिए चाची के पति को नौकरी लगवाने की जिम्मेदारी उनकी ही थी। उन्होंने निभाई। पर आगे चलकर चाचा से जमीन की लड़ाई का हक भी नहीं छोड़ा। छोटे-से जमीन के टुकड़े के लिए चले गए कोर्ट कचहरी। पर चाची ईआ से अलग नहीं हुई। दरअसल, वे उनसे भिन्न, हो ही नहीं सकती थीं। परिवार में चाची मात्र चाचा की पत्नी नहीं, किसी की बहू, किसी की भाभी, देवरानी पता नहीं क्या-क्या बनकर आई थीं। जाहिर है एक-एक के साथ अपने-अपने ढंग का सम्बन्ध था। उनकी जेठानी के साथ, जो एक-दूसरे को आश्रय और आश्रित बनाया था। कुछ आवश्यकताओं के लिए चाची, माँ पर आश्रित थीं तो कुछ बातों में स्वयं उनका आश्रय। माँ भी उनकी आश्रय और उन पर आश्रित। इसलिए पिताजी और चाचा के कोर्ट कचहरी जाने पर भी दोनों के रिश्ते में कोई अन्तर नहीं पड़ा। दो ओसारे के दोनों छोरो पर बने दो चूल्हों के बीच एक बड़ा आँगन पसरा पड़ा था।

उन पर पककर तैयार होते ही खाद्य पदार्थों में अन्तर मिट जाता था। किस चूल्हे का खाना कौन बच्चा खाता था, किस खनिहार (घर का पुरुष सदस्य) की थाली में किस चूल्हे पर पका खाना परोसा गया, किसी को पता नहीं। भावों के साथ सारे खाद्य पदार्थों का घोल चाची बनाती थीं। वे हमेशा अपनी आँख कान खोलकर

रखतीं। मेरे ओसारे पर पिताजी या भैया खाने बैठते, सब्जी चूल्हे पर चढ़ी रहती, चाची के चौके से सब्जी आ जाती। उन्हें इसकी परवाह नहीं रहती कि उनकी कराही में सब्जी बची कि नहीं घर में न कच्ची न चूल्हे पर पकी।

मेरे भैया, चाची के 'बउआ', को चाची के हाथ के परोसे भोजन से ही सन्तुष्टि मिलती थी। भोजन के लिए भैया के आँगन में प्रवेश करते ही अपना सारा पसरा काम छोड़, चाची मेरे ओसारे आ जातीं। कुछ अपने, कुछ माँ के चौके से सामग्रियाँ सजा, भैया की थाली उनके आगे परोसतीं। भैया का पेट भरता, मन भी।

वे बहुत पढ़ी-लिखी नहीं थी। देश दुनिया की बातों को सुनने जानने में उनकी विशेष रुचि थी। दरवाजे की ओट से, दरवाजे की बैठकी पर हो रही पुरुषों की बातें सुनती। देश की राजनैतिक गतिविधियों की भी जानकारी रखतीं। इसलिए भी वे अपने आँगन के समाज में थोड़ी विशेष थीं।

किसी की शिकायत में अपना समय जाया करना, चाची को माफिक नहीं होता था। गाँव घर की बातें अवश्य करतीं। परन्तु हर घटना के नकारात्मक दल-दल से अपना एक सकारात्मक पक्ष अवश्य निकाल लेतीं। चाची के घर में अभाव दूर होने लगा था। सबसे पहले चौका चुल्हे में समृद्धि आई। दोनों शाम चावल, दाल और सब्जियाँ पकने लगीं। चारों बच्चों को दूध भी मिलने लगा। देखते-देखते चूल्हे की औकात ने अपनी कद-काठी बढ़ाई। चाचा ने ईंट का भट्ठा लगवाया। पुराने घर से थोड़ी दूरी पर ईंट का मकान बनना प्रारम्भ हुआ। उनकी जेठानी प्रसन्न थी कि उनकी बेटी स्वरूपा देवरानी पक्के घर में रहेगी। हर सुख का जुड़ाव ही दुख भी है। वे दुखी थीं कि बेटी विदा हो जाएगी। वे अपने आँगन में अकेली रह जाएँगी।

चाची के एक पुत्रवत् देवर भी थे। घर-घर में देवरानी-जेठानियों में झगड़ा लगाने में सिद्धहस्त, इस विद्या में ऊँची से ऊँची डिग्री प्राप्त, कोई महिला या पुरुष, अपने अथक प्रयास से भी चाची को यह एहसास नहीं करवा पाया कि श्यामनन्दन सिंह (गोनू सिंह) उनके देवर थे। पति के भाई। जिनके बीच बँटवारा जनसिद्ध कर्तव्य और अधिकार भी था। उनकी देवरानी भी उनकी बेटी सदृश ही थी। दरअसल, जेठानी और देवरानी के बीच की कड़ी तो स्वयं चाची थीं। बड़ों को आदर देती, छोटे से आदर पाती रहीं। इसलिए उनका कुछ भी रीतता नहीं था। भरती जाती थी चाची। देते-देते, भरी-भरी रहती थीं। बाँट-बाँट कर संग्रहित रहता प्रेम। बेटे बड़े हुए। दोनों का विवाह सम्पन्न हुआ। बहुएँ आईं। सास के रूप में भी पसरी चाची। बहू के बारे में एक शब्द भी आँगन से बाहर नहीं गया। दोनों बेटियाँ विद्या और शान्ति तथा देवर की तीन तीन बेटियाँ ब्याही गईं। लक्ष्मी किशोरी के घर में

फैलती गई थी लक्ष्मी धन-दौलत, यश, सब बढ़ा। उनमें कोई बदलाव नहीं आया था।

टोले-मुहल्ला ही नहीं, गाँव-जवार के आँगन में पसरे दुख से दुखी हो जातीं। चाचा नहीं रहे। देखते-देखते एक-एक कर सभी जेठ-जेठानी, देवर-देवरानी चले गए। चाची सबको विदा करती बिफरती रहीं। फिर तो स्वयं वंश के उस पीढ़ी की अकेली आधार बच गईं। उनके सामने ही यमराज ने जब दूसरी पीढ़ी से भी ले जाने में हाथ लगा दिया, चाची ने यमराज को डाकू की संज्ञा देकर कोसा। डाका डालकर कई जवान स्त्री-पुरुषों को ले गए यमराज। अपनी सहेली किशोरी के जाने पर तो मानो टूट गई चाची। उनके व्यक्तित्व की चूल हिल गई। बच्चों से घिरे परिवार में बिलकुल अकेली हो गईं। बहू-बेटे, बेटी-दामाद, नाती, पोते-पोतियों से भरा घर। जीने के लिए अपनी एक अन्तरंग भी तो चाहिए।

टोले मुहल्ले में भी चाची के बिना कोई रस्म रिवाज नहीं प्रारम्भ होता था। बड़ी गीत-गाईन थीं मेरी चाची। गीतों के भावों में डूबती थीं। बेटी-विवाह के सारे गीत गाते हुए उनकी आँखों से धार बहती रहती। पुत्र जन्म पर सोहर व बधावा गाते अति हर्षित रहतीं। चाची बारहमासा गाते हुए भी मौसम के अनुसार विरहिणियों के उतरते-चढ़ते भावों का प्रगटीकरण उनके चेहरे पर होता। कभी श्रृंगार कभी करुण तो कभी वीर रस में डूब जाता परिवेश।

कुछ माह पूर्व दिल्ली आई थीं। किंचित दिल्ली में उनका अन्तिम प्रवास था। पता नहीं कैसे मुझे इसका आभास हो गया था। इसलिए अपने पति की अनिच्छा के बावजूद मैं द्वारका स्थित अपने भतीजे, धीरज के तीसरी मंजिल के फ्लैट पर घुटनों में दर्द के बावजूद, सीढ़ियाँ चढ़कर पहुँची। आठ दस सदस्यों से भरे चार पीढ़ियों के बीच जँच रही थीं चाची। मुझे देखकर बहुत प्रसन्न हो गईं। न जाने मेरे बचपन की हरकतों के कितने प्रसंग उनके मन-मंजूषा में संचित थे। मुझे देखते ही एक-एक कर बाहर आने लगे। सुन-सुन कर मैं तनावमुक्त हो गई थी। दिल्ली के उस फ्लैट में गाँव से लाकर मेरा बचपन जो पसार दिया था चाची ने। पचपन वर्ष पुरानी स्मृतियाँ बिलकुल ताजा था। मेरे चलते समय बोली— "आज रात यहीं रह जाइए।" मैं नहीं रुकी। रास्ते भर यह बात मन को कचोटती रही। मैंने चाची का आग्रह क्यों नहीं स्वीकार किया? क्या पता फिर उनसे भेंट हो, न हो।

वही हुआ। पिछले माह उनकी बीमारी की खबर सुनकर भी दुनिया की जिम्मेदारियाँ निभाती, नहीं जा पाई। अब चाची तो नहीं मिलेगी। राम गुलाम सिंह का वंश, वृक्ष पतझड़ और वसन्त में भी कभी टिमटिमाता तो कभी दमकता चमकता चलता आगे बढ़ता रहेगा। आनेवाली पीढ़ी को मेरे बचपन का प्रसंग सुनाने वाली,

अन्तिम आत्मीय को शब्दांजलि देते हुए यह भी लोभ है कि मेरी बहू-बेटियाँ, पोतियाँ और उनसे भी आगे की पीढ़ी चाची के गुणों को जाने। दूसरों के लिए जी-जीकर विस्तृत हुए चाची के व्यक्तित्व का एक कण भी अपने में धारण करे। रामायण, महाभारत या लोककथाओं के साथ इन वंश-वृक्षों की टहनियों की कथाएँ भी सुनती रहें। अपनी भावांजलि में शब्दांजलि भरना आवश्यक था। यह जानते हुए भी कि चाची का व्यक्तित्व शब्दों में पिरोया नहीं जा सकता, मैंने अपने आँसुओं में पखार कर इन शब्दों को पवित्रतम बनाने की कोशिश की है।

चाची को प्रणाम। शत शत प्रणाम। उनका आशीष तो मेरे भंडार में संचित है। सामने खड़ी होकर सशरीर वे आशीष देने लायक नहीं रहीं, तो क्या? हमने भी उन्हीं से सीखा है। उनके विश्वास और आशीष को तिजोरी में नहीं, अपने नस-नस में संचारित कर रखा है। अभी चाची सामने होतीं तो कहतीं— ''अब केकर कहानी लिखाई छई।''

उन्हें मैं बताती— ''आपकी।''

''हमरा जीवन में कौन अइसन बात हई जे कहानी बनतई।''

चाची को स्वयं कहाँ पता था कि उनकी कहानी, एक भारतीय-स्त्री के सफल जीवन की कहानी थी। देने वाले हाथों से सजी थी। स्त्री-पुरुष के बराबरी के दंगल में न पड़कर भी खानदान के सभी पुरुषों से ऊँचा था उनका व्यक्तित्व। अपना समय और साधन बाँट-बाँट कर भरा था। न माँगा न संचय किया। तभी तो चाची की कहानी बनी। आने वाली पीढ़ियों के लिए प्रेरणादायी कहानी। सीता-सावित्री के आदर्शों को जीती, एक साधारण वेश में असाधारण महिला। तीन पीढ़ी पुरानी होकर भी नयी थी। वे चौरासी वर्ष की उम्र में भी किशोरी ही थीं। अपनी जेठानी, देवरानी, बेटी-बहू और अब पोते की बहू राखी की भी सहेली बन गई थीं। उनकी बातों से पुरानेपन की बू कभी नहीं आई। इसलिए पीढ़ियों का अन्तराल नहीं पसरा। शिक्षित-अशिक्षित का भेद नहीं उभरा। गाँव और देश की राजधानी का अन्तराल भी नहीं सभी दो विपरीत परिस्थितियों में वे सम रहती थीं। आधुनिक बातों में अपनी आठ दशकीय पुरानी बातों का घोल बना लेती। वे अधुनातन थीं। इसलिए पोता धीरज और पोत बहू राखी बिफर रहे है। अपनी सखासदृश मामा (दादी) के लिए। धीरज के धैर्य का कारण है तो सिर्फ यह कि उसकी मामा असाधारण थीं।

इस बिनोवा के देहावसान पर

'बिनोवा जी नहीं रहें।' खबर सुनकर विशेष आश्चर्य नहीं हुआ। बिछुड़ने का दु:ख तो होना ही था। उस बिनोवा जी के जाने की खबर देशभर में फैली थी। इस बिनोवा के देहावसान की खबर भी बहुत दूर तक फैली। पता नहीं क्यों और किन परिस्थितियों में आबकारी विभाग में कार्यरत छपरा गाँव के श्री रामेश्वर सिंह का उपनाम उनके छोटे बहनोई ने 'बिनोवा जी' रख दिया। सम्भवत: उन दिनों (1960) बिहार के उस क्षेत्र में भी भूदान यज्ञ को गति देने वाले सन्त बिनोवा जी का नाम और काम, इस उपनाम से पुकारने वाले के मस्तिष्क पर छाया था, या कि अपने बड़े साले (आयु में दो वर्ष बड़े) को नाम लेकर पुकारना उचित न लगा हो उस इलाके में साले को भी भैया कहकर पुकारने का रिवाज नहीं रहा हो। कारण जो भी रहा हो रामेश्वर सिंह बिनोवा जी कहकर ही पुकारे जाने लगे। उन्होंने अपने छोटे बहनोई द्वारा 'बिनोवा जी' उपनाम को अन्यथा भी नहीं लिया था। ''तो कहिए बिनोवा जी, और क्या हाल है?''

इतना पूछना होता कि बिनोवा जी मुस्करा देते। फिर पूछते—''और माई राम (उनकी पत्नी) का क्या हाल है?'' फिर तो ठहाका लगाकर हँसते बिनोवा जी।

दरअसल, बिनोवा जी अपने इस उपनाम के साथ अनेक रिश्तों के नाम से जाने जाने लगे थे। अपने तीन बच्चों किरण, मंजू और मुकुल के बाबूजी तो कब के बन गए। अब तो तीन नातियों के नाना जी और एक पोते एक पोती के बाबा भी थे। परन्तु एक उनका सम्बन्ध नाम छूट गया था। बऊआ। वे अपनी दादी, ईआ, बड़ी बहन (दस वर्ष बड़ी) और चाची के बऊआ (बच्चा) ही थे। इन लोगों ने कभी उन्हें नाम लेकर नहीं पुकारा। और वे सब एक-एक कर जाते हुए अपने साथ ही वह सम्बोधन लेकर चले गए। बिनोवा जी को बऊआ कहने वाला कोई नहीं था।

मेरे मन में कई बार यह प्रश्न उठता रहा, मितभाषी रामेश्वर सिंह के छोटे बहनोई ने उन्हें आखिर बिनोवा जी ही कहकर क्यों बुलाया? दूसरे नाम से भी सम्बोधित कर सकते थे। पहलवान जी, शेर सिंह, गोनू झा, भोले नाथ, गाँधी जी

कुछ भी। पर उन्हें इस प्रकार का कोई नाम नहीं सूझा। और शायद बहुत सूझ-बूझ और सोच-समझकर भले ही 'बिनोवा जी' नहीं पुकारा गया हो, नाम सुनने वालों को अवश्य उपयुक्त लगता था। उस गाँव में कई लोगों के उपनाम रखे गए थे। गाँधी जी, तुलसी बाबा, नेहरू जी बहुत-से लोग थे। कभी-कभी तो लोगों के नाम और उपनाम से जोड़कर व्यक्तित्व के गुण देख-सुन आश्चर्य होता है। कहीं कोई मेल-मिलाप नहीं, मानो 'आँख के अन्धे नाम नयनसुख' कहावत चरितार्थ हो रही हो। परन्तु इस 'बिनोवा जी' के साथ ऐसा नहीं था। इनके बहनोई द्वारा बिनोवा जी पुकारे जाने पर सुनने वाले व्यक्ति के सामने एक बार सन्त बिनोवा भावे की छवि उतर आती थी। और वह कह बैठता था—"ठीक नाम दिया इनका। ये भी सन्त ही तो हैं।" और तब लगता था कि उनका नामकरण (द्वितीय) बहुत सोच-समझकर हुआ होगा। दरअसल, बिनोवा जी की दुनियादारी, बुद्धि उनकी धर्मपत्नी जी को रास नहीं आती थी। ऐसा तो सभी पत्नियों को कमोवेश मात्रा में लगता है कि उनके पति दुनियादारी नहीं जानते। मनोरमा जी को भी यह शिकायत थी तो किम आश्चर्यम् परन्तु अपने नन्दोई द्वारा उनके पति को बिनोवा जी कहकर पुकारना मानो 'एक करैला कड़वा, दूसरा नीम चढ़ा' ही हो गया। वैसे ही वे अपनी पारिवारिक जिम्मेदारियों में पत्नी के अनुसार पीछे रहते थे, ऊपर से सन्त की पदवी। फिर क्यों करे कोई काम?

बिनोवा जी तो बिनोवा जी थे। मानो अपने उपनाम को शिरोधार्य कर लिया था। इसलिए आबकारी विभाग की नौकरी थी तो क्या, बिनोवा जी जो थे, जमीन वालों से भूदान में जमीन लेकर उसी गाँव में भूमिहीनों के बीच बाँटते गए। इस बिनोवा जी ने तो न काहू का लेना न काहू को देना वाली स्थिति रखी। बिनोवा जी थे न। माई राम (पत्नी) की डाँट सुनकर भी चुप रहते। जवाब नहीं देते, टाल जाते। गुस्सा कम नहीं था। पर क्यों प्रकट करें। कभी-कभी प्रकट होता था। बचपन से अपने भाई-बहनों के बीच लड़ाई-झगड़े का सवाल ही नहीं उठा था। दस-दस वर्ष के अन्तराल पर तीन बच्चे पैदा हुए थे अनूपा-छबीले सिंह के दाम्पत्य में। बिनोवा जी का नं. दूसरा था। उस दाम्पत्य द्वारा एक बेटी के साथ दस वर्षों की अवधि काटने के बाद उसे पुत्र रत्न की प्राप्ति हुई थी। दादा जगदेव सिंह के पाँव जमीन पर नहीं पड़ते। पोता हुआ था। वंश वृद्धि होगी। वंश चलना चाहिए। बाबा-दादी को पोती किशोरी अत्यन्त प्रिय थी। बेटी जो थी। दूसरे की अमानत। उनके दाम्पत्य में भी एक ही पुत्र था। बहू-बेटे का एक बेटा होना आवश्यक था। सुन्दर सलोने पोते को पाकर धन्य-धन्य थे। उन दिनों किसी को कहाँ पता था कि सभी की आकांक्षाओं का केन्द्र वह बालक दुनियावी नजरों का चालाक, धूर्त और लक्ष्मी का उपासक नहीं होगा।

अपने हित साधने में अपने भौतिक सुख की बुनियाद दूसरे के सुख का हनन कर उसके दु:ख को नहीं बनाएगा। इस बिनोवा के सतहत्तर वर्ष की जिन्दगी में किसी को पलभर के लिए भी दु:ख देने का रिकार्ड नहीं बना। 'न उधो का देना, न माधो का लेना।'

बिनोवा जी तो बिनोवा जी थे। 27 वर्ष की उम्र तक उन्हें किसी ने समझा नहीं। 'कहेंगे सबै नयन नीर भरी-भरी, पाछे प्यारे बिनोवा की कहानी रह जावैगी'। इस मृत्यु पर भी सबके मुख से बिनोवा जीवन की समीक्षा निकल रही थी—''कभी किसी की शिकायत नहीं की इन्होंने।''

अपने पराए के बीच संचार माध्यम का काम करते थे बिनोवा जी। एक स्थान की खबरें दूसरे स्थान पर पहुँचाते रहे। घर वालों की अपेक्षा थी कि अवकाश प्राप्ति के बाद वे जमीन और गाँव के घर की देख-रेख करेंगे। बिनोवा जी नहीं रमे दुनियादरी में। विरक्त रहे। दूसरों के घर जाना। खोज-खबर लेना। यही स्वभाव बन गया। यही दिनचर्या। स्वतन्त्र थे। पत्नी, बेटा-बहू और पोता-पोती के बन्धन में नहीं बँधे। यथाशक्ति उनकी भी सेवा कर स्वयं निश्चिन्त हो जाते।

मरणोपरान्त उनकी जीवन गाथा सुनाने वालों में एक ने कहा—''मेरे जीवन में दो बार ऐसा क्षण आया जब बिनोवा जी कुछ रुपये लेकर आए। बोले—जरूरत पड़ेगी, रख लीजिए। समय पड़ने पर माँगने पर भी कुछ लोग नहीं देते। वे अपने ही क्यों न हों। पर बिनोवा जी ने स्वयं आकर पूछा। रुपये दिए। मैंने बाद में रुपये लौटा दिए पर आज तक हृदय से उनका ऋणी हूँ।''

समाज सेवक की भूमिका में ही थे बिनोवा जी। छोटों को अबोला प्यार देते थे। बड़े उनके सम्मान के भागीदार थे।

न जाने कितने दूरभाष नं., गाड़ी नं. उन्हें कंठाग्र थे। गाड़ी संख्या स्मरण रहने का एक कारण हो सकता है कि वे कभी रिक्शे या गाड़ी से नहीं चलते थे। पैदल ही शहर की सड़कें नाप लेते, प्रतिदिन चार-पाँच कि.मी. की यात्रा तो हो ही जाती।

गृहस्थ सन्त थे विनोवा जी, इसलिए उनका व्यवहार अटपटा लगता था सबको। लीक से हटकर चलने वाला व्यक्ति उटपटाँग ही लगता है। गृहस्थ को गृहस्थ ही होना चाहिए। अन्तिम क्षण तक सांसारिकता में लिप्त। अपने खेत की आड़ी को बढ़ाते रहने वाला। दूसरों का धन हड़पने वाला। बिनोवा जी ऐसे गृहस्थ नहीं थे। उनके दादा ने उनकी माँ से लगभग सात दशक पूर्व कहा था—''बागीचा लगवा दे रहा हूँ। आम, कटहल, लीची, जामुन, आँवला सभी फलों के पेड़ होंगे। पर तुम्हारे बच्चे खाएँगे कैसे। मेरा बेटा तो बागीचे में जाएगा नहीं। साहब है साहब।'' बिनोवा जी के पिताजी ने बागीचा जाना नहीं छोड़ा। चोरी से फल तोड़ने

वालों को थाने की हवा भी खिलवा देते थे। पर बिनोवा जी नहीं गए बागीचे में। खेतों की मेड़ पर खड़े होकर फसल नहीं कटवाई। भला कोई पारिवारिक पुरुष ऐसा करेगा? और किसी ऐसे पुरुष के घरवाले सन्तुष्ट रहेंगे? नहीं न! तभी तो वे बिनोवा जी थे।

किसी का बनाया नहीं, तो बिगाड़ा भी नहीं। बिगाड़े होते तो मृत्यु के बाद समवेत स्वर से उनके जीवन की समीक्षा 'सन्त थे' के रूप में नहीं होती। पत्नी लड़ती-झगड़ती रहती थीं। बिनोवा जी को व्यावहारिक और सांसारिक बनाने के लिए तड़पती रहतीं। अपने सम्बन्धियों से पति की शिकायत भी करतीं। पर बिनोवा जी को पत्नी से कोई शिकायत नहीं थी। उन्होंने अपने किसी अन्तरंग के सम्मुख भी पत्नी के बारे में शिकायत नहीं की। बिनोवा जी जो ठहरे।

उनके देहावसान पर भी लोगों को श्मशान ज्ञान हुआ और उनके जीवन की समीक्षा तो अनुभव की गई और सुनी गई। बिनोवा जी ने जाते-जाते समाज के आँगन में कई सवाल छोड़े हैं। वह सवाल है कि क्या उनको जानने और मरणोपरांत उनकी प्रशंसा करने वाली महिलाएँ अपने बेटी-बहू को आशीष देंगी—"तुम्हारा बेटा भी इस बिनोवा जी जैसा हो"। उन्हें सन्त कहकर विदा करने वाले पुरुष क्या चाहेंगे कि उनका पुत्र/दामाद भी वैसा ही बने। उन्हें समाज सेवक कहकर पुकारने वाले क्या तहेदिल से चाहेंगे कि उनके आत्मीयों की जीवन शैली भी वैसी ही हो?" हमारी जातीय स्मृति के अनुकूल उत्तर नाकारात्मक होगा। क्योंकि कहावत बन गया है—"शिवाजी पैदा तो हो, पर पड़ोसी के घर।"

यदि तीनों सवालों के जबाब 'हाँ' में हैं तो मानना चाहिए कि इस बिनोवा जी के पार्थिव शरीर का ही दाह-संस्कार हुआ है। उनका विचार, स्वभाव, जीवन-शैली के बीज तो समाज में रहेंगे। अगली पीढ़ी ही नहीं, आने वाली पीढ़ियों में भी समाज में ऐसे बिनोवा जी पैदा होते रहेंगे। इस बिनोवा जी जैसे लोग इनके पहले भी रहे हैं। आगे भी रहेंगे। व्यष्ठि से समष्ठि तक चलता है जीवन। व्यष्ठि चाहिए। समष्ठि भी। तभी तो समाज गंगा की धार जैसे बहता रहेगा। इस समष्ठि की निरन्तरता को शब्दांजलि। इस बिनोवा जी को श्रद्धांजलि। बहरहाल बिनोवा जी का सही नाम रामेश्वर सिंह था। इनके दादा जी का नाम जगदेव सिंह। पिताजी श्री छबीले सिंह, छपरा गाँव के निवासी। मेरे बड़े भैया थे रामेश्वर सिंह।

हार गया सत्यवान

दूरभाष पर नवीन से बात करने की हिम्मत नहीं हो रही थी। अव्वल तो वह खबर सुनकर किसी भी हालत में भागकर वहाँ पहुँचना चाहिए था। किसी कारणवश ऐसा नहीं हो सका।

अपना मन कहाँ मान रहा था। मन की उस छटपटाहट में ही न जाने बीते छः दशकों के पारिवारिक आख्यान के कितने पन्ने फड़फड़ा कर खुलते चले गए थे। श्रीराम और किशोरी के दाम्पत्य रूपी तरुण वृक्ष पर पहले भी फल लगा था। एक बिटिया हुई, जिसकी अकाल मृत्यु हो गई। तब तो उन्हें माँ-बाप बनने का एहसास भी नहीं हुआ था। फिर तो वह वृक्ष अपने ऊपर फल लगने की आशा में पपीहरा हो गया। कई वर्ष बीत गए। आखिरकार मनोकामना पूरी हुई। गर्भवती किशोरी मायके में ही रही। उसकी ईआ की ही नहीं, हर ग्रामीण की इच्छा थी—"किशोरी के गर्भ से लड़का ही उत्पन्न होना चाहिए।"

ईश्वर की कृपा। आधी रात को मास्टर साहब के घर की उस दखिनबारी कोठरी में एक नवजात शिशु के केहाँ ऽऽऽ केहाँ का तीव्र स्वर गूँजा। दरवाजे पर बैठे मास्टर साहब के कानों को भी सुनने का इन्तजार था—"नाती हुआ है"।

लमहा भी कहाँ बीता था। किसी ने सूचना दी—"लक्ष्मी आई है। आपको नतीनी हुई है।"

मास्टर साहब अपने लम्बे-चौड़े बरामदे पर चहल-कदमी करने लगे। मैंने ही जाकर कहा था—"बउआ आई है।"

"अरे! तू भी जगी है?" दस वर्षीया अपनी बेटी के आधी रात तक जागते रहने पर आश्चर्य प्रकट किया था।

"हाँ! मुझे मौसी बनना था न! काकी बोली थी, जगी रहोगी तभी तो मौसी बनोगी।"

अर्द्धरात्रि की निःशब्दता की परवाह किए बिना। बाबूजी हँसे थे ठहाका मार कर। मेरे मौसी बनने की व्याकुलता की परवाह किए बिना।

बउआ बढ़ने लगी। तिल-तिल। नाना-नानी, मामा-मामी-मौसी ही नहीं, वहाँ तो और भी बहुत लोग थे। सबकी दुलारी। किलकारी मारती, मानो हर किलकारी के साथ एक तिल भर बढ़ जाती। उसकी हरकतें देख सबलोग फूले न समाते थे। राजा जनक की बेटी सीता से कहाँ कम थी। वह भी सीता की तरह 'पलंगपीठ तजि गोद हिंडोरे, सिए न दीन्ह पग अबनि कठोरे' की स्थिति में ही थी। स्वजनों के बीच छीना-झपटी। कोई उसे सोने भी न दे। नानी की हिदायत थी— "सोया हुआ बच्चा गोद में नहीं रखते।" यदि ऐसा था तो सोने ही क्यों दें उसे।

उसके साथ खेलने का सबका अपना-अपना समय बँध गया था। नाना जी क्यों पीछे रहते। वे दूसरों की गोद में खेलते बच्चे को देख ही आनन्दित होते। अपनी तर्जनी से उसका गाल छूते। और मानो पूरे शरीर में उस नन्ही के नन्हे स्पर्श से उत्पन्न करंट दौड़ जाता। आह्लादित हो जाते। नाना को अपने गठिया ग्रसित हाथों पर विश्वास नहीं था, इसलिए बच्ची को गोद में नहीं उठाते। उस दिन नहाने से पूर्व तेल मालिश करवा कर उठे थे। उनकी छोटी बिटिया अपनी नन्ही बाँहों में टुन्नी को थामे थी। बोली— "बाबूजी! आप लीजिए न बउआ को अपनी गोद में।"

ना नहीं कर सके। उठा लिया नातिन को। हाथों में शक्ति लौट आई थी। थोड़ी देर सख्ती से उसे थामे रखा। टुन्नी ने अपना शरीर हिलाया। हाथ से बच्ची के छूट जाने के भय से भयभीत मास्टर साहब ने शीघ्रता से पास ही बैठी पत्नी की गोद में डाल दिया। पत्नी बोली—"कितना डरते हैं। अपने बच्चों को भी उठाना तो दूर, छुआ तक नहीं! कैसे अभ्यास पड़े। यह तो मूल नहीं है। सूद से अधिक प्यार होता है। इसे तो गोद में रखिए। शक्ति मिलेगी।"

फिर तो घर के अन्य सदस्यों के साथ वे भी बच्ची को गोद में थामने की पंक्ति में खड़े रहते। पर सम्भवत: बच्ची को दूसरे के सहारे जीना कबूल नहीं था। अपने पाँव पर खड़ी हो गई। उसका पहला कदम पूरे परिवार के लोगों ने एक साथ देखा। उसके नन्हे पहले थरथराते कदम ने धरती पर पड़ते ही सारे सदस्यों के पाँवों में गुदगुदी कर दी। मानो उन्होंने भी उसी क्षण चलना सीखा हो।

फिर क्या था। कौन रोक सकता था बढ़त। कहते हैं बेटी की बढ़त तीव्र होती है। बढ़ती गई थी टुन्नी। दो वर्ष की थी। गर्मी के दिन मामा अपनी साइकिल पर बैठाकर बगीचा घूमाने ले गए। एक छोटा-सा पका आम उसकी नन्ही जाँघ पर गिरा। मामा आम उठाकर ले आए। पत्नी से बोले— "इसे धोकर लाइए। टुन्नी को खिलाऊँगा।"

और मौसी ने उन दिनों प्रचलित गीत 'चन्दा मामा दूर के...' पर झटपट पैरोडी बना ली—"अपन मामा पास के, आम लाए बीन के। आप खाए काट के,

टुन्नी को दे गार के...।''

टुन्नी अपनी माँ के साथ पिता के घर क्या चली गई, नाना का सारा साम्राज्य ही सूना हो गया। कोई किसी से बात न करे। उनके आपसी बातचीत का माध्यम थी। घर में अधिकांश वार्तालाप उसी से प्रारम्भ होकर उसपर ही समाप्त होती। उसके जाने पर सब चुप थे। शीघ्र वापस बुला लिया था बेटी को। फिर तो ननिहाल और पिता घर आती-जाती सयानी हो गई टुन्नी। किशोरी की गोद में दो और सन्तानें आईं। मुन्नी और एक उसका भाई। पर टुन्नी तो टुन्नी थी। विवाह योग्य हो गई टुन्नी। साँवली-सलोनी सावित्री के पोर-पोर को गुणों से सजा दिया था उसकी माँ ने। बेटी जो थी। उसके पिता श्रीराम सिंह लड़के वालों के आगे अपनी बिटिया के गुणों को बखानते नहीं थकते। दरअसल, बार-बार बेटी की विशेषताएँ बोलते रहने के कारण नर्सरी राइम्स की तरह रट लिया था उन्होंने।

लड़के वालों को लड़की के गुण चाहिए थे। पर मात्र गुण नहीं। धन भी चाहिए था। इसलिए कहीं बात नहीं बन पा रही थी। नौजवान नवीन को दिल से पसन्द किया था श्रीराम सिंह ने। कॉलेज में मनोविज्ञान के व्याख्याता नवीन ने श्रीराम सिंह का मन भाँप लिया था। विवाह के बाद सबने कहा— ''अपना बेटा नहीं है तो क्या, हू-ब-हू अपने रूप-रंग जैसा दामाद ले आए।''

और सच तो यही था कि उनकी बीमारी में नवीन और टुन्नी ने दो बेटों के बराबर ही सेवा की। धन्य हो गए श्रीराम सिंह। पीड़ादायी स्थिति में भी जीने की चाहत बढ़ गई। नवीन-टुन्नी का वश चलता तो सामने खड़े यमराज को फटकार या अनुनय विनय कर लौटा देते। ऐसा कहीं हुआ है। दूसरी बेटी मुन्नी और पत्नी को भी नवीन के आश्रय पर छोड़कर स्वर्ग सिधार गए श्रीराम सिंह।

दोनों ने सँभाल ली थी जिम्मेदारी। नवीन के सामने ससुर-सास द्वारा दिखाए बाइस्कोप पिटारी से टुन्नी के गुणों की तस्वीर एक-एक कर खुलती गयी थी। कुशल गृहिणी टुन्नी ने गृहस्वामी के भी दायित्व ओढ़ लिए थे। देवर के साथ मुन्नी का विवाह रचा दिया। दोनों साथ रहतीं। मकान बनवाने, खेती करवाने से लेकर घर सजाने साफ-सुथरा रखने तक। दिन बीतने के साथ नवीन के सारे दैनन्दिनी के इन्तजाम का कार्य भार टुन्नी ने अपने ऊपर ले लिया। टुन्नी और नवीन के दाम्पत्य में बच्चा नहीं बदा था। टुन्नी तो नवीन को ही बच्चे के रूप में देख-रेख कर रही थी। उसके हर नखरे उठाती। नवीन की अपेक्षाएँ बढ़ती गई थीं। टुन्नी से पूछे बिना घर का पत्ता भी नहीं हिलता। सुबह की चाय, व्यायाम करने के लिए दरी बिछी हुई, दाढ़ी बनाने के लिए गर्म पानी, नाश्ते-खाने की सामग्रियाँ नवीन की रुचि अनुसार तैयार मिलतीं। एक दिन उसने मुझसे हँसते हुए शिकायत की थी—''मौसी ई त बड़ा

नखरा कर लथुन।''

''बेटी! नखरा भी कोई तब करे जब कोई उठाने वाला हो। तुमने नवीन को पंगु बना दिया। वह तुम पर पूर्णरूपेण आश्रित हो गया। अब तुम्हारे बिना जीने की सोच भी नहीं सकता।'' दोनों विहंस उठे थे। मुझे भी उन दोनों का वह सम्बन्ध सुखद लगता था।

समय तो अपनी रफ्तार से बीत ही रहा था। मुन्नी को एक लड़का हुआ था। उन पाँच सदस्यों की संयुक्त जान को मानो विशेष ऑक्सीजन मिल गया था। चहचहा उठा थी बगिया। नानी की हड्डियों में शक्ति लौट आई थी। मनन को मुन्नी ने कोख दी थी। गोद टुन्नी की मिल गई। मम्मी बन गई टुन्नी। बड़ी मम्मी और मम्मी। देवकी और यशोदा का साझा बच्चा बढ़ता गया। कई उम्मीदें टिक गई थीं उस परिवार वृक्ष पर फले इकलौते फल पर। मनन और मुन्नी, मनन और नवीन जी, मुन्नी और कैलाश, सबके बीच की कड़ी बन गई टुन्नी। इतनी सारी जिम्मेदारियाँ ओढ़नी भी ठीक नहीं। जाने-अनजाने ओढ़ ली थीं टुन्नी ने।

देखते-देखते इतना समय बीत गया। नवीन कॉलेज से रिटायर हो गए। मैं उनके घर मिलने गई थी। टुन्नी ने कहा था—''मौसी! इनका अपने साथ ले जा। बड़ा हरान कर लथुन।''

मैंने कहा—''ठीक कहती हो। अवकाश प्राप्त पति को सँभालना बड़ा कठिन होता है।''

नवीन मुस्कराए थे। करते क्या। आश्रित हो गए थे पत्नी पर। उसकी सेवा के बन्धन में जकड़े रहना ही अपनी नियति मान ली। सुखद नियति।

उस दिन अचानक खबर मिली—'टुन्नी को कैंसर हो गया।' अन्दर तक दहल कर बुदबुदायी थी—''कैसे जिएगा नवीन। मुन्नी का क्या होगा। और मनन?'' तीनों उसी पर आश्रित हैं। गर्भाशय का कैंसर था। ईश्वर शरीर में गर्भ सृजन तो सृष्टि को बढ़ाने लिए करता है। मेरे मन में प्रश्न उठा—''उसमें बच्चा नहीं पला तो कैंसर क्यों ही?'' मेरे इन अनर्गल भावनात्मक प्रश्नों से बीमारी का कुछ लेना-देना नहीं था।

सुनने वाले दिलासा दिलाते थे—''अब कैंसर भी ठीक हो जाता है।'' दो वर्षों की तपस्या। सारा बदला चुका लिया टुन्नी ने। अगले जनम के लिए नवीन पर कुछ भी उधार नहीं छोड़ा। टुन्नी को वेलोर इलाज के लिए ले जाने की डॉक्टर की सलाह पूरी तरह सुन भी कहाँ पाया था। तब तो टुन्नी ने ही ढाँढ़स बँधाया था—''जाँच के लिए ही तो जाना है। आप क्यों परेशान हो रहे हैं?''

नवीन भागा था। पैसा पानी की तरह बहाता रहा। नवीन को आशा थी, निकाल ले आएगा काल कोठरी से अपनी जान को। सच तो था। उस पर आश्रित थी उसकी जान। फिर कैसे जाने देता। लाखों रुपये तो कागज के ही थे। हाथों से उनके फिसलते समय नवीन को कोई कष्ट नहीं होता। इनके बदले उसकी जान जो बचनी थी।

बहुत भागा वेलोर-मुजफ्फरपुर, मुजफ्फरपुर-वेलोर और फिर पटना। भागता रहा पत्नी को पीठ पर उठाए। जान को हथेली पर लिए।

मैंने टुन्नी से उसके विवाह के पैंतीस वर्ष बाद दो महीने पूर्व ही पूछा था— ''तुम्हारा स्कूल वाला नाम क्या है?''

''सावित्री नवीन''।

सावित्री के संग नवीन नहीं, सत्यवान बन गया था नवीन। पर बात उल्टी हुई। अचानक सत्यवान की जान चली गई थी। उसे लेने आए यमराज से सावित्री ने शास्त्रार्थ में परास्त किया था। सत्यवान की जान वापस करवाई थी। इस सावित्री-सत्यवान की जोड़ी में सत्यवान यमराज को पराजित करने में तन-मन-धन से जुटा था। एक ही धुन थी। सावित्री को बचा लेना।

टुन्नी ने कहा था—''छोड़िए न! अब मुझ पर क्यों इतना पैसा बर्बाद कर रहे हैं?''

''अपना स्वार्थ है। तुझे बचाना मतलब अपने को जीवित रखना है।''

पत्नी को बचा लेने के लिए आश्वस्त तो था नवीन। किसी चिकित्सक ने जब कहा कि दो-तीन साल जिन्दा रह सकती है, पर पाँच लाख रुपये खर्च होंगे, नवीन ने तपाक से कहा था—''दस लाख और खर्च कर दूँगा। आप इसे पाँच साल बचाए रखिए।''

नवीन के अन्दर आशा की डोर फिर जुड़ गई थी। उस रात दोनों ने मिलकर सपने देखे थे। मनन के ब्याह का सपना। बस! अब यही सपना तो पूरा होना था। दूरभाष पर दूसरे ही दिन हालचाल पूछा था मैंने। नवीन बोले थे—''मौसी जी! टुन्नी तो अब फिर से जवान हो गई। किमोथेरैपी के बाद बाल झरने पर बहुत रोई थी। पर अब ये छोटे-छोटे घुँघराले बाल इसके ऊपर बड़े शोभ रहे हैं। गोरी भी हो गई। इतनी सुन्दर तो कभी नहीं थी।''

पत्नी सामने बैठी रही होगी। हुलस-हुलसकर अपना मन पसार गए थे नवीन। और मैं हजार कि.मी दूर अपनी जीत भाव से आच्छादित बैठी टुन्नी का हँसता चेहरा देख पा रही थी। कितना प्रसन्न होगी टुन्नी। न शिकवे न शिकायत।

इस जानलेवा बीमारी ने सारे शिकवे समाप्त कर दिए। एक-दूसरे के लिए जीने का संकल्प जीवन्त हो उठा। और क्या चाहिए!

दूसरे दिन ही दर्द से पीड़ित उसके कराहते रहने की खबर आई। दो वर्षों में अनेकों बार उससे दूरभाष पर बातें हुई। हमेशा कहती—"मौसी! ठीक है। दर्द कम हो रहा है। थोड़ी खिचड़ी खाती हूँ।"

अपनी सारी व्यस्तताओं को दरकिनार कर मैं उससे मिलने उसके पास चली गई थी। उस दिन उसका दर्द कम था। मुझे बोली—"मैं भी आपके साथ मामी के यहाँ घूमने चलूँगी।"

सुनने वालों को आश्चर्य हुआ। कल तो आँखें भी नहीं खोलती थी। आज घूमने जाएगी। मोबाइल पर नम्बर घुमाकर मैंने किरण, मंजू, संगीता को दिल्ली, मोतीहारी और दिल्ली खबर कर दिया—"टुन्नी को बाजार घुमाने ले जा रही हूँ।" झट पैरोडी बनाकर मैं गाने लगी—"ले चल बजार, बजार, रे जिआ ना लागे मौसी।" सुनकर विहंस उठे। सबकी आवाज में प्रसन्नता थी। आशा। मेरे मन के एक कोने में दृढ़ विश्वास था। आखिर इस सत्यवान ने सावित्री की जान वापस ले ही आया।

टुन्नी ने चार वर्ष पूर्व ही बड़ा घर बनवाया था। अकेले। थक गई थी। मुझसे ही शिकायत की, किससे करती। माँ नहीं थीं। मौसी तो थी। बोली—"घर बनवाने में भी मदद नहीं करते हैं?"

मैंने सान्त्वना दिलाई "कोई बात नहीं। महिलाएँ घर तो बनाती ही हैं। इन दिनों मकान बनाने का काम भी औरतों ने ही ले लिया है। "

किस्से तो बहुत थे। हँसी-मजाक के। शिकवे-शिकायत के। एक-दूसरे पर निर्भरता के। टुन्नी का किया हुआ सब पीछे पड़ गया था। नवीन की सेवा आगे बढ़ गई। 'टुन्नी मुँहफेर कर चली गई' खबर सुनकर सन्न रह गई थी। रातभर फोन नहीं किया। ऐसी सूचना मंजू देती रही—"गराज में सुलाया है टुन्नी दीदी को।" तीन मंजिल का सुन्दर घर उसने ही बनवाया था। उसे सर्द की रात बाहर ही सुलाया गया।

रुग्ण शरीर था। जर्जर। मात्र साँस निकल जाने से ही शरीर घर में रखने लायक नहीं रहा। जन्म-मरण के द्वन्द्व में मन फँसा था। दूसरे दिन हिम्मत करके दूरभाष उठा ही लिया मैंने। बड़ी हिम्मत की। 'हलो' सुनते ही नवीन बिफर पड़ा "मौसी जी! शब्द चूक गए। क्या कहूँ? मैं तो यतीम हो गया। टूअर।"

नवीन के माता-पिता कब के स्वर्ग सिधार गए थे। तब तो वह टूअर नहीं हुआ था। टुन्नी ने थाम लिए थे उसके नखरे। मेरे मन में उठी टीस रिसने लगी—"हाँ!

तुम टूअर हो गए। वह दिखती सहृदयी थी। तुम पर कितनी ममता लुटाती थी। वह सब धोखा था। बड़ी निष्ठुर निकली। मुन्नी और मनन भी टूअर हो गए।''

किस्सा खत्म हो गया। बचपन में किस्सा सुनकर टुन्नी जिद्द करती थी— ''औल! मौसी औलो कह। रानी मर गेल, फेर राजा के की भेल?'' मुँह में अँगुली डालती थी। मैं कहती थी—''किस्सा खतम, पैसा हजम।''

किस्सा खतम हो गया टुन्नी का। नवीन की अकेली कहानी भी नहीं बन सकती। उसे भी टुन्नी के संगसाथ की अपनी कहानी के संगसाथ जीना है। आखिर हार ही गया सत्यवान। यमराज की जीत हुई। सत्यवान की जगह सावित्री होती तो शायद यमराज परास्त होते। पता नहीं क्या होता! कितनी सावित्रियाँ हारती रहती हैं। अभी तो मैं इस सत्यवान की हार पर अचम्भित हूँ।

सशक्त काया, कोमल मन

मनुष्य एक सामाजिक प्राणी है। अनेक रिश्ते-नातों में गूँथा है। जनम लेने से लेकर दुनिया से जाने तक न जाने उसके कितने रिश्ते बनते हैं और कितने सरोकार। यूँ तो दो घंटे की बस यात्रा हो, या दस घंटे की ट्रेन यात्रा, सहयात्रियों के बीच भी रिश्ते बन जाते हैं। बहुत दिनों तक स्मृतियों में जुड़े रहते हैं सहयात्रीगण। लेकिन रिश्तों की समझ की नींव तो परिवार में ही डाली जाती है। आश्चर्यजनक ही है कि हर रिश्ते की अपनी तासीर होती है। कभी-कभी ये तासीर गडमगड हो जाती हैं। एक रिश्ता माँ का है। यह रिश्ता हर व्यक्ति के साथ जुड़ता है। इस रिश्ते की तुलना किसी रिश्ते से नहीं की जा सकती। लेकिन अकसर कहा और सुना जाता है कि फलाँ औरत उसके लिए माँ बराबर ही है। यद्यपि वह रिश्ते में चाची, मामी, मौसी या और कुछ लगती हो। अर्थात इन रिश्तों के व्यवहार निर्धारित होते हुए भी कभी-कभी एक-दूसरे से भावनाएँ उधार ले ली जाती हैं।

मेरी भाभी स्वर्गीया मनोरमा देवी उपरोक्त स्थिति में सटीक बैठती हैं। 64 वर्ष का साथ था मेरा और उनका। मैं मात्र आठ वर्ष की थी जब मेरे घर में इकलौती बहू के रूप में उनका स्वागत हुआ। दादी, माँ-बाबूजी और मेरी बड़ी बहन (बीस वर्ष मुझे बड़ी) के साथ आँगन के चाचा-चाचियों और सेवक-सेविकाओं ने भी सिर पर उठा लिया था उस दुल्हन को। प्रकृति प्रदत्त सौन्दर्य में चार-चाँद लगाते थे उनके संस्कारी व्यवहार। 5 फीट 6 ईंच की ऊँचाई में, शरीर पर कहीं मांस नहीं भरा दिखता था। प्रथम तो उन्हें घर में ही रखा जाता था। बहू को सम्मान और प्यार देने का उस इलाके का यह भी एक अन्दाज था। बहू के आने पर भी सास ही खाना बनाती थी। परोसकर भाभी के कमरे में ननद ले जाती थी। साधारण गृहस्थ परिवार में भी बहुएँ रानी जैसी ही रखी जाती थीं। 6 महीने या एक वर्ष तक उनसे कोई काम नहीं करवाया जाता था। उस परिवार की विशेषताओं में ससुराल वालों के वे व्यवहार गिने जाते थे। उनकी सौन्दर्य और सुव्यवहार की खुशबू गाँव परिवार, पड़ोस और फिर गाँव की सीमाएँ भी लाँघने लगीं। गाँव की लड़कियाँ और महिलाएँ बार-बार कनिया (दुल्हन) देखने आती थीं। और मेरी बड़ी बहन और चाची दुल्हन की बड़ाई

करती नहीं थकती थीं। खाना भले ही उनसे नहीं बनवाया जाता हो, पर दादी सास का पैर दबाने, बाबूजी के कुर्ते का बटन टाकने और मेरे बालों में कंघी करने का ढंग भी बड़ा आत्मीय और सलीके का होता था। मेरी तो उन दिनों बहुत चल गई थी। बुधिया, सीता, नारायणी, बिन्दु जैसी अनेक हमउम्र लड़कियाँ मेरी भाभी को घेरी रहतीं। भाभी उनकी भी कंघी करतीं। साफ-सुथरा रहना सिखातीं। हमसब को उन्होंने पढ़ाना भी शुरू कर दिया।

मेरे बाबूजी ने मुझे छात्रावास में पढ़ाई के लिए भेजना निश्चय किया था। मुझे याद है तब माँ से अधिक भाभी रोती थीं। छात्रावास जाने के लिए मेरे उपयोग के नये-नये सामान खरीदे गए। उन्हें देखकर मैं बहुत खुश होती थी। उनको सँभालते हुए भाभी के रोने का कारण मुझे समझ नहीं आता था। मेरे जाने का दिन करीब आ गया। सब रो रहे थे। छोटी बच्ची को अनजान जगह भेजने के निर्णय के लिए माँ बाबूजी को कोस रही थी। लेकिन भाभी ने हिम्मत दिखाई। बाबूजी से पहली बार मुखातिब हुईं— "अभी बहुत छोटी हैं। दो वर्ष बाद भेजना चाहिए।" बहू को अतीव सम्मान देने वाले मेरे बाबूजी का मन डोला। वे अपने निर्णय को खँगालने लगे। दो-तीन दिन बीत गए। भाभी ने सम्भवतः उनके मन की स्थिति भाँप ली थी। पुनः ससुर को सुझाव देने का मन बना लिया। बोली—"एक सप्ताह रुक जाइए। मैं उन्हें छात्रावास में रहने के तौर-तरीके सिखलाती हूँ।" एक छोटी बालिका (मैं) ने कितना समझा, पता नहीं, पर मुझे विदा करते समय भाभी मेरी माँ की तरह नहीं रोईं। स्वयं आठवीं पास थीं। छात्रावास भेजकर बेटी को पढ़ाने में लगे एक पिता की शुभेच्छा को सराहा था उन्होंने।

मेरी माँ और बाबूजी को विश्वास हो गया था कि उनकी प्यारी बिटिया को भाभी में एक माँ मिल गई।

भाभी अपने ससुराल और मैं अपने छात्रावासीय विद्यालय में रच-बस गईं। एक वर्ष के अन्दर दो छुट्टियों में मैं घर भी आई। भाभी का मायका ससुराल से मात्र छः किलोमीटर पर था। मायका शहर और ससुराल गाँव में। जब मैं गर्मी की छुट्टी में घर आई, मेरी भाभी वहाँ नहीं थी। पहले तो मुझे लोगों ने बहलाने की कोशिश की। वे एक-दो दिन में लौट आएँगी। लेकिन बाद में पता चला कि मेरे पिताजी से किसी आपसी रंजिश के कारण उनके पिताजी ने बेटी को ससुराल भेजने से इनकार कर दिया। बहुत रोई थी मैं। मेरे साथ-साथ मेरी माँ भी। दोनों समधियों में मूँछ की लड़ाई थी। पिस रहे थे भैया-भाभी। दोनों का मिलना मना था। हर व्रत-त्योहार पर मेरी माँ अपनी बहू के लिए रोती थी। हमलोग भी। बाबूजी के प्रति अतीव आदर और विश्वास था मेरे मन में। इस प्रसंग के कारण मैं बाबूजी से भी गुस्सा हो गई

थी। मायके में ही भाभी को एक बिटिया हुई। बाबूजी से नहीं रहा गया। वे अस्पताल में अपनी तीसरी पीढ़ी के प्रथम सन्तान को देखने पहुँचे। वे नहीं देख पाए अपनी पोती को। सुना उस रात बाबूजी ने भोजन नहीं किया था। शायद एक वर्ष की अवस्था में ही बच्ची गुजर गई।

भाभी का आना-जाना फिर से प्रारम्भ हुआ। लेकिन उनके पिताजी ने उनकी नौकरी लगा दी थी। इसलिए बाहर-भीतर का काम करतीं। बाद में तीन बच्चे हुए। तीनों को दादा-दादी का बहुत प्यार मिला। समय-समय पर भाभी विसूरती थीं- "पहली सन्तान का क्या दोष था?" हृदय का दुःख इतना ही बखान कर लग जाती थीं घर के कामों में। बड़ों की सेवा में। मेहमानों की आवाभगत में। हमेशा भागती हुई। मेरे सामने उनका रूप चौफेर घर के चौड़े ओसारे और आँगन में एक छोर से दूसरे छोर तक तेज चाल का ही आता है।

कई कारणों से भैया से उनकी बहुत सारी शिकायतें रहती थीं। हर पत्नी की तरह उनकी अपेक्षा पर खरे न उतरने से भाभी भी नाराज रहती थीं। परन्तु उनकी देख-रेख, समय पर उनके स्वादानुकूल भोजन बनाने और परोसने में कोई कोताही नहीं बरतती थीं। कभी-कभी एक घंटा पूर्व जिस व्यक्ति के लिए कड़वे शब्दों का प्रयोग करती थीं, उनकी थाली में कैसे सारे व्यंजनों को प्रेम से परोसती उसमें मिठास भर देती थीं। यह देखकर मुझे बहुत आश्चर्य होता था। भैया का मुँह भी मिठास से भरता था।

अपने पिता स्व. श्री दुर्गाप्रसाद सिन्हा की प्रथम सन्तान मनोरमा सिन्हा अपने ससुर की भी परामर्शदातृ बन गईं। अपने-पराए में ज्यादा भेदभाव नहीं करती थीं। चार बाबा के खान्दान में उनके भी बारह देवर और आठ ननदें थीं। सबकी बड़ी भौजी। सबको बराबर का ही प्यार और विश्वास देती थीं। लेकिन मैं तो उनके लिए विशेष थी। उनकी सन्तानों से भी बढ़कर। वे स्वयं कहती-सुनी जाती थीं— "बेटी बराबर ही पाला है।" घर-परिवार-नौकरी सँभालते हुए भी उन्होंने इतनी हिम्मत की कि मैट्रिक, आई.ए., बी.ए. और बी.एड. तक की परीक्षाएँ उत्तीर्ण की। मध्यम वर्ग की एक संस्कारी महिला ने अपने सास-ससुर की सेवा करते हुए भुला दिया कि कभी थोड़े दिनों के उनके परितप्त जीवन में उनके परिवार के बुजुर्गों के भी हाथ रहे होंगे।

मायके और ससुराल परिवार के सदस्यों के साथ बहुत से दोस्तों के लिए भी वे दुःखहरणी थीं। दुःख सुनाने वालों के सामने वे अपना सांसारिक दुःख भूल जाती थीं। अस्पताल में सभों की सेवा करने, घरों में सभी को सान्त्वना देने में वे अग्रणी रहतीं। भाभी भोजन बनाने में निपुण तो थीं ही, एक अच्छी गीतगाईन भी थीं। इन

सारे नारियोचित गुणों के अतिरिक्त उनके अन्दर समय पर निर्णय लेने और शासकीय कार्यभार को निभाने की भी क्षमता थी। वे भारत और विशेषकर बिहार की राजनीति के बारे में हमेशा चर्चा करतीं। न्याय और अन्याय का विशेष ज्ञान था। व्यक्तित्व के इन्हीं विशेष गुणों के कारण अपने हमउम्र और सहयोगिनी महिलाओं से ऊपर उठ जाती थीं। अपनी तीनों सन्तानों को संस्कार देते हुए उनकी शक्ति क्षीण नहीं हुई थी। और इसलिए पोता-पोती को भी अपने साथ रखकर संस्कार के साथ शिक्षा देने का उनका प्रयास जारी रहा। बेटा-बहू भी पढ़े-लिखे थे। बच्चों को पढ़ाने एवं अच्छे अंक प्राप्त करवाने में उनकी दादी की विशेष भूमिका रही। मेरे बच्चों के लिए वे हमेशा अपने को मामी नहीं, धाय कहा करती थीं। इसीलिए मेरे चारों बच्चों के जन्म के समय वे अस्पताल में ही मुस्तैद रहीं। मुझे उन दिनों लगता था कि शायद भाभी की अनुपस्थिति में मैं वह पीड़ा नहीं झेल सकती थी। ऐसा ही औरों को भी लगता था।

पिछले दो-तीन वर्षों से वे शारीरिक पीड़ा से ग्रसित रहीं। आवाज बुलन्द थी। एक वर्ष से तो बिछावन पर ही पड़ी रहीं। हर महीने मैं उनसे मिलने जाती। वे कहतीं— "मेरे लिए कहीं से जहर ला दीजिए।" ना हम जहर ला सकते हैं न अमृत। भाभी की हालत देखकर मन-ही-मन अवश्य कहती थीं— "हे ईश्वर इन्हें पीड़ा से मुक्ति दिलाएँ।"

भाभी के 82 वर्षीय जीवन को शीर्षक देना चाहती हूँ तो मन में एक प्रसिद्ध कवि की कुछ पंक्तियाँ उभरती हैं—

'यह साँझ उषा का आँगन
आलिंगन विरह-मिलन का
चिरहास अश्रुमय आनन
अरे इस मानव जीवन का।'

इसी मानव जीवन की तो अंश थी श्रीमती मनोरमा सिन्हा। ये पंक्तियाँ उनके जीवन के ऊपर भी चरितार्थ होती थीं। मायके और ससुराल में बहुत भरा-पूरा परिवार छोड़कर गई हैं। दूसरों के लिए भी थोड़ा समय और साधन खरचने का सन्देश देकर गई हैं। उनके जीवन से महिलाएँ प्रेरणा ले सकती हैं।

ईश्वर उनकी आत्मा को शान्ति दें।

ससुराल

पीढ़ी-दर-पीढ़ी

अपने समाज में बेटी का रिश्ता तय करते हुए घर में सास का होना भी आवश्यक माना जाता रहा है। और दादी सास हो तो। सोने पे सुहागा। कृषि प्रधान परिवारों में अकेली रहना अभिशाप ही था। तब मेरी शादी तय की जा रही थी। विवाह के लिए कई सम्भावित लड़कों की स्थितियों में तुलना हो रही थी। अकसर दादी, माँ, भाभियाँ और चाचियाँ अपनी राय का आदान-प्रदान अपने-अपने हाथों में घर का काम लिए ही करती रहती थी। एक सुबह सब्जी काटती चाची ने कहा— "रामपुर वाला घर मुझे नहीं पसन्द। धन-दौलत है तो क्या? धन का श्रृंगार कौन करेगा। जब घर में सास ही नहीं है। अपनी बबुनी (मैं) क्या डोली से उतरते ही चूल्हा फूँकेगी। ना बहन जी ना! भाई साहब को कह दीजिए, अपनी बबुनी वहाँ नहीं ब्याही जाएगी।"

दूसरी ओर मुख किए चाची यह सुझाव सन्देश बाबूजी को मेरी माँ के मार्फत भेजवा रही थीं। उन्हें नहीं पता था कि बाबूजी अपने खड़ाऊँ की चाप नियन्त्रित करते ओसारे में खड़े हो देवरानी-जेठानी के वार्तालाप सुन रहे थे। यह उनका अभ्यास था। गाँव घर या पट्टीदारी के झगड़े झंझट में भी जब वे दरवाजा पर पुरुषों के साथ बैठ कर कोई निर्णय नहीं ले पाते तो इन औरतों की बातें चुपचोरी से सुनते ही मानो उन्हें दिशा मिल जाती। समाधान मिल जाता।

उस दिन चाची की बात सुनकर उन्होंने खाँसी करते हुए अपनी उपस्थिति जताई और पूछ बैठे— "तो क्या मटिहानी वाला लड़का ठीक है। लेक्चरर है। माँ, बाप, दो भाई और एक बहन है। उसी आँगन में चचेरी दो दादियाँ और एक चाची भी है। पर लड़के के सिर मात्र ढ़ाई बीघा जमीन है और घर भी ईंट का नहीं है। मिट्टी की दीवारें और छत के नाम पर फूस है।"

इस स्थिति के लिए चाची तैयार नहीं थीं। मेरे पिताजी (अपने जेठ) से सीधा संवाद उनका नहीं होता था। वे तो पिताजी के आँगन में प्रवेश करते ही मानो किसी ने 'मूर्ति' (स्टैचू) (बच्चों का खेल) बोल दिया हो और वे जहाँ बैठी होती वहीं

जड़ हो जातीं। इसलिए पिताजी भी ज्यादा देर आँगन में नहीं ठहरते। उनके वहाँ खड़े रहने से सारा काम ठहर जाता था। माँ-चाची के पास चली गई। चाची द्वारा मध्यम स्वर में कही बातों को माँ ने ऊँची आवाज दे दी— "यह कहती है कि ई रिश्ता ठीक होगा। घर में चार-चार सासें और एक ननद होगी। बिटिया को आराम मिलेगा।"

"अरे हमारी बिटिया कौन-सी गाँव में रहने वाली है। पढ़ी-लिखी है, शहर में रहेगी। कभी-कभी घूमने-फिरने अवश्य जाएगी। पर उस लड़के का घर तो मिट्टी का है।"

फिर माँ ने चाची की बात बाबूजी तक सरकाई— "क्या हुआ तो। लड़का पैसा कमाता है। घर तो फिर बना लेगा। दादी और माँ तो नहीं अरज सकता और इन दोनों की बहुत जरूरत होती है घर में।"

बाबूजी ने मान लिया चाची का सुझाव। मेरी शादी करके मिट्टी के घर में भेजने का उनका मन नहीं था। इसलिए कि स्वयं ईंट के घर (तब गाँव में दो-तीन घर ही ईंट के थे) में जनमी उनकी लाड़ली बिटिया ने कभी कहा था। —"बाबूजी! बलहाँ वाली भौजी मिट्टी का घर मिट्टी से क्यों लीपती है?"

बाबूजी ने पता नहीं क्या कहकर अपनी बिटिया को समझाया। बेटी को मिट्टी के घर में न ब्याहना शायद उन्होंने तय कर लिया था। चाची के सुझाव और लेक्चरर लड़के से बेटी ब्याहने के अपने मन के लोभ में उन्होंने रिश्ता मटिहानी गाँव में ही तय किया। विवाह हुआ पर विवाह के बाद उन्होंने अपनी बेटी को गौना (विवाह के कई वर्ष बाद ससुराल विदा करना) करना तय किया। यह भी सम्भव नहीं हुआ। विवाह के दस दिन बाद मैं विदा हुई। जीप जब गाँव में पहुँची शाम ढल चुकी थी। अँधेरा गहरा रहा था। जीप की रोशनी देख गाँव के चारों कोनों की लड़कियाँ, लड़के, औरतें व बच्चे सब दौड़ आए। दुल्हन को जीप से उतारा गया। गीत मंगल गाए जा रहे थे। दुल्हन घूँघट में लिपटी दूसरों के पाँव ही चल रही थी। जहाँ कहीं ऊँची-नीची जमीन थी, मेरे साथ चलती महिलाओं में से कोई और मेरा पाँव पकड़कर ऊँचा-नीचा कर देती। दो महिलाओं ने पूरी शक्ति लगाकर मुझे थाम रखा था। मानो मेरे अपने हाथ-पाँव हो ही नहीं। ओसारे में हम दोनों को बैठाकर गीत मंगल गाकर रश्म अदाएगी हुई। फिर एक कोठरी में चटाई बिछाकर मुझे जमीन पर बैठाया गया। मेरे पति की धोती और मेरी चादर से बँधी गाँठ खोल दी गई। किसी महिला ने उनसे कहा— "अब तू जा! अब हम लोगों (महिलाओं) का काम है।"

एक महिला कहने लगी— "हट! हट! सब कोई हट! अब मैं बहू का घूँघट उठाने जा रही हूँ। कहाँ गई जानीपुर वाली भौजी! (मेरी सास)। निकालो खजाना।

बहू की मुँह देखाई देनी है न!''

''हाँ, हाँ! मुँह दिखाइए। सुशीला। (मेरी ननद) पहले दाई (उनकी चचेरी सास) को बुलाओ न! उनके रहते मैं ही कैसे सास बन जाऊँ?''

सुशीला पुकारने लगीं— ''दाई.....! दाई.....! आऊ न! पुतोह न देखब।''

भीड़ को चीरती एक छीन काया (मैंने बाद में देखा) मेरे पास पहुँची। भीड़ में जगह बनाती बैठ गई। मुँह दिखाने वाली महिला ने मुझे कहा— ''इनका पाँव छुओ। उन्होंने ही चादर से लिपटे मेरे दोनों हाथ निकाले। उनके पाँव छुवाए। उनके मुख से आशीष रिस रहा था— ''माँगें कोखे जुड़ रहिहा। भगवान अन्न, धन लक्ष्मी दे।''

फिर बोलीं— ''मुँह उघार न इन्द्रासन।'' मेरा घुँघट उठाया इन्द्रासन बुआ ने (बाद में यह रिश्ता मालूम हुआ)।

''लालटेन दिखाना।'' दादी बोली! कोई मेरे मुँह के सामने लालटेन लाकर बोली— ''बड़ा सुन्नर! भगवान भोग दे।'' फिर आशीष! फिर उन्हें ध्यान आया। बोली— ''कहाँ गई इसकी सास? बहू का मुँह तो देखे!''

''हाँ, हाँ! मैं आपके पीछे बैठी हूँ।'' मेरी सास का स्वर था। महिलाएँ एक-एक कर और फिर सामूहिक रूप से मेरा मुँह देख रही थीं। मैंने किसी को नहीं देखा क्योंकि मेरी आँखें बन्द थीं। यही रिवाज था। महिलाओं के बीच फुसफुसाहट प्रारम्भ हो गई थी। शायद दो-चार महिलाएँ बाहर जाकर मेरी असुन्दरता का बखान धीमी आवाज में कर रहीं— ''आँखें छोटी है, गाल फूले, होठ मोटे, दाँत निकले और नाक तो है ही नहीं। सच ठगा गई चाची। न दान न दहेज न लड़की सुन्दर। सिर्फ पढ़ने-लिखने से क्या होगा?'' दादी ने उनकी बुदबुदाहट सुन ली। वे सीधे उस कोठरी में आई जहाँ इक्की-दुक्की महिलाएँ मेरा मुँह देखने के लिए खड़ी थीं। बोलीं— ''चल हट! सब जा यहाँ से। अब हो गया मुँह दिखाई। कनिया को आराम भी करना है कि नहीं।''

फिर उनकी नजर वहीं बिछावन पर बैठे मेरे पति पर पड़ गईं। बोलीं— ''तू क्या यहाँ बैठा कर रहा है। लाज न शरम। तू क्यों मुँह देख रहा है।''

मेरे पति ने कहा— ''यह तो मेरा कमरा है। मैं कहाँ जाऊँ। मैंने भी तो मुँह नहीं देखा था। देख ही लिया तो क्या हुआ? और कौन-सी सुन्दर बहू है जो।''

सारा कमरा हँसी ठहाके से गूँज उठा। दादी भी अपने पोपले मुख पर आँचल डाले हँस पड़ीं। सबको बाहर निकालकर दादी मेरे पास बैठीं। मेरी पीठ पर हाथ फेरती बोली— ''ससुराल में नई बहू के साथ रंग रभस होता ही है। बुरा नहीं मानना। मैं भी जब ब्याह कर आई थी तो सबने कहा था— बौनी (छोटी) है। सुन्दर

असुन्दर क्या होता है। जैसा भगवान ने बनाया है, है।''

फिर तो दो-तीन बची-खुची महिलाओं के बीच उनके उस गाँव में ब्याह कर आने पर जो दृश्य पसरे थे, एक-एक कर उतारे जाते रहे। मैं अनुमान लगा रही थी कि महिलाओं ने बाहर जाकर अवश्य मेरे असुन्दरता का बखान किया होगा। तभी तो मुझे सान्त्वना दिलाई जा रही थी।

जब मुझे मेरी ननद कपड़े बदलवा रही थीं, मीठा बोलने वाली वह महिला फिर अन्दर आ गई। बोली— ''सुशीला! भौजाई को ठीक से खिला देना। इतनी दूर से आई है (पच्चीस कि.मी. की दूरी) और विदाई के कई घंटे पहले से बेटी खाती-पीती कहाँ है। रो-रो के गला सूख गया होगा।''

फिर चली गई। मेरी थाली आने पर भी आईं। मेरे पति को वहाँ बैठे देखकर बोली— ''तू यहाँ क्या कर रहा है? '' मेरी सास बोलीं— ''अब जमाना बदल गया है। दूल्हा-दुल्हन एक ही थाली में खाएँगे। आप यहाँ क्या करेंगी। चलिए। हमलोग बाहर चलते है।''

दूसरी सुबह मेरे कमरे में प्रवेश करने वाली वे दूसरी महिला थी। मेरी ननद ने मुझे नहला-धुला पूरी माँग सिन्दूर भरकर फिर वैसे ही मूर्तिवत चटाई पर बैठा दिया था। उस कोठरी में दो खिड़कियाँ थीं। अकसर मिट्टी की दीवारों के बीच खिड़कियाँ बनती नहीं थी। छोटी-सी खिड़की बहुत ऊपर छप्पर के साथ बनाई जाती थी। रोशनदान। उसपर अकसर अचार का घड़ा रखा जाता था। जिसे आसानी से बच्चे नहीं उतार सकें। दादी ने एक खिड़की खुलवाई। दरवाजा खोला। मेरा मुखड़ा अपनी तलहथियों में भर घुमा-फिराकर देखती रहीं। मानो कहीं से कोई सुन्दरता का चिह्न ढूँढ़ ले। आखिर 'जिन ढूँढ़ा तिन पाइयाँ' मिल ही गया उन्हें। बोलीं— ''लिलाड़ (ललाट) कितना ऊँचा है। तभी तो माँग का टीका शोभ रहा है।''

उनका स्पर्श मानो अन्दर तक उतर आया हो। मेरी सास को भी आवाज दी। फिर दोनों बैठकर मेरे असुन्दरता को ममत्व भरे बोल से सहलाती रहीं। अपने को सान्त्वना देती रहीं।

''तुम्हें दो दिन तो यहाँ रहना है। घूँघट में ही रहना। फिर तो पढ़ाई-लिखाई करनी है। तुम्हारे ससुर कह रहे हैं—जितना बेटा पढ़ा है, उतना पढ़ाएँगे। अभी से बहुत प्यार करने लगे हैं तुम्हें। सुशीला से भी ज्यादा।''

''सिहन्ता की भौजाई हो तुम। मदन, सुशीला और अभय इतने ही तो बचे। आठ बच्चे हुए तुम्हारी सास के। दो तो सौरी में ही मर गए। तब जनमा ई। इनका भी बचने का कहाँ भरोसा था। एक बहन थी। उर्मिला! बड़ी सुन्दर थी। अभय के साथ की भी एक बेटी थी। दोनों मर गईं। सुशीला बची।''

यह तो शुरुआत थी। उस परिवार खानदान के परिचय का शुभारम्भ। मैं दो दिन ही ससुलाल रही और उन दोनों दिनों में कई बार मेरे कमरे में वह हल्की-फुल्की आकृति ने प्रवेश किया। मैंने उनके नाक-नक्श देखे। लम्बी पतली नाक, पतले-पतले होंठ, रसभरी निगाहें, पोपला मुख और उससे रिसते ममता भरे बोल। पता नहीं क्यों, वे मुझे पूर्वपरिचिता भी लगीं। मेरे कमरे में उनकी उपस्थिति ही मुझे सहला जाती थी। ससुराल में रहने के अकिंचित भय से मुक्त कराती थी। मेरी विदाई के समय भी वे बहुत व्यस्त थीं। दौड़ के इधर, दौड़ के उधर आती-जाती। बुलावे के लिए मेरे भैया के दरवाजे पर आते ही भाग कर आईं, मुझे सूचना दे गई— ''फिर आती रहना। पढ़ने वाली हो, इसलिए साल छः महीना तो ससुराल में नहीं रह सकती। तीज-त्योहार पर आ जाना।''

मैं दीवाली, छठ में फिर गाँव गई। दादी जी से थोड़ी-थोड़ी खुलती गई थी। एक शाम को मेरी सास ने कहा— ''ओसारे की खटिया पर दादी सोई है। तुम जाओ। उनके पाँव दबा दो।''

मैं आज्ञाकारिणी बहू की भाँति वहाँ गई। उनके पाँव छूए। बोली— ''कौन?'' और मुझे देखकर उठ बैठीं। पाँव समेट लिए। मुझे अपने पास खटिया के नीचे पीढ़ा पर बैठा लिया। उनकी कहानी शुरू हो गई। अपने खानदान की कहानी ऐसे शुरू करतीं मानो कोई किसी राजा महाराजा की कथा हो। मेरे ससुर जी से उनका विशेष लगाव था। उनके बचपन की शैतानी भरे प्रसंग सुना-सुना स्वयं खूब हँसती। शाम को उनके पास जाकर मेरे बैठने का सिलसिला जारी रहा।

एक दिन उन्होंने सुनाया— ''तुम्हारे ससुर बहुत छोटे थे जब इनकी माँ मर गई थी। वह मेरी फुआ थी। मैं ही पालती रही इनको। बड़ा तंग करते थे। दूध दही का प्रेम ऐसा मानो कृष्ण कन्हैया हो। एक दिन मैं दही घोंट मट्ठा निकाल, घर के अन्दर गई। मट्ठा भरे कूड़ा में मक्खन तैर रहा था। यही कोई सेर भर होगा। मक्खन तैरता देख उन्हें लालच आ गई। कूड़े में सिर घुसाकर मक्खन खाने लगे। पर सिर फिर कूड़े से निकले ही नहीं। अब मैं क्या करूँ। चिल्ला भी नहीं सकती थी। मैंने झट से कूड़ा ही फोड़ दिया। इनका फँसा सिर निकाला।''

हम दोनों हँसने लगे। शायद आवाज ऊँची हो गई थी। दरवाजे से मेरे ससुर जी ने पूछा— ''बहन! (अपनी चाची को बहन ही कहते थे, उनकी माँ की भतिजी जो थी) क्या हुआ?''

''कुछ नहीं! किसी हँसने की बात पर! हँस पड़ी। बस।''

वे अपने खानदानी इतिहास का ऐसा हँसी खुशी वाला प्रसंग ही सुनाती रहीं। मानो उस परिवार की तीन पीढ़ियों की सौ वर्षीय यात्रा में दुख की छाया भी न पड़ी

हो। इसलिए भी शायद मुझे ससुराल सुखद लगने लगा था। रूमानी खाना-पीना, पहनाना-ओढ़ना सब अच्छा लगता था। छप्पर पर लटकती कद्दू (घीया) की बेल, बेल में लगे फूल, बतिया, छोटी-सी क्यारी में लगी आठ-दस गोभी, गोबर से लिपा आँगन, मिट्टी की दीवारें। बारिश के पानी का सीधे बिछावन पर ही गिरना, चूल्हा और जलावन की लकड़ी भींग जाने पर भोजन का नहीं बनना, गीली मिट्टी पर पाँव फिसलकर मेरा गिर जाना, पाँव मुचकना सब आनन्द देता था। इसीलिए छुट्टियों में मैके नहीं ससुराल ही जाना पसन्द करती। मेरे परदेशी लेक्चर पति की छुट्टियाँ का मेरे कॉलेज की छुट्टी के साथ ही होना भी एक प्रमुख कारण था। पर यह रूमानित बहुत स्थायी नहीं रही। मानो मेरी दादी माँ के साथ 'हनीमून' समाप्त हो गया हो। दिन बीते। दादी क़था-कहानी सुनाती। केवल सुखान्तक नहीं। उनके पास उस खानदान के दुखान्तक प्रसंग कम नहीं थे और स्वयं उनका जीवन? मेरे बड़े लड़के के जनम पर वे फूली न समाई थीं। मेरा मोटा-ताजा बेटा भले ही उनकी गोद में समाने से रहा, वे उससे अपनी गोद भरने की पूरी कोशिश करतीं। अपनी दोनों पतली छोटी टाँगें पसार उसपर उसे नंगा लेटा लेतीं। तेल मलती। बुदबुदाती रहतीं— "ऐसा ही था मेरा बड़का। छोटा तो इससे भी भारी। सौरी घर से हीं उसकी भारी आवाज सुन लिए थे मेरे ससुर।"

फिर तो अपने दिवंगत चारों बच्चों के नखशिख, हाव-भाव, हँसने-रोने का वर्णन कर, मेरे सामने ऐसे पसार देंती, मानो वे सबके सब जीवंत हों। मैं उनकी आँखें निहारती। एक बूँद भी आँसू नहीं। मुझे बड़ा आश्चर्य होता। एक दिन प्रसंग सुनाती बीच में ही बोल पड़ी— "दुल्हनियाँ! बच्चा को पकड़ो।"

तेल लगाना भी समाप्त नहीं हुआ था। मेरे मन प्रश्न उभरा। वे अपनी आँखें मलने लगीं। मन भर कर रोईं। आँखें पोंछकर बोली— "लाओ! तेल लगाना पूरा कर दूँ। दरअसल, उसकी (मरे हुए बेटे) बात करते-करते कलेजा फटने लगा था। गोद में बच्चा लेकर भला कैसे रोती। इसलिए तुम्हें थमा दिया।"

कितनी बड़ी थी मेरी दादी सास। कितना बड़ा ह्रदय था उनका। चार बच्चों में एक भी नहीं बचा। फिर भी दूसरों की खुशी में आह्लादित होती। अपना गम नहीं पसारती थीं। तब मुझे बड़ा आश्चर्य होता था। वे जीतीं कैसे हैं? फिर तो हर वर्ष बाढ़ का आना, आग लगने पर घर के साथ सबकुछ जल जाना, बहुत से खानदानी दुखद प्रसंग सुनातीं। फिर भी मुझे ससुराल प्यारा लगता। उन दुखद छायाओं से मेरी दादी सास मुझे वंचित रखना चाहती थीं। मानो सारे काँटे उनके लिए और एक भी फूल हो तो मेरे लिए रख छोड़ती थीं।

मेरे परिवार के सभी सदस्य उनसे जुड़े हुए थे। सास, ससुर, मेरे पति, ननद व

देवर सब। सबकी सेवा के लिए दादी तत्पर रहतीं। किसी के आगे थाली परोसी जाए, दादी तुरन्त लोटा भरकर पानी उसके सामने रख आतीं। कुछ-कुछ खाने की सामग्री अपने चौके से लाकर उसकी थाली में रख देतीं। मेरे पति को दादी के हाथ के बने भोजन में विशेष स्वाद मिलता था। दादी के सिर से पल्लू उतरा मैंने कभी नहीं देखा। एक दिन उनकी खाट पर ही मेरे पति लेटे हुए थे। मैं खाट के पास पीढ़े पर बैठी थी। दादी बाहर से आईं। हमें देखकर अपना मुँह ढँक लिया। फिर बाहर चली गईं। मेरी सास देख रही थीं। उनकी भी हँसी फूट गई। मैंने पूछा— "क्या हुआ?"

मेरी सास बोलीं— "आप लोग ऐसे बैठे हो, देखकर उन्हें शरम आ गई। इसलिए बाहर चली गईं।"

पर जब कभी मेरे पति पूछते— "दाई! (दादी) इसको (मुझे) बगीचा ले जाऊँ?"

"हाँ, हाँ जाओ। अब जमाना बदल गया। हमारा वाला जमाना तो रहा नहीं। आज का ही जमाना अच्छा है।" फिर एक प्रसंग सुना गई— एक उनकी देवरानी की मृत्यु हो गई थी। उसके तीन बच्चे थे। श्मशाम घाट से जब उनके देवर अपनी पत्नी को जलाकर लौटे, बहुत रोए। रोते-रोते बोले— "भौजी! इतनी सुन्दर थी आपकी देवरानी। आपने मुझे बताया तक नहीं। मैंने आज ही देखा।"

प्रसंग सुनाती आधा मुँह हँसती— आधा मुँह रोती रहीं दादी। अपनी सौत (बेटी की उम्र की) से वे खुश नहीं थीं। बराबर कहतीं— "अपने (उनके पति) चले गए। मेरे कलेजे पर मूँग दरने के लिए इसे रख गए। बाल-बच्चों के लिए बुढ़ापे में दूल्हा बने। गाँव वाले सब ब्याह करवा दिए। वे कहाँ चाहते थे। वे रामकृपाल (मेरे पति) को बहुत मानते थे।"

अपने सिर सौत रख जाने वाले अपने पति को निर्दोष साबित करतीं। अब सोचती हूँ, माँ ने जनम दिया था, काकी ने संस्कार दिया पर जिन्दगी को समझने और जीने का बूता बनाने की सीख दादी सास ने दिए। मेरी सास को इतना समय नहीं था। घर-गृहस्थी के काम में उलझी रहती थीं। खेतिहर मध्यम परिवार में गृहिणी के ऊपर बहुत काम होता था। दादी सास को और मुझे फुर्सत होती थी। उनके बुजुर्ग होने और मेरे नयी सदस्य होने के कारण दोनों का संग-साथ भी खूब निभता था। दादी ने बहुत तीर्थाघटन किया था। सब जगह से सीखा था। तभी तो दृष्टि भी ममतामयी थी। सबके लिए ममता। एकबार एक मजदूरनी मोटा अनाज मजदूरी में लेने से इनकार कर रही थी। उसे धान ही चाहिए था। मेरी दादी सास ने उसे समझाया—"अभी तुम गर्भवती हो। अभी रोटी ही खाओ। बच्चा के जनम लेने

पर रोज धान ही मजदूरी में दूँगी। माड़ भात खाओगी तभी दूध होगा। बच्चा पलेगा।'' वे सबका ध्यान रखती थीं। सब लोग उनसे खुश रहते। व्रत-त्योहार भी बहुत करतीं। सात्विक जीवन था।

उन्होंने ही ससुराल को अपना समझने की दृष्टि दी। सुख-दुख को झेलने, गिरने पड़ने, गिरकर सँभलने, पुरुष से अधिक जिम्मेदारी ओढ़ने का साहस दिया। मुझे लगता है कि ससुराल में सास का होना तो आवश्यक है ही दादी सास भी हो तो कहने ही क्या है?

अब स्वयं दादी बनकर सोचती हूँ—काश! मैं भी दादी सास बनने की उम्र तक जिन्दा रहती। अपनी पोते की बहू को वह सब दे पाती जो मेरी दादी सास ने दिया था, जिसे आजतक सँभालकर रखा है मेरे खानदान की धरोहर है। शायद ऐसा हो नहीं सकेगा। क्योंकि मेरे पोते अभी बहुत छोटे हैं। उनकी शादी तक शायद मैं न रहूँगी। इसलिए भी लिखा है दादी सास की स्मृतियाँ। पढ़ी-लिखी न थी वे मेरी पढ़ाई-लिखाई का सम्मान करती थीं। मेरा थोड़ा-बहुत, कागजी ज्ञान था। वे खुले पाँव, जमीन पर चलती थीं, पूरे गाँव के दुख-सुख की खबर रखती थीं। खुला मन, खुला हृदय, बहुत बड़ी थी, तभी तो ज्ञानी थी मेरी दादी सास। सादगी में लिपटी काया। काया में लिपटा इन्द्रधनुषी व्यक्तित्व।

भारतीय नारी का जीता-जागता स्वरूप। ऐसी दादी सास हर नई बहू को मिलनी चाहिए। उनके साथ थोड़ा ही सही, बहू का समय बीतना चाहिए। जिन्दगी रिले-रेस है। पीढ़ियाँ ऐसे ही सँजोती हैं अपनी संस्कृति की खुशबू। प्रवाहमान है समय। उसमें पिरोई संस्कृति और उसको बुनती सासें। बहुएँ।

अपने से बाबूजी

बचपन के छोटी उम्र में बाबूजी से घनिष्ठता बढ़ गई। माँ, बड़ी बहन, चाची, दादी से भरे आँगन में मैं कम ही रहा करती। हमेशा बाबूजी के इर्द-गिर्द घूमना, उनके साथ खाना, बैठना, कहानियाँ सुनना अच्छा लगता था मुझे। आठ वर्ष की उम्र में मुझे उन्होंने छात्रावास में भेज दिया। दिनरात का उठना-बैठना तो कम हुआ। लेकिन चिट्ठियों के माध्यम से वे मुझे शिक्षा देते रहे।

स्कूल के बाद कॉलेज में भी। मुझे छात्रावास में ही रहना पड़ा। लेकिन यह छात्रावास मेरे गाँव के घर से काफी नजदीक था। इसलिए वे हमेशा आ जाया करते। द्वितीय वर्ष में ही विवाह हो गया। ससुराल पहुँचने के दूसरे दिन मेरी ननद सुशीला जी ने अपने बाबूजी का सन्देश सुनाया। उन्होंने कहा— ''बाबू जी कह रहे हैं कि वे बहू को घूँघट में नहीं देखेंगे। जिस तरह तुम बैठती हो, बातें करती हो, वह भी मेरे साथ वैसे ही बातें करेंगी, बैठेंगी।''

मेरी सास को यह खबर सुनने को मिली। उन्होंने कहा— ''बुला लो, उनको भाभी से मिला दो।'' मैं नीचे ही चटाई पर बैठी थी। वे मेरे कमरे में आए। ससुराल के वे पहले व्यक्ति थे जिनके सामने मैंने घूँघट उठा दिया था। वे मुझसे पढ़ाई-लिखाई की बात करते रहे। प्रश्नोत्तर काल था। बीच-बीच में सुशीला जी बोलती थीं। कभी-कभी उन दोनों बाप-बेटी के बीच वार्तालाप पसर जाए। उनके बातचीत से यह तो प्रगट हुआ कि बेटी बाप से बहुत खुली थी। मुझे अपने बाबूजी की याद आ रही थी। उस समय मैं केवल तीन दिनों के लिए ससुराल में थी इसलिए उनसे ज्यादा मिलना नहीं हुआ। लेकिन जब कभी अपने पति से बातचीत होती, मैं उनका सम्बोधन 'आपके बाबूजी' ही करती। मुझे मालूम था कि समाज में बहुओं द्वारा भी पति के बाबूजी को बाबूजी कहना शीघ्र प्रारम्भ हो जाता है। लेकिन पता नहीं क्यों मैं 'आपके बाबूजी' ही कहती रही। यह भी अन्दाजा लगा कि मेरे पति को सम्भवत: बाबूजी को 'आपके बाबूजी' कहना सुखद नहीं लगता था। मैं अकसर अपने बाबूजी की चर्चा करते बहुत से प्रसंग बताती।

मेरे ससुर जी मेरे बारे में बहुत कुछ खबर अपनी पत्नी (मेरी सास), ननद

सुशीला और अपनी चाची (मेरी दादी सास) से लेते रहते। उनके वार्तालाप का अंश सुनकर मुझे यह अन्दाजा लग गया था कि वे मुझे भी स्नेह करने लगे थे।

मैं जब कभी छात्रावास से ससुराल जाती, अपनी सास को चौके में मदद करने पहुँच जाती। मेरी सास मुझे हटाती हुई कहतीं— "लकड़ी-गोइठा की आँच तुमसे नहीं सँभलेगी। तुम जाओ पढ़ो, लोगों से बातें करो।"

मैं दूसरे प्रकार से भी उनका सहयोग करने लगी। भोजन बनाते समय चूल्हे में आँच लगाने से भी अधिक अन्य छोटे-मोटे काम होते थे। एक दिन मैं आँच लगा रही थी। मेरे लाख फूँक मारने पर भी आँच धधकी नहीं। धुआँ धुआँ हो गया। अचानक मेरे ससुर जी आँगन में आ गए थे। उन्होंने कहा—"सुशीला! तुम्हारी माँ कहाँ गई? इसे क्यों चूल्हा फूँकने में लगा दिया?"

मेरी सास आ गई थी। उनकी एक फूँक से आग भभक गई। दूसरे दिन मेरी सास ने बड़े प्रेम से कहा—"तुम्हारे ससुर जी मुझ पर गुस्सा हो रहे थे।" उन्होंने कहा— बहू को चूल्हा के पास क्यों बैठाती है? उसे लाख की लहठियाँ पहना दीं। अब चूल्हा के पास बैठाया। चूड़ियाँ मैली हो जाएँगी। उसकी आँखों में धुआँ भरेगा।"

ससुर जी की बातें उन्होंने अपने प्रेमरस में लपेटकर कही थी। मुझे बड़ा आश्चर्य लगा। उसी चूल्हे पर खाना बनाती मेरी सास आधी से अधिक उम्र पार कर गई। मेरे ससुर जी ने उन्हें तो खाना बनाने से नहीं रोका। उल्टा कभी-कभी समय पर नहीं मिलने पर गुस्सा हो जाते थे। फिर मेरे प्रति इतनी उदारता क्यों? अपने प्रति उनकी उदारता भरा स्नेह प्रगट होते मैं देखती-सुनती महसूस करती रही। लेकिन एक ऐसा प्रसंग आया जिसमें वे 'आपके बाबूजी' नहीं रहकर उनसे ऊपर मेरे भी बाबूजी हो गए।

हुआ यूँ कि हमारे इलाके में डॉ. राजेन्द्र प्रसाद (तात्कालीन राष्ट्रपति) आने वाले थे। घर-घर से महिलाएँ भी पुरुषों के साथ पैदल या बैलगाड़ियों पर जा रही थीं। मेरी सास ने मुझे कहा— "हमलोग राजेन्द्र बाबू को देखने जा रहे हैं। सबलोग चूड़ा-दही खाकर जाएँगे। लौटने पर जिसे भूख लगी होगी वह चूड़ा-दही खा लेगा। भोजन बनाने की जरूरत नहीं है।"

वे लोग चले गए। मेरे मन में एक विचार आया—"मैं आज भोजन बनाऊँगी।" मेरे साथ रहने वाली पंचा (दस वर्षीय लड़की) को छोड़ गई थीं। मैंने पंचा से कहा—"मैं खाना बनाऊँगी। सभी सामान चूल्हा के पास रख दो।" वह मुँह पर आँचल डालकर हँसने लगी। चूल्हा जलाने से लेकर सब्जी काटने, माड़ पसाने तक का काम उसी ने किया। चावल, दाल, सब्जी (भूजिया) बनाकर मैं अपने कमरे में

बैठी धुआँ से भरी आँखें सहलाती रही। वे लोग लौटकर आ गए। मैंने तत्काल अपनी सास को ले जाकर अपने द्वारा बनाए चावल, दाल और गोबी की भूजिया दिखाई। मेरी सास बोलीं—"क्या जरूरत थी परेशान होने की।" उनके चेहरे पर प्रसन्नता का भाव था। उन्होंने मेरे पति के लिए खाना परोसकर उनके सामने दिया। उन्होंने एक ग्रास मुँह में रखने के बाद कहा—"मैं नहीं खाऊँगा। चावल और गोभी कच्ची है।"

तब तक मेरे ससुर जी भी आँगन में भोजन के लिए आ गए। मेरी सास द्वारा फुसफुसा कर कहने पर भी कि चावल, सब्जी बहू बनाई है। कच्चा रह गया। आप मत खाइए। वे हँसते हुए बोले— "दीजिए खाकर देखते हैं। उन्होनें खाना खाना प्रारम्भ किया। और उन्होंने कहा—"सब्जी अच्छी बनाई। बचपन से पढ़ती-लिखती रही, फिर भी खाना बनाना सीख गई, क्या कम है।" मैंने सुन लिया था। आँगन में आकर उन्होंने अपनी चाची से कहा— "आज बहु खाना बनाई है। आप भी खाकर देखिए।"

मैं अपने कमरे में गई। मेरे पति ने पूछा— "कहाँ थीं।" मैंने कहा— "बाबूजी खाना खा रहे थे। वही देख रही थी।" उन्होंने पहली बार मेरे मुँह से मेरे लिए बाबूजी सम्बोधन सुना था। निश्चय ही प्रसन्न हो गए थे। उन्होंने कुछ बोला नहीं। तब से बाबूजी मेरे बाबूजी जैसे लगने लगे। फिर तो मेरे साथ बैठकर बातें भी करते थे।

वे आर्य समाजी थे। जीव हिंसा के विरोध में प्रचार-प्रसार करते रहते थे। अपने गाँव के मुहल्लों को गाँव के पोखर में मछली नहीं मारने देते थे। कभी-कभी उनके द्वारा पकड़ी हुई मछलियों को पुन: पोखर में छोड़ देते थे। उन्हें मालूम हुआ कि मैं मछली खाती हूँ। एक दिन वे दरवाजे पर बैठे थे। गाँव का एक मछुआरा मछली मार कर सामने सड़क पर ले जा रहा था। उन्होंने उसे बुलाया और कहा— "तुम्हारे बर्तन में जो सबसे अच्छी मछली है उसे मेरे आँगन में रख आयो। उसे बनाने के लिए अपनी माँ को बुला लो। मेरी दुल्हन आजकल आई हुई। वह मछली खाती है।" मेरे आँगन में बैठे हुए सभी घरवालों को मेरे साथ-साथ सुखाचर्य हुआ। मेरे ससुर जी और मछली!

उसके बाद तो मेरे देवर के द्वारा शहर भी मछली भिजवाया करते थे। गाँव में यह चर्चा का विषय बन गया। कहने वाले सब यही कहते थे कि बहू को बेटी से भी अधिक प्यार करते हैं। वे राजनीति में रहे थे। स्वतन्त्रता सेनानी थे। एकबार वे शहर आए। मेरे दो छोटे-छोटे बच्चे थे। उन्हें मालूम हुआ कि मुझे आज एक महिला सम्मेलन में बोलने जाना है। उन्होंने खाना बनाने वाले सेवक से कहा— "आज तुम

ही मुझे खाना खिला देना। बहू को रोकने की जरूरत नहीं है। बच्चों को मैं सँभाल लूँगा। उनको जल्दी जाने दो।'' मुजफ्फरपुर शहर के कम्पनी बाग मैदान में मेरा भी भाषण हुआ। माइक पर खड़े होने के बाद मैंने देखा कि वे महिलाओं के पीछे बैठे थे। पढ़ाई-लिखाई से लेकर राजनीतिक क्षेत्र में मेरी मदद करने के ये उदाहरण हैं। शहर में आने पर वे मेरे पिताजी से भी मिला करते थे।

एकबार उन्होंने मेरे पिताजी से कहा— ''मेरी बड़ी बहू को गुस्सा बहुत आता है। लेकिन वह यह जानती है कि कब और कहाँ गुस्सा प्रगट किया जाए। उन्होंने मेरे पति को कहा आप इनसे खाना मत बनवाये।'' मुझे यह सब सुनकर बहुत अचम्भा होता था। मध्यम वर्ग की महिला को कोई कहे कि उन्हें खाना नहीं बनाना है। ये कैसे सम्भव था। लेकिन मेरे ससुर जी ने यह सम्भव कर दिखाया। गाँव या गाँव के अड़ोस-पड़ोस के गाँव में किसी-न-किसी महिला को मेरे घर में खाना बनाने के लिए खोजते रहते थे। एक आया दूसरा गया। दोनों बाबूजी के कारण मेरे घर में सेवक-सेविकाओं की कभी कमी नहीं रहती थी। और मैंने कभी दस-दस दिनों के लिए भी खाना नहीं बनाया।

मैं थोड़ा-बहुत राजनीति में सक्रिय हो गई थी। विशेषकर चुनाव के दिनों में घर-घर जाकर वोट माँगना मुझे रूचिकर लगता था। 1977 का चुनाव आया। मेरे पति बिहार के चुनाव समिति में थे। फोन करके मेरे ससुर जी उन्हें कह रहे थे— ''इनको भी किसी स्थान से चुनाव लड़ाइये। आपकी पार्टी में ऐसी कोई महिला नहीं है। मैं भी इनके चुनाव में काम करूँगा। जीत जाएँगी।'' मेरे पति ने कहा— ''घर में दो महीने की बेटी है और मैं भी पूर्णकालीक कार्यकर्ता हूँ। घर कैसे चलेगा।'' वे नहीं माने। बोलते रहे— ''सब हो जाएगा। इन्हें चुनाव लड़ाइए।''

मेरे बी.ए आनर्स का रिजल्ट निकला था। मैं गाँव गई। उनको प्रणाम किया। उन्होंने कहा— ''बस अब आगे नहीं पढ़िए। दोनों को बराबर नहीं होना चाहिए।'' मैं बहुत दुःखी हो गई। कुछ बोली नहीं। जब मैंने अपने पति से बात कही तो उन्होंने कहा— ''चिन्ता मत करिये। आप जब तक एम.ए का कोर्स पूरा करेंगी, इस बीच मैं डबल एम.ए और पी-एच.डी कर लूँगा।'' उन्होंने मेरा नामांकन कॉलेज में करवा दिया। लेकिन मुझे दुःख होता था कि मैंने ससुर जी की बात नहीं मानी। मेरे एम.ए के रिजल्ट आने पर उन्होंने गाँव के लोगों को बुलाकर भोज दिया। हर पग पर सहयोगी की भूमिका थी उनकी।

मेरे दोनों बच्चे बड़े हुए थे। बड़ा बेटा दस वर्ष का और छोटा सात वर्ष का था। दोनों का उपनयन संस्कार करने की उनकी प्रबल इच्छा थी। वे बार-बार मेरे और अपने बेटे के सामने प्रस्ताव रखते। हम लोग बच्चों के छोटे होने और पैसा नहीं होने

की बात कहते। उन्होंने एकबार अपने किसी सम्बन्धी को कहा— ''जनेऊ तो होगा ही, जब मैं नहीं रहूँगा तब होगा।'' मैंने सुन लिया था और तत्क्षण बिना पति की अनुमति और पॉकेट में पैसा न रहते हुए भी जनेऊ करने का ठान लिया। वे बहुत प्रसन्न हुए। बड़े पोते को जनेऊ दिए। शहर में आने वाले लोग मिठाई का प्लेट देने पर एक या आधा ही खाते थे। उनको यह देखकर बहुत दु:ख होता था। उन्होंने मुझे कहा— ''गाँव चलिए। गाँव में बहुत सारे भूखे-प्यासे हैं। उन्हें भरपेट खिलाइए। उस भोज का फल मिलेगा। शहर में तो अघाए भुक्खड़ रहते हैं।'' गाँव में लोगों को भोज खिलाकर वे बहुत प्रसन्न हुए। भोज खिलाना उनकी हॉबी थी। लेकिन जो भूखा है, उसे खिलाकर वे प्रसन्न होते थे।

एक बार वे मेरे साथ कार में आ रहे थे। उन्होंने मुझे कहा— ''मेरे मरने के बाद पाँच-सात गाँवों के भुख्खे-दुक्खे को बुलाकर आप भोज कर दीजिएगा। साहब (उनके पुत्र) नहीं करेंगे। आप ही पर भरोसा है।'' वे दस वर्ष तक जिन्दा रहे। लेकिन मुझे उनकी बात स्मरण थी। उनके जाने के बाद मैंने उसे पूरा किया। पैसे का आभाव तब भी था। लेकिन उनके आशीर्वाद का प्रभाव ऐसा कि सब काम होता गया।

कहने मात्र को कानूनी माँ

जब कभी किसी पत्रकार ने मुझसे पूछा—"आपकी आदर्श महिला कौन हैं?" मैं बड़ी तत्परता से कहती रही— "मेरी सास"। पत्रकार महिला हो या पुरुष वह एक पल के लिए रुक जाता? उसकी जबान से उठकर उसका प्रश्न उसकी आँखों में तैरने लगता। मैं उसके प्रश्न का उत्तर देती—"समाज में प्रख्यात महिलाएँ जिन्होंने राजनीति, साहित्य अथवा सामाजिक जीवन में सक्रिय रहकर विशेष पहचान बनाई है, उनमें से किसी एक का नाम सुनने की आपकी अपेक्षा थी। हाँ! उनके प्रति मेरे मन में आदर्श भाव हैं। लेकिन उनके व्यक्तिगत और पारिवारिक जीवन को मैंने नजदीक से देखा नहीं। मेरी सास बनारसी देवी को सामाजिक मंच पर जाने का अवसर नहीं मिला। यदि राजनैतिक और सामाजिक मंच पर जातीं तो अन्यों के लिए भी उनका अनुकरणीय व्यक्तित्व प्रगट होता।"

पत्रकार सुनने की स्थिति में आ जाते। मैं कहती—"वैसे तो रिश्ते में वे मेरी कानूनी माँ हुईं। लेकिन अपने व्यवहार से वे मेरी माँ से ऊपर पद पर पहुँच गई थीं। मैं कहा करती हूँ कि जब बहू ब्याह कर ससुराल आती है, सर्वप्रथम ससुराल वालों, विशेषकर सास को उसकी तरफ प्यार का हाथ बढ़ाना चाहिए। वह दूसरे घर से उस घर में आती है। उसे वहाँ जगह बनाने का अवसर मिलना चाहिए।"

मेरी सास ने मेरे ससुराल पहुँचने के एक घंटे बाद ही वह प्यार का (जोड़ने) का हाथ बढ़ा दिया था। हुआ यूँ कि उन दिनों विवाह के बाद ससुराल में बहू (कनिया) दिखाने का रिवाज होता था। मेरी मुँह दिखाई प्रारम्भ हुई। मेरी दादी-सास और सास को सर्वप्रथम मुँह देखना था। मेरा घूँघट उठने पर दोनों ने कहा—"बड़ा सुन्नर (सुन्दर)।" उनके कमरे से बाहर जाने पर गाँव की दो-चार महिलाओं ने टिप्पणी की—"दुल्हन की नाक-आँखें बहुत छोटी है। ठगा गया दूल्हा।"

मेरी सास तक वह टिप्पणी पहुँच गई थी। उन्होंने बाहर से ही कहा—"आप लोग बाहर निकलिए। हो गया मुँह दिखाई। दुल्हन को आराम भी करना है।" सबको बाहर निकालकर स्वयं अन्दर आईं। अपने हाथों मेरा घूँघट उठा दिया। बोलीं—"आराम से बैठो। कपड़े बदल लो।" पुन: मेरे मुँह पर हाथ फेरती बोलीं—"कितनी सुन्दर है। नाक, आँख छोटे होने से क्या होता है? ससुराल में ऐसे ही

महिलाएँ हँसी-ठट्ठा करती हैं। बुरा नहीं मानना।''

मैंने आँखें खोलकर देखा—''एक बहुत-सी सुन्दर अधवयस्क महिला का हँसता हुआ चेहरा मेरे सामने दप-दप कर रहा था। हम दोनों की आँखें चार हुईं। मानो पहली नजर में ही चारों आँखें स्नेह बन्धन में बँध गईं।''

फिर तो तीन दिनों के ससुराल प्रवास में न जाने कितने पल ऐसे बीते, जिसमें वे मेरे सामने बहुत बड़ा कद लेकर उपस्थित हुईं। इसीलिए तो वापस मायका आने पर जब माँ ने पूछा—''सास कैसी है?''

मेरे मुँह से छिटका—''आपसे अच्छी।'' न जाने मेरी माँ पर अन्दर क्या बीती होगी, लेकिन बड़ा प्रसन्न होकर बोली—''बड़ा अच्छा।'' उन्होंने आँगन में बैठी पड़ोस की महिलाओं को भी सन्देशा सुना दिया। सब हँसने लगीं। एक महिला ने विवाह गीत की पंक्ति गाकर अपनी प्रतिक्रिया व्यक्त की—''दो दिन बेटी हे सासुर गँवावल, ले अयलन सास के बड़ाई हे।'' मेरी बुआ ने मेरी माँ से पूछा—''आपको बेटी का जवाब सुनकर दुःख नहीं हुआ?''

मेरी माँ का जवाब था—''दुःख! बेटी की माँ के लिए इससे बड़े सौभाग्य की बात क्या होगी कि उसकी सास, उसकी माँ से भी अधिक अच्छी है। अब तो मैं निश्चिन्त हो गई। सास अच्छी तो ससुराल अच्छा।''

दिन बीतते गए। दर्शन दास महिला कॉलेज मुजफ्फरपुर में मैं द्वितीय वर्ष की छात्रा थी। छात्रावास में रहती थी। मेरे पति बंगाल के एक कॉलेज में लेक्चरर थे। हम छुट्टियों में गाँव जाते थे।

मेरे पति अपनी माँ को दीदी कहते थे। मैंने भी दीदी कहना ही प्रारम्भ किया। मेरी सास स्वयं खाना बनाती थी। मैं जब कभी चौके में जाऊँ, वे मुझे कहती थीं—''बड़े भाग्य से देवर-ननद के साथ हो, जाओ आँगन में उन लोगों के साथ खेलो।'' मैं उन लोगों के बीच चली जाती थी। एक बार मैंने मुझसे दस वर्ष छोटे देवर अभय सिंह को माँ द्वारा सिखाते हुए सुना— ''बड़ी भाभी माँ होती है। उसका कहा माना करो। कभी-कभी पैर भी दबा दिया करो।'' तीन महीने छोटी मेरी ननद को भी यही शिक्षा देती थीं—''भाभी की सेवा किया करो।''

धीरे-धीरे हम दोनों का सम्बन्ध जमता गया। एक दिन मेरे आँगन में छोटी उम्र का भैंस का चरवाहा दोपहर को उनसे खाना माँग रहा था। वे सोईं थीं। मैंने कहा— ''चलो मैं देती हूँ।'' उसने कहा— ''नहीं, आप मालकिन नहीं हैं।'' उनकी नींद टूट चूकी थी। उन्होंने कहा— ''नहीं अब इनसे ही खाना लो। अब यही मालकिन हैं।'' उस छोटे बच्चे को अपनी मालकिन से बहुत प्यार मिलता था। और वह अड़ा रहा कि उन्हीं के हाथ से भोजन लेगा। फिर वे खटिया से उठीं। कमर

सीधी करती हुई बोलीं— "नहीं मानेगा यह।" उनके तीन शब्दों में इतना प्यार था कि जैसे उनका वह सेवक नहीं, अपना बच्चा हो। ऐसा भाव वे सभी नौकर-चाकर के साथ रखती थी। एक पंचा नाम की लड़की थी। वे माँ-बेटी दोनों इनके घर के कामों में हाथ बँटाती थी। लेकिन पंचा की मौ मेरी सास की अन्तरंग थी। विवाह के चार वर्ष बाद मेरे बेटे का जनम हुआ। अप्रैल का महीना रवि फसल की कटाई का समय था। बच्चे के जनम के बाद मेरे ससुर जी गाँव से आ गए। उन्होंने अपनी पत्नी से कहा—"अब गाँव चलिए। सारा अन्न आँगन में ढेर लगा है। उसे सँभालना है। गाय ने बच्चा दिया था। वह भी मर गया। अब आपका वहाँ रहना बहुत आवश्यक है।" मैंने ये बातें सुन ली थी। जब मेरी सास अन्दर आईं, मैं उन्हें देखकर रोने लगी। उन्होंने शिशु को अपने गोद में उठा लिया और अपने पति से जाकर कहा—"देखिए, अन्न तो अगले वर्ष भी उपजेगा। गाय अगले वर्ष भी बच्चा देगी। लेकिन आपके खानदान में ऐसा बच्चा फिर अगले वर्ष नहीं आएगा। इसलिए अभी तो इसी की सेवा करूँगी।" मेरे ससुर जी उनके स्वभाव से परिचित थे। इसलिए वे जिद्द नहीं किए। धीरे-से बोले—"बच्चा को छोड़कर गाँव जाने का मन तो मेरा भी नहीं करता है।" तीन वर्ष बाद दूसरे बच्चे के जनम पर भी शहर आ गई थीं। तीसरे बच्चे के जनम पर भी आईं।

एकबार की बात है। शाम के सात बजे होंगे। हमलोग गाँव में ही थे। परिवार के सभी लोगों का खाना खत्म हो चुका था। केवल मेरी सास बची थीं। मैंने उनके लिए थाली में खाना परोसा। उस दिन सबलोग जमकर खाए थे। इसलिए खाना अधिक नहीं बचा था। जैसे ही उनके आगे थाली रखी, दरवाजे पर दो-तीन लोगों के बीच बातचीत का स्वर सुनाई देने लगा। मेरी सास उनकी बात का विषय जानने का प्रयास करने लगीं। खाना में हाथ नहीं लगाया। मैंने कहा—"खाना शुरू करिए।" उन्होंने कहा—"रुको।" तभी एक सेवक दरवाजे पर से आया, बोला—"फिर एक राहगीर को मालिक ने अपने दरवाजे पर बैठा लिया है। उसके लिए खाना माँग रहे हैं।" मेरी सास को एक क्षण भी नहीं लगा निर्णय लेने में। उन्होंने तुरन्त भोजन से भरी हुई थाली उठाकर उसे दे दिया। मैंने पूछा—"ऐसा क्यों किया आपने। अब आप क्या खाएँगी?" हँसते हुए बोलीं—"कुछ नहीं। एक टुकड़ा गुड़ दे दो। खाकर पानी पी लूँगी। अब रात ही कितनी बची है।" सात बजे का समय था। पूरी रात बाकी थी। और वे गुड़ का टुकड़ा खाकर खुशी-खुशी सो गईं। सुबह मैंने सुना ऐसा करने का उनका अभ्यास रहा था। फिर नतमस्तक हुआ मेरा मन उस बड़े हृदय के आगे। फिर एक सीख मिली।

एक दूसरी घटना भी मैं नहीं भूलती। सुबह-सुबह वे बरामदे में उदास बैठी

थीं। चिन्तन की मुद्रा में तो उन्हें मैं अकसर देखती थी। लेकिन उनके आँखों में आँसू कभी नहीं देखा था। मैं पूछ बैठी—"क्या हुआ!" दो तीन बार पूछने पर वे बोलीं—"रात भर भैंस प्रसव वेदना से तड़प रही है।" मेरी सास रो रही थीं। इसलिए उस वक्त मैं उनके साथ समरस नहीं हो पा रही थी। मुझे बहुत हँसी आई। मैं वहाँ से उठकर चली गई। भैंस के प्रसव पीड़ा का मुझे ज्ञान नहीं था। मैं स्वयं माँ नहीं बनी थी। उम्र बढ़ने के साथ 'आत्मवत सर्वभूतेषू, या पश्यन्ति सा पंडित:' इसके अनुसार मेरी सास भी पंडिता: की श्रेणी में आती दिखीं।

बहुत दृढ़ प्रतीज्ञ थीं मेरी सास। वे गाँव में किसी के घर बहुत कम जाती थीं। इसलिए लोग उन्हें घमंडी भी समझते थे। शादी के बहुत दिनों बाद एक दिन मैंने पूछा— "आप गाँव में लोगों के घर क्यों नहीं जाती है?" उन्होंने कहा—"ज्यादातर महिलाएँ और पुरुष भी अपनी बहुओं की शिकायत करते हैं। वे लोग यह भी चाहते हैं कि मैं भी अपनी बहुओं के बारे में शिकायत ही करूँ। ये सब बात मुझे अच्छी नहीं लगती।" फिर मिला एक बड़प्पन का सबूत।

मैंने उनसे ही सुन-सुनकर बिहार की लोककथाएँ लिखी। बिहार सरकार द्वारा बहुतायत में खरीदी गई किताबों की रॉयलटी मुझे एक लाख बीस हजार मिला। मेरे पति ने मेरी सास से कहा—"तुमसे ही पूछ-पूछ कर सब कहानियाँ लिखी हैं। मैं कानून जानता हूँ। कानून के अनुसार आधा पैसा तुमको मिलना चाहिए।" मेरी सास कुछ देर सोचने लगीं। बोलीं—"तुम तो पढ़े-लिखे पंडित हो, इसलिए जो बात कही, ठीक ही कही। मैं पूछती हूँ कि जितना पढ़े हुए तुम हो तुम्हारे बराबर ये भी पढ़ी है। जितनी तुमको तनख्वाह मिलती है, उतनी इसे भी मिलती। लेकिन यह नौकरी नहीं करती। इसलिए लेख, कहानी लिख-लिखकर थोड़ा-थोड़ा कमा रही है। दूसरी बात कि जब से तुम्हारा विवाह हुआ तब से लेकर आजतक मैंने अपने लिए एक ब्लाउज भी नहीं खरीदा। मेरे बिना कहे हर त्योहार और शादी-ब्याह पर यह मेरे लिए कपड़े खरीदती है। दिवाली, छठ, होली त्योहारों को मनाने के लिए सामग्रियाँ भेजती है। फिर मैं कैसे इससे आधा पैसा ले लूँ। इसने मेरे साथ बँटवारे का रिश्ता रखा ही नहीं।"

मेरे पति की बोलती बन्द हो गई। कैसी दलील। ऐसी थी मेरी सास। दूध का दूध, पानी का पानी करने वाली। मेरा और उनका 35 वर्षों का साथ रहा। उनके व्यक्तित्व की महानताओं के छीटों में भींगती रही, सीखती रही। मेरी माँ के देहावसान का समाचार सुनकर वे बहुत रोई थीं। मुझसे मिलने पर इतना ही कह पाईं— "अब तुम्हारी ईआ नहीं रही।"

मैंने कहा—"क्या हुआ तो। आप तो हैं न। मेरी माँ से भी बढ़कर।" उन्होंने

कहा—"मैं तुम्हारी माँ नहीं हो सकती। माँ तो माँ होती है। मेरे घर में तुम जंगल से बझाई हुई तोता हो। प्रारम्भ में मैंने तुझे प्यार से दीदी-दीदी कहना सिखाया है, मुझे दीदी कहने लगी हो।"

माँ से भी बढ़कर भूमिका निभाने वाली 'कानूनी माँ' (सास) का यह कहना था। एक दिन तो दिल्ली की कोठी (मन्त्रिपति) में उन्होंने हद ही कर दी। मैं कहीं से थकी हारी आकर पलंग पर उल्टा लेट गई। अपने बेटे से कहा—"थोड़ा पीठ दाब दो।"

धीरे-धीरे देर तक मेरी पीठ दबाई जाती रही। मेरा बेटा मेरे पैर-हाथ दबाता तो था, पर उतनी देर तक नहीं। मैं उलटकर देखने लगी—मेरी सास मेरी पीठ दबा रही थीं। मैं उठ बैठी। शिकायती स्वर में कहा—"दीदी! आप। आप मेरी पीठ क्यों दबाने लगीं?"

"क्या होगा तो। यहाँ और कौन है। कोई नहीं देख रहा। दूसरा कि यहाँ दूर देश में तुम्हारे दुःख में मैं नहीं सेवा करूँगी तो कौन करेगा?"

ऐसी थी मेरी सास। गाँव में सुबह-सबेरे मुझसे पहले जाग कर वे ठंड की परवाह किए बिना लग जातीं। धूप चढ़ने पर भी मैं सोई रहती। मेरे कमरे में आतीं। मेरे पैर-हाथ खुले रहने पर अच्छी तरह रजाई से ढँक देतीं। जब मेरी बड़ी बहू मेरे घर आई, उसे भी मैं देर तक सोने देती थी। उसने एक दिन मुझसे कहा—"आप मुझे सुबह-सुबह जगा क्यों नहीं देतीं?" मैंने कहा—"मैं अपनी सास का ऋण उतार रही हूँ। बड़ों का ऋण उतारने का यह तरीका होता है, उन्होंने जैसा मेरे साथ किया, मैं भी अपने बच्चों के साथ वैसा ही करूँ।"

दरवाजे पर दो-दो भैंसें थीं। सुबह-सुबह आठ-दस लीटर दूध घर में आ जाता। मेरी सास अकसर सुबह ही कराही भरकर खीर बना देती थीं। एक दिन वे बड़ी थाली में खीर रखकर हाथ पंखा से ठंडा कर रही थीं। मैंने पूछा—"इतना सवेरे पूरी थाली भरकर खीर कौन खाएगा?" वे बोलीं—"मीठू साव (हलवाहा) बैलों को लेकर अभी खेत पर जाएगा। उसे खिला देती हूँ। क्या पता उसके लौटने तक खीर बचे न बचे।"

ममता भरा व्यक्तित्व। मात्र अपने बच्चों के नहीं, नौकर, जन, सबके लिए। "ममता जब विस्तार लेती है, सागर को भी अपने आँचल में छुपा लेती हैं।"

लगभग चार दशकों का मेरा उनका साथ रहा। समाज द्वारा बदनाम हमारे रिश्ते की चादर पर एक नन्हा धब्बा भी नहीं पड़ा। मेरे जीवन के लिए उनसे बड़ा आदर्श किसी महिला का व्यक्तित्व हो सकता था।

खंड : 2

सामाजिक

बिछुड़त एक प्रान हरि लेहीं

राधिका दीदी नहीं रहीं। 22 दिसम्बर सायंकाल वे अपने इर्द-गिर्द जमें, अपने स्नेह से सिंचित नर-नारियों को बिलखते छोड़ स्वर्ग सिधार गईं। हाँ स्वर्ग ही सिधारी होंगी दीदी। क्योंकि स्वर्ग प्राप्ति के लिए दुनिया में जो कर्म बताए गए हैं, उनके जीवन व्यवहार उसी श्रेणी के थे। और मृत्यु के समय की स्थितियाँ भी। दीदी इतनी निष्ठुर तो नहीं थीं। अहर्निष जिनकी सेवा में लगी रहती थीं, जिनकी उपासना ही उनके आनन्द का विषय था, उनकी ओर भी मुड़कर नहीं देखा। उनके जीवन साथी डॉ. विद्यानिवास मिश्र किंकर्तव्यविमूढ़ रह गए। रात बीत जाने के बाद भी उनकी सिसकियाँ थम नहीं रही थीं। एक दूजे के लिए जी रही जोड़ी से एक का बिछुड़ जाना दूसरे के लिए प्राण हर लिए जाने के समान ही होता है। समाचार पाकर अपना काम जहाँ का तहाँ छोड़, पंडित जी के पास आकर खड़े हुए स्त्री-पुरुष दीदी की मधुर वाणी की स्मृतियों को विदीर्ण हो रहे हृदय में सँजोए, पंडित जी के लिए ही आँसू बहा रहे थे— ''पंडित जी अकेले हो गए। अब पंडित जी का क्या होगा?'' आदि आदि। सच तो यह है कि जीवन और जगत के व्याख्याता, 'वासांसि जीर्णा निहथा विहाय', को आत्मसात किए पंडित जी स्वयं वाकहीन हो गए।

दीदी अपने पीछे एक बड़ा कुनबा छोड़ गई हैं। बेटे के बराबर तीन देवर प्रो. माहेश्वर मिश्र, श्री दयानिधि मिश्र, श्री मज्ञेश्वर मिश्र, श्री गिरीश्वर मिश्र। इस श्रेणी सम्बन्ध के और भी चचेरे ममेरे मुँह बोले देवर देवरानियाँ उनके बेटे-बहू, पोते-पोतियाँ और हम आप जैसे हजारों। कितनी शक्ति थी दीदी में। एक बच्चे को पालते हुए हमारी बेटी-बहुएँ पस्त हो जाती हैं। उनकी ममता का घड़ा रीत जाता है। दीदी के पास ममता का बड़ा छोटा घड़ा नहीं, अजस्र स्रोत था। रीतता नहीं था। घड़ा खाली होता है, स्रोत भला कैसे सूखे। बेतिया, गोरखपुर, वाराणसी दिल्ली ही नहीं, अमेरिका इंग्लैंड, अफ्रीका, मोरिशस जहाँ-जहाँ पंडित जी के साथ गईं, अपनी पहचान छोड़ आईं। किसी-न-किसी को सींच आई अपने स्नेह जल से। वे रिश्ते जीवित हैं, और रहेंगे। पर दीदी नहीं रहीं।

मेरी भी बड़ी बहन! बहन से जीजा मिलता है। यहाँ कुछ उलटा ही हुआ।

क्योंकि मेरा उनका बहन का रिश्ता कोख का था नहीं। बस मैंने गढ़ा था। लगभग पन्द्रह वर्ष पूर्व पंडित जी से पहला साक्षात्कार हुआ। उनसे मिलाने में श्री श्याम सुन्दर जी (प्रभात प्रकाशन) एक माध्यम बने। अपने समय के मूर्धन्य पुरुष से पहली बार मिलने जाने से पूर्व मेरा मन संकोची हो उठा था। भय था कि कहीं बातों-बातों में जीवनदर्शन साहित्य और समाज के बारे में मेरी आल्पज्ञता न प्रगट हो जाए। थोड़ी देर की भेंट में ज्यादा समय चुप ही रही। पर उस मुलाकात के बाद उनसे मिलने की मेरी हिम्मत बढ़ती गई। दूसरी भेंट में ही उन्होंने अपने अग्रज बिहार के साहित्यकारों के संस्मरण सुनाए। मैं मुजफ्फरपुर की थी इसलिए विशेषकर स्व. रामवृक्ष बेनीपुरी जी की। उसी क्रम में उन्होंने बताया— ''बिहार में मेरा ससुराल होने के कारण वे मुझसे मधुर रिश्ता ही रखते थे।''

फिर क्या था। मुझे भी एक मधुर रिश्ता मिल गया। मैं उन्हें जीजा जी कहने लगी। और इन्हें जीजा जी बना लेने के बाद दीदी की खोज प्रारम्भ हुई। दीदी से मिलना भी हुआ प्रभात प्रकाशन में ही। मैंने उन्हें पाँव छूकर प्रणाम किया। कहा— ''ई हमर जीजा जी वाडन। हम हूँ बिहार के वाणी। ई खातिर रउआ से बिना मिलले इनका जीजा बना लेहनी।'' सिर पर रखे सीधे पल्लू की सूती धोती में लिपटी पंडित जी की अर्द्धांगिनी श्रीमती राधिका देवी का चेहरा खिल उठा। चेहरे पर लाली पसर आई। मानो पहली बार उनका और मेरा (एक अनजान बहन) मिलन नहीं, उनका और पंडित जी का पहला मिलन हो। दरअसल, हमारे यहाँ विवाह की रस्म अदायगी के बाद साली या सरहज ही दुल्हन को दूल्हा से मिलाती है। मैंने भी कुछ इसी लहजे में कहा था— ''ई हमर जीजा हौअन।''

उनके चेहरे पर पसरा वह अनुराग का रंग था। उनकी आँखों में तैरता भाव मुझे अपनी ओर खींच रहा था। मुझे गले लगाने से पूर्व बहन के रूप में मेरी औकात माप रहा था। और मैं फिर सौभाग्यशालिनी साबित हुई। उन्होंने मुझे छोटी बहन के रूप में स्वीकार कर लिया। गले लगाया। आशीष दिए। मेरी हिम्मत बढ़ी। बातें भी आगे बढ़ी। पंडित जी उनकी बगल में बैठे थे। साहित्य अमृत में प्रकाशनार्थ लेख पढ़ रहे थे। मैं गुनगुना उठी— ''वर मिललौ बउरहवा हे गौरा कइसे क दिनमा जतओ हे।'' चूँकि गीत सस्वर रिसे थे इसलिए पंडित जी का भी ध्यान गया। गीत की पंक्ति में शिव जी का वर्णन था। गौरा की माँ पूछ रही थी— ''वर तो बौराहा मिला है, तुम्हारे दिन कैसे कटेंगे?'' दीदी का चेहरा खिल उठा। उनकी आँखों में उतरे पहचान की रेखाएँ मिट गई। उन्होंने मुझे पहचान लिया। मानो एक ही रक्त प्रवाहित हो रहे हों दोनों की धमनियों में। तब से मुलाकातों का सिलसिला जारी रहा। मिलन की व्यग्रता दोनों ओर रहती थी। दोनों एक कोख की जाया नहीं थी तो क्या, धरती

और संस्कृति की कोख एक थी।

मैं बनारस जाकर भी उन दोनों से मिलती थी। कहीं सभा गोष्ठी में मिल जाती। वे जब दिल्ली आतीं, मैं उनसे मिलने का अवसर नहीं चुकती। पंडित जी फोन करते— ''तुम्हारी दीदी भी आई हैं।'' उनका विश्वास था कि यह सूचना पाकर तो मैं लाख काम छोड़कर भी जाऊँगी।

प्रधानमन्त्री के पंचवटी सभागार में पंडित जी का अमृतोत्सव मनाया गया। 'अमृत पुत्र' पुस्तक का लोकार्पण भी। माननीय प्रधानमन्त्री अटल बिहारी वाजपेयी, आडवाणी जी और भी गणमान्य व्यक्तियों के साथ पंडित जी की तस्वीर खींची जा रही थी। दीदी नीचे बैठी थीं। मैंने कहा— ''जिनके कारण पंडित जी पंडित जी बने, उनके साथ भी फोटो खींची जानी चहिए।'' आडवाणी जी समझ गए। उन्होंने दीदी को मंच पर बुलाया। शरमाई सकुचायी दीदी पंडित जी के बगल में खड़ी हुईं। इधर एक वर्ष से दिल्ली रहने लगी थी। पर बीमारी के साथ। मैं अकसर पहले साउथ एवेन्यू फिर राजेन्द्र प्रसाद रोड पर मिलने जाती। कुछ दिन का अन्तराल हो जाने पर अपनी इकलौती, बेटी मिन्नी से पूछती थीं— ''अरे ढेर दिन हो गइल, हमर बहिनी ना अइली।''

जब कभी उनके आवास पर जाकर, फ्लैट के प्रथम कमरे में उपस्थित पंडित जी के सान्निध्य में थेड़ी देर बैठ जाती, पंडित जी कहते— ''दीदी से मिल लो।'' दीदी के पास जाने लगती। बीच में मिन्नी मिल जाती। शिकायत करती— ''अरे इहाँ बहिनी मिले खातिर बेहाल हौंए, ई मौसी बाड़ी कि जीजा जी में उलझ गइली।''

कितना सुमधुर रिश्ता। दीदी पूछती थीं— ''जीजा जी से वतिऔलू।'' मेरे हाँ कहने पर उनका चेहरा खिल उठता। दीदी खाट पर पड़ी थीं। मैं उनके हाथ-पाँव दबा रही थीं। अनायास वैसा करने का मेरा मन बन आया था। मैंने अपने हाथों को कोई आज्ञा नहीं दी थी। मृणाली (उनकी छोटी नातिन) आ गई थी। मैंने पूछा— ''मेरी दादी सास की कहानी पढ़ी। कैसी लगी?'' मैने दो पत्रिकाओं में छपी अपनी दो रचनाएँ उसे दी थी। उसे मेरी दादी सास का संस्मरण लेख बहुत पसन्द आया था। मेरे लिए यह प्रसन्नता की बात थी कि अपनी चार पीढ़ियाँ पूर्व की महिला का उदार चरित्र मृणाली को भा गया था। उस लेख के कुछ प्रसंग उसने अपनी नानी को सुनाए। दीदी उठ बैठीं। बोली— ''अरे हमरो ददिया सास के बात सुन ल।'' और बहुत-से प्रसंग सुना गई। उनकी दादी सास की एक साहित्यिक उक्ति सुनकर बड़ा अचम्भा हुआ। वे दीदी को देखकर कहती थीं— ''हमार गुलाब के डंडी में ई भैंस बँधा गइली।'' अपने सुन्दर सलोने पौत्र को गुलाब और पुत्रवधू को भैंस कहना। दीदी ने अपनी दादी सास के कहे

का न तब बुरा माना था न अब। वे कहती थीं— 'हम त बड़का घर के रहीं। इकलौती बेटी। लोग लड़िका देख के बिआह लेहलस।' धन दौलत न रहे। चार-पाँच नौकर दाई हमरा नइहर से ससुराल आयलस। घर दुआर देख के उहो लोग कहे— ''ठगा गईली हमनी लोग। पर हम त न ठगइली। इनके ऊपर देश-विदेश घुमली। कहाँ-कहाँ न बैइठउलन। बड़का-बड़का लोगन से मिलवौलन।''

दीदी अघाई हुई थीं। पति और वृहत परिवार द्वारा मिले सम्मान में सराबोर थीं। देवर-देवरानियों और उनके बाल-बच्चों द्वारा मिले आदर सम्मान में ओतप्रोत रहती थीं। इसलिए उनके अनुराग का घड़ा छलकता रहता था। किसी को कुछ देने के पूर्व भर जाता था। जितना स्नेह बाँटती उससे अधिक सम्मान मिल जाता था। उस दोपहर वाराणसी के घाट पर एक सुहागन को भावभीनी विदाई दी गई। भारतीय लोक मानस में स्त्रियाँ सुहागन ही स्वर्ग जाने की कामना करती हैं। यूँ तो औरतों का हृदय सुकोमल माना जाता ही है। पर यह कामना तो एक कठोर हृदया की समझी जानी चाहिए। इसमें स्वार्थ का भाव है। क्योंकि जिस पुरुष के साथ चालीस-पचास, साठ-सत्तर, साल बीताए, संग-संग, उठना-बैठना, खाना-पीना, दुःख-सुख, सहना हुआ, उसे अन्तिम विदाई के समय अकेले छोड़ जाने की कामना, नारी हृदय की कठोरता का प्रदर्शन ही तो है। और शायद इसीलिए कहा जाता है कि नारी— 'वज्रादपि कठोरानि, मृदुणि कुसुमादपि' होती है। पिछले दिनों हस्पताल से घर, घर से हस्पताल छोड़ने के चक्कर में दीदी की ममता का स्त्रोत भी शायद रीत गया। इसलिए स्वयं सुहागन विदा होने की कामनापूर्ण कर चली गईं। अपने अराध्य देव को अकेला छोड़ जाने में थोड़ी-सी कठोर तो हो ही गईं। अपनी ममता की चादर पर कठोरता का एक धब्बा लगा गईं।

'आया है सो जाएगा राजा रंक फकीर।' दीदी भी रानी थीं। स्नेही जनों का बड़ा साम्राज्य था उनका। ड्राइवर, नौकर, चाकर से लेकर बड़े साहित्यकार राजनेता, कोई उनके यहाँ से बिना खाए न जाएँ। हम लोगों से मिलने पर बेधड़क यह भी पूछ लेती थीं— ''का बनइ लू ह।'' उनके लिए किसी का पेट भरना सबसे महत्त्वपूर्ण कार्य था। बैठक रूम में बैठे हुए पंडित जी से मिलने आए लोग ज्ञान ग्रहण (मस्तिष्क का भोजन) करते थे। अन्दर माता जी से मिलकर स्नेह गंगा में डूबकी लगा आते थे। दीदी सबसे खाने के लिए पूछती थीं। मैंने नई दिल्ली के अपने सरकारी आवास (राजाजी मार्ग) पर कुछ सब्जियाँ लगवा रखी थीं। दीदी जब पहली बार वहाँ आई, सब्जियों की छोटी-छोटी क्यारियाँ में पसरी सब्जियाँ देखकर बहुत प्रसन्न हुई। बोलीं— ''अच्छा कइलू ह। खूब फड़े त खूब बाँट। जेतना बटबू ओतना जादा फड़ी। इहे धरम है फल और सब्जी के।'' उसके बाद तो जब मिलती,

पूछती— ''खेतवा में कि कि लगलै बाड़ु?''

बनारस में रश्मिकुमार (कमिश्नर मनोज कुमार की पत्नी) उन्हें माँ जी कहकर पुकारती थी। उसका बड़ा बँगला। चारों ओर खाली जमीन। उससे बोलीं— ''तू सब्जी ठीक से नइखे लगावत। मृदुला दिल्ली में रंग-रंग के सब्जी लगौले बाड़ी।''

पिछले दिनों दिल्ली में पहले पंडित जी, बाद में दीदी की बीमारी के कारण ऑल इंडिया मेडिकल इन्स्टीट्यूट में बहुत दिनों तक रहना हुआ। पहले पंडित जी भर्ती हुए। दीदी साउथ एवेन्यू फ्लैट में थीं। पंडित जी से मिलने मैं हॉस्पिटल जाती। उनका हाल-चाल पूछकर चलने लगती। वे कहते— ''दीदी बनारस से आ गई हैं, मिल लेना।''

दीदी से मिलने गई। उनका पूरा ध्यान हॉस्पिटल के उस कमरे में था, जहाँ उनके अराध्य देव थे। अस्वस्थ्य। पीड़ा से कराहते। उससे ज्यादा पीड़ा दीदी को हो रही थी। कभी पूछिए— ''दीदी खाना खाई?''

''कि खाई! ऊहा'' के खाइते नइखे। जब तक अस्पताल में रहिं हें, अन्न ना खइहें।' दीदी की पीड़ा गहरा जाती थी। पंडित जी घर आए। कुछ ही दिन बाद दीदी हॉस्पिटल और पंडित जी घर में। उनका पूरा ध्यान हॉस्पिटल में ही रहता था। पुत्र तुल्य देवर महेश्वर जी लगे ही थे सेवा में। स्वयं सेवा निवृत्त प्रोफेसर हैं तो क्या, दीदी के तो देवर ही हैं। उनके स्नेह से सिंचित। भाभी नहीं माँ ही थीं वे।

सोचती हूँ— ''अब तो दीदी की कहानी रह जावेगी। कहेंगे सबै नैनन नीर भरी भरी।'' आनेवाली पीढ़ी को शायद भारतीय नारी के इस समर्पित जीवन की कथा पार्वती, सीता या सावित्री जैसी ही लगे। लोक कथा की प्रबुद्ध नायिका। दीदी के जाने का गम तो है ही। उनके खोने की पीड़ा हम बर्दास्त कर लेंगे। पर वैसी महिला फिर न पैदा करने का मलाल तो रहेगा ही। उनके श्राद्ध पर अमेरिका से भी उनकी स्नेही आई थी। दिल्ली उत्तर प्रदेश के उनके स्वजन परिजन जुटे ही थे। उत्सव का माहौल था। ब्रह्मभोज का आयोजन था। एक सधवा लाल साड़ी, ब्लाउज, माँग में सिन्दूर भरकर आलता महावर लगाकर विदा हुई थी। सभी बहू-बेटियों ने उनके श्राद्ध पर आलता महावर लगाया हुआ था। शोक मनाने का अवसर नहीं था। दरवाजे पर बड़े पांडाल में लोग एकत्रित हो रहे थे। बड़ा आँगन दान में दिए जाने वाले पलंग पटिहाट से लेकर सारी उपयोगी वस्तुओं से अटा पड़ा था। मिन्नी सुबक रही थी। सब थे, पर सबको बाँधने वाली अम्मा नहीं थीं। दरवाजे पर पंडित जी के पास थोड़ी देर के लिए मैं बैठी। उनका चेहरा लाल हुआ। आँखें भर आई। बोले— ''ये सारा संसार (उपस्थित सैकड़ों लोग) उन्हीं का बाँधा हुआ था। कम पढ़ी-

लिखी महिला थी। उदार हृदया थी। बहुत बड़ी थी।'' सत्तर वर्ष की जिन्दगी की समीक्षा थी। एक बड़े समीक्षक द्वारा। जीवन साथी द्वारा।

सचमुच बहुत बड़ी कद्दावर थी दीदी। यदि हम हजारों महिलाओं के कण-कण भर गुण जोड़कर पुनः एक वैसी महिला का निर्माण कर पाएँ, नई पीढ़ी की महिलाओं के लिए उन्हें आदर्श बना पाएँ, दूसरों के लिए पल-पल भर जीकर अपना व्यक्तित्व बढ़ाने का आदर्श रख पाएँ, सच्ची श्रद्धांजलि होगी दीदी के लिए। पंडित जी की धर्म पत्नी। मेरी अपनी धर्म बहन के लिए।

सखि वे मुझसे कहकर जाते....

वासांसि जीर्णानि यथा विहाय नवानि गृह्णाति नरोऽपराणि।
तथा शरीराणि विहाय जीर्णान्यन्यानि संयाति नवानि देही।।

भगवत गीता के इस श्लोक को बार-बार सुनने के बाद भी हृदय में उतारकर, उसे स्वीकार करना आसान नहीं होता। इसलिए गीता का द्वितीय और ग्यारहवाँ अध्याय किसी भी पार्थिव शरीर के पास बैठ कर दुहराया जाता है। जाने वाला तो सुनने से रहा। उसकी कर्मेन्द्रियों और ज्ञानेन्द्रियों का निष्क्रिय हो जाना ही तो मृत्यु को प्राप्त होना है। हठात आई स्थिति में अवाक रह गए आम आदमी के मुख से अनायास उच्चरित हुआ होगा— "बोले बोले, ना बोले।"

अभी-अभी तो बोल रहा था। अभी-अभी बोलना बन्द हो गया। कहाँ चला गया— "हंसा आए कहाँ से, हंसा जाए कहाँ रे।"

यही समझना तो है मुश्किल। सदियों से सारे पंडित, पुराण, ज्ञानी, सन्त, फकीर यही समझा रहे हैं। पर यह समझना और आत्मसात करना कितना कठिन है।

भारत के उपराष्ट्रपति श्री कृष्णकान्त नहीं रहे। वे स्वर्गवासी हो गए। यह सत्य है, क्योंकि मृत्यु ही ध्रुव सत्य है। सारा जगत मिथ्या है।

'जातस्यहिं ध्रुवो मृत्यु, ध्रुवम जन्म मृत्स्यच'

जो आया है, वह जाएगा। पर जिन अतिविशिष्ट, विशिष्ट और आम लोगों ने उनके पार्थिव शरीर पर फूल-मालाएँ चढ़ाई, जिन लाखों लोगों ने समाचार-पत्रों में खबर पढ़ी, दूरदर्शन पर अन्तिम संस्कार का दृश्य देखा, उन्हें भी इस सत्य समाचार को पचाने में अभी समय लगेगा।

अपनी संगी-साथिन, हमदर्द और सगे-सम्बन्धियों से घिरी उनकी धर्मपत्नी सुमन कृष्णकान्त बिलख रही थीं। आँखों से बहती धाराएँ बँधने का नाम न ले। प्रत्येक आने और उनसे मिलने वालों के सान्त्वना के चूकते शब्द और भाव के जवाब स्वरूप उनकी सिसकियाँ बँध जा रही थीं। उनकी आँखों और कंठ में जो बेबसी का भाव घुमड़ रहा था, वह था— 'सखि वे मुझ से कह कर जाते।' यही शिकायत रह गई अपने जीवन साथी से। यह हूक ही अब जीवन भर साथ रहेगी।

कृष्णकान्त जी ने किसी से अनुमति नहीं ली। सतानवें बरस की माँ सत्यवती जी जिनके संग-साथ पचहत्तर वर्ष बिताए, अपनी सहधर्मिणी सुमन कृष्णकान्त, जो पाँच दशकों से कदम से कदम मिलाए चलती रही। जिस सुमन की खुशबू से स्वयं सुगन्धित होते रहे और अपनी कान्ति से सुमन को सुशोभित करते रहे, चलते समय नहीं पूछा उससे। जाने की अनुमति नहीं माँगी। पचास वर्षों में सहस्त्रों बार कभी अनुमति माँगी होगी, कभी-कभी बिना बताए चले जाते रहे होंगे। उलाहना सुनना पड़ा होगा। न बताने के लिए वैवाहिक जीवन के प्रथम चरण में सुमन जी की शायद मीठी झिड़की भी सुननी पड़ी होगी। आज न जाने कौन-सी बात गड़ गई मन में कि बिना बताए चले गए। निश्चय ही यह भय रहा होगा कि उन्हें जाने की अनुमति मिलती ही नहीं। इसीलिए सुमन जी के साथ सम्पूर्ण परिवार को उनसे बिछुड़ने की पीड़ा से भी अधिक कसक, उनके बिना बताए जाने की है और रहेगी।

माताश्री को भी अपने आज्ञाकारी पुत्र की अवज्ञा बर्दाश्त नहीं हो रही थी। फिर भी वे नाराज नहीं थी। फूलों से लदे लिटाए पार्थिव शरीर के सिरहाने बैठी सत्यवती जी रोईं-फफकीं नहीं, किंकर्तव्यविमूढ़ हो गईं। कैसे चला गया, कहाँ चला गया उनका लायक पुत्तर। बिना बताए। एक-एक कर आते आगन्तुक फूलों के बड़े-छोटे गुलदस्ते पार्थिव शरीर पर चढ़ाते सिरहाने बैठी कृष्णकान्त जी की माता का पाँव छूते जा रहे थे। वे किसी को सिर हिलाकर आशीष देतीं, कभी-कभी आँखें खोलती, फिर बन्द कर लेतीं,। निष्काम भाव। स्थितप्रज्ञ बनी बैठी थीं। जब-जब उन्हें यह एहसास होता कि क्विंटल भर फूल से उनका फूल-सा कोमल बेटा दबा जा रहा था, वे बेटे का सिर सहलाने लगती थीं। परन्तु बेटे ने एक बार भी नहीं कहा— "माँ! तुम मेरे सिरहाने बैठे-बैठे थक गई। जाओ आराम करो।"

कैसा बेदर्द हो गया बेटा! ऐसा तो नहीं था उनका बेटा। सुमन का कृष्णकान्त। उनके नाम का पूरक कृष्णकान्त। जिस नाम को अपने नाम से जोड़कर सुमन भी कभी-कभी इतराती, अगराती, अभिमान से भर जाती होगी और क्यों न इतराए। स्वतन्त्रता-सेनानी माता-पिता के लायक पुत्र कृष्णकान्त बचपन से ही होनहार थे। अपने पिता के पद्चिह्नों पर चलते राजनीति को ही अपने जीवन का ध्येय बनाया। कांग्रेस पार्टी में रहे कृष्णकान्त 'युवातुर्क' कहलाए। आपातकाल का विरोध किया और कांग्रेस छोड़ दी। राज्यसभा, लोकसभा के सदस्य रहे कृष्णकान्त की सामाजिक गतिविधियाँ भी चलती रही। इसलिए आन्ध्रप्रदेश के राज्यपाल पद पर आसीन होकर सराहनीय गरिमामय भूमिका निभाई। लोकप्रिय बने। उपराष्ट्रपति के गरिमामय पद अनुरूप व्यवहार रखा। राज्यसभा के अध्यक्ष पद को सुशोभित करते कृष्णकान्त जी की भूमिका सराहनीय, स्मरणीय और अनुकरणीय रहेगी। साहित्य के प्रेमी

कृष्णकान्त जी समाज जीवन पर विचार करते रहे।

परन्तु सुमन कृष्णकान्त जी के लिए जीवनभर अपने संग-साथ रखने के लिए पति के इन गुणों और उपलब्धियों की स्मृति के अलावा भी एक स्मृति रहेगी और वह है। भारतीय नारियों के विकास के बारे में उनकी सही और धरातली सोच। जो दृष्टि न पश्चिमी नारी विषेयक सोच से प्रभावित थी, न समसामयिक संवेदना से सिंचित। एक चिन्तक विचारक कृष्णकान्त जी भारतीय नारी के समुचित विकास के लिए महिलाएँ ही नहीं, पुरुषों को भी प्रेरित करते थे। उनकी यही सही सोच उनके अनुयायियों द्वारा विभिन्न संगठनों के माध्यम से संघर्ष और रचनात्मक कार्य का रूप ले रहा था। सुमन जी से विचार-विमर्श करने के लिए गईं महिला नेता और कार्यकर्त्रियाँ कृष्णकान्त जी के साथ दो पल बैठकर प्रेरणा ले आती थीं। और यही कारण था कि सुमन नाम के आगे भी कृष्णकान्त थे और सुमन के पीछे भी कृष्णकान्त। इतने ही दिनों का साथ रहा तो क्या? स्मृतियों में सदा साथ रहेंगे कृष्णकान्त जी।

सुमन जी! आपने हजारों दुःखी सन्तप्त महिलाओं के आँसू पोंछे हैं। बेसहारा महिलाएँ, आपसे मिले किसी-न-किसी प्रकार का सम्बल पाकर आज मुस्कुरा रही हैं। आपको शोक-सन्तप्त देख-सुनकर उनकी भी आँखें भरी हैं। हृदय विदीर्ण हो रहा है। वे सब आपको आमन्त्रण दे रही हैं— 'उठिए, आइए, अपने जीवन साथी की दृष्टि को अपने संग लिए आगे बढ़िए। हम आपके साथ हैं। हमें आपकी जरूरत है।'

हाँ सुमन जी! कृष्णकान्त जी चले गए। यही नियति थी। आपका उनका इतने ही दिनों का साथ था। आपकी पूजनीया सासु माँ, रश्मिकान्त व सुकान्त बेटे, गुड़िया बेटी-बहुएँ और नाती-पोतों में कृष्णकान्त जी जीवित हैं। इस परिवार से बाहर भी आपका विस्तृत परिवार है, जिसके कारण आपने अपनी पहचान बनाई है। दरअसल, उपराष्ट्रपति भवन में रहकर भी आप वहाँ कहाँ थीं। आपका मन-प्राण तो कड़कड़डुमा के अल्पावास गृह में बसता था। हैदराबाद, दिल्ली और विभिन्न गरीब बस्तियों में चल रहे प्रकल्पों में बसता था। वे सब आपको पुकार रहे हैं। वहाँ भी आपके साथ कृष्णकान्त जी थे और रहेंगे। गलती उनकी इतनी ही न हो गई कि आपसे पूछकर नहीं गए। पूछते, न पूछते, कहकर तो जाते। पर जरा सोचिए सुमन जी! उनके पूछने और कहने पर क्या उन्हें आप जाने देतीं। नहीं न। आप तो प्रतिद्वन्दिता पर उतर आतीं। पहले मैं, पहले मैं की स्थिति बन जाती। परन्तु पति-पत्नी के बीच चल रही इस मूक प्रतिद्वन्दिता का ऊपर वाला ही निर्णायक होता है। अपने निर्णय की पूर्व घोषणा नहीं करता है। बस कार्यान्वित करता है। उसके आगे किसका वश चला है, जो आपका चलता। आपके मन में ढेर सारी बातें थीं जो आप अबतक उन्हें कह नहीं

पाईं। बहुत कुछ पूछना भी तो था। कुछ जानना था। न जाने कितने प्रश्न थे। पचास वर्षों में भी जिनका आदान-प्रदान नहीं हो पाया। मन में एक विश्वास था। जल्दी भी क्या है? कह लेंगे। सुन लेंगे। पुख्ता नींव पर आधारित अपने दाम्पत्य को ऐसे फैला रखा था, मानो कभी समेटना ही नहीं पड़ेगा। कैसा अनोखा विश्वास! कैसा सुखद संयोग! पर उनको जाने की जल्दी पड़ गई। ऊपर वाले ने इतने ही दिनों का संग-साथ रखा था। वरना आपको छोड़ते नहीं। कहीं भी अकेले नहीं जाते थे। अकेले गए चुपचाप। आपको छोड़ा है हजारों लोगों से भरे सामाजिक परिवार के बीच।

अशोच्यानन्वशोचस्त्वं प्रज्ञावादांश्र्च भाषसे।
गतासूनगतासूंश्र्च नानुशोचन्ति पण्डिताः।।

आप स्वयं बुद्धिमती (पंडिता) हैं। फिर क्यों सोच करना।

करुणा की कठोरता

''पचास वर्षों का हर पल का साथ था। सुख-दु:ख का साथ। अब तो खाली-खाली लगता है। मैंने उनसे कहा था—जाना तो है ही। परन्तु अभी जाने की तैयारी नहीं की है। अस्सी वर्ष की आयु के बाद सोचेंगे। प्लानिंग करेंगे। अभी जाने की बात न करें।''

वे रुके। फिर बोले—''इतना समझाने-बुझाने के बाद भी करुणाजी चली गईं। मेरी अधिकांश बातें मानती थीं। मैं भी उनकी बातें सुनता-गुनता और अमल करता था। पर उन्होंने शर्त तोड़ दी। चली गई।'' विफर पड़ते हैं बाल्मीकि बाबू। फिर सँभालते हैं अपने को। सत्तर वर्षीय जीवन में पता नहीं कितनों को सान्त्वना दी होगी, कितनों को सहारा। अपना रूतबा। अपनी गरिमा। आत्मविश्वास। स्वाभिमान। पर करुणा जी ने साथ क्या छोड़ा मानो जीवन सम्बल के वे सभी आसरे हिल गए। धर्मपत्नी के बिछोह को बर्दाश्त नहीं कर पा रहे हैं। पत्नी की बहुत-सी बातें बताते हुए उन्होंने कहा—''इधर कहने लगी थीं—मैं आपसे पहले जाना चाहती हूँ।''

उस दिन मैं पहुँच गई थी नई दिल्ली स्थित सिक्किम हाउस में। वे सिक्किम के राज्यपाल हैं। उन्होंने कहा—''आपकी बेटी के विवाह की उन्हें बहुत चिन्ता थी। कहती थीं—मेरा बेटा होता तो मैं उसी से मिली का विवाह कर देती।''

अक्षरस: सत्य। मुझे स्वयं इस बात का एहसास है। वे ऐसी ही महिला थीं। दूसरा व्यक्ति अपनी समस्या उनके सामने रखकर स्वयं भूल जाता था, वे स्मरण रखती थीं। उन्होंने थोड़े-थोड़े समय के अन्तराल पर कई विवाह योग्य लड़कों के नाम पते मुझे दिए थे। इधर दो वर्षों से उनसे बात नहीं हुई। सोचा था कि सिक्किम जाऊँगी। गंगटोक के राजभवन में ही ठहरूँगी। करुणा जी जैसी सहृदय महिला के साथ थोड़ी देर बैठना ही सुखकारी होता था।

करुणा जी दूसरों की चिन्ता करके, परायों को भी अपना बना लेती थीं। उच्च पदों पर आसीन पति के पद की गरिमा का निर्वहन करती थीं। गरूर नहीं था उनमें। मिलने वाले हर बड़े-छोटों को आत्मीय भाव से देखतीं। प्रकृति प्रदत्त स्त्री के विशेष

गुणों दया, ममता, सहनशीलता से ओतप्रोत। शीलवन्ती थीं करुणा जी।

बाल्मीकि जी ने बताया—"कल की ही बात है। सिक्किम हाउस साफ-सफाई करने वाला जमादार बृजलाल रो रहा था। मैंने पूछा—"तुम क्यों रो रहे हो, अब तो मैंने भी सन्तोष कर लिया।" उसने रोते-रोते कहा—"साहब पच्चीस वर्षों से इस सिक्किम हाउस में साफ-सफाई कर रहा हूँ। कितने मुख्यमन्त्री और राज्यपाल आए। वे स्वयं या उनकी घरवालियों ने मेरे बाल-बच्चों के बारे में भूल से भी नहीं पूछा। ई मेमसाहब मेरे बच्चों के बारे में पूछती थीं। उनकी भी चिन्ता करने लगी थीं। इसलिए उन्हें याद कर रोना आ जाता है।"

उसके साथ मैं भी रो पड़ा। मुझे ध्यान आया—"हाँ यह गुण तो था उनमें।"

उन्होंने एक प्रसंग सुनाया—"एक बार सिक्किम राजभवन में कुछ महिलाएँ मुझसे मिलने आईं। उनमें से एक जरा अधिक बोलचक थी। करुणा जी ने उसे अपने पास बुलवाया। पूछा—राज्यपाल महोदय के लिए आम जनता में क्या चर्चा है?"

उस महिला ने उन्हें विस्तार से बताया। फिर तो राजभवन में होने वाले विशेष अवसरों पर की आमन्त्रित सूची में उस महिला का नाम लिखवा दिया।"

वे राजभवन में कैद होकर नहीं रहना चाहती थीं। जनसाधारण से जुड़े रहने की उनकी उत्कृष्ट इच्छा रहती थी। कभी-कभी कहतीं—"कहने को राजभवन है। पर जीवन तो कैदी का ही है। कोई स्वतन्त्रता नहीं। मनचाहे लोगों से मिलने-बोलने-बतिआने की आजादी नहीं।"

एकबार उन्होंने अपनी चिन्ता प्रगट की थी—"ए जी! बड़ी-बड़ी कुर्सी पर बैठे बड़े लोग जब गरीबों से मिल ही नहीं पाते तो उनके दु:ख-दर्द को कैसे समझेंगे। समझे बिना दु:ख कम करने का उपाय कैसे निकालेंगे।"

बोलते जा रहे थे बी.पी सिंह जी। ऐसा लग रहा था जैसे पचास वर्षीय वैवाहिक जीवन में कभी पत्नी को समझने का प्रयास ही नहीं किया। संग-साथ चलती हुई वह पत्नी थी। छोटी काया में इतना बड़ा व्यक्तित्व समाया था, उन्हें अन्दाज ही नहीं लगा।

करुणा जी के गम में डूबे बी.पी सिंह को एक साधारण स्त्री के अन्दर उसके विराट रूप का दर्शन हुआ है। उन्होंने कहा—"स्त्री दूसरों के लिए जीती है। पुरुष की तुलना में उसकी कदकाठी नहीं, हृदय बड़ा होता है। इसलिए पुरुष से बड़ी हो जाती है। करुणा जी मेरे प्रशासनिक कार्यों में भी संवेदना घोलने की सीख देती थीं। मैं उनकी सभी बातें तो नहीं मानता था, पर हमेशा उनकी सीख का कायल अवश्य होता था। मैंने एक बार कहा—"आप ही आई.ए.एस ऑफिसर हैं। आप मेरी कुर्सी पर बैठिए। आप मुझसे अधिक सफल अधिकारी बनेंगी।"

"इसकी क्या जरूरत है। आप बैठें या मैं। बात एक ही तो है।" मेरे साथ वे ऐसे घुल-मिल गई थीं। पत्नी के कर्तव्य को समझती थीं। अधिकार तो अपने आप मिल गया था। 10 मार्च 1961 को राय बहादुर गणेश प्रसाद राय की सुपुत्री करुणा से उनका विवाह सम्पन्न हुआ था। वे सुमिता, राजीव और प्रीति की माँ बनीं। बच्चों पर स्नेह लुटातीं करुणा जी का पत्नी रूप भी स्नेहिल ही था।

बी.पी सिंह बोले—"पता नहीं क्या हो गया उन्हें। उस दिन दिल्ली के सिक्किम हाउस में हम ठहरे थे। वे बोलीं—'मैं छोले-भटूरे खाने जाऊँगी।' अपने पोते को भी साथ ले लिया। छोले-भटूरे खाने के बाद पोते से कहा—'मैं तुम्हारे लिए कुछ खरीदना चाहती हूँ।' पोते के मना करने पर भी एक फाउंटेन पेन खरीद दिया। कहा—'मैं नहीं भी रहूँगी, तो पेन तुम्हारे साथ रहेगा।' एक दिन बाद ही बीमार पड़ीं। दो-चार दिनों बाद चली गईं। सोचा भी नहीं था। जाने से पहले एक बार तो मुड़कर मुझे देखी होतीं। वे तो मेरी माँ से बढ़कर ही मेरे सुख-दुःख का ध्यान रखती थीं। फिर इतनी कठोर कैसे हो गईं। सच, पुरुष की तुलना में महिलाओं में करुणा अधिक होती है पर वे पुरुष से अधिक कठोर भी होती हैं। जीवनभर मेरे और दूसरों के प्रति करुणा दिखातीं करुणा जी अन्त में कठोर हो गईं। सहजीवन का ऐसा अभ्यास हो गया था कि अकेले जीना दूभर हो जाएगा।"

उनकी सुनते-सुनते मेरा भी मन भर आया था। सामने ही फ्रेम में जड़ी करुणा जी की बड़ी-सी तस्वीर थी। उसमें प्राण नहीं था। पर तस्वीर जीवन्त थी। बी.पी. सिंह जी की स्थिति और मनोदशा देखकर यही विचार आया था—"वे कहते होंगे—एक बार तो बोल दो।"

नहीं बोलेंगी अब करुणा जी। परन्तु अपने परिवार के लिए स्नेह लुटाती करुणा जी परिवार में कैद नहीं थी। परिवार से बाहर भी पसरा था उनका व्यक्तित्व, उनकी करुणा, उनका स्पर्श, उनकी सहायता। उन सबों के हृदय में जीवित रहेंगी। गृहिणी बनकर भी युवा पीढ़ी के लिए आदर्श।

बी.पी सिंह अवश्य अकेले हो गए हैं। पचास वर्षों से करुणा जी पर निर्भर हो गए थे। पुनः अपने पाँवों पर खड़े होंगे। उनकी स्मृतियाँ ही संगिनी बनकर जिएँगी उनके साथ।

बी.पी सिंह जी के पास सुनाने के लिए बीते पचास वर्षीय वैवाहिक जीवन की स्मृतियों के खजाने हैं। परन्तु करुणा जी की करुणा ही काफी है हमारी श्रद्धांजलि के लिए। उनकी सहृदयता को शत-शत नमन।

बोले— "बोले ना बोले।"

कैसा स्वरूप होता है एक भारतीय दाम्पत्य जीवन का। पचास, साठ या सत्तर

वर्षों तक संग-साथ रह-रहकर रूचि-अभिरुचि, ज्ञान-ध्यान, बोलचाल सब एक हो जाता है। एकाकार। शैलेन्द्र जी से वीणा जी का सुहाग सौभाग्य था तो वीणा जी से शैलेन्द्र जी का भी संस्कार सौभाग्य। 'को बड़ छोट कहत अपराधू।'

वीणा जी कहती हैं— "मुझे एक बात का बहुत सन्तोष है। भारतीय जनता पार्टी से जुड़े लोगों ने उनकी अन्तिम विदाई में कोई कोर कसर नहीं छोड़ी। भा.ज.पा के लिए जिन्दा रहे तो भा.ज.पा वालों ने भी उन्हें यथायोग्य विदाई दी। मैं सन्तुष्ट हूँ।"

भारतीय सभ्यता संस्कृति के विभिन्न आयामों की तुलना वे पश्चिमी सभ्यता से भी करते रहते थे। और दोनों की तुलना में विसंगतियाँ ढूँढ़ते रहते हैं। पाठक और श्रोताओं के ध्यान विषय में केन्द्रित करने के लिए वे व्यंग्य का भी सहारा लेते थे। एक बार भारतीय युवतियों के शरीर पर घटते वस्त्र की मात्रा की ओर ईशारा करते हुए उन्होंने कहा था— "गरीब भारत अपनी ग्रामीण महिलाओं के शरीर पर सात मीटर वस्त्र की व्यवस्था करता आया है। समृद्ध अमेरिका के पास इतना भी वस्त्र नहीं कि महिलाओं का तन ढँक सके। पर अब अपनी बेटियों को देखकर भी लगता है कि अमेरिकन सोच की कंगाली यहाँ आयातीत हो गई है।"

बहुत सारी बातें हैं। ढेरों कथन।

'कहेंगे सभी नयन नीर भरी-भरी
पाछे प्यारे शैलेन्द्र की कहानी रह जावेगी।'

अनसूया का रिलेरेस

9 मार्च 2009। मोबाइल की घंटी बजी। नम्बर देखा। डॉ. तारण राय का था। किसी मीटिंग में रहने के कारण बात नहीं हुई। परन्तु कार में बैठते ही मैंने तारण का मोबाइल नम्बर दबाया। उधर से धीमी आवाज आई—"दीदी! माँ नहीं रहीं। आप भी तो उनकी बेटी ही थीं, इसलिए आपको खबर किया।"

मैं क्या कहती। इतने ही शब्द रिसे—"तारण! माँ किसी की बैठी नहीं रहतीं।"

उनकी चारों सन्तानों और उन चारों की अगली दो पीढ़ियों की सन्तानों को अपनी माँ, नानी, दादी की ही नहीं, उस मृतात्मा को जानने वाले सैकड़ों स्त्री-पुरुषों को उनकी कमी खल रही है। दरअसल, वे मात्र अपने परिवार वालों की ही सगी नहीं थीं। हर मिलने वालों पर अपने व्यक्तित्व की छाप छोड़ जाती। उत्तर बिहार की धरती पर जनमी अनसूइया देवी का बचपन स्वतन्त्रता सेनानियों की संगति में बीता था। इसलिए अपने परिवार से हटकर देश-दुनिया और समाज के बारे में सोचने की शक्ति का बीजारोपण बचपन में ही हो गया था।

समस्तीपुर (बिहार) के मूसापुर में जनमी बच्ची का नाम अनसूया रखने के पीछे भी वहाँ के सांस्कृतिक आधार हैं। अनपढ़ लोग भी रामचरित मानस की चौपाइयाँ और दोहे कंठाग्र करते थे। अनसूया के जीवन ने लोगों को प्रभावित किया था। अपने माता-पिता की पहली बेटी अनसूया बढ़ने लगी। उसके एक भाई को पिताजी ने अंग्रेजी और उर्दू पढ़ाया था। वे रेलवे में नौकरी करते थे। अनसूया उनके साथ कई शहरों में घूमती नई-नई बातें सीखती गई। 15 वर्ष की आयु में एक पढ़े-लिखे नौजवान श्री वासुदेव राय से उसका विवाह हुआ। श्री राय स्कूल शिक्षक थे। वे अपनी पत्नी को रेडियो सुना-सुनाकर देश-दुनिया और समाज से जोड़ते थे। सौभाग्यशाली थी अनसूया। ठीक रामचरित मानस की अनसूया जैसी। पति परायणा भी। पति को भी साहित्य से प्रेम था। जो कविता, लेख या कहानी उन्हें बच्चों को पढ़ानी होती थी अपनी पत्नी को सुनाकर उसके भावों में उसे भी डुबोते थे।

अर्द्धांगिनी जो थी। जो वे देखें, वैसी दुनिया ही पत्नी देखे। कविताएँ पत्नी को भी कंठाग्र हो जाती थीं।

अनसूया की सुखी जिन्दगी थी। अपने आसपास के दाम्पत्यों से विशेष था वह दाम्पत्य। उसी दाम्पत्य वृक्ष पर एक फल लगा। एक कन्या का जन्म हुआ, जिसका नाम वीणा रखा। अनसूया शीघ्र ही तपेदिक रोग से पीड़ित हो गई। शरीर के अन्दर फेफड़े की नली बुरी तरह जख्मी हो गयी। दरभंगा के अस्पताल में सफल ऑपरेशन हुआ। परन्तु उस नली को हटाकर बन्दर के फेफड़े की नली लगा दी गई। तदुपरान्त दो बेटियाँ हुई।

बेटियों की शिक्षा के प्रति वे सजग थीं। तभी तो अपनी तीनों बेटियों को उच्च शिक्षा दिलाई। उन बेटियों की शिक्षा को मात्र अर्थकरी बनाने पर उनका जोर नहीं था। उनकी अनौपचारिक शिक्षा के दौरान वे बेटियों के अन्दर भी लीक से हटकर चलने, घर-परिवार और बाल-बच्चों के अलावे समाज के लिए चिन्तन करने का भाव-बीज डाल गई थीं। तभी तो गाँव के हाईस्कूल से मैट्रिक पास करके 1958 में मुजफ्फरपुर के प्रख्यात महन्थ दर्शन दास महिला महाविद्यालय में नामांकन करवाई उनकी बड़ी बेटी वीणा की उस परिसर में अलग पहचान बनी थी। पढ़ाई-लिखाई, चाल-ढाल और व्यवहार में हमसबों के बीच वह भिन्न-सी दिखती थी। आत्मविश्वास से भरी वह बाला सबों के आकर्षण का केन्द्र बनी रहती थी। उसके मन में ढेर सारे प्रश्न उठते थे। वह स्त्री स्वतन्त्रता और उसके चतुर्दिक विकास की बात करती थी। अतिसाधारण कपड़ों में लिपटी आभूषण विहीन नाक, कान, गला, वीणा के अन्दर कभी अपनी वेशभूषा औरों से अलग-थलग दिखने के हीनभाव नहीं उभरते थे। वह तो अपने आधुनिक विचारों और ढेर सारे प्रश्नों से भरी सबसे ऊपर हो जाती थी। क्लास रूम में सदा अग्रिम पंक्ति में ही बैठती। हमसब सहपाठिनियाँ क्लास के अन्दर और छात्रावास में भी उसके चेहरे पर आच्छादित प्रसन्नता, उसके दुधिया दाँतों के स्थाई प्रदर्शन और हमेशा कुछ-न-कुछ सीखने की उत्कंठा से कायल रहते थे। उसकी असाधारणता का राज तब खुला जब उसकी माँ हमारे छात्रावास में आईं। माँ से मिलकर वीणा की प्रसन्नता उछाले मार रही थीं तो उसकी माँ को घेर कर खड़ी, बैठी, बातें करती हम सहेलियों के भी मन खिल उठे। वे इतनी सहज और स्नेहिल थीं कि थोड़े समय में ही हमारी भी खास रिश्तेदार बन गईं। हम उन्हें चाची कहकर पुकारने लगीं। हमारे सिर और बदन पर फिरते उनके स्पर्श हमें रोमांचित करने लगे। ऐसा महसूस होता कि वे हमसब की भी माँ नहीं तो अन्तरंग अवश्य थीं। सच! ऐसा ही था उनका व्यवहार। और वैसे वातावरण में वीणा तो कहीं खो-सी गई। मानो हमारे मध्य उपस्थित एक क्षीण काया में अवस्थित उस विशाल

हृदय महिला की छात्रावास की उन पन्द्रह-सोलह हमउम्र बेटियों में वीणा भी एक हो। यह उनके व्यक्तित्व की एक अहम विशेषता थी। वे एक भजन सुनाती थी। उनका मनपसन्द भजन था। वीणा ने बताया—"माँ प्रतिदिन हमसे यह भजन गवाती थीं।" पचास वर्ष बाद पिछले दिनों तारण ने भी यह बात बताई।

'वह शक्ति हमें दो दया निधे,
कर्तव्य मार्ग पर डट जावै।
पर सेवा पर उपकार में हम
जग-जीवन सफल बना पावें।
हम दीन दु:खी निवलों विकलों,
के सेवक बन सन्ताप हरें।
जो हो भूले भटके विसरे,
उनको तारे खुद तर जावें।'

चाची के साथ बैठना इसलिए भी सुखद लगता था कि वे हमारी सहेली बनकर हमारे बीच उपस्थित होती थीं। हमारी सुनतीं। अपनी सुनातीं। हमें सुनाने वाले उनके जीवन अनुभवों और प्रसंगों में स्वतन्त्रता आन्दोलन से जुड़े प्रसंग अधिक होते थे। वे कई गीत भी गाकर सुनातीं। स्वयं गीतों के भाव में डूब जातीं। उनके चेहरे पर एक उल्लास की परत चढ़ जाती। मानो स्वतन्त्रता आन्दोलन के समय आन्दोलनकारियों द्वारा समाज निर्माण के देखे और दिखाए सपनों के भावों को साकार करने की उत्कंठा लिए। वे धाराप्रवाह बोलती थीं। स्वतन्त्रता आन्दोलन के प्रसंगों के वर्णन ऐसे कि हमारे नसों में भी अंग्रेजों के जाने के लगभग 75 वर्ष बाद, अंग्रेज विरोधी भाव तैर जाए। एक प्रसंग बड़ा रोमांचकारी था। 1945 में सुभाष चन्द्र बोस के मरने की खबर फैली। चाची अस्पताल (दरभंगा) में थीं। अंग्रेज कर्मचारियों ने मिठाई बँटवाई। इन दोनों पति-पत्नी के प्रेरित करने पर मरीजों ने सारी मिठाइयाँ नाले में फेंक दिए। उनका दूसरा प्रसंग बेटियों को महत्त्व देने का होता था। तीन बेटियाँ हुईं। वे बेटी जनम पर कभी दु:खी नहीं हुईं। उन्हें पढ़ा-लिखाकर आगे बढ़ाना ही जीवन का लक्ष्य बनाया। फिर तो बेटा भी हुआ।

चाची हमारे ऊपर अपनी बुजुर्गीयत और जीवन के विशेष अनुभव का बोझ नहीं लादती थीं। उनके मन में बेटी-बेटा में भेद नहीं था। वीणा, रानी और तारण के साथ छोटे बेटे शिलाजीत्य में कोई भेद नहीं। सबसे बड़ी बात कि वे 'जल में रहकर विलग जलज ज्यों' की भाँति रहती थीं। वे आम महिलाओं की भाँति पारिवारिक कटुता की बातें कभी नहीं करती थीं। इसलिए तो एक ही मकान में रह रही बेटी तारण (प्रथम तल), बेटा-बहू शिलाजीत्य और अनुराधा (द्वितीय तल) और नीचले

तल पर नातिन शबनम (वीणा की बेटी) के प्रति उनका समभाव रहता था। अनसूया जी अपने नाम अर्थ के अनुसार (अनसूया) एक की शिकायत दूसरे के सामने नहीं करती थीं। इसलिए गूँथे थे चारों परिवार। उनके घर आने-जाने वाली मित्रमंडली भी। कॉलेज में प्राध्यापक हो या राजनीति का संगठनकर्ता, घर में काम करने वाली आया हो या सब्जी बेचने वाला, चाची सबसे बात कर लेती थीं। सबके दुःख-सुख पूछ लेतीं।

संस्कार गीतों के भाव में डूबती उतराती रहती थीं। उनकी मृत्यु के एक माह पूर्व मैं उनके साथ बैठी थी। अचानक एक विवाह गीत की पंक्ति मेरे कंठ से बाहर निकल आई। चाची कहाँ रुकने वाली थीं। ऊँचे स्वर में मेरे साथ गाने लगीं। उनकी आवाज बुलन्द थी। चेहरे पर गीत के भाव उतर आए थे। उनकी शारीरिक अवस्था गीत गाने लायक नहीं थी। पर कभी-कभी हृदय भी शरीर का संग-साथ छोड़ जाता है। वे गीत के भाव में डूब रही थीं। वहाँ उपस्थित बेटा-बहू, बेटी-दामाद के साथ आगन्तुक भी चिन्तित हो गए। बेटे ने माँ को अपने आगोश में भर लिया। माँ के सिर पर पल्लू ठीक किया। बेटे के चेहरे का भाव वैसा ही जैसा पचास वर्ष पूर्व उसे गोद में भरकर माँ का होता था। भूमिका बदली-बदली थी। संरक्षक की भूमिका बेटे की हो गई थी। माँ की गोद में सुरक्षित बच्चे-सा भाव लिए चाची मुझे देख रही थीं। आँखों में कई प्रश्न थे। कातर नहीं थी निगाहें। मानो कह रही हों—"इस देश को रखना मेरे बच्चों सँभाल के।"

पिछले दो वर्षों से हर दो-तीन महीने पर उनका दर्शन होता। वे मुझे मात्र शब्दों से ही आशीष नहीं देतीं। मुझे बच्ची समझकर पुचकारतीं, सहलातीं, बच्चों का हालचाल पूछतीं। ढेर सारा आशीष देतीं। पूछना नहीं भूलतीं—"मेहमान जी (मेरे पति) कैसे हैं? उन्हें मेरा आशीष देना।"

कुछ सिखाती-समझातीं। उस समय वे ठीक अनसूया की स्थिति में आ जातीं। मेरे होंठ पर—'अनसूइया के पद गहि सीता। मिली बहोरी सुशील विनीता' तिर आता। उनसे हुई बातचीत में देश-दुनिया की बातें तो होती ही। क्योंकि वे बिना सरकारी पेंशन के भी स्वतन्त्रता सेनानी थीं। हर पल वे समीक्षारत थीं कि गाँधी के द्वारा दिखाए सपनों के भारत निर्माण में कहाँ कमी हो रही है। वे 'घर दही तो बाहर दही' में विश्वास करती थीं। बेटी-बेटा को अपने परिवार के प्रति ईमानदार होने की शिक्षा देती थीं। बेटी और बहू में कोई भेदभाव नहीं। बेटा और जमाई में भी नहीं। एक दिन मैं कुछ महिलाओं के साथ उनके पास बैठी थी। पति-पत्नी सम्बन्ध की बात हो रही थी। मैंने पूछा—"चाची! पति की सब बातें हम क्यों माने? हमारा भी तो अपना विचार है, अपनी सोच है। हमारी बातें ही पति क्यों न माने?" चाची

गम्भीर हुईं। फिर मुस्कराई। बोलीं—''औरत को ही संसार चलाना होता है। अपने मन से ही चलाओ। पर पुरुष से भी पूछती रहो। पति को ऐसा लगे कि घर में ही उसकी चलती है। फिर तो घर-गृहस्थी भी ठीक चलती रहेगी। जैसे बच्चों को बहलाती हो, वैसे ही पति को भी बहलाती रहो।''

वे शास्त्र-पुराणों में वर्णित प्रात: स्मरणीया नारी पात्र सीता, सावित्री, तारा, मन्दोदरी के चरित्र गान में डूब जाती थीं। उन्हें 'मैथिली रामायण' कंठाग्र था। उनके मन में एक तड़प थी। वे चाहती थीं कि अपने जीवनानुभवों से नई पीढ़ी को सुशिक्षित कर जाएँ। अनसूइया जो थीं।

चाची की सीख भी ऐसी ही थी। वे पतिधर्म बताती थीं। उनकी मान्यता थी—''किसी स्त्री को सबसे पहले परिवार में सम्मान मिलेगा तो बाहर भी।''

पिछली बार मिलते हुई बहुत टूटी हुई थीं। एक ही रट थी—''भगवान मुझे क्यों नहीं बुलाते।'' संसार छोड़ने की पूर्व मानसिक तैयारी उन्होंने कर रखी थी। उनका जाना अनापेक्षित नहीं था। ईश्वर को नहीं कोसा जा सकता। पर उनके बच्चों के साथ हमारी तरह और भी बहुत लोग अनाथ हुए हैं। समाज में महिला-पुरुष की कमी नहीं है। पर अनसूइया जी जैसी नारी तो कभी-कभी पैदा होती हैं। स्वयं जिन्दादिली से जीती हैं, दूसरों को जीने की राह दिखाती हैं और एक दिन अपना स्थान रिक्त कर चली जाती हैं। पर चाची जैसी पात्रा जीवित रहती हैं। हमसब उन्हें जिन्दा रखें तो। 'वासांसि जीर्णा नि यथा विहाय' शरीर तो वस्त्र है, जो जीर्ण हो जाता है। विचार नहीं मरते। करणी नहीं मरती। समाज में इतिहास पात्र नारियों का भी रिलेरेस चलता रहता है। चाची, अनसूया के रिलेरेस की धावक थीं। कोई-न-कोई नई अनसूया तो पैदा हो गई होगी। अपने इर्द-गिर्द ढूँढ़ते रहना है ऐसी सीता, सावित्री, अनसूइया को। चाची, नाम से भी अनसूइया थीं। माता-पिता द्वारा दिए गए सूर्पनखा नाम के अन्दर भी एक सीता, एक सावित्री, एक अनसूया मिल सकती है। प्रयास तो खोजते रहने का होना चाहिए। इस अनसूया को शत शत नमन।

स्मृतियाँ जो संगिनी बन गईं

उन दिनों, सदियों से पर्दा व परम्पराओं में जकड़ी बिहार के मध्यमवर्गीय परिवारों में बालिकाओं की शिक्षा का सवाल कहाँ उठता था। भारतीय संस्कृति के पुनर्जागरण काल में महात्मा फुले, राममोहन राय, महात्मा गाँधी आदि मानुभावों ने महिलाओं को रूढ़ियों की जकड़न से छुड़ाकर असूर्यपश्या बनाने की पहल की। स्वतन्त्रता-प्राप्ति के पश्चात बिहार के मध्य में किउल नदी के किनारे लक्खीसराय की बालुका राशि पर बालिकाओं के चतुर्दिक विकास हेतु शिक्षा संस्था, बालिका विद्यापीठ की स्थापना को उसी शृंखला की एक कड़ी के रूप में रखा जाए, तो अतियोक्ति नहीं होगी।

दरअसल, उन महानुभावों ने भारतीय समाज में पुनर्जागृति लाने के लिए सबसे पहले समाज में नारी को सम्मान दिलाने और उनमें जागृति लाने के लिए शिक्षा के प्रचार-प्रसार को अहमीयत दी थी। उनकी बताई राह पर चलने वाले अन्यान्य लोगों में से एक थे स्व. बृजनन्दन शर्मा। बिहार के भूमि-पुत्र, जो हिन्दी प्रचारिणी सभा के मद्रास में सेवारत रहे, अपनी जन्मभूमि की याद आई और उन्होंने बिहार के समाज में पुनर्जागृति लाकर उन्नत बनाने के लिए बालिकाओं की शिक्षा को प्राथमिकता दी। सैकड़ों एकड़ बंजर पड़ी हुई भूमि का चुनाव किया। जंगल में मंगल की योजना बना डाली। राजनीतिक, सामाजिक, साहित्यिक और शैक्षणिक जीवन से जुड़े बिहार के तत्कालीन जनों में शायद ही कोई बचा हो जिन्हें शर्मा जी, हमारे बाबूजी ने विद्यापीठ के लिए सहयोग देने से वंचित रखा हो। अपनी सहधर्मिनी पत्नी श्रीमती विद्या देवी के तपबल और मनोबल का सहयोग लिए बाबूजी ने देखते-ही-देखते उस मरुभूमि पर बालिकाओं के लिए अपने ढंग का अनूठा, बिहार का इकलौता शिक्षण-स्थल बना दिया। मात्र विद्यापीठ के विकास के लिए चन्दा इकट्ठा करने का नहीं वरन मध्यम श्रेणी के अभिभावकों को अपनी लड़कियों को शिक्षित बनाने की प्रेरणा देने तथा निर्धन परिवारों से योग्य कन्याओं को बटोरने के लिए भी उनका भ्रमण जारी रहा।

उच्च आय वर्ग के परिवारों से आई बालिकाओं को संस्था के कठोरतम

तपश्चर्या के जीवन में अपने को ढालने में अवश्य कठिनाई होती थी। परन्तु एक-दूसरे की सहायता के लिए तत्पर वहाँ का पारिवारिक वातावरण उन्हें बाँध लेता था अपने स्नेहिल बन्धन में और वे अनजाने-अनचाहे ढल जाती थीं स्वयंसेवा के ढर्रे पर। निम्नवर्ग से आई हुई बालिकाओं को समरस होने में भले ही थोड़ा वक्त लगता हो, उनकी कुंठाएँ भी परत-दर-परत दरकिनार हो जाती थीं। हँसती, खिलखिलाती सहेलियों के सरस सौजन्य और व्यवस्थापिकाओं के ममतामय व्यवहार से।

बालिका विद्यापीठ, एक संस्था नहीं संस्कारयुक्त परिवार था तभी तो अपने घर-परिवार से बाहर निकल कर भी उन नन्ही बालिकाओं को मिल जाती हैं मासी माँ, भैया, दीदियाँ और इन्हीं सम्बन्धों की सुगन्ध लिए शिक्षकगण। तभी तो बिसर जाती हैं वे नन्ही कलियाँ अपनी डाल को और बन जाती हैं संस्था की मिट्‌टी, पानी व हवा में पल-पुस कर एक पल्लवित-पुष्पित पुष्प और तभी बेटी की विदाई के अवसर पर फूट-फूटकर रोती हैं ये बेटियाँ। शायद इस भय से कि समाज की झाड़ियों में विद्यापीठ में डाले संस्कार सुगन्ध को कहाँ तक बरकरार रख पाएँगी। रोती हैं मासी माँ अपनी बेटियों को विदा करती, हृदयविदायक दृश्य होता है।

मेरे पिता का दर्द भुलाए नहीं भूलता। 1958 में मैंने मैट्रिक की परीक्षा दी थी। मेरे पिताजी मुझे लेने आए थे। जब भी चलने की बात हो, मैं अपनी सहेलियों से लिपटकर रो पड़ू। उन्होंने मासी माँ से शिकायत की, आप यहाँ और आगे की पढ़ाई की व्यवस्था क्यों नहीं करतीं। अब मैं कहाँ ले जाऊँ? क्या किसी कॉलेज के छात्रावास में ऐसा वातावरण मिलेगा!

मैं ध्यान से सुन रही थी। उन्होंने अपने भाव की समीक्षा की, ''सात वर्ष पूर्व जब मैं इसे छोड़ने आया था, आपके गेस्ट हाउस में इसके संग ही लेटा था। रात भर मेरी आँखों में नींद नहीं। मैं सोचता रहा, अपनी प्यारी बिटिया को कहाँ छोड़े जा रहा हूँ? मैं रोया भी। आज इसे सदा के लिए संस्था से विदा कराने आया हूँ। आज फिर सोच रहा हूँ, इसे कहाँ ले जा रहा हूँ।''

उनकी व्यथा के शब्द अक्षरशः मुझे कंठाग्र हो गए। पर उनके—'कहाँ छोड़े जा रहा हूँ' और 'कहाँ ले जा रहा हूँ' का अर्थ मुझे व्यथित करना तो दूर छू तक नहीं पाया। अर्थ 1958 से अब तक जिन्दगी में बार-बार साकार हुआ है। कॉलेज के छात्रावास में जीवन व्यतीत करते हुए विद्यापीठ के छात्रावास की सहेलियों के सहवास की याद व्यथित कर जाती थीं। मोतिहारी महिला कॉलेज में स्वयं प्राध्यापिका के रूप में भी सहयोगियों में ढूँढ़ती फिरती मैं विद्यापीठ के पारिवारिक परिवेश का आलिंगन। कहीं नहीं मिला। इन सभी स्थानों पर अपनी अलग पहचान बनाकर ही रखी।

समाज में विद्यापीठ परिवेशानुकूल वातावरण-निर्माण करने की चाहत जब मेरे अन्दर बलवती हो उठी, मुझसे एक बच्चों के विद्यालय की स्थापना करवा गई। आठ वर्षों तक विद्यालय की संस्थापक प्राचार्या के नाते उसका रख-रखाव, शिक्षिकाओं का सान्निध्य सहारा देता रहा। बच्चों के सर्वांगीण विकास हेतु पाठ्यक्रम बनाने का कार्य हो या विद्यालय में नृत्य-संगीत को अनिवार्य करना, शिशु परिवार को पिकनिक के लिए जाना हो या साल में एक बार अभिभावक सम्मेलन करना, विद्यापीठ की स्मृतियाँ सजीव होकर मेरे निर्णयों और तदनुकूल क्रियाकलापों के संग-संग चलती थीं। तभी अपने ढंग का अकेला विद्यालय बन पाया था मुजफ्फरपुर का भारतीय शिशु मन्दिर। पर आठ वर्षों तक विद्यालय की संरचना व संवर्द्धन मात्र से, सैकड़ों विद्यार्थियों और उनके माध्यम से अभिभावकों में संस्कार डालने भर से विद्यापीठ के गुरुजनों के ऋण से मैं कहाँ मुक्त हुई? होती भी कैसे? वहीं तो सीख था बाँट कर खाना, छीनकर लेना। अग्रजों को आदर व हमजोलियों को अनुराग, अनुजों को प्यार देना और लेना, क्या इन भावों के ऋण से मुक्त हुआ जा सकता था?

सामाजिक कार्यों में यदि मेरे अन्दर समाज के विभिन्न वर्गों और जातियों में अपनों के प्रति लगाव और अन्य के प्रति दुराव का भाव उत्पन्न नहीं होता, इसका श्रेय विद्यापीठ में पड़े संस्कारों को जाता है। वहाँ कोई ब्राह्मण नहीं था, न कोई शुद्र। सबको समरस होना होता था। सामाजिक न्याय वहाँ के परिवेश में एक नारे के रूप में उद्घोषित नहीं होता था। जब कोई भाव व्यवहार में बदल जाए तो नारा नहीं रह जाता।

दैनन्दिनी का कोई काम छोटा नहीं होता। विद्यापीठ के वातावरण से यह भाव नस-नस में घुल-मिल गए हैं।

लेखकीय दायित्व निर्वहन में जब भी लेखनी उठाती हूँ, कहीं-न-कहीं मेरी लेखनी से निःसृत होते हैं वही भाव, वही संस्कार जो विद्यापीठ में खेलते-खाते, पढ़ते-लिखते डाले जाते हैं। तभी तो मेरे प्रथम उपन्यास के प्रकाशित होने पर (1980) मेरे पति ने कहा था—"आपने विद्यापीठ के वातावरण को इस उपन्यास में सजीव कर दिया है। उपन्यास के नायक आपके बाबूजी (स्व. बृजनन्दन शर्मा) ही हैं।"

उपन्यास की रचना करते समय मैंने ध्यान नहीं दिया था। मैं करती भी क्या, बाबूजी, मासी माँ क्या सम्पूर्ण विद्यापीठ परिवेश की स्मृतियाँ मेरी संगिनी जो बनी हुई है।

पारिवारिक दायित्वों के निर्वहन में बुजुर्गों के प्रति आदर और अनुजों को स्नेह

दिला जाता है विद्यापीठ का संस्कार। शायद इसलिए परिवार में स्नेहिल वातावरण का निर्माण कर पाई हूँ। 'एक बालिका की शिक्षा, सम्पूर्ण परिवार की शिक्षा है'—के आधार पर ही विद्यापीठ की आधारशिला रखी गई होगी। निश्चय ही विद्यापीठ में विद्याध्ययन की हुई बालिकाओं ने अपने परिवार की अलग पहचान बनाई है। पारिवारिक, सामाजिक व राजनीतिक दायित्वों को निभाते हुए अपनी अलग छाप छोड़ी है।

यहाँ बचपन में ही मनसा, वाचा कर्मणा राष्ट्रहित में जुड़े रहने की लौ जला दी जाती है। यहाँ से निकली हुई बालिकाएँ समाज में अपनी अलग पहचान बनाए रखती हैं। फिर चाहे वह बच्चों का लालन-पालन हो या कोई सामाजिक कार्य, ध्येय एक ही है—राष्ट्र-निर्माण।

आज पुनः एक बार राष्ट्र के सम्मुख अपनी दिशा-निर्धारण का समय आ गया है। ऐसी घड़ी में राष्ट्रीय पुनर्निमाण के कार्यों की शृंखला की कड़ी के रूप में स्थापित विद्यापीठ का दायित्व बढ़ जाता है।

पश्चिमी सभ्यता की झहराती पछुआ हवा के झोंकों से भारतीय स्त्री समाज की मुट्ठीभर युवतियाँ जाने-अनजाने प्रभावित हुई हैं। पारिवारिक बन्धन की गाँठें ढीली हुई लगती हैं। स्वतन्त्रता के नाम पर स्वेच्छाचारिता की राह पर कदम पड़े हैं, औपचारिक और अनौपचारिक शिक्षा में नैतिक शिक्षा के अभाव ने जीवन में उच्छृंखला घोल दी है। कर्तव्य से अधिक अधिकार की माँग बढ़ती जा रही है। जीवन में उपभोग की प्रधानता से स्वयं नारी व्यक्ति नहीं, वस्तु बनती या बनाई जा रही है। समाज को पुनः भारतीयता की ओर लौटाने और नारी को वस्तु नहीं व्यक्ति बनाने में विद्यापीठ का अपना अनोखा ढंग होगा। सादा जीवन, उच्च विचार को व्यवहार में ढालने का विद्यापीठ का अपना रंग रहा है, रहेगा। नारी समाज का 'पुरानी नींव, नया निर्माण' के आधार पर विकास ध्येय रहा है। यह रंग और गहरा हो जाए, भट्ठियों की धुलाई में भी फीका न पड़े, यह प्रयास करना होगा विद्यापीठ परिवार से जुड़े हुए समस्त परिवारजनों को। शरीर, मन, बुद्धि और व्यवहार से समाज रचना के लिए उद्धृत, भारतीय जीवन-मूल्यों के शाश्वत बीज तत्त्वों को अपनी पीड़ादायिनी सृजनशक्ति से पुनर्जीवन प्रदान करने, उनका पालन-पोषण करने हेतु मुट्ठीभर विद्यापीठ की छात्राएँ बढ़ेंगी, समाज ऋणी रहेगा। विद्यापीठ का प्रयास सागर में एक बूँद के बराबर ही हुआ तो क्या, बूँद-बूँद से ही तो सागर बनता है।

माँ सी माँ

इस सम्बोधन का अर्थ तब न समझ में आया था, न समझने की आवश्यकता महसूस हुई थी। मुझसे पूर्व की छात्राएँ उन्हें माँ सी माँ कहकर पुकारती थीं, मैंने भी उन्हें माँ सी माँ कहना प्रारम्भ किया। उस विस्तृत प्रांगण में इस सम्बोधन का अधिक इस्तेमाल नहीं होता था। क्योंकि उसमें 'माँ' भले ही दो बार आता था, वे किसी छात्रा की माँ नहीं, बालिका विद्यापीठ की संचालिका थीं। बिहार के मुंगेर जिले में किउल नदी की धारा द्वारा अपने विस्तृत भिड़े पर वर्षों से इकट्ठी की गई बालुकाराशि पर 1947 में स्थापित 'बालिका-विद्यापीठ' की संचालिका।

बिहार के एक ऐतिहासिक गाँव नवलगढ़ (जिला बेगूसराय) में जनमी (1916 में) विद्या देवी 1932 में ही गाँधी के नमक सत्याग्रह में तीन महीने के लिए करावास जीवन का स्वाद चख आई थीं। विवाह के समय तक अक्षर और अंक का ज्ञान नहीं था। विद्यालय गई ही नहीं थीं। विवाह के उपरान्त प्रयाग से 'विशारद' का प्रमाण-पत्र मिला। उस औपचारिक शिक्षा के प्रमाण-पत्र मिलने के पूर्व व्यवहारिक जीवन में अन्यान्य तात्कालीन सामाजिक और राजनैतिक समस्याओं से रू-ब-रू होती रहीं। उन्हें सुलझाने के लिए बूँद-बूँद भर प्रयास की प्रेरणा मिल चुकी थी। गाँधी और कस्तुरबा का सान्निध्य भी। अपने पति के पास आँध्र प्रदेश चली गई थीं। पति श्री ब्रजनन्दन शर्मा बिहार लौटे। उनके साथ बिहार लौटकर उनकी सहधर्मिनी विद्या देवी कस्तुरबा विद्यालय में संचालिका बन गईं। सबसे पहले मधुबनी फिर राँची जिले में पदस्थापित हुईं।

नियति को उनके हाथों एक बड़े यज्ञ की आहुति दिलवानी थी। महात्मा गाँधी ने ही कहा था—"अब देश स्वतन्त्र होनेवाला है, तुम दोनों बिहार में जाकर बालिका शिक्षा का प्रबन्धन करो।" सुझाव था, आदेश नहीं। महात्मा गाँधी का सुझाव भी जिनके लिए आदेश का ही काम करता था, शर्मा दम्पती बिहार लौट आए थे। बिहार लौटने से पूर्व डॉ. राजेन्द्र प्रसाद जी से मिले। उन्हें अपनी योजना की सूचना दी। डॉ. राजेन्द्र प्रसाद बहुत प्रसन्न हुए। उन्होंने विद्या देवी जी से कहा था—"आपलोग बिहार में पाँच वर्षों तक विद्यालय चला लेंगे, वहाँ छात्रावास में लड़कियाँ रहने

लगेंगी तो मैं वहाँ आऊँगा।''

डॉ. राजेन्द्र प्रसाद जी की अपेक्षाएँ भी आदेश और प्रेरणा का काम करने लगीं। फिर तो स्थान का चयन, विद्यालय के संचालन समिति के लिए शिक्षा प्रेमियों की खोज प्रारम्भ हो गई। कई स्थान देखे गए, लखीसराय स्थित यह बालुकाराशि ही भा गई। सम्भवतः इसलिए भी कि बालिकाओं की शिक्षा के लिए स्थापित संस्था के साथ एक नदी भी बहती रहनी चाहिए। भारतीय संस्कृति में अटूट विश्वास रखने वाले शर्मा दम्पती नारी को भी नदी की प्रकृति समान समझने में विश्वास करते थे। डॉ. विद्यानिवास मिश्र के शब्दों में— ''जिस प्रकार नदी निरन्तर बहती रहती है और ऊँचाइयों के मोह को छोड़कर बहुत निचली ढलान की ओर बढ़ती है, उसी प्रकार माँ धीरे-धीरे अपने पिता, अपने पति से सन्तान की ओर अधिक अभिमुख होती हुई, उसी के सुख के लिए जीती है और इसमें ही नारी अपनी पूर्ण सार्थकता पाती है।''

बालिका विद्यापीठ के छात्रावासीय जीवन में रहकर विद्याध्ययन करने वाली बालिकाएँ कुछ ऐसे ही संस्कार में पगी होंगी, का उद्देश्य लेकर चले शर्मा दम्पत्ती। संचालक मंडल में कुछ ऐसे सम्मानित जन सम्मिलित हुए जो भारत माँ को स्वतन्त्र कराने में अगुआ बने थे तो स्वतन्त्रता मिलने के बाद बिहार की रचना करने के संकल्प और भाव जिनके अन्दर हिलोरे ले रहे थे। श्री अनुग्रह नारायण सिंह, राजेश्वरी प्रसाद सिंह....जैसे राजनीति के शीर्षस्थ लोग 'बालिका-विद्यापीठ' के संचालन समिति के सदस्य बने।

1952 में ही मैं विद्यापीठ में पहुँचा दी गई थी। तब विद्यापीठ की आयु मात्र पाँच वर्ष की ही थी। परिवेश तो ग्रामीण ही था, पर व्यवस्थाएँ और दिनचर्याएँ मेरे लिए अकल्पनीय। दसवर्षीया बालिका, जो अपने गाँव और परिवार से निकलकर सीधे उस बड़े शिक्षण प्रांगण में प्रस्थानित कर दी गई थी, उसके लिए सबकुछ नया-नया था। ढेर सारी लड़कियों से चहचहाता परिवेश, प्रातः पाँच बजे से रात्रि के नौ बजे तक की नियोजित दिनचर्या सबकुछ अभूतपूर्व। प्रातः की सामूहिक प्रार्थना, योग-व्यायाम, गीता-रामायण का पाठ, सुस्वादु भोजन के पूर्व मन्त्रोच्चारण सब अचम्भित और आकर्षित कर रहे थे। मुझे उन्हीं सबमें रचना-बसना था। मेरी ओर से भी पहल और प्रयास जारी थे।

मेरे बाबूजी मुझे विद्यालय में दाखिला दिलाने गए थे। वे दो दिन ठहर गए। सम्भवतः माँ सी माँ ने उनके मन के भाव समझ लिए। समझती भी कैसे नहीं। अपनी बेटियों को विद्यालय में छोड़ने आए डेढ़ दो सौ पिताओं से उनका मिलना, उन सभी पिताओं के मन को पढ़ चुकी थीं। उन्होंने मेरे बाबूजी के हाथों से मेरी उँगुलियाँ छुड़ा लीं। मुझे अपनी ओर खींचती बोलीं—''आप इसे छोड़ जाइए।

जबतक आप रहेंगे, बेटी आप में ही चिपकी रहेगी। इसे मुझे दीजिए। अगली बार जब अप आएँगे तो इसे आपको भी ढूँढ़ना पड़ेगा। यह लड़कियों के बीच खो जाएगी।''

ऐसा ही हुआ। माँ सी माँ ने मेरा हाथ पकड़कर अपनी गोद में बिठाया। थोड़ी देर बाद ही बड़ी लड़कियों को पुकार कर कहा—''लो एक और बहन आ गई, इसे सँभालो।'' बाबूजी मुस्कराए थे। उनकी आँखें भर आई थीं। उस प्रांगण के नयेपन को सँजोता मेरा मन बाबूजी के विदा लेते वक्त भी नहीं बिसूरा। माँ सी माँ के व्यक्तित्व से मेरा नन्हा मन प्रभावित हो गया था। छोटा कद, भरा हुआ गठीला बदन, खादी की साड़ी को बड़े सलीके से कई तह करके अपने बाएँ कन्धे पर अटकाए, खादी की छोटी-छोटी बाजुओं वाला ब्लाउज, टेढ़ी माँग में छोटा सा ठोप बराबर सिन्दूर, ऊँची लिलार (ललाट) पर बिन्दी, ऊँची हील के चप्पल या खरपा पर खड़ा भव्य महिला व्यक्तित्व। मैंने क्या, उस छात्रावास में रह रही बालिकाओं ने भी वैसी महिला की पहली छवि देखी थी। उन दिनों हमारी माँ-बहन से लेकर आस-पड़ोस गाँव की महिलाएँ तो पूरे शरीर में साड़ी लपेटे घूँघट में चेहरा भी छुपाए रहती थीं।

तब माँ सी माँ की आयु मात्र चालीस की होगी। वे हर समय चलती ही रहती थीं। चलते समय दाहिने हाथ से अपनी साड़ी की तह सँभालती। उन्होंने अपने ऊँचे खरपे (खडाऊँ) के तलवे में मोटी रबड़ लगा रखी थी। यह राज तो बाद में प्रगट हुआ कि काठ के ऊँचे खरपों में मोटी रबड़ क्यों? इसलिए कि जब कभी वे छात्रावास में पढ़ती, गप्पे मारती या साफ-सफाई करती लड़कियों की गतिविधियों का निरीक्षण करें, उनकी आहट सुनाई न पड़े। लड़कियाँ जब जिस स्थिति में हों, उन्हें वैसी ही मिले।

माँ सी माँ बेहद सफाई पसन्द थीं। उनके आवास का फर्श ऐसा मानो कोरा पड़ा हो, कभी कोई उस पर चला ही न हो।

उनके घर के अन्दर सभी नये-पुराने सामान सलीके से यथास्थान ही धरे दिखते थे। एक भी धूल के कण नहीं। छात्राओं के छात्रावास की साफ-सफाई भी वे वैसा ही चाहती थीं। प्रात: एक घंटा हम अपने बिस्तर, हॉल और कपड़े-बर्तन की सफाई में लगाते। अहाते में एक भी कागज का टुकड़ा पड़ा हुआ न हो।

गाँधी के साथ रही हुई महिला थीं। शौचालय की साफ-सफाई भी स्वयं करने की आदत डाल रखी थी। लड़कियों के लिए भी शौचालयों की सफाई करना अनिवार्य था। विद्यापीठ में जाकर ही बिहार की लड़कियाँ जान-समझ पाई थीं, कि शौचालयों की सफाई भी होती है। ग्रामीण परिवेश से आई लड़कियों के मकानों में शौचालय ही कहाँ थे। थे भी तो मुख्य मकान से अलग। जमादारिन बाल्टी उठाकर

ले जाती थी। अन्दर की सफाई कभी नहीं होती। विद्यापीठ में बने सेप्टिक शौचालयों की सफेदी बरकरार रखने में लड़कियों में प्रतियोगिता होती थी। जिसके प्रभार काल में शौचालय अधिक चमकते रहे हों, उन्हें पुरस्कार मिलता था।

चावल चुनवाने, फटकवाने से लेकर रोटी बेलवाने, घी लगवाने, भोजन परोसवाने का काम लड़कियों से लेती थीं माँ सी माँ। जब कोई मेहमान या संचालन समिति के लोग (मन्त्री, वकील, राजनायक, कवि, लेखक) आते माँ सी माँ उन्हें भोजन बनते, भंडार घर, गौशाला अवश्य दिखातीं। शौचालय और स्नानघर तक। एकबार की बात है— उस शाम रोटी में घी लगाने की बारी मेरी थी। दरअसल, चौका में शाम को ही लड़कियों की पारी लगती थी। दिनभर तो विद्यालय में बीतता था। माँ सी माँ उस शाम विशिष्ट जनों को लेकर सारा चौके-चूल्हे का साम्राज्य दिखाती उस खंड में ले आई जहाँ रोटी पकाई जाती थी। तीन-चार सौ रोटियाँ प्रतिदिन सेंकी जातीं। दो-तीन लड़कियाँ लोई बनातीं, उतनी ही बेलतीं, दो सेकतीं, एक गिनती और एक घी लगातीं। अच्छी तरह सहेजकर रखी जाती थीं रोटियाँ। मैं पालथी मारे बैठी घी लगा रही थी। दोनों विशिष्ट सजन्नों के आने पर माँ सी माँ ने हमारे हाथ की बनी गर्म रोटियाँ चखाईं। उन्होंने दो-दो रोटियाँ खाईं। हमारी खूब बड़ाई हुई। माँ सी माँ को स्मरण हो आया, बोलीं—"अरे महेश बाबू, ई मृदुला तो आप ही के यहाँ की है। बाबू छबीले सिंह की बेटी है।"

"अच्छा! छबीला बाबू की बेटी है? इधर आना।" उन्होंने अपने पास बुलाकर मुझे आशीष दिए। मुझे पता चला कि वे बिहार सरकार में वरिष्ठ मन्त्री थे। मन्त्री, सन्त्री का भेद मैं कहाँ समझूँ। मेरे प्रति उनके आत्मीयता के छूअन से अवश्य रोमांचित हुई थी।

1952 में वहाँ डॉ. राजेन्द्र प्रसाद जी आए थे। देश के सर्वोच्च पद पर आसीन व्यक्ति का एक बालिका शिक्षण संस्थान में पधारना साधारण बात नहीं थी। इतना निश्चित था कि उन्हें विद्यालय में लाने का श्रेय विद्या देवी (संचालिका) को ही जाता था। उन्होंने ही राजेन्द्र बाबू को उनकी उक्ति स्मरण दिलवाई थी। पाँच वर्षों तक मात्र विद्यालय चला नहीं ले गईं थीं, विद्यालय की पहचान भी बनी थी। दूर-दराज से भी अभिभावक अपनी बेटियों को विद्या देवी की बातों में विश्वास करके छात्रावास में रख जाते थे।

एक-एक लड़की के घर का वातावरण, सदस्य संख्या उनके स्वभाव से परिचित रहती थीं माँ सी माँ। लड़कियों को उनके घरों के बारे में स्मरण दिलाती रहतीं। माँ सी माँ से हम बड़ा भय खाते थे। कभी-कभी लाड़ भी बहुत लगातीं। फिर तो हमारा भय भी दूर हो जाता। एकबार की बात है। हम लोग 13-14 वर्ष की

आयु में थे। साड़ी पहनने के लिए जी मचल रहा था। मैंने कहा—"आज तो मैं साड़ी पहनूँगी।"

"साड़ी ऽऽ। आएगी कहाँ से?" वहाँ उपस्थित दो-तीन लड़कियाँ चौक गई थीं। मैंने कहा—"माँ सी माँ से माँगूगी।"

फिर तो सब मेरा मजाक उड़ाने लगीं। उन्हें विश्वास था कि मैं उनसे साड़ी माँगने की हिम्मत कर ही नहीं सकती थी। दूसरे ही पल उनके आश्चर्य की सीमा न रही जब मैं माँ सी माँ की एक बड़ी सुन्दर साड़ी हाथ में लिए खड़ी थी। गर्मी का दिन था। सायंकाल स्नान करके मैंने वह साड़ी सहेलियों की सहायता से बाँधी थी। पूरी तरह बँधी भी नहीं कि माँ सी माँ का बुलावा आ गया। हम सब सहम गए। जाना तो था ही। मैं उनके सामने साड़ी में लिपटी थी। उन्होंने अपने हाथों मुझे साड़ी पहनाई। जब कभी सलीके से साड़ी बाँधती हूँ, उनकी याद आती है।

देखते-देखते पैंतीस वर्ष बीत गए। मैंने कॉलेज में पढ़ाने से लेकर आठ वर्षों तक विद्यालय चलाने, राष्ट्रीय स्तर पर राजनीति करने से लेकर साहित्य रचना के अनुभव प्राप्त कर लिए। मुझे गंगा शरण सिंह (प्रख्यात हिन्दी प्रेमी) से विद्यापीठ आने का निमन्त्रण मिला। मैं तो मायके भागने की मन:स्थिति में आ गई थी। वहाँ पहुँचकर पता चला कि माँ सी माँ मेरे आने की प्रतीक्षा बड़ी व्यग्रता से कर रही थीं। उन्होंने मेरी विदाई के लिए भी साड़ी के साथ अन्य सामग्रियाँ इकट्ठी कर रखी थीं। विदा होते समय एक दौरा में दही, चिउरा, अचार और सब्जियाँ भी दीं।

माँ सी माँ से मेरा भय समाप्त हुआ था। पर उन्हें देखकर ऐसा नहीं लगा कि उम्र के साथ बहुत कुछ बदला हो। अहर्निश लड़कियों में संस्कार डालने की सोच रही थीं। सम्भवत: तभी से उनके प्रति मेरे हृदय का भय समाप्त हुआ था। समादर समाया था। माँ सी माँ की चार सन्तानें थीं। बड़ी बेटी और तीन बेटे। उनकी बेटियाँ तो हम सब भी थीं।

विद्यापीठ में छ: वर्ष बिताकर हम घर लौट रहे थे। बहुत कुछ सीखा था। उसमें माँ सी माँ की सीख अधिक थी। वे मात्र किताबों के पन्नों पर अंकित सीखें नहीं थीं। हमने उनको देख-देखकर भी बहुत सीखा था।

आना नाना बार बार

नानाजी नहीं रहे। खबर सुनते ही नानाजी के साथ बिताए ढेर सारे प्रसगों की स्मृतियाँ मानस सागर में गडमगड होने लगीं। एक सप्ताह पूर्व ही इन्दौर में भा.ज.पा द्वारा आयोजित 'अन्त्योदय' (स्वयंसेवी संगठनों के रचनात्मक कार्यकलापों और वस्तुओं की प्रदर्शनी) में दीनदयाल उपाध्याय शोध संस्थान के द्वारा लगाए गए स्टॉल पर खड़ी थी, उन कार्यकर्ताओं से नानाजी के चार दशक पूर्व के कार्यकलापों की चर्चा हो रही थी। रामदेव प्रसाद (बिहार के नेता) ने कहा—"नानाजी हमें सलीके से रहना भी सिखाते थे।" रामदेव जी नानाजी के संग बिताए प्रसगों का वर्णन करने लगे। मैने कहा—"हम उन्हें ही टीनोपोल नेता कहते थे।"

स्टॉल पर खड़े युवक-युवतियों के चेहरे खिल गए। मानो मैंने उनके मन की बात कह दी हो या नानाजी की विस्तृत जीवन कथा को शीर्षक दे दिया हो। उनमें से एक ने कहा—"आपने बहुत अच्छा नाम दिया नानाजी को।" यह सच था। उन दिनों अधिकांश कार्यकर्ता अभावों में ही जीते थे, नानाजी उन्हें फटे कपड़ों को भी साफ और सलीके से रखना सिखाते थे।

नानाजी तो नानाजी ही थे। कुशल संगठन शिल्पी, घर-घर जाना, ठहरना, कार्यकर्ताओं के घरों में महिला सदस्यों को भी कुछ-न-कुछ सिखाना। उनका दु:ख-सुख सुनना। घर के बच्चों से उनके स्कूल में सिखाए गए शिशु गीत की पंक्तियों से लेकर क्रिकेट या अन्य खेलों की जानकारी लेत-लेते उनके मित्र बन जाना, घर के बुजर्गों से उस क्षेत्र की विशेषताओं की जानकारी लेना, चाहे गौ-पालन हो या कृषि। घर के हर उम्र के सदस्य के लिए उनके पास हर प्रकार की जानकारियाँ रहती थीं, इसलिए नानाजी उस घर में रम जाते और घर के सभी सदस्य उनके आत्मीय हो जाते। नानाजी जनसंघ पार्टी का कोई एक सदस्य नहीं बनाते थे, वे परिवार जोड़ते थे। परिवारों के अन्तरंग बनकर समाज की उन समस्याओं से रू-ब-रू होते थे, जिनके निराकरण के लिए राजनैतिक दलों को प्रयासरत रहना चाहिए।

नानाजी के बारे में यह कहा जा सकता है कि वे जिस घर में दो-तीन दिन

ठहरते थे, उस घर के घरवाले हो जाते थे और घर वाले सब पुरुष, बाहर वाले। परिवार की तीनों पीढ़ियों से उनकी खूब पटने लगती थी। घरों के बच्चों और महिलाओं के भी नाम उन्हें स्मरण हो जाते थे। परिवारों को जोड़कर पार्टी का विस्तार करने की कला में सिद्धहस्त थे नानाजी।

नानाजी चिड़िया की भूमिका में थे। सारे देश में घूमते। एक खेत का दाना दूसरे खेतों में डालते। बिहार और उत्तर प्रदेश के रसोई घरों में महाराष्ट्र की पूरन पूड़ी और श्रीखंड का प्रवेश करा देते तो महाराष्ट्र के घरों में चूड़ा-दही और छोले-भटूरे, लिट्टी-चोरबा बनाने और खाने का तरीका बतला आते। वे विचारक, प्रचारक और विस्तारक तो थे ही। कार्यकर्ताओं को सक्रिय रखने के लिए उनके पास ढेर सारे नुस्खे थे। अकर्मण्यता उन्हें रास नहीं आती थी। 'जागते रहो' का ही सन्देश फैलाते थे। दरअसल, उनके संग-साथ रहकर कोई अकर्मण्य हो भी नहीं सकता था।

राजनैतिक कार्यकर्ताओं का जीवन भी बहुत व्यस्त होता था। साधन कम थे। सुविधाएँ सुलभ नहीं। साधना कठिन थी। कार्यकर्तागण कार्यक्रमों के आयोजन में थक जाते। नानाजी एक सिद्ध मनोवज्ञानिक भी थे। वे समझते थे कि महज राजनैतिक कार्यक्रमों से कार्यकर्ता ऊबकर भाग जाएगा। इसलिए दल के कार्यक्रमों से हटकर भी उन्हें काम बताते थे। ताकि कार्यकर्ता के मन में ऊब या दल के कार्य से विरक्ति न हो। सम्भवत: इसलिए वे राजनैतिक नेता से पूर्व सामाजिक कार्यकर्ता थे। समाज के लिए कुछ-न-कुछ रचनात्मक कार्य करने की प्रेरणा अनवरत देते रहे। मात्र वक्तव्य नहीं, व्यबहार में भी। मनसा, वाचा, कर्मणा समाज के बारे में चिन्तन।

महिलाओं के विकास के बारे में नानाजी की दृष्टि स्पष्ट थी। वे उनके प्राकृतिक दायित्व मातृत्व को प्रमुखता देते थे तो अत्याधुनिक वैज्ञानिक खोजों के प्रति महिलाओं को जागरूक बनाने के प्रयत्न में रहते। मैनें भा.ज.पा महिला मोर्चा द्वारा 1992 में एक स्मारिका प्रकाशित की थी—

'दशक के झरोखे से' उसमें कई विचारोत्तेजक आलेख भी थे तो महिला मोर्चा की गतिविधियों की रिपोर्ट और शीर्ष नेताओं के सन्देश। महिलाओं की दशा और उनके विकास की दिशा भी। मैंने नानाजी को एक प्रति भेट की। आशा थी कि वे उसकी थोड़ी-बहुत प्रशंसा करेंगे। वे उलट-पुलट कर देखते रहे। बिना कुछ बोले दाहिनी ओर मेज पर रख दिया। मैनें कहा—''नानाजी! बड़ी मेहनत करके हमने स्मारिका प्रकाशित की है। आप कुछ कहिए तो! कैसी लगी?'' उन्होने तपाक से कहा—''क्या कहूँ? इसमें माँ कहाँ है?''

मैं स्तब्ध रह गई। मानो मुझे महिला विकास की दिशा मिल गई हो। महिलाओं की पारिवारिक, सामाजिक और राजनैतिक समस्याओं के निदान ढूँढ़ने

की राजनैतिक पहल क्या हो? माँ ही तो है स्त्री। स्त्री को नारीत्व प्रदान करने के प्रयास भी उसके मातृत्व की रक्षा ही तो है।

उन्होने स्वयं अपने सामाजिक प्रयासों में इस बात का हर कदम पर ध्यान रखा। सफल राजनैतिक नेता की पहचान अपने पीछे कार्यकर्ताओं की नई पीढ़ी तैयार करनी होती है। नानाजी ने राजनैतिक और सामाजिक क्षेत्र में भी कर्मयोगी कार्यकर्ताओं की शृंखला खड़ी कर दी। नवयुवक-नवयुवतियाँ नानाजी के सिद्धान्तों और व्यवहार से प्रभावित होकर उनके आदर्श कार्यों में तन-मन से जुट गए।

नानाजी मानव-शिल्पी थे, उन्होने समाज शिल्पी दम्पतियों का चयनकर सर्वप्रथम उन्हें गढ़ा। उनकी मनसा, वाचा की तैयारी कर ही गाँवों में भेजा। परिवार और गाँवों का सर्वांगीण और समग्र विकास उनका लक्ष्य था। परिवार में हर उम्र के सदस्यों की समस्याओं का अध्ययन और निदान तो गाँव के सर्वांगीण विकास का लक्ष्य ही उनकी सामाजिक कार्य साधना थी।

1980 में वे 60 वर्ष के हुए थे। भारतीय जनसंघ पार्टी, जनता पार्टी से लेकर भारतीय जनता पार्टी में शीर्ष पर रहे। उन्होंने राजनीति छोड़ दी, समाज कार्य में अग्रसर हो गए। सर्वप्रथम उत्तर प्रदेश में गोंडा जिला को अपना कार्य क्षेत्र बनाया। फिर चित्रकूट में स्थायी रूप से कार्य करना प्रारम्भ किया। चित्रकूट में कई संस्थाओं का निर्माण किया। चित्रकूट में राम के बिना क्या हो सकता था। अपने निवास के परिसर का नाम ही 'श्री राम कुटीर' रखा। एक से एक राजनीतिज्ञ, सामाजिक नेता, स्वैच्छिक क्षेत्र में कार्यरत समाज शिल्पी उनके पास आते रहे। उनसे राजनीति और सामाजिक कार्य के गुर सीखते रहे। नानाजी राजनीति से ऊपर उठ गए थे। उनका साध्य सम्पूर्ण समाज हो गया था। गाँव का सर्वांगीण विकास। उनके युवा मित्र ही अधिक थे, युवाओं को उनसे मिलती थी प्रेरणा। युवाओं से नानाजी को मिलती थी शक्ति, सम्बल। दोनों एक-दूसरे के पूरक। नानाजी आधुनिक भारत के इतिहास के पन्नों पर कई भूमिकाओं में अंकित रहेंगे। राष्ट्रीय स्वयंसेवक संघ के इतिहास में सफल प्रचारक की सूची में, तो राजनैतिक दल जनसंघ पार्टी के विस्तारक की सूची में, 1975 में इंदिरा गाँधी द्वारा लगाए आपातकाल के नियमों को धता बताते हुए जेल के सीखचों के बाहर ही बाहर रहते हुए सक्रिय विरोधी के रूप में तो जयप्रकाश नारायण के समग्र क्रान्ति आन्दोलन के पुरोधा बनकर। विभिन्न दलों के नेताओं को एक मंच पर बैठाकर जनता पार्टी बनवाने, उसकी जीत पर सरकार बनवाने से लेकर समाज सेवा को सही दृष्टि देने के पन्नों पर उनका नाम अंकित रहेगा।

देशभर में अभी लाखों लोग हैं जो उनके करीब रहे है। उनसे बहुत कुछ सीखा है। करोड़ों जो दूर से ही उनकी समाज सेवा दृष्टि के कायल रहे हैं।

पं. दीनदयाल उपाध्याय की दूरदृष्टि 'एकात्म मानववाद' को उन्होने व्यवहार में ढालने की सफल कोशिश की। राजनैतिक और सामाजिक क्षेत्र में कार्य करते कई लोग अपने काल में प्रभावी रहते हैं, पार्टियों और संस्थाओं का निर्माण करते हैं, पर उनके जाने के बाद, न दल रहते न संस्थाएँ। वे अपनी दृष्टि और सपना दूसरी आँखों में नहीं डाल पाते। वे अपने सपनों के अनुरूप युवा पीढ़ी नहीं गढ़ पाते। नाना जी ने ऐसा नहीं किया, वे तो कार्यकर्ताओं के सर्जक रहे है। उनके समाजसेवी मानस और व्यवहार के।

इसलिए हम कैसे मान लें कि 'नानाजी नहीं रहे'। पिछले वर्ष मैं एक बड़े महिला सम्मेलन में चित्रकूट गई थी। लाखों उन महिलाओं का सम्मेलन था, जो नानाजी के सपनों के गाँव बनाने में लगी हैं। मंच पर समाज क्षेत्र में कार्यरत देशभर से आया महिला नेतृत्व। नानाजी मंच पर नहीं आए, विशाल मंच के पीछे गाड़ी में बैठे थे। पूछने पर उनकी शारीरिक स्थिति का पता चला। दिल्ली लौटी। किसी ने पूछा—"नानाजी कैसे है?"

मैंने कहा—"नानाजी सुनते नहीं, चलते नहीं, देखते नहीं, नानाजी स्वस्थ है।"

सुनने वाला थोड़ी देर तक सोचता रहा, पर सच्चाई यही थी। नानाजी की स्थिति—'बिनु पग चलै, सुनै बिनु काना' ही की थी। कई वर्षों से पाँवों ने नाना जी के 'चरैवेति' संकल्प में साथ छोड़ दिया था। फिर भी नानाजी चलते रहे। उनके अपनों के पाँव और हाथ के साथ हृदय तो थे न, जिनमें भरी थी अपने नानाजी के प्रति श्रद्धा। उनके सामाजिक सरोकार के प्रति आस्था उन्होंने सारे पद छोड़ दिए थे।

27 फरवरी को नानाजी की साँस ने भी उनके शरीर का साथ छोड़ दिया। पर शरीर अभी भी है। उसे पंचतत्त्व में विलीन नहीं होने दिया, नानाजी की सद्इच्छा थी, उन्होंने 1997 में ही देहदान कर दिया था। अस्पताल में बच्चे उनके अंगों से मानव शरीर के शिल्प का अध्ययन करेंगे, मानव-शिल्पी नानाजी के शरीर का भी तो कोई शिल्पकार था।

एक बार मैं चित्रकूट में ही राजमाता विजयाराजे सिंधिया जी के साथ ठहरी थी। राजमाता जी को नानाजी ने अपने सारे प्रकल्प घुमाकर दिखाए। गाड़ी में मैं भी बैठी थी। मैंने कहा—"राजमाता जी! मैंने अभी एक उपन्यास लिखा है। मैंने अटल जी को पढ़ने के लिए दिया। उन्होने कहा—"इसमें नानाजी ही प्रमख नायक है।" नानाजी ने सुन लिया था। बोल—"तुम कागज पर लिखती हो। मैं जमीन पर लिखता हूँ।" सच था। नानाजी ने जमीन पर ही लिखा—

'सात समन्दर मसि करूँ। लेखनी सब बनराई,
धरती सब कागद करूँ, हरिगुण लिखा न जाई।'

जमीन में डाले अन्न का एक दाना सहस्त्र दानों को जनम देता है। युगों-युगों तक चलता रहता है। आशा की जाती है कि नानाजी द्वारा समाज में डाले समग्र समाज विकास के बीज फूलते-फलते रहेंगे। विचार अमर हो जाएगा, जब व्यवहार में ढलता रहेगा। नानाजी के प्रति सच्ची श्रद्धांजलि उनके विचारों को व्यवहार में ढालते रहना ही होगा।

नानाजी के संगी-साथियों के संस्मरण उन्हें ही समर्पित। 'पाँचवाँ स्तम्भ' पत्रिका भी उनके द्वारा बताई दिशा में चलती रहेगी।

एक पारिवारिक संन्यासी

जो व्यक्ति अपना परिवार नहीं बसाकर किसी बड़े संगठन से जुड़ जाता है, वह भी एक पारिवारिक प्राणी ही होता है। संगठन का परिवार ही उसका अपना परिवार बन जाता है। यदि वह वृहत्तर परिवार के सर्वोच्च पद पर आसीन मुखिया की भूमिका निभाता हुआ भी सहज, सरल और संवेदनशील ही रहता है, तो उस पद की गरिमा और भी बढ़ जाती है। संगठन मजबूत होता है। पद से प्रधान और प्रधान के व्यक्तित्व से पद होता है। स्व. कु.पी. सुदर्शन जी युवावस्था में ही राष्ट्रीय स्वयंसेवक संघ के स्वयंसेवक बने। प्रचारक जीवन जीते हुए उन्होंने पारिवारिक समस्याओं को भी समझा, परखा और अनुभव किया। भोगवादी समाज से राष्ट्र के लिए स्वयंसेवक बीनना, उसके पद में स्थायित्व लाना आसान काम नहीं होता। स्वयंसेवकों को प्रचारक, विस्तारक बनाने के लिए भी कठिनतम प्रयास करने पड़ते हैं। उस युवक के परिवार वालों का भी कोप भाजक बनना पड़ता है।

राष्ट्र के समग्र विकास के लिए ऐसे समर्पित स्वयंसेवकों की आवश्यकता तो डॉ. हेडगवार जी ने संस्था की स्थापना 1925 के समय ही समझ ली होगी। उन्हें भी यह कार्य कठिन ही लगा होगा। लेकिन कभी-कभी दूर से कठिन लगने वाला कार्य हाथ में आने पर सरल हो जाता है। यह नहीं कहा जा सकता है कि 83 वर्ष बाद आज स्वयंसेवकों में से प्रचारक बनाना सहज हो गया है। आज भी प्रचारक बनते हैं तो इसका श्रेय निश्चय ही मा. कु.पी सुदर्शन जी जैसे जीवनदानियों के सहज और सरल जीवन का ही प्रभाव होता है।

कहा और सुना जाता है कि पहाड़ के नजदीक जाने पर पहाड़ अधिक ऊँचा लगने लगता है। लेकिन किसी सच्चे बड़े और महान व्यक्ति के पास जाने पर वह अत्यन्त सामान्य (हमारे जैसा) अनुभूति देता है। पहाड़ और आदमी का यह अन्तर उसकी संवेदनशीलता और सज्ञानता के कारण ही होता है। बड़े व्यक्ति को अपने बड़प्पन का ढकोसला नहीं करना पड़ता। इसलिए तो दूर से देखने वाला सामान्यजन जब अपनी ही तरह हाड़मांस और संवेदना से मुक्त व्यक्ति से मिलता है तो उसे निराशा नहीं होती, वरण उसकी आस्था और बढ़ जाती है। उसके एक-एक शब्द

अनुकरणीय लगते हैं। क्योंकि वह भी तो हमारे ही जैसा है।

मा. सुदर्शन जी सभी स्वयंसेवकों के लिए ऐसे ही प्रेरणा स्रोत थे। उनसे मिलकर थोड़ी देर बातें करने वाला स्वयंसेवक अधिक उत्प्रेरित होकर बाहर आता था। वे स्वयंसेवकों के अन्दर छुपे छोटे-छोटे गुणों को अपने स्नेह और विश्वास से सींचकर बीड़वा से वृक्ष तक पहुँचा देने की क्षमता रखते थे। ऐसे व्यक्तियों की उपलब्धियों का खूब प्रचार-प्रसार करते थे। साहित्य, कला, विज्ञान, कृषि से लेकर अन्तरिक्ष पर हुई किसी व्यक्ति की उपलब्धि मा. सुदर्शन जी के लिए राष्ट्रीय उपलब्धि होती थी। वे ऐसे कितने आविष्कारकों और प्रयोगधर्मियों के गुणों को प्रचारित-विस्तारित कर उन्हें राष्ट्रीय महत्त्व के व्यक्ति के रूप में प्रस्थापित करवा देते थे। वे प्रचारक जो थे।

मा. सुदर्शन जी भी चिड़िया की भूमिका में थे। एक खेत का पुष्ट दाना उठाकर दूसरे खेत में डालना। निरन्तर प्रवास पर रहते व्यक्ति को राष्ट्र के चतुर्दिक विकास के दाने, व्यक्ति या विचार के रूप में मिलते ही रहते थे। एक खेत (कश्मीर) में मिले दाने को दूसरे खेत (कन्याकुमारी) में डाल आते थे। इस प्रकार राष्ट्रीय एकता और अखंडता के सूत्र ढूँढ़ते, उन सूत्रों में व्यक्ति को पिरोते रहने का उनका अभ्यास मानते थे।

मा. सुदर्शन जी व्यक्ति के निर्माण के लिए शाखाओं, प्रशिक्षणों और प्रबोधन-उद्बोधनों से भी अधिक उसके परिवार के परिवेश को महत्त्व देते थे। प्रवास में रहने पर स्वयंसेवकों के साथ अन्य परिवारों में भी उनका भोजन होता था। वे जिस परिवार में प्रवेश करते, उतनी देर के लिए उस परिवार के मुखिया बन जाते जितनी देर वहाँ रहते। घर के बुजुर्ग, महिलाएँ, नौजवान-नवयुवतियों और बच्चों से खुलकर बातें करते। हर आयु के व्यक्ति के साथ बातें करते हुए उसकी आयु के बन जाते। परिवार में बसते विभिन्न आयु वर्गों के लिए उनके अनुभवों की संचित झोली में ढेर सारी जानकारियाँ और सुझाव होते। परिवार के सभी सदस्य प्रसन्न। बच्चों से बातें करते हुए बिना किसी बोझिलता के उनके मन पर संस्कार बीज बो देते। उनके उस घर से प्रस्थान करने पर एक-एक सदस्य को अपना एक मित्र मिल जाने की अनुभूति होती।

भाषा की शुद्धता के आग्रही थे सुदर्शन जी। हिन्दी बोलते समय बीच-बीच में बांग्लभाषा का प्रयोग उन्हें भाषा का शृंगार नहीं, मुँह के भात में कंकड़ जैसी अनुभूति दे जाता। वे उस व्यक्ति को वहीं रोककर कहते—"आप हिन्दी बोल रहे हो न!" बोलने वाला व्यक्ति उस वक्त तो सचेत हो ही जाता, उनकी अनुपस्थिति में भी हिन्दी बोलते समय सतर्क रहता।

व्यक्ति और परिवार जीवन में मूल्य स्थापना के वे दूराग्रही नहीं थे। वे जीवनमूल्य थोपने नहीं, संस्कारित करने के पक्षधर थे, इसलिए तो किसी से बातें करते हुए वे उसके मानसिक स्तर की पहचान कर अनुकूल बीज डालते थे। पारिवारिक जीवन की शुचिता, एकता और संवेदनशीलता पर उनका विशेष ध्यान रहता था। परिवार की धूरी महिला को मानकर उसके विकास की ओर उनका विशेष ध्यान था। इसलिए वे महिलाओं से भी बातें करते थे। युवा महिलाओं को जीवन के हर क्षेत्र में अपनी योग्यता और रुचि के अनुसार विकास करने की प्रेरणा देते थे।

वे सुधि पाठक थे। कोई भी साहित्यकार उन्हें अपनी रचना भेंट करे तो वे अवश्य चखते, चबाते या हजम कर लेते थे। उस रचना की विशिष्ट बातों को स्थान-स्थान पर सुनाते। मूलत: राष्ट्रीय स्वयंसेवक के प्रचारक होने के कारण उनका धर्म ही प्रचारक का हो गया था। उनके इस भाव और व्यवहार का लाभ बहुतों को मिला। उनकी उपलब्धियों का लाभ समाज को भी।

मा. सुदर्शन जी प्रयोगधर्मी थे। शब्दों, विचारों और अनुसन्धानों का प्रयोग व्यक्ति और परिवार जीवन पर करते ही थे। कृषि और विज्ञान के क्षेत्र में व्यक्तिगत अनुसन्धान और खोज का प्रयोग भी करते। सरकारों को सुझाव दिया करते। अन्यों की तरह मुझे भी उनके सम्पर्क और सान्निध्य में रहने के अनेक अवसर मिले। वे कभी भी अपना सिद्धान्त किसी पर थोपते नहीं थे। सामने वाले को अपने कथन का एहसास करा देते थे। मेरी सभी रचनाओं को उन्होंने पढ़ा। उनकी कमियों से मुझे अवगत कराया। सीता की आत्मकथा के रूप में 'सीता पुनि बोली' का लोकार्पण किया। पूरी पुस्तक पढ़कर आए थे। उनके सम्बोधन ने श्रोताओं को भाव-विभोर कर दिया। मेरे द्वारा लिखित राजमाता विजया राजे सिंधिया की आत्मकथा 'राजपथ से लोकपथ पर' के लोकार्पण के अवसर पर उन्होंने कहा था—''इस पुस्तक में आत्मकथा पाठन की बेफिलता बिलकुल नहीं थी। यह पुस्तक तो एक उपन्यास की तरह आनन्द देती रही।''

'सीता पुनि बोनी' के बाद उन्होंने 'सती सावित्री' की आत्मकथा लिखने का सुझाव दिया था। मैंने लिखी भी। मुझे इस बात की पीड़ा है कि उस उपन्यास के छपने में प्रकाशक के कारण देर हो गई। वे बीच में ही चल बसे।

मेरी तरह घनेरों स्त्री-पुरुष होंगे जिन्हें मा. सुदर्शन जी ने उनके कर्मक्षेत्र में कुछ अभिनव करने के सुझाव दिए होंगे, वे अवश्य उन्हें पूरा कर रहे होंगे। लेकिन उनकी उपलब्धियाँ देखने-सुनने के पूर्व ही मा. सुदर्शन जी अपने वृहत्तर परिवार को छोड़ गए हैं। लाखों लोग अपनी-अपनी तरह से उन्हें स्मरण करते हैं, करते रहेंगे। दादा-दादी बनकर भी वे अपने पोते-पोतियों को मा. सुदर्शन जी का स्मरण सुनाते रहेंगे।

क्योंकि वे दुनिया के सबसे बड़े संगठन के शीर्ष पद पर आसीन नहीं रहे, जिनसे मिले, उनके हो लिए।

उनसे मिलकर आने वाले प्रत्येक स्त्री-पुरुष को लगता था कि वही उनके लिए विशेष थी या था।

मेरी कविता की पंक्तियाँ हैं—

'बड़ा वह है जो अपने पास आए
अदने से व्यक्ति को बड़ा बना जाए
दूजे को बढ़ाने में स्वयं ईंच-ईंच भर बढ़ता जाए,
बड़ा आदमी वही जो यह अहसास करा जाए
बड़ी कुर्सी में आदमी बड़ा न खोज
बड़े आदमियों से कुर्सियाँ बड़ी होती देख
निकट से भी आदमी बड़ा मिल सकता है
यदि तू कुर्सी नहीं, आदमी खोजता है।'

सम्भवत: उन्हें देखकर ही ये पंक्तियाँ नि:सरित हुई होंगी।

कंकड़ में चावल

यात्राएँ तो होती ही रहती हैं। पिछले तीस वर्षों से घुमक्कड़ी ही कर रही हूँ। विशेषकर रेल यात्रा के दौरान भाँति-भाँति के लोग मिलते रहते हैं। उनसे कुछ सीखने और अपना अनुभव बाँटने का भी लाभ होता है। दरअसल, यात्राओं से लाभ ही लाभ है।

उस दिन नई दिल्ली से चंडीगढ़ जाने की यात्रा का मुहूर्त बन गया था। परन्तु जून का महीना। और यात्रा गर्म स्थान से ठंडे स्थान की ओर हो तो भला रेलवे आरक्षण आसानी से कैसे मिले। और वह भी सीधे आरक्षण काउंटर पर खड़े होकर। तिथि 9 जून 2009, नई दिल्ली स्टेशन के आरक्षण काउंटर पर खड़ी हो गई। मन में एक आशंका थी। आरक्षण न मिलने का भय। ऐसी स्थिति में उस काउंटर पर जाल के पीछे बैठा रेलवे कर्मचारी ही भगवान लगने लगा। काउंटर पर पहुँचकर मैंने पूछा—''कालका शताब्दी के लिए एक टिकट चाहिए। एक्ज्यूटिव क्लास।''

जाली के अन्दर काली पगड़ी में बैठा उस नौजवान ने कहा—''सीट खाली है। आप फॉर्म भरो।'' मेरी खुशी का ठिकाना नहीं। मानो अन्धे को आँख मिल गई, मुहावरा चरितार्थ हुआ। पास ही एक नौजवान फॉर्म लिए खड़ा था। उसने फॉर्म दे दिया। शीघ्रातिशीघ्र फार्म भरकर मैं काउंटर पर पहुँची। वहाँ तीन चार नौजवान कर्मचारी से बातें कर टिकट ले रहे थे। काउंटर पर हल्की रोशनाई से लिखा एक छोटा पट्ट था—''महिलाओं और सीनियर सिटिजन के लिए।'' उस पट्ट का आशय समझकर भी मैं शान्त ही रही। दरअसल, पट्ट पर लिखे दोनों श्रेणियों के लिए वहाँ खड़े लोगों में मैं ही उपयुक्त थी। महिला भी और साठ से ऊपर उम्र भी। परन्तु मैं उन तीनों के पीछे खड़ी रही। इन दिनों बसों में भी महिला के लिए आरक्षित पट्ट देखकर पुरुष वर्ग चिढ़ जाते हैं। अनाप-शनाप दलीलें देते हैं। ऐसे स्थानों पर चुप रहना ही उचित समझती हूँ। इसलिए उन तीनों के काम हो गए। मैंने फॉर्म अन्दर बढ़ाया। उस नौजवान ने कहा—''अब वह सीट भी भर गई।''

मेरे मुँह से निकला—''अभी तो...।''

''हाँ! हाँ! छः काउंटर हैं। कहीं से भर गई सीट।''

मैं गिड़गिड़ाई—"मेरा चंडीगढ़ जाना बहुत जरूरी है। कोई उपाय।"

उसने उपाय भी बताया। कहा—"सामने छत से लटक रहे चार सूचना पट्ट हैं। उन पर देखते रहिए। सीट खाली की सूचना मिले तो आ जाइए।" उस समय तो वही मेरा मालिक था। उसका कहा मानना ही था। मैंने पहले घड़ी देखी। 7 बजने में 10 मिनट बाकी थे। गाड़ी 7.40 बजे खुलने वाली थी। फिर मैं गर्दन उठाकर सूचना पट्ट देखने लगी। आसपास कहीं बैठने का स्थान नहीं था। काउंटर पर खड़े लोगों को व्यवस्थित करने के लिए बने लोहे के पाइपों में से एक का सहारा लेकर खड़ी हो गई। मेरे दो नग सामान लिए श्रवण (ड्राइवर) भी खड़ा था। मैंने उसे भी कहा—"देखते रहना।"

मैं कभी पट्ट तो कभी काउंटर पर बैठे और इधर-उधर आते-जाते नौजवान को देखती रही। बीस मिनट गुजर गए। काउंटर पर जाकर पूछती रही—"कोई सीट खाली हुई?" काउंटर पर बैठा कभी 'नहीं' शब्द बोलता कभी नकारात्मक भाव में गर्दन हिला देता।

पुन: मैं अपने स्थान पर आ जाती। मोबाइल पर पति को टिकट न मिलने की सूचना भी दे दी। घड़ी ने 7.25 बजाई। उस नौजवान ने मुझे बुलाया। काउंटर खाली था। भला सुबह-सुबह कौन बुजुर्ग उस असमंजस की स्थिति में खड़ा रहे। उन्होंने तो पहले ही आरक्षण करा लिया होगा। मेरा भी वह पहला अनुभव था। उसने पूछा—"आपकी उम्र?" मैंने बता दिया। उसने कहा—"पाँच सौ सत्तर रुपये दीजिए।" मैंने झट से सौ-सौ के छ: नोट गिनकर उसकी ओर बढ़ा दिए। उसने गिनती की। पूछा—"आपके पास 70 रुपये खुल्ले नहीं हैं?"

मैंने झट से कहा—"नहीं।"

दरअसल, ढूँढ़ने पर तो मेरे पर्स की दसों गलियों में बिखरे सत्तर रुपये मिल भी जाते। पर उस वक्त टिकट मिल रही थी। उस खुशी में तीस रुपये की क्या विसात। उसने टिकट दी। कहा—"दो नं. प्लेटफार्म पर गाड़ी रुकी है। जाइए।" मैंने फिर घड़ी देखी। 7.30 बजे थे। लम्बे कदम भरती आगे बढ़ी। पुल पर चढ़ना-उतरना था। सामान उठाए ड्राइवर भी मेरे शिथिल कदमों के साथ कदम मिलाकर चल रहा था। एक नं. प्लेटफार्म का बड़ा हिस्सा पार कर ब्रीज तक पहुँच रही थी। पीछे से किसी ने पुकारा—"आंटी!" उस प्लेटफार्म पर आंटी तो कई होगीं। मैं ही मुड़ गई। देखा पगड़ीधारी नौजवान झटकता आ रहा था। मैं रुकी। मैंने सोचा-आ गई आफ्त। उसने गलत टिकट दे दी होगी। शायद सीट ही खाली न हो, आदि-आदि। उसके हर बढ़ते कदम के साथ एक आशंका। सब अपनी यात्रा के विपक्ष में। तभी उसने हाथ बढ़ाया, "आंटी! आप रुपये छोड़ आईं?"

उसके बढ़े हाथ में दस के तीन नोट थे। मैंने हाथ बढ़ाकर रुपये ले लिए। उसने अपना सिर झटका। मानो कह रहा हो—''कैसी-कैसी भूलें करते हैं लोग? रुपये भी कहीं छोड़े जाते हैं?''

जैसे मैं हारी वह जीता था। सच तो यह था कि रुपये तो उसने भी छोड़े थे। मैंने जानबूझ कर तीस रुपये उसके पास छोड़ा भी था और नहीं भी। अपने पर्स से सत्तर रुपये ढूँढ़ने में समय नहीं गुजारना चाहती थी। या फिर यह भी कि उसकी रहम के आगे तीस रुपये की क्या औकात। पर उसने तो मुझे तीन हल्के नोटों की भारी औकात दिखा दी। मैं उसके लिए 'धन्यवाद' भी नहीं कह सकी। वह झटके से मुड़ गया था। मेरे साथ चल रहे श्रवण को मैने कहा—''देखो! ऐसे लोग भी हैं दुनिया में।''

मैं सीढ़ियाँ चढ़ने लगी। मानो मेरी यात्रा की दिशा बदल गई हो। दस वर्ष पूर्व किसी ने कहा था—''जमाना ही चोरों का आ गया। माँ-बेटे के बीच भी ईमानदारी नहीं।'' पर इसी बेईमान हो रही दुनिया में मैंने अपने जीवन में न रिश्वत दी है न ली है। मेरे भी सारे सांसारिक काम हुए हैं। मेरे कहने की बात और है। इस समाज में हर व्यक्ति जो जहाँ बैठा है गलत पैसे लेने-देने का व्यापार के फूलने-फलने में मदद कर रहा है। मानो कंकड़ ही कंकड़ है चावल में। पर उन्हीं कंकड़ों में कहीं-कहीं चावल के दाने भी हैं। हम माने न माने ऐसे चावल के दाने हम सबके हाथ लगते ही रहते हैं। मेरी वह यात्रा इसलिए भी शुभ रही कि समाज में बिखरे कंकड़ों में से एक चावल का दाना हाथ लगा था। राह में मिले इन्हीं चावलों के दानों के भात पकाकर सुगन्ध समाज में बिखेरना है। ये बासमती चावल हैं। हमने चावल से कंकड़ नहीं, कंकड़ से चावल बीनना है। इनमें विशेष सुगन्ध है।

'गरीब वस्त्रालय' के अमीर दिल मित्र

मित्रता की शुरुआत 1963 से ही होती है। मेरे पति डॉ. रामकृपाल सिन्हा पश्चिम बंगाल से महाविद्यालय में व्याख्याता की सेवा छोड़कर रामदयालु सिंह महाविद्यालय, मुजफ्फरपुर में आंग्ल भाषा के व्याख्याता के पद पर नियुक्त हुए थे। विवाह (जून,1959) के बाद भी मैं दर्शनदास महिला महाविद्यालय के छात्रावास में ही रहकर पढ़ाई करती रही। उनके शहर लौट आने पर मुझे प्रसन्नता हुई कि वे घर के कामकाज में मेरा उचित सहयोग करेंगे। मेरी पढ़ाई (अंग्रेजी पढ़ाने में) में भी। लेकिन उस शहर में आने के कुछ ही दिनों बाद वे प्रथम तो राष्ट्रीय स्वयं सेवक संघ से जुड़े और फिर भारतीय जनसंघ पार्टी के जिला अध्यक्ष (मुजफ्फरपुर जिले में सीतामढ़ी और हाजीपुर भी संलग्न था) बन गए। मेरे घर आकर कुछ लोगों ने उन्हें बधाइयाँ दी। मुझे भी। उनके पद, पदभार और कार्य की मुझे कोई समझ नहीं थी। पार्टी के काम से बाहर रहने के कारण मुझे पार्टी पर ही झल्लाहट होती थी।

यूँ तो अपने महाविद्यालीय परिवार में ये बहुत घुले-मिले थे। विभाग के सभी व्याख्याता अकसर घर पर आते। उनसे बातचीत होती। मैं उनका स्वागत भी तहे दिल से करती, पर उसी शहर के दूसरे समाज के लोग भी मेरे घर आने लगे। यदाकदा पार्टी के कार्यक्रमों में उन लोगों से मेरी मुलाकात होने लगी। उनमें सबके सब व्यापारी वर्ग के थे। किसी के कपड़े की दुकान थी तो कोई सोने-चाँदी की दुकान चलाता था तो कोई गल्ला का व्यापारी, कोई सुत्तापट्टी में होलसेल दुकान का मालिक। उसी शहर का वह वर्ग ऐसा था जिनसे हमारी मुलाकात मात्र दुकानों पर हुआ करती थी। उन्हीं लोगों में एक थे श्री हरिचरण बंका। बहुत आत्मीयता से मिलते। दुबले-पतले। फुर्तीले ऐसे मानो हमेशा चलने को तैयार। उनकी बातचीत से ही पार्टी के प्रति निष्ठा और उनकी कर्मठता झलकती थी। उन्होंने मुझसे एक दिन कहा—"मृदुला जी, कपड़े की खरीदारी करनी हो तो मेरे गरीब वस्त्रालय में अवश्य आइएगा।" और एक दिन मैं सरैयागंज स्थित चित्रा सिनेमा हॉल के सामने 'गरीब वस्त्रालय' नाम की एक छोटी दुकान में पहुँच गई। वे बहुत प्रेम से मिले। मुझे कपड़े दिखाए। मैंने एक साड़ी खरीदी भी। कुछ गाँव से आए ग्राहक कपड़ा खरीदने के

लिए बैठे थे। हरिचरण बंका जी उनके प्रति भी आत्मीयता दिखा रहे थे। उन्हें कपड़ा दिखाते वक्त कम मूल्य में अधिक टिकाऊ कपड़ा दिखाते थे। एक-एक से बात करते हुए यह पूछना नहीं भूले 'दीपक छाप' याद है न। उसी पर मोहर लगाना है। मैं घर लौट आई थी। लेकिन श्री हरिचरण बंका के व्यक्तित्व की एक छाप अपने खरीदे गए कपड़ों के मध्य ले आई थी। अपने व्यापार के कार्य करते हुए भी उन्हें अपने दल के विस्तार की बात स्मरण रहती थी।

फिर तो कई बार मिलना हुआ। वे राजस्थान के रहने वाले थे। बिहार में बहुत दिन से रह रहे थे। लेकिन बिहार की बोलचाल, खानपान ही नहीं, वहाँ के लोगों के रिश्ते-नाते और भावों के भिन्न-भिन्न तासीर में भी डूबे हुए थे। कुछ दिन बीतने पर मेरे मित्र के एक सहयोगी मेरे पास आए और कहा—"आपके पति बनियों के पार्टी के अध्यक्ष बने हैं। अपने समाज से बिलकुल भिन्न समाज है।" श्री हरिचरण बंका के व्यक्तित्व का आकलन करते हुए मैं इस निष्कर्ष पर आई की व्यापारियों का बहुत घनिष्ठ सम्बन्ध ग्राहकों से होता है। अपना सामान बेचते हुए वे उसके दुःख-सुख, घर-परिवार के बारे में भी पूछते रहते हैं और इसलिए जनसंघ पार्टी के व्यापारी वर्ग के सभी लोग शहरी थे वहाँ का ग्रामीण जीवन भिन्न था फिर भी वे उनकी समस्याओं से अवगत रहते थे। इनके पार्टी अध्यक्ष होने के कारण मुझे भारतीय जनता पार्टी के उन नेताओं से परिचय हो गया। मैं भी उनके घर शादी-ब्याह के अवसरों पर जाने लगी।

श्री हरिचरण बंका से सम्बन्ध तब भी बना रहा, जब मैं (1967 में) दिल्ली आ गई। दिल्ली से मुजफ्फरपुर जाने के बाद मैं उनके घर अवश्य जाती थी, उनसे मिलती थी। उनके घर श्री अश्विनी कुमार, श्री कैलाशपति मिश्र और भी प्रादेशिक स्तर के नेताओं का आना-जाना रहता था। राष्ट्रीय नेताओं से भी उनकी अच्छी पहचान थी। उनकी धर्मपत्नी और बच्चे भी बड़े लगन से सबके स्वागत में जुटे रहते। एकबार वे राजस्थान गए थे। राजस्थान से लौटते हुए दिल्ली मेरे घर पर कुछ घंटों के लिए पत्नी के साथ रुके। मैंने उन्हें बड़े प्रेम से भोजन कराया। शाम को उनकी गाड़ी थी। रास्ते के लिए भोजन बनाकर भी दिया। उन्होंने मेरे बेटे नवीन को अपने साथ स्टेशन ले जाने की जिद्द ठान ली। प्रथम तो मुझे यह बात समझ में नहीं आई कि उन्हें स्टेशन छोड़ने की क्या जरूरत थी। लेकिन जब नवीन स्टेशन से लौटकर आया तो उसके हाथ में पापड़ के दो पैकेट थे। मैंने पूछा—"यह कहाँ से और क्यों लाए?" उसने बताया—"स्टेशन के लॉकर में रखे अपने सामान से चाचाजी ने यह निकालकर दिया है।" मैं एकबार फिर उनके आत्मीयतापूर्ण व्यवहार में डूब गई। दरअसल, उन्हें भोजन कराते हुए मैं पापड़ नहीं परोस पाई थी। मेरे घर

में पापड़ था नहीं और मुझे तब यह भी ज्ञान नहीं था कि मारवाड़ी लोगों का भोजन बिना पापड़ के परिपूर्ण नहीं होता। फिर तो मैं उनकी यह कहानी देशभर में घूमते हुए अनेकानेक शहरों के मारवाड़ी घरों में सुनाती रही। उसके बाद जो भी मारवाड़ी सदस्य मेरे घर आए, मैं उनके थाली में पापड़ परोसना नहीं भूलती थी। लेकिन मुझे यह सिखाने का तरीका हरिचरण बंका जी का अनोखा ही था।

मैं भारतीय जनता पार्टी महिला मोर्चा की राष्ट्रीय अध्यक्ष बन चुकी थी। एकबार मैंने उन्हें यह कहा कि आपकी दुकान की खरीदी हुई साड़ी मैं सारे देश में दिखाकर आई हूँ। महिलाओं को पसन्द आई और मैंने आपकी दुकान और आपका नाम लिया। वे बहुत खुश हो जाते थे। भारतीय जनता पार्टी बनने के बाद मैं भी इस संगठन से केन्द्रीय स्तर से जुड़ गई थी। उन्हें इस बात की बहुत प्रसन्नता होती थी। मुझे उन्होंने स्मरण दिलाया—"1964 में तो आप जनसंघ पार्टी से नाराज रहती थीं।"

मैंने कहा—"वह समय 1964 का था। अब 1981–82 है। स्थितियाँ बदल गईं। सोच बदल गई।" वे खुश हुए।

मुझे इस बात की प्रसन्नता है कि उनका सुपुत्र दीपक बंका और उनका सम्पूर्ण परिवार उनके संस्कारों में पगा है। उनके गुण समाज में पीढ़ी–दर–पीढ़ी प्रवाहित होते रहेंगे।

उनकी मृत्यु की खबर सुनकर इस बात का मलाल हुआ कि पिछले कई वर्षों से निरन्तर मुजफ्फरपुर जाते हुए भी मैं उनसे नहीं मिल पाई थी। ऐसे कर्मठ कार्यकर्ताओं और स्थानीय नेताओं की कहानियाँ भाजपा (मुजफ्फरपुर) को भी संग्रहित करना चाहिए। अपने कार्यकर्ताओं की अगली पीढ़ियों को सुनाते रहना चाहिए। ये भाजपा की विरासत हैं।

खंड : 3

साहित्यिक

चलते चलते, कहाँ चल दिए

नई दिल्ली स्थित 30 राजेन्द्र प्रसाद रोड। राष्ट्रपति द्वारा मनोनीत राज्यसभा सदस्य डॉ. विद्यानिवास मिश्र का आवास। पहले कमरे में ही बैठे थे, पंडित जी। दूरभाष की घंटी बजी। उन्होंने ही उठाया।

"बाबूजी! सत्रह फरवरी को मैं दिल्ली आ रही हूँ। आपका दर्शन हो सकेगा क्या?"

"हाँ! हाँ!! मैं दिल्ली में ही रहूँगा, आ जाओ। पर पहले मार्च अंक (साहित्य अमृत) में छपने के लिए अपनी एक कहानी अवश्य भेजो।"

"हाँ! हाँ!! मैं कहानी अवश्य भेज दूँगी। आपकी आज्ञा की अवहेलना कभी की है क्या?" दूरभाष पर एक-दूसरे को विश्वास दिलाया गया। पर पंडित जी ने विश्वास नहीं निभाया। दिल्ली नहीं पहुँचे।

उनकी बेटी स्वरूपा लेखिका ऋता शुक्ल सत्रह फरवरी को दिल्ली आकर भी पंडित जी से मिल न सकी। वे नहीं पहुँचे दिल्ली। क्रूर नियति ने उनके प्राण हरने के लिए 14 फरवरी की तारीख ही निश्चित की थी। देवरिया से वाराणसी आते हुए रास्ते में ही पार्थिव शरीर को क्षत-विक्षत करके छोड़ दिया। आत्मा का अन्तिम प्रयाण हुआ। दो महीने भी तो नहीं बीते थे, जब सहधर्मिनी राधिका देवी का अन्तिम संस्कार वाराणसी में किया था। उनकी पत्नी की मृत्यु की खबर सुनकर जो जहाँ था, राधिका देवी के लिए कम, पंडित जी के लिए अधिक रो रहा था— "अकेले हो गए पंडित जी।" आपस में पंडित जी के प्रति संवेदना का आदान-प्रदान करते हुए उनके आत्मीय यह भी कहते सुने गए— "अब पंडित जी भी ज्यादा दिन नहीं रूकेंगे।"

मात्र उनकी आयु और उनके स्वास्थ्य को देखकर यह अनुमान नहीं था। पत्नी पर पंडित जी की निर्भरता देखे सुने लोग ही यह आशंका व्यक्त कर रहे थे। डेढ़ महीने में पंडित जी सँभल गए थे। अपने को सँभालने का वही पुराना तरीका घूमते रहो, घूमते रहो। चरैवेति का संकल्प। कुमुद शर्मा (सयुंक्त सम्पादक, साहित्य अमृत) मेरे अति व्यस्त प्रवास की जानकारी सुनकर कहती थी— "बाबूजी और आप। दोनों के पाँवों में चक्र है। आप लोग कितना घूमते हैं। थकते नहीं।"

पंडित जी का अस्वस्थ शरीर भी नहीं थकता था। 14 फरवरी के प्रवास में भी पंडित जी थके नहीं थे। यही तो रोना है। पिछले साल वाराणसी और फिर दिल्ली के आयुर्विज्ञान संस्थान में भर्ती होकर रीढ़ की हड्डी के असह्य दर्द को सहते रहे। कहते थे— "अब दर्द मेरा जीवन साथी हो गया।" जाना ही था तो किसी बीमारी के कारण जाते। यह हादसे की मौत तो अपनों को दुगुना दर्द दे जाती है। देखते-देखते आँखों के आगे से उस काया का बिला जाना पीड़ादायी है ही। पर इस प्रकार बोलते-बोलते अबोल हो जाना, कम दुःखदायी नहीं है। कठोरतम कलेजे को भी पिघला देता है। 'वासासिं जीर्णानि यथा विहाय....' के ज्ञान प्रवाह को अवरुद्ध कर देती है, ऐसी मौत।

दिल्ली के अलावा पटना, लखनऊ, मेरठ, मुजफ्फरपुर और हैदराबाद से दूरभाष पर संवेदना के स्वर मेरे कानों तक पहुँचते रहे। आखिर फोन करके पंडित जी के निकटतम स्त्री पुरुष मुझे ही क्यों सान्त्वना दे रहे थे। सत्य तो यह है कि हम आपस में अपना दुःख बाँट रहे थे। दुःख बाँटने से हल्का होता है। हर मनुष्य अपनी जिन्दगी में सम्बन्ध बनाता है, कोई कम कोई ज्यादा। पर ऐसे बिरले ही होते हैं जिनसे मिलते समय हर व्यक्ति यह महसूस करता है कि वही उनका खासमखास है।

पंडित जी एक साहित्यकार, मनीषी, चिन्तक, विचारक, भाषाविद् और भारतीय संस्कृति के टीकाकार, व्याख्याता व संवाहक ही नहीं, वे साहित्यिक नेता भी थे। साहित्य क्षेत्र में पदार्पण करने वालों को नेतृत्व प्रदान कर उन्हें दिशा देने वाले नेता की भी आवश्यकता होती है। स्वयं साहित्यकार होना और बात है। साहित्य और साहित्यकार को दिशा देना और वे नवोदित लेखक और पत्रकारों के भी सम्बल थे। बात करते वक्त वे न जाने कितने दिवंगत वरिष्ठ साहित्यकारों, राजनेताओं और देश निर्माताओं के संस्मरण सुना जाते। शास्त्रीय ज्ञान के व्यवहारिक रूप, लोकसाहित्य में ढूँढ़ते रहने की उनकी विशेषता अतुलनीय व अनोखी थी। वर्तमान में वैदिक और लौकिक जीवन के रंगों को मिलाकर मनमोहक साहित्य रचने वाला कोई साहित्यकार नहीं बचा।

'साहित्य अमृत' में उनका साम्पादकीय एक साँस में नहीं पढ़ा जा सकता था। धीरे-धीरे रसास्वादन करते हुए ही सब कोई पढ़ते थे। सहज, सरल, सुमधुर और सारगर्भित भाषा में, पंडित जी कितनी बड़ी-बड़ी बातें कह जाते थे। अपना हर सम्पादकीय लिखते समय वे सामाजिक राजनैतिक और साहित्य जगत के सामयिक विषयों को उठाते, अपने दार्शनिक अन्दाज में उसे शाश्वत मूल्यों से जोड़ जाते थे। साहित्य का एक उद्देश्य— 'कान्ता सम्मति उपदेश बिघे'— को जीवन्त बनाते हुए

पंडित जी मीठे स्वर में बड़ी बातें कह जाते थे। सम्पादकीय पढ़ा नहीं, मानो सुना जा रहा हो। एक-एक शब्द मुखर हो उठता था। इसलिए सरल भाषा होते हुए भी पाठकों द्वारा बार-बार पढ़ा जाता था, हर सम्पादकीय। पाठक, आपस में चर्चा करते नहीं थकते थे। जीवन के हर क्षेत्र में आ रही मूल्यहीनता के प्रति चिन्ता व्यक्त करते हुए पंडित जी पाठकों को निदान भी बताते थे। साहित्य, राजनीति, शिक्षा, कला, जीवन के सभी क्षेत्रों में पंडित जी, शुचिता लाने के आग्रही थे। इसलिए शास्त्र पुराणों के साथ लोकजीवन में भी बची हुई शुचिता ढूँढ़कर सम्पादकीय पृष्ठ को सजा देते थे। भारतीय जीवन धारा में प्रवाहित सम्बन्धो के पारखी पंडित जी, स्त्री-पुरुष, हिन्दू-मुस्लिम, सिक्ख-इसाई, गाँव-शहर, राजा-प्रजा, सभी सम्बन्धों के ताने-बाने खोलते बूनते रहते थे। इन सम्बन्धों के बीच बढ़ रहे अन्तराल के विरोधी थे। इनके बीच सहचर और पूरकता के सिद्धान्त व व्यवहार के पोषक थे।

मैं अकसर अपने को सौभाग्यशाली अनुभव करती थी। पंडित जी के विशेष स्नेह की भागीदार समझती थी। मेरी तरह अनेक हैं। उन भाग्यशालियों के संस्मरण सुनकर, इस माने में अपना सौभाग्य तो पानी भरता दिखता है। जीवन के किसी क्षेत्र में नेता ऐसे ही बना जाता है। राजनीति, साहित्य और समाज को एक-दूसरे के पूरक मानते थे पंडित जी, प्रतिद्वन्दी नहीं। इसलिए उनकी लेखनी से निःसरित साहित्य में इतिहास से लिया चिन्तन था, वर्तमान की चिन्ता, तो भविष्य के प्रति चेतावनी भी। भूत की वीथियों में घूमती उनकी लेखनी वर्तमान के सत्य को आँखों से ओझल नहीं होने देती थी। और उस सत्य के साक्षात्कार में वे भविष्य की राह तलाशना नहीं भूलते थे। राह गढ़ते थे। ऐसे दिशा द्रष्टा ने राह में ही चलते-चलते विराम क्यों लिया। अल्प विराम होता तो चलता। उन्होंने तो पूर्ण विराम ले लिया। इसीलिए तो हृदय विदीर्ण हुआ जा रहा है। उनका जाना उनके परिवार की नहीं, समाज की क्षति है।

तीन वर्ष पूर्व जयपुर में 'साहित्य में महिलाएँ' विषय पर सम्मेलन रखा था। 'नारी सशक्तिकरण पर्व' मनाया जा रहा था। श्रीमती सुषमा स्वराज, तात्कालीन सूचना प्रसारण मन्त्री उद्घाटन के लिए जाने वाली थीं। आखिरी वक्त पर उनका फोन आ गया— "मैं नहीं जा सकूँगी। मुझे पाकिस्तान के राष्ट्रपति के आगमन पर आगरा में रहना है।" अब क्या होगा। प्रश्न तो उभरा। पर साथ ही संकट से उबारने के लिए पंडित जी की आकृति भी सामने आ गई। साहित्य और महिला, महिला साहित्यकार, साहित्य में महिला, चाहे जितने विषय बनते हों, पंडित जी नारी के भूत, वर्तमान और भविष्य के बारे में बोलने के अधिकारी थे। इस विषय में उनका चिन्तन अनोखा है।

वे नारी के विकास के लिए 'पुरानी नींव, नया निर्माण' के प्रवक्ता थे। वे बनारस में थे। मैंने हिम्मत जुटा कर दूरभाष पर जयपुर चलने की प्रार्थना की। मेरी अपेक्षा के विपरीत तुरन्त तैयार हो गए। इतना तो उन्हें भी अन्दाज रहा होगा कि अन्त समय में किसी और के स्थान पर उन्हें मैंने बुलाया था। पर न मैंने बताया न मुझसे यह पूछकर 'किसका स्टेपनी बना रही हो' मुझे शर्मिन्दगी का दंश भोगने के लिए मजबूर किया। चल पड़े मेरे साथ जयपुर। मेरे आग्रह को कितना बड़ा सम्मान मिला। उनके साहित्य में अंकित नारी के प्रति सम्मान का व्यवहारिक रूप। रास्ते में अनेकों प्रसंग सुनाए। मेरे सामने पचास वर्ष पूर्व हिन्दी, साहित्य, सेवा और समाज के जीवन्त रूप उपस्थित हो गए। उनके प्रसंग वर्णन में रोचकता होती थी। बस! सुनते जाइए, सुनते जाइए। पाँच घंटे की यात्रा में बोझिलता ने स्पर्श तक नहीं किया। इतिहास पुरुष थे। कथावाचक भी।

मैंने समय का फायदा उठाना चाहा। मेरा उपन्यास, प्रेस में था। उपयुक्त नाम नहीं जँच रहा था। मैंने कथानक सुनाकर पूछा— "क्या नाम रखूँ?" बहुत देर तक चुप रहे। मैंने सोचा, शायद मेरा आग्रह उन्होंने सुना नहीं। पर थोड़ी देर में ही बोले— " 'अतिशय' नाम रखो। जीवन की अतिशयता को ही उकेरा है तुमने। अतिशयता का परिणाम दिखाते हुए पाठक को आगाह भी किया है। हमारी संस्कृति में जीवन के किसी क्षेत्र में अतिशयता वर्जित है।"

नाम मुझे भी जँच गया 'अतिशय' मेरी श्रेणी में बहुत से उभरते और स्थापित साहित्यकार हैं जो उनसे अपनी ऐसी उलझनें सुलझवा लेते रहे हैं। हमारे सभी प्रश्नों के जवाब थे उनके पास। चिन्तक जो थे। जीवन को समग्रता में देखने के आग्रही थे।

वे अपने आत्मीय लोगों के आग्रह की अवहेला नहीं कर पाते थे। इसलिए घूमते ही रहते थे। चलते-फिरते इनसाइक्लोपीडिया थे। कई विषयों के डिक्शनरी। मेरे जैसे बहुत-से लोग जिसके पन्ने पलटते रहते थे। खानपान, रहन सहन, वेषभूपा में पारम्परिक पंडित जी के विचार अधुनातन थे। पाश्चात्य दर्शन और साहित्य के भी ज्ञाता थे। भारतीय दर्शन और जीवनशैली के विशेषज्ञ, पंडित जी, पाश्चात्य दर्शन और साहित्य को नकारते नहीं थे। पर उन विचारों को अपनी मिट्टी, पानी और आवोहवा के अनुकूल बीज नहीं मानते थे। स्त्री-पुरुष सम्बन्ध और स्त्री सम्बन्धित उनके विचार अनुकरणीय थे और रहेंगे। अपने अन्तिम सम्पादकीय में उन्होंने अपनी सहचरी के बिना जीवन अधूरा तो माना ही, वर्तमान समय में दाम्पत्य जीवन के बारे में उठते प्रश्नों के जवाब भी चलते-चलते दे गए।

उन्होंने लिखा— "पत्नी की बात करते समय लोग भारत में नारी के अभिशप्त जीवन की बात करते हैं, उसकी मुक्ति का अभियान चलाते हैं। वे भूल

जाते हैं कि नारी जितना पुरुष पर अवलम्बी है, उससे ज्यादा पुरुष नारी पर अवलम्बित होता है। वैसे तो लगेगा कि मेरी व्यक्तिगत क्षति हुई है और वह अपूरणीय है, लेकिन वस्तुतः यह क्षति एक विशाल परिवार की क्षति है, जो अपरिचित को भी वात्सल्य प्रदान करनेवाली, कम पढ़ी-लिखी नारी से प्राप्त स्नेह से बँधा रहा है।''

उन्होंने अपनी जीवन सहचरी को स्मरण किया— ''देश-विदेश में जहाँ गईं वहाँ उन्होंने आत्मीयता का ऐसा विस्तार किया कि मुझे स्मरण है, उन स्थानों से आते समय हवाई अड्डों पर गाँव से कन्या की विदाई जैसा विचित्र हाहाकारी दृश्य उपस्थित हो जाता था। मनुष्य का सहज धर्म है अपने को बाँटते रहना। इस धर्म का संस्कार उन्होंने कहाँ से पा लिया था, राम जानें, पर उनके साथ रहते हुए मैंने अनुभव किया कि असली सुख बाँटने में है, सँजोकर रखने में नहीं है।''

उन्होंने नदी, नारी व संस्कृति लेख में नारी जीवन की तुलना नदी से की है— ''जिस प्रकार नदी निरन्तर बहती रही है और ऊँचाइयों के मोह को छोड़कर बहुत निचली ढलान की ओर बहती है, उसी प्रकार माँ धीरे-धीरे अपने पिता, अपने पति से सन्तान की ओर अधिक अभिमुख होती हुई उसी के सुख के लिए जीती है। इसी में ही नारी अपनी पूर्ण सार्थकता पाती है।''

नारी-जीवन को संस्कृति के साथ बैठाकर डॉ. विद्यानिवास मिश्र ने कहा— ''भारतीय संस्कृति अतीत की ओर नहीं देखती, वह वर्तमान और भविष्य की ओर देखती है। लड़की अपने पिता के घर अपने छोटे बहन-भाइयों को दुलारती है, देखती है। ससुराल जाकर देवर व ननद पर न्योछावर होती है। फिर अपने बच्चों और तदन्तर उनके बच्चों को देखती है।''

नारी-जीवन भी संस्कृति की तरह ही है। उनका कहना है— ''भारतीय संस्कृति नए-नए अवरतण की, नए-नए जनम की, प्रत्येक उत्सव में नए होने की कामना की संस्कृति है। इस अर्थ में नदी, नारी और संस्कृति तीनों एक-दूसरे में ओत-प्रोत हैं। इसीलिए भारत के बारे में समग्र अवधारणा बिना इन तीनों के जुड़ाव के सम्भव नहीं है।''

सबके लिए सहज और सरल थे पंडित जी। मेरे साथ साली का रिश्ता था। इसलिए मैं कभी-कभी मनोविनोद कर लिया करती थी। मुस्कराने लगते थे। चेहरा सूर्ख हो जाता था। लोकशैली में जीजा-साली के सम्बन्ध समझकर प्रसन्न होते थे। ज्ञान के साथ सरलता भी थी। हृदय में ममता भी। गुरु जैसी वात्सलता। इसलिए एकबार जो मिलता था, उनसे बिछुड़ता नहीं था। अकसर उस श्रेणी के व्यक्तित्व से मिलकर लोग अपने को छोटा महसूस करते हैं। पर पंडित जी अपने सम्मुख बैठे

अल्पज्ञानियों में भी कोई विशेषता ढूँढ़कर उसके सामने रख देते थे। बड़े मानुष से मिलने वाले व्यक्ति को ही अपनी नजर में बड़ा बनाकर भेज देते थे। वे अपनी दादी और पत्नी से बहुत प्रभावित थे। उनका कहना था— ''दादी, नानी और पत्नी से मैंने बहुत से अज्ञात रहस्यों का अर्थ पाया है, जो लोक के गर्भ में छुपे हुए हैं। मेरा किताबी ज्ञान उस अपरिचित वाचिक स्रोत के किनारे बराबर अपने को छोटा पाता रहा है।''

वे मकड़ा की तरह मात्र अपने अन्दर से जाला नहीं बुनते थे। मधुमक्खी की भूमिका में थे। घूमना और संचय करना। ययावर बनकर समाज की विभिन्न क्यारियों से पराग एकत्रित करते रहते थे। इसीलिए उनका साहित्य समाज के स्वास्थ्य के लिए हमेशा मधु का कार्य करता रहेगा।

समाज, राजनीति, साहित्य और साहित्यकारों के लिए, उनका जाना एक बड़ी क्षति है। आपके साथ मेरी भी व्यक्तिगत क्षति हुई है। मानो साहित्य में बढ़ावा देने वाला, मेरे साहित्य के गुण अवगुण बताने वाला, कोई आत्मीय कुछ बताते-बताते अन्तर्ध्यान हो गया हो। उठने और सँभलने में समय लगेगा। पंडित जी अब नहीं मिलेंगे। जितना दिया है, उतना ही क्या कम है। उससे ही सन्तोप करना पड़ेगा, समाज, साहित्य, राजनीति और हम सबको भी।

रेखा जैन का सामाजिक सरोकार

रंगकर्मी रेखा जैन जी का पूरा जीवन नाट्य साधना में ही बीता। 19 वर्ष की आयु में ही उन्होंने कलाकार जीवन की शुरुआत की थी। तबसे लेकर 84 वर्ष की आयु तक यानी 21 अप्रैल 2010 तक नाटक के बारे में ही सोचती, लिखती, अभ्यास करवाती रहीं। वे 1943 में कोलकाता में 'बंगाल कल्चरल स्क्वैड' से जुड़ गई। थिएटर में उन्होंने इप्टा के जरिए प्रवेश कर कई प्रसिद्ध नाट्य निर्देशकों के साथ काम किया। दिल्ली में 'चिल्ड्रंस लिटिल थियेटर' के साथ वे लम्बे समय तक जुड़ी रहीं। वे दिल्ली में बच्चों के थिएटर ग्रुप से सम्बद्ध हो गईं। उन्होंने 'उमंग' की स्थापना की। बाल रंग मंच के क्षेत्र में उनका लम्बा कार्यकाल गुजरा। बच्चों को रंगमंच की बारीकियाँ सिखाने में उल्लेखनीय कार्य किया। रंगमंच में सक्रिय और निष्ठावान योगदान के लिए उन्हें संगीत नाटक अकादमी सहित कई पुरस्कार से नवाजा गया।

उनके बारे में इतनी या इससे भी अधिक जानकारी बहुतों को है। मेरी उनसे मुलाकात 2000 में हुई। वे लेखिका संघ के कार्यक्रम में मुझे मिली थीं। बहुत ही साधारण वेश-भूषा में। दिल्ली के प्रतिष्ठित धनाढ्य घर की महिला के मुख पर शील की परत पड़ी थी। उन्होंने मुझे भी बहुत आकर्षित किया था। दूसरे-तीसरे दिन किसी और महिला का फोन आया। मैं केन्द्रीय समाज कल्याण बोर्ड की अध्यक्ष थीं। वे मुझसे मिलने मेरे दफ्तर में आईं। बातचीत में मात्र उनके विषय में विशेष जानकारी ही नहीं मिली, समाज की विभिन्न समस्याओं के बारे में विचारों का आदान-प्रदान भी हुआ। उन्होंने 'उमंग' का परिचय दिया। बच्चों से नाटक करवाती थीं। उनके साथ आई दूसरी महिला ने बताया—"यह साधना है इनकी। बच्चों को नाटक का अभ्यास करवाते समय ये अपना खाना-पीना भी भूल जाती हैं। अपने काम को पूजा समझकर ही डूबती है। तभी तो इन्हें रंगकर्म जगत में विशेष पहचान मिली है।"

वे मेरे पास एक प्रस्ताव लेकर आई थीं। उनका प्रस्ताव था कि झुग्गी-झोपडियों से पचास और मध्यम तथा उच्च मध्यम वर्ग के पचास बच्चों को मिलाकर एक नाटक का मंचन करवाना है। आपकी संस्था से आर्थिक अनुदान

चाहिए।''

उसी बीच एक फाइल मेरे टेबल पर हस्ताक्षर के लिए आई। मुझे सुखद आश्चर्य हुआ। मैंने रेखा जी से कहा—''रेखा जी! यह कैसा सुसंयोग है। अभी-अभी जो फाइल मेरे पास आई है उसमें देश भर में 200 ऐसी यात्राओं पर बच्चों को भेजना है, जिसमें 20 झुग्गी या ग्रामीण क्षेत्र के बच्चे होंगे, बीस शहरी उच्च मध्यम वर्ग के। मैंने संस्थाओं को निर्देश दिलवाया है कि दोनों वर्गों से आए बच्चों को मिला दें। भोजन, घूमने-टहलने, सोते समय भी एक गाँव, एक शहर इस तरह ही मिले-जुले रहेंगे बच्चे। यह कोई सरकारी योजना नहीं थी। समाज में आ रहे फासले को देखते हुए हमने एक अभिनव कार्यक्रम बनाया है।

रेखा जी भी प्रसन्न हो गई। बोली—''रंगमंच के द्वारा भी तो समाज की समस्याओं का निदान ही ढूँढ़ा जाता है। रंगमंच भी मात्र मनोरंजन के लिए नहीं है। मुझे भी यही लगा कि समाज में हमारे बीच फासले बहुत बढ़ रहे हैं। कोठियों के बच्चे झुग्गियों के बच्चों से बात तक नहीं करते। संगसाथ उठना-बैठना, खेलना-कूदना तो दूर की बात है। हमने इसी फासले को पाटने के लिए 'उमंग' के द्वारा यह कार्यक्रम बनाया है। आपको आश्चर्य होगा कि दोनों वर्गों के बच्चे नाटक करते-करते दूध पानी की तरह मिल जाते हैं। झुग्गियों वाले बच्चे ज्यादा ही होशियार निकलते हैं। हम भी डांस या नाटक करवाते समय दोनों वर्गों से एक-एक को लेकर जोड़ियाँ बनवाते हैं।''

समाज की एक वृहत्तर समस्या का खेल-खेल में हल निकालना। बच्चे पाँच दिनों तक संग-संग रहकर घूमने जाएँ या एक महीने तक संग-संग नाटक का अभ्यास करें, बात तो एक ही है। दो वर्ष बाद ही उन्होंने 'वन्दे मातरम' नामक सफल नाटक सौ बच्चों के ग्रुप से करवाया था। राष्ट्रीय समस्याओं का हल ढूँढ़ता नाटक। सौ बच्चे स्टेज पर एक साथ आए। समाज के दो छोरों पर स्थित परिवारों के बच्चे। नाटक का विषय तो कुछ और था। पर रंगमंच पर भूमिका निभाने वाले बच्चे कुछ और संस्कार ग्रहण कर रहे थे। समाज में बढ़ रहे फासले को कम करना।

रेखा जी राजनीतिक नेता नहीं थीं। इसलिए भाषण नहीं देती थीं। समाज की समस्याओं पर मात्र आँसू नहीं बहाती थीं। समस्याओं को निपटाने का दम्भ नहीं भरती थीं। वादे नहीं करती थीं। पर उनके द्वारा लिखित और निर्देशित नाटक बहुत कुछ कह जाता था। समाज को दे जाता था। रेखा दीदी नहीं रहीं। अकसर मुझसे दूरभाष पर देर तक बातें करती थीं। विशेष कर जब कभी मेरी कोई रचना कहीं पढ़ लेतीं, मुझे अवश्य दूरभाष पर अपना उद्‌गार प्रगट करतीं। हमारा मन मिल गया था। उस दिन समाचार पत्र में उनके निधन का समाचार पढ़कर हृदय विदीर्ण हुआ। 84

वर्षीय रेखा जी अपने संग-साथ तीन पीढ़ियों को लिए चलती थीं। कई बार दूरभाष पर उनकी पोतियों से बात हुई। जैसी घर में, वैसी बाहर और वैसा ही रंगमंच पर। जैसा व्यवहार वैसा नाटक। पृथ्वी पर ऐसे पात्र भी आते हैं। इस रंगमंच पर अपनी भूमिका निभाकर चले जाते हैं। रेखा जी ने संसार के रंगमंच पर जो भूमिका दिखाई, वह अविस्मरणीय रहेगा। उनके लिए सच्ची श्रद्धांजलि उनके द्वारा दिखाए राहों पर चलना ही होगा। उनके कार्य को आगे और आगे ले जाना। उनके परिवारजनों के प्रति संवेदना व्यक्त करते हुए मेरा हृदय भी विदीर्ण हुआ है। वे मुझे भी अपनी-अपनी-सी ही लगती थीं। मात्र दस वर्षों का सम्बन्ध था। दूरभाषीय मिलन। फिर भी अपनी थीं। ऐसा ही था उनका व्यक्तित्व और ऐसी ही थीं रेखा जी।

अवसान एक कलमजीवि लेखनी का

कुछ दिन पूर्व की बात है। नोएडा स्थित अपने सूर्या संस्थान के अध्यक्षीय आवास खंड से बोलने की कोशिश कर रही थीं—"मैं दिल्ली जा रही हूँ। तुम वहीं मिलने आना।"

सदा की तरह मैं अपनी व्यस्तता के कारण उनके 114, कैलाश हिल्स के बेसमेंट फ्लैट में जाना भूल गई। और 21 दिसम्बर को उनके देह-त्याग की खबर आई तो एक बार पुनः अपने द्वारा निर्मित अपनी व्यस्तता पर झुँझलाहट हुई। व्यस्तता बोझ लगने लगी।

क्या नाता-रिश्ता था मेरा या हम सबका उस नन्हे शरीर में स्थित बड़े संघर्षपूर्ण दीर्घ जीवन का? आशारानी व्होरा पत्रकार, रचनाकार, समाजशास्त्री चिन्तक, विचारक तो थी हीं। पर इन जिम्मेदारियों को निभाने और विशेषणों को प्राप्त करने में उनका सच्चा साथी संघर्ष ही था।

बचपन तो सुविधा सम्पन्न सामन्ती माहौल में बीता पर शेष जीवन निरन्तर संघर्ष की आँधियों में डोलता, समय के थपेड़े खाता, विपरीत परिस्थितियों से जूझता और साधना की आँच में तपता-सा। 7 अप्रैल 1921 को झेलम में जनमी आशारानी जी की 1942-46 स्वतन्त्रता संग्राम में भी भागीदारी रहीं। प्रजाब में (1946) 'नारी रक्षा समिति' की स्थापना व संचालन, 1947-50 ग्वालियर में शरणार्थी महिलाओं के लिए 'महिला शिल्प केन्द्र', महू में 'आशा कला केन्द्र' से समाज सेवा करती नोएडा में 'सूर्या संस्थान' की स्थापना और संचालन अन्तिम क्षण तक करती रहीं।

सरिता की संवाददाता के रूप में अपनी पत्रकारिता का पेशा प्रारम्भ कर वे 84 वर्षीय जीवन जीती संघर्षरत ही रहीं। मात्र 110 पुस्तकों की रचइता आशारानी व्होरा जी की लेखनी से जीवन का कोई अंग अछूता नहीं रहा। सिलाई-कटाई, घर के साज-सज्जा से लेकर अमेरिका से चले 'विमेन लिव' की विवेचना तक। लघु लेख, कहानियाँ, सर्वेक्षण विचारोत्तक लेखों से लेकर समाज-राजनीति-साहित्य से जुड़े विशिष्टजनों के साक्षात्कार भी। मनुष्य जीवन के शैशवावस्था से लेकर वृद्धावस्था

तक की समस्याएँ उनके चिन्तन के विषय थे।

यूँ तो आशारानी व्होरा के लेख पढ़कर बहुतों ने घर सँजाना सीखा होगा, कइयों के पारिवारिक जीवन की गुत्थियाँ सुलझ गई होंगी। महिला संस्थाओं को कार्य करने की दिशा मिली होगी। परन्तु कम लोगों का ध्यान इस ओर गया कि वे किशोरावस्था से ही सारगर्भित कविता भी करती थीं और उनके दो कविता-संग्रह पिछले दिनों ही प्रकाशित हुए।

श्रमजीवि लेखिका समाज की नब्ज पर उँगुलियाँ क्या रखती थीं, उन्हीं उँगुलियों के बीच में थमी कलम से समाज के लिए स्वास्थ्यवर्द्धक सामग्रियाँ और भविष्यवाणियाँ भी निस:रित हो जाती थीं। वे एक अग्रसोची महिला थीं।

नब्बे के दशक में जब समाजचिन्तक राजनेता, बुद्धिजीवि, कलमजीवि, भारतीय समाज का तेजी से हो रहे पश्चिमीकरण से व्यथित थे, आशा जी की दूरदृष्टी कलम ने सुदूर की देख ली। उनकी पुस्तक आई—''पुन: भारतीयता की ओर।'' दूर-दूर तक ऐसा दृश्य दिखता नहीं था। खानपान, रहन-सहन, विवाह-तलाक सब ओर पश्चिम का प्रभाव दिखता था। उसी अन्धकार में आशा जी को पुन: भारतीयता के लौटने की चिंगारी दिख गई और सामाजिक, राजनैतिक, साहित्यिक दृष्टि और व्यवहार को झकझोरती एक विचारधारा भारतीयता की ओर लौटने के लिए उत्साहित हुई। आज भी एक ओर पश्चिमीकरण की धुन है तो दूसरी ओर भारतीय जीवन दृष्टि को अपनाने की कोशिश भी।

आशा जी आशावादी थीं। उन्होंने समाज जीवन में आ रही विद्रुपताओं को दूर करने के उपाय सुझाए। वे भारतीयता की पोषक थीं। इसलिए पश्चिमी सभ्यता के प्रभाव को दूर कर भारत के अतीत से ही निदान ढूँढ़ लाती थीं। बच्चों का जन्मदिन मनाने की भारतीय विधि हो या शिशु के संस्कारों को सँजोने का तरीका, आशा दीदी के पास निदान थे। पश्चिम से चले 'नारी मुक्ति' की दृष्टि और व्यवहार को करारा जवाब या उसे भारतीय परिपेक्ष्य में बरखास्त करने वाली वह पहली समाजशास्त्री और लेखिका थीं।

अस्सी के दशक में अधिकारोन्मुख हो रही महिला समाज को उन्होंने—''कर्तव्य की लागत लगाकर अधिकार अर्जित करें की सलाह दी।'' समाजहित में विचारने, लिखने वाले साहित्यकार का यही कर्तव्य होता है जिसे आशा रानी जी ने निभाया। तभी तो समाज द्वारा सम्मानित होने का उन्होंने अधिकार अर्जित किया है।

उनका सारा लेखन शोध कार्य है। उन्होंने समाज जीवन पर शोध और अध्ययन किया। महिला जीवन पर केन्द्रित लेखन उन्हें पुरस्कार और सम्मान तो

दिलवा पाए। पर उनके श्रम और समाज को उनकी देन का उचित मोल नहीं लगा पाया कोई। शायद इसलिए भी कि उनकी भाषा हिन्दी थी। बांग्ला भाषा में लिखने पर उन्हें वह सम्मान और स्वीकृति भी मिलती जो एक अग्रणी सोच-विचार रखने वाले व्यक्ति को मिलना चाहिए। साहित्य का एक उद्‌देश्य है—"कान्ता सम्मति उपदेश विधे।" आशा जी के लेखन ने इस उद्देश्य को प्राप्त किया है।

बेवाक बोलती और बेवाक लिखती थीं। किसी राजनैतिक दल से सम्बद्ध नहीं थीं। श्रीमती इन्दिरा गाँधी, श्री शंकर दयाल शर्मा, श्री अटल बिहारी वाजपेयी, डॉ. करण सिंह जैसे राजनीतिज्ञों का उन्हें सम्मान मिलता रहा। वे सबसे मिलती रहीं। सबों को अपने चिन्तनधारा से निकले समाजोपयोगी मोतियों की भेंट भी देती रहीं। सभी वरिष्ठ सम्पादक, साहित्यकार उनकी कर्मठता और श्रम के कायल होते थे। डॉ. लक्ष्मीमल्ल सिंघवी, विष्णु प्रभाकर जी, श्री रमेश चन्द्र जैन (टाइम्स ऑफ इंडिया) सरीखे सभी गणमान्य उनका निमन्त्रण अस्वीकार नहीं कर पाते थे। श्रीमती चित्रा मुद्‌गल, शीला झुनझुनवाला, राजी सेठ, उमा मालवीय, कमला सिंघवी, स्व. दिनेश नन्दिनी डालमिया सभी लेखिकाओं को उन्होंने अपने स्नेहसूत्र में बाँध रखा था। उनके स्नेहिल भावों की डोर में बँधी जकड़ी हम लेखिकाएँ उनके बुलावे पर नोएडा पहुँच जातीं। सब यही स्वीकार करतीं—"इनका बन्धन खींच लाता है। इनके श्रम के आगे हम नतमस्तक हैं।"

सहज, सरल, धीमे स्वर में बोलने वाली आशा जी की भाषा भी सहज सरल तो थी ही। 'देखन में छोटन लगै, घाव करे गम्भीर' को साकार करता व्यक्तित्व। उनका सारा साहित्य भारतीय नारी को व्यक्तित्व प्रदान करने वाला है। उनकी पुस्तक 'भारतीय नारी: दशा और दिशा' ने राजनैतिक और सामाजिक क्षेत्र में नारी की स्थिति और माँग को दिशा दी।

उनके साथ काम करने वालों को मालूम था कि वे हठी भी थीं। उनकी हठधर्मिता अपने वसूलों पर अड़े रहने का सन्देश देती थी।

कमाल की जीवट वाली थीं दीदी। कष्ट सहिष्णुता में उनकी शानी नहीं। नोएडा ऑथोरिटी द्वारा आवंटित उस छोटे से परिसर में भी साज-सँवार का ध्यान रखती थीं। पर उनके सिर पर स्थित छत ही आकाश से बरसते बादल को रोकने का सामर्थ नहीं रखती हो तो आशा जी क्या करें? छत मरम्मत कराने में चूक गई हों, बारिश के पानी को बर्दाश्त करने का भरपूर सामर्थ था उनमें। बारिश से नन्हे बिछावन, छोटा-सा सोफा, कुर्सियाँ, उसके द्वारा सम्मान ग्रहण करती हुई तस्वीरों को बचाने से अधिक श्रम वे पुस्तकों और पांडुलिपियों को बचाने में लगाती थीं।

दरअसल, पुस्तकें और पत्र-पत्रिकाएँ ही उनका ओढ़ना, बिछौना, सखि-सखा-सहेलियाँ थीं। इनसे वे, उनसे ये थीं। मई-जून की गर्मी। कूलर और एयरकंडिशन की सोची भी नहीं उन्होंने। गर्मी के फफोले से शरीर भर गया। उन फफोलों ने भी बड़े प्यार से उनके शरीर पर कुछ दिनों के लिए स्थायी बसेरा बना लिए। आशा दीदी ने बर्दाश्त कर लिया उनका संगसाथ। सुनने वालों का शरीर जितना भी सिहरा हो, दर्द की स्मृति को आत्मसात किया हो, आशा जी सुनाते समय ईश... भी नहीं करती थीं। दर्दखोर जो थीं।

एक स्थान पर स्थिर नहीं रहतीं। इकलौता बेटा डा. व्होरा उन्हें बुलाकर दिल्ली ले आते। वे उनके आवास पर निश्चिन्त कहाँ रहतीं। सूर्या संस्थान की संस्थापिका आशा रानी जी को उस परिसर में ही चैन मिलता था। इधर पाँच वर्षों से दिल्ली के कैलाश हिल्स से नोएडा, नोएडा से दिल्ली का उनका चक्कर लगता रहा। और उस दिन वह खबर भी आ ही गई—"आशा दीदी नहीं रहीं।" मात्र 22 कि. ग्राम का वजन रह गया था। पैर की उँगुलियाँ भी टेढ़ी हो गई थीं। मन की जीवन्तता और जीजिविषा में कमी नहीं आई थी। नोएडा स्थिति अनेक साहित्यकार और समाजसेवी उनकी बुलाहट पर दौड़े चले आते थे। 21 दिसम्बर को उन्होंने किसी को पुकारा नहीं। सब इकट्ठे हुए थे उनको अन्तिम विदा देने। परन्तु उनके पार्थिव शरीर को श्रद्धांजलि देते उन्हें अलविदा कहते हुए भी यही विचार आया समाज ने उनके श्रम और अपने लिए देन के प्रति सच्ची श्रद्धांजलि नहीं दी। चलो ऐसा भी होता है। आशा दीदी नहीं रहीं। आशा दीदी जीवित रहेगी हमारे बीच। उन्हीं के शब्दों में—

'सोता, जागता है व्यक्ति
सतत जागता है समय,
चलता, ठहरता है व्यक्ति
सतत भागता है समय,
सपने देखता है व्यक्ति
यथार्थ दिखाता है समय,
हँसता, रोता है व्यक्ति
हँसता-रुलाता है समय

समय के कान मत मुरको
समय की थाप पर थिरको
समय की चाल मत नापो

कदम अपने ही तुम साधो,
समय से सत्य को छानो,
समय की नब्ज पहचानो
समय की मार यदि खाओ
समय से हार मत जाओ।'

एक साहित्यिक तीर्थ

'तो देख लिया आपने हमारा पागलखाना!' मुजफ्फरपुर (बिहार) स्थित अपने 'निराला निकेतन' आवास पर मेरे द्वारा अपने पाँव छूने के लिए झुकते समय पूछा आचार्य जानकी वल्लभ शास्त्री ने। मात्र एक घंटे के मिलन की विदा घड़ी थी। मैंने उनके जीवन की समीक्षा उनके ही मुख से कुछ क्षण पूर्व सुनी थी। इसलिए मैंने भी तपाक से कहा—''हाँ, ऐसे लोगों को दुनिया पागल ही कहेगी। लीक से हटकर चलने वाला व्यक्ति सनकी ही कहा जाता है।''

सच तो यह है कि जानकीवल्लभ शास्त्री बनने के लिए विशेष साहस, विशेष जीवन दृष्टि और व्यवहार चाहिए। भारतीय जीवन दर्शन का विशेष ज्ञान भी। ज्ञान को व्यवहार में उतारने की हिम्मत भी।

साहित्यकार बनना एक बात है और जानकीवल्लभ शास्त्री बनना दूसरी बात है। साहित्य के उद्देश्य को सहजता से जीना असहज बात है। 'आत्मवत सर्वभूतेषु' को कंठाग्र करना आसान बात है, इसे आत्मसात करके व्यवहार में उतारना अत्यन्त कठिन। बहुत दिनों से आचार्य जानकीवल्लभ शास्त्री की विशेषताएँ सुन रखी थीं। कई बार उनसे मिलना भी हुआ था। वे गाय, कुत्ते और बिल्लियाँ पालते हैं। अपनी सारी आमदनी उन्हें खिला देते हैं। इससे पूर्व उनके आवास 'निराला निकेतन' में एक-दो बार जाना भी हुआ था, परन्तु उनसे अन्तरंग बातें कभी नहीं हुई थीं। इस बार मैं उनके पूर्व सहकर्मी, अपने पति रामकृपाल सिन्हा के साथ गई थी। सम्भवतः उन्हें देखते ही शास्त्री जी की आत्मीयता मुखर हुई और उनका अन्तर्मन रिसने लगा। वे अपने बाल्यकाल में गोते लगाने लगे।

बोले—''मेरे सौभाग्य का प्रारम्भ मेरे तीन वर्ष की आयु से हुआ। मेरी माँ मुझसे छिन गई। मैं बिना माँ का बच्चा, अपने पिता की गोद में आ गया। सुदर्शन व्यक्तित्व के धनी पिताजी ने मेरा मुख देखकर आत्मीयजनों का आग्रह ठुकरा दिया—मैं दूसरा विवाह नहीं करूँगा। एक व्यक्ति के जीवन में एक ही बार किसी स्त्री से सम्बन्ध जुड़ना चाहिए।''

"वे मुझे पालते रहे। पढ़ाया-लिखाया। आठ वर्ष की उम्र तक मैं गाँव माघरा (गया जिला बिहार) में रहा। दस वर्ष की उम्र में गया आया। तब तक परीक्षा क्या होती है, नहीं जानता था। प्रथमा की परीक्षा दी। जब मैं लिख रहा था, मेरे हाथ से कागज छीन लिया गया। मैं रोने लगा। परीक्षा कक्ष में निरीक्षकों के लिए चमत्कार की बात थी। कॉपी में जिन सुन्दर अक्षरों में शुद्ध भाषा और सारगर्भित बातें मैंने लिखी थीं, दस वर्ष की आयु के छात्र के लिए सम्भव नहीं थीं। मुझे छात्रवृत्ति दी गई। मैं परीक्षाओं में कभी दूसरे स्थान पर नहीं आया। बिहार उड़ीसा माध्यमिक बोर्ड की परीक्षाओं में प्राप्त अंकों का रिकार्ड तोड़ उसके उपरान्त बनारस गया। वहाँ भी परीक्षा फल का वही अनूपात रहा। उन्हीं दिनों पत्र-पत्रिकाओं में छपता था। मैं मालवीय जी के सान्निध्य में रहा। बहुत-कुछ देखा। उस महामना के जीवन-व्यवहार से बहुत कुछ सीखा। मालवीय जी की मृत्यु हो गई। मुझे बहुत सदमा पहुँचा।

"रायगढ़ (मध्य-भारत) के राजा मुखधर पांडे थे। वे मुझे रायगढ़ ले गए। अपने विद्यालय में प्रधानाध्यापक बना दिया। छोटी उम्र, बड़ा पद। शनैः-शनैः मेरा आत्मविश्वास जागा। उन दिनों प्रधानाध्यापक का पद बहुत गरिमामय होता था। राजा भी सम्मान करते थे। मेरे धाराप्रवाह हिन्दी और संस्कृत बोलने पर वे अभिभूत हो जाते थे। उन्हें अपने चयन पर परितोष होता था। महाराधिराज की तीन रानियाँ थीं। सम्भवतः वे चौथी लाना चाहते थे। अन्दर की बात कोई नहीं जान पाया। गृह-कलह का परिणाम उनकी आत्महत्या हुई। मैं बीमार होकर घर आया था। उनकी मृत्यु की खबर सुनकर तो अपना सामान उठाने भी रायगढ़ नहीं गया। लोगों ने कहा—"आप क्यों रायगढ़ छोड़ रहे हैं?" बाबूजी ने भी उस पद को छोड़ने पर नाराजगी जताई। उन दिनों भारत स्वतन्त्र नहीं था। मैं अपने विचारों और व्यवहार से स्वतन्त्र होने लगा था। मैंने पिताजी से कहा—"मैं नौकरी ढूँढ़ने जाता हूँ। खाली हाथ लौटकर नहीं आऊँगा।" मुजफ्फरपुर स्टेशन पहुँचा। वहाँ बेंच पर बैठकर रोने लगा। कुछ लोग मेरी लम्बी-चौड़ी काया, दिव्य मुखड़ा और कन्धे तक लटके लम्बे घुँघराले बाल देखकर प्रभावित हुए। सामान्य से हटकर तो मैं था ही। वे मुझे मुजफ्फरपुर संस्कृत कॉलेज ले गए। उस समय के शिक्षा प्रेमी और शहर के रईस उमाशंकर बाबू ने मुझे अपने पास रखा। वे संगीत और साहित्य के प्रेमी थे। मुझे बहुत सम्मान दिया।

"उसी बीच मेरी पत्नी का स्वर्गवास हो गया। मैं उनसे बहुत नहीं मिला था। रूप-सौन्दर्य पूछिए मत। अपूर्व सुन्दरी थीं। मैं उनसे पति के नाते एक बार मिला था। उन्हें एक पुत्री-रत्न की प्राप्ति हुई थी। स्त्रीत्व का पद मातृत्व में बदल गया था।

उनकी मृत्यु पर मुझे दु:ख तो हुआ, पर मेरी उस व्यथा को लम्बी आयु नहीं मिल पाई क्योंकि हम दोनों की अन्तरंगता नहीं हुई थी—सिर्फ दूरी रहने के कारण। बाबूजी भी गाँव में अकेले हो गए। वे मेरे पास (निराला निकेतन, मुजफ्फरपुर) आ गए। आठ-दस वर्ष मेरे साथ रहे। उन्होंने दूसरा विवाह नहीं किया था। मैंने दूसरा विवाह किया। वे नाराज नहीं हुए।'' शास्त्री जी हमारे बीच बैठी अपनी सहधर्मिणी छाया शास्त्री की ओर देखते हुए बोले।

शास्त्री जैसा पति की सहधर्मिणी बनना भी विशेष साहस का काम है। एक तपश्चर्या ही। तपस्या से अर्जित आभा से उनका मुखारबिन्द आच्छादित था। शिव-पार्वती की जोड़ी स्मरण हो आई। दुल्हा रूप में शिव के रूप, गुण और कर्म को देखकर माता सुनयना ने कहा था—''वर मिललौ बौराहा हे गौरा, कइसे क दिनमा जतओ हे। अपने शिवजी बसहा पर चढ़तौ, तोरा से डोरी धरौतो है।'' छाया शास्त्री ने अपने शिव रूप पति को अपने जीवन का साध्य और साधन बना लिया है। उनकी अपनी कोई सन्तान नहीं है। परन्तु कुत्तों, गायों, बैलों की सेवा में रत उन्हें सम्भवत: इसका अहसास ही नहीं होगा। शास्त्री जी की सेवा ही उनका जीवनोद्देश्य है।

शास्त्री जी ने फिर कहना प्रारम्भ किया—''पिताजी ने शहर आकर कहा—'मैं मोल लिया हुआ दूध नहीं पीऊँगा।' दूसरे ही दिन एक काली गाय खरीदी। नाम रखा कृष्णा। सामने जो गायें, बाछी, बछड़े और साँड़ देख रही हैं, उसी कृष्णा के वंशज हैं, ये सब मेरे परिवारजन हैं। इन गायों का एक बूँद भी दूध कभी बिका नहीं है। गायों के मरने पर उन्हें कहीं नहीं भेजा। एक एकड़ का मेरा अहाता है। इसी में सबकी समाधियाँ बनी हैं। जया, रोली, दिव्या, महिमा, धारा, अनुपमा, उमा—सभी स्वर्गवासिनी गायें हैं। उनकी समाधियाँ बनाई हैं। आप इन्हें जरूर देखिए।''

वे थोड़ा रुके। फिर बोले—''लोगों को मेरी बात पर विश्वास नहीं होगा। मैं आपको एक सच्ची घटना सुनाता हूँ। मेरी गाय दिव्या का स्वर्गवास हो गया। मैं बहुत व्यथित था। एक रात्रि को वह सशरीर मेरे कमरे में उपस्थित हुई। बहुत देर तक मेरे सामने रही। मुझे भी विश्वास नहीं हो रहा था। मैं उसको देखकर बहुत रोया। मैं अपनी पत्नी को पुकारना चाह रहा था। पुकार नहीं पाया। पत्नी (छाया) एक दरवाजे से आ रही थी, दूसरे दरवाजे से वह छाया (दिव्या की) बाहर निकल गई। मुझे रोमांच हो आया। वैसा कैसे हुआ, पर हुआ। मेरी दिव्या आई। मैं समझ गया। उसकी समाधि नहीं बनाई थी। मैंने उसे आश्वासन दिया—''तुम्हारी समाधि एक सप्ताह में बन जाएगी।'' वह चली गई। दरअसल, यह सारा घर गोमाता का ही है। अपनी सारी कमाई इन्हें खिला देता हूँ। अपना क्या है? खाली हाथ आया था, खाली हाथ जाऊँगा। कुछ लोग पूछते हैं—''आपके बाद गायों, कुत्तों और जमीन का क्या

होगा?'' मैं कहता हूँ—''मैं क्या जानूँ! मेरे बाद कौन क्या कहेगा, क्या करेगा! मैं नहीं जानता। मुझे जो करना है, कर रहा हूँ। त्रेता युग के पुरुषार्थी राजा राम आत्महत्या करेंगे, कौन जानता था? उनके कारण सीता को आत्महत्या करनी पड़ी। स्वयं उन्होंने भी आत्महत्या ही की।''

उन्होंने आगे कहा—''भूतपूर्व प्रधानमन्त्री चन्द्रशेखर, पृथ्वीराज कपूर और उपराष्ट्रपति भैरों सिंह शेखावत भी उपराष्ट्रपति बनने से पूर्व यहाँ आए थे।'' उन्होंने पूछा—''आप जानवरों के बीच ही क्यों रहते हैं?'' मैंने कहा—''मनुष्यों के बीच रहते-रहते जी ऊब गया है। उन पर विश्वास उठ गया है। इसलिए जानवरों के बीच रहता हूँ।''

दो-तीन छोटे बड़े कुत्ते उनके तख्त पर चढ़-उतर रहे थे। उनके तख्त पर प्लास्टिक के कुछ डिब्बों में भुने हुए मखाने और बिस्कुट थे। वे कुत्तों को दे रहे थे। तख्त के सामने ही प्रांगण में छोटा-सा मन्दिर है मन्दिर के सामने अगरबत्तियाँ जल रही थीं। अन्दर उनके पिताजी की मूर्ति स्थापित है। वे प्रतिदिन अपने पिता की मूर्ति की पूजा करते हैं। उन्होंने कहा—''आप लोग हमारी गायों की समाधियाँ अवश्य देखकर आएँ।''

हम दोनों उनकी सहधर्मिणी छाया शास्त्री के साथ उसी अहाते में बनी समाधियों की ओर गए थे। ऊँची-ऊँची कई समाधियाँ थीं। अगरबत्ती की सुगन्ध आ रही थी। मैंने पूछा—''इन समाधियों की भी प्रतिदिन पूजा-अर्चना होती है क्या?''

छाया जी ने उँगली से उस स्थान की ओर इशारा किया, जहाँ अगरबत्ती जल रही थी। थोड़ी देर पूर्व एक श्वान का निधन हुआ था। उसे जमीन में डालकर अगरबत्ती जलाई गई थी। दो कतार में जया, रोली, ईशा, वागी, दिव्या, महिमा, धारा, अनुपमा तथा उमा (गायें) की समाधियाँ बनी हैं। भैया चन्द्रशेखर, अक्षय, चन्दन, अतिया और मंजरी कुमार (बैल और साँड़) की भी।

इन समाधियों के बीच एक मन्दिर है। एक बेल ने सेमल के वृक्ष को चारों ओर से लपेट रखा है वह पीपल की बेल है। विचित्र दृश्य है। मानो उस प्रांगण में प्रेम प्रसून ही खिलते हैं। गलबहियाँ डाले ही खड़े हैं सब। मनुष्य, पशु-पक्षी और वृक्ष ही क्यों न हों।

नब्बे वर्ष की आयु पार कर चुके शास्त्री जी के घने काले घुँघराले बाल उनसे नाता तोड़ चुके थे। सिर पर थोड़े-से बाल यत्र-तत्र छितराए हुए। पाँव में घाव था। वे अपने गालों पर हाथ फेरते हुए पूछते हैं—''क्या आपको मैं शीघ्र मरने वाला दिखता हूँ।'' (मृत्यु के तीन वर्ष पूर्व)

मैं तपाक से बोलती हूँ—"नहीं! बिलकुल नहीं! आपकी स्मरण, वाक्, पहचान और विवेचना शक्ति अभी जीवन्त हैं। चेहरे पर लाली है। आँखों में चमक है। अभी दुनिया से विदा होने का समय कहाँ आया है?"

उनके चेहरे की लालिमा गहरा जाती है। जीवन किसे सुखद नहीं लगता! वे अपने को उपेक्षित महसूस करते हैं। पुरस्कार और सम्मानों की कतार में वे नहीं हैं, पर समाज स्वीकृति तो चाहिए ही। साहित्यकारों की संवेदना चूक रही है। शास्त्री जी की संवेदनाएँ जीवन्त थीं। वे 'सर्वे भवन्तु सुखिन:' के आदर्श को जी रहे थे। जहाँ साहित्यकारों को अपनी लेखनी में डुबोने भर की मानवीय संवेदना नहीं मिलती, शास्त्री जी 'आत्मवत् सर्व भूतेषु' के सिद्धान्त को जीते, संवेदना में ही डुबकी लगाते नजर आते थे।

उनके जीवन-व्यवहार की कथा सुनने वालों को दन्तकथा ही लगेगी। आने वाले समय तो दूर, आज भी सुनने या पढ़ने पर किसी ऋषि-मुनि का जीवनवृत्त पढ़ने जैसा ही लगेगा। स्वामी रामकृष्ण परमहंस को मैदान में हरी-हरी घास चरती गाय को देखकर अपनी ही पीठ पर उसके चरने की अनुभूति हुई थी। वे दर्द से कराह रहे थे। उनके आश्रमवासियों ने उनकी पीठ पर से कपड़ा उठाकर देखा तो वहाँ गाय के खुरों के निशान थे। शास्त्री जी का जीवन-व्यवहार कुछ ऐसा ही है। उनकी साहित्यिक कृतियों में काव्य-संग्रह काकली (1935), रूप-अरूप, गाथा, मेघगीत, उत्पलदल, अवंतिका, राधा (महाकाव्य), एक किरण सौ झाइयाँ, तमसा, पाषाणी प्रमुख हैं। कहानी-संग्रहों में कानून, अर्पणा तथा नीलकमल और संस्मरण में स्मृति के वातायन प्रसिद्ध है; निबन्ध आलोचना में साहित्य दर्शन, त्रयी, चिन्तनधारा, प्राच्य साहित्य तथा महाकवि निराला। हिन्दी और संस्कृत साहित्य जगत की आभूषण हैं ये रचनाएँ। वे मूलत: छायावादी कवि थे। उन्होंने स्वयं कहा था—"मेरा जीवन ही छायावाद है।"

उन्होंने अपनी रचनाओं में सांस्कृतिक सम्प्रेषण का बराबर ध्यान रहा है। उनके साहित्य की समीक्षा सुधी समीक्षकों ने की हैं। परन्तु मैं तो उनके द्वारा उड़ेली जीवन स्मृतियों में ही ऊब-डूब रही थी।

एक वर्ष पूर्व भी उनसे मिलने गई थी। तब मुझे ऐसा लगा था उन्होंने मुझे पहचाना नहीं। सीधे कहा—"आप क्यों मिलने आई हैं मुझसे? क्या जरूरत है?" और फिर तो पूछिए मत। बहुत गुस्सा हुए मुझ पर। मैं शान्त भाव से सुनती, उन्हें गुनती रही थी। दरअसल, उनका गुस्सा मुझ पर नहीं था, समाज पर था। दर्द छिपा था उस गुस्से में। मैंने धैर्यपूर्वक सुना था। अन्त में उन्होंने मेरे धैर्य की सराहना की थी। कहा—"आपको धन्यवाद! आप में बहुत सहनशक्ति है। आपने मेरी बकबक

को सुना ही नहीं, सहा भी।''

मैंने नतमस्तक होकर आशीष माँगा।

इस बार जब मेरे पति ने बार-बार उनके पास चलने के लिए कहा, मैं दुविधा में थी, जाऊँ या नहीं! उनके गेट पर पहुँची। अहाते में गायों, बछड़ों को पार करती उनके तख्त तक पहुँची। मेरे पति ने अपना नाम बताया। वे अन्दर लेटे थे। उनकी धर्मपत्नी छाया शास्त्री ने आकर कहा—''उनके पाँव में जख्म हो गया है। धूप में लेटे हैं।''

थोड़ी देर बाद लाठी के सहारे बाहर आए। हमें देखते ही प्रसन्न हो गए। सीधे प्रारम्भ हो गए। एक साँस में कथा के रूप में अपना जीवन वृत्तान्त और समीक्षा भी सुना गए। फिर बोले—''पता नहीं क्यों, आप लोगों को देखकर आपबीती सुनाने का मन कर आया। सबको सुनाने की जरूरत भी नहीं। कोई क्यों सुनना चाहेगा किसी की आपबीती!! यह आपबीती तो मेरी है। मेरी अपनी दुनिया की! दरअसल, मैंने भी अपने जीवन को छायावाद ही बना रखा है जो आपके सामने हैं।''

हम धन्य हुए कि उन्होंने हमें सुनने का पात्र तो समझा। शास्त्री जी का श्रोता बनना भी सौभाग्य की ही बात थी। लगभग आठ दशकों की अवधि में निरन्तर साहित्य-साधना में डूबे व्यक्ति का जीवन, सागर के समान ही है। उनसे एक घंटे का मिलन साहित्य-सागर में एक डुबकी लगाने जैसा ही था।

(उपरोक्त आलेख 'आजकल' पत्रिका के दिसम्बर 2007 में छपा था।)

पुनश्च—8 फरवरी 2011 वसन्तपंचमी तिथि को मुझे किसी मांगलिक कार्य में भाग लेने मुजफ्फरपुर जाना था। दिल्ली में ही आचार्य जानकी वल्लभ शास्त्री जी की याद आई। वसन्तपंचमी के दिन उनके यहाँ निराला जयन्ति मनाई जाती है। मैं वसन्त पंचमी की शाम 'निराला निकेतन', चतुर्भुज स्थान मुजफ्फरपुर पहुँची। प्रांगण में पहुँचते ही पाँव थाम-थाम कर ही चलना पड़ता था। कहीं से शास्त्री जी के दुलारे (कुत्त, बिल्ली) प्रगट हो जाएँगे। वैसा ही हुआ। दो-तीन नन्हे कुत्ते-बिल्लियाँ मेरे पाँवों से सटे मेरी अगवानी करने लगे। मैं बड़ी मुश्किल से उनकी तख्त तक पहुँची। उनके पाँव छूए। उन्होंने कहा—''नीचे उतरकर पहले पिता जी को प्रणाम कीजिए।''

मैं तत्परता से नीचे उतरी। सामने छोटे धवल मन्दिर में उनके पिता की विशाल काया को छोटी मूर्ति में ढाल कर प्रस्थापित किया हुआ था। मैंने उन्हें प्रणाम किया। चार सीढ़ियाँ ऊपर गई शास्त्री जी को शॉल ओढ़ाया। वे बोले—''कमरे के अन्दर मेरी पत्नी छाया शास्त्री हैं। आप उनसे मिल कर आइए।''

मैंने उनकी आज्ञा का पालन किया। छाया शास्त्री बिछावन पर लेटी थीं लोगों ने बताया वे बहुत अस्वस्थ थीं। छाया जी ने मुझे कहा—''शास्त्री जी बहुत बीमार

हैं। उन्हें डॉक्टर से दिखला दीजिए।''

मैं पुनः शास्त्री जी के पास आई। उन्होंने कहा—''छाया जी बहुत बीमार है, उन्हें डॉक्टर से दिखला दीजिए।''

मैंने दूसरे दिन बिहार के स्वास्थ्य मन्त्री अश्विनी चौबे जी से बात की। तत्काल उन दोनों का इलाज प्रारम्भ हो गया। उन्हें अस्पताल में रखा गया। स्वस्थ्य होकर वे घर लौटे। 27 मार्च को पुनः मुजफ्फरपुर जाना हुआ। बिहार सरकार में कला और संस्कृति मन्त्री सुखदा पांडे जी के साथ मैं निराला निकेतन पहुँची। अपने तख्त पर तनकर बैठे शास्त्री जी मुस्करा रहे थे।

डॉ. सुखदा पांडे जी ने कहा—''मैं तो साहित्यिक तीर्थ में आई हूँ। आपका दर्शन करना अपने सौभाग्य की बात है।''

शास्त्री जी दीवार पर टँगी अपनी साठ वर्षीय पुरानी तस्वीर दिखाकर बार-बार कह रहे थे—''इस रूप में निराला जी मुझे यहाँ ले आए थे। अब देखिए, कैसा हो गया।''

उनके यहाँ से प्रकाशित 'बेला' पत्रिका पर भी उनकी तस्वीर थी। 'उत्तम पुरुष' (काव्य-संग्रह) हमें भेंट की गई। उस संग्रह पर उनकी वही तस्वीर छपी है। उन्होंने पूछा—''यह किसकी तस्वीर है?'' मुझे मालूम था कि वे भूलने की बीमारी से भी ग्रसित थे। मैंने कहा—''इतना सुन्दर छवि वाला उत्तम पुरुष और कौन है यहाँ।'' उनकी याददाश्त लौट आई थी। वे मुस्कराए। उस समय कहाँ मालूम था कि हमारी अन्तिम भेंट थी। 4 अप्रैल का उनके देह त्यागने की खबर आई।

साहित्य के बागीचे का एक बड़ा वृक्ष धाराशायी हो गया। सरकार के द्वारा उन्हें राजकीय सम्मान मिला। उनके पार्थिव शरीर को पंचभूत में विलीन करने के लिए उसी प्रांगण (एक बीघे का साम्राज्य) को चुना गया। अपने संगी साथियों (कुत्ता, बिल्ली, बैल, साँड) की समाधियों के साथ उनकी भी समाधि बनी है। भारतीय संस्कृति के अनुसार जीवन को ढालने और साहित्य का विषय बनाने वाले 96वें वर्षीय शास्त्री जी नहीं रहे। उनकी कृतियाँ अमर रहेंगी। उनके साहित्य का समग्र प्रकाशक अभी शेष है।

अन्त समय में उन्हें ईलाज की सुविधा और मरणोपरान्त राजकीय सम्मान देने की उपरान्त भी बिहार सरकार को और भी बहुत कुछ करना है। साहित्यकारों और समाज को सरकार से भी अधिक करना है। ताकि शास्त्री जी के तपोमय जीवन के कणों को समेट और सहेज कर समाज की भावी पीढ़ियों के लिए रखा जा सके। उनकी कविता की पंक्तियाँ हैं—

'दर्द यह चुप लिख रहा मैं,

गर्द में क्या दिख रहा मैं!
यह कसक बन गान तेरे प्राण में लुक-छुप रहेगी?
मैं सुनूँगा ही नहीं फिर, दूर-दुनिया क्या कहेगी!'

साहित्यिक तीर्थ के साथ

बात 1981 की है। वह वर्ष अन्तरराष्ट्रीय विकलांग वर्ष था। आज भी मुझे यह विचित्र और सहज बात लगती है कि समाज के किसी वर्ग की समस्याओं पर विचार करने के लिए मात्र एक वर्ष समर्पित हो। वर्ष का असर समझा भी जा सकता है, इन दिनों तो रिश्ते-नातों और भावनात्मक सम्बन्धों को लेकर भी वर्ष में मात्र एक दिन मनाए जा रहे हैं। उनकी गिनती कराने की आवश्यकता नहीं है। फिर भी यहाँ स्मरण कर लेना इसलिए भी आवश्यक है कि अधिकांश ऐसे विशेष दिन आते और बीत जाते हैं, हम सबको पता भी नहीं चलता। बहरहाल बाल दिवस, युवा दिवस, महिला दिवस, बुजुर्ग दिवस, विकलांग दिवस से लेकर 'वेलेंटाइन डे' (इसे दिवस नहीं कहते) आते जाते रहते हैं। पर्यावरण दिवस, हिन्दी दिवस, शिक्षक दिवस...आदि-आदि। अतिश्योक्ति नहीं होगी कि एक दिन ऐसा आएगा जब सामान्य दिन ही नहीं बचेंगे। हमारे व्यक्तिगत, पारिवारिक और सामाजिक जीवन के अतिरिक्त जीवन के न जाने कितने रिश्ते नाते, आयाम हैं जिनके नाम पर दिवस मनाए जा सकते हैं। अच्छा ही होगा।

बहरहाल 1981 के बीतने में चार माह शेष रह गए थे। मैंने एक लेख लिखा था—'विकलांग मानसिकता से विकलांग वर्ष।' दरअसल, विकलांग वर्ष था तो उनके बारे में यदा-कदा सोचते-विचारते रहना ही पड़ा। अचानक एक दिन एक विचार मन में कौंधा— "इसी विषय पर एक उपन्यास क्यों न लिखूँ?"

मेरी लेखनी उपन्यास लिखने की अभ्यस्त नहीं हुई थी। कहानियाँ तो लिखती रही थी। एक कहानी इस विषय पर भी लिखी थी। मन में आया उसी को विस्तार दे देती हूँ। मात्र 15 दिनों में उपन्यास भी लिखकर तैयार। मित्रों ने सुझाव दिए- 'दिसम्बर बीतने के पहले-पहले उपन्यास का लोकार्पण हो जाना चाहिए।' सुझाव में दम तो था ही। प्रकाशक से अनुरोध किया। उन्होंने 15 दिसम्बर (1981) तक छाप देने का वादा किया। अब शुरुआत हुई लोकार्पण के समय उपस्थित होने वाले बड़े साहित्यकारों की खोज की। प्रकाशक महोदय ने कहा—"यह काम तो आपको स्वयं करना पड़ेगा।"

"मैंऽऽ? मेरे कहने पर कौन साहित्यकार आएँगे? मुझे कौन जानते हैं? ढेर सारे प्रश्न थे। मित्रों ने सम्भावित साहित्यकारों की गिनती करवानी प्रारम्भ की। तब लेखिका संघ से मैं जुड़ी थी। उसकी अध्यक्ष शीला गुजराल थीं। लोकार्पण के लिए अध्यक्ष पद के लिए उन्हें ही निश्चय किया। श्री राजेन्द्र अवस्थी (सम्पादक, कादम्बिनी) मुझे जानते थे। उन्होंने मेरी पहली कहानी कादम्बिनी में (1978) छापी थी। डॉ. लक्ष्मीनारायण लाल से भी एक मुलाकात हो चुकी थी। निर्धारित सूची में बचे जैनेन्द्र कुमार जी। उनसे तो मेरा दूर का भी परिचय नहीं था। प्रकाशक महोदय ने कहा—"आपको उनके घर ही जाना होगा।"

मुझे उतने बड़े साहित्यकार के घर जाकर बात करने से झिझकते देख उन्होंने कहा—"चिन्ता मत करिए। बड़े सहज व्यक्ति हैं। आपको उनके घर जाना अच्छा लगेगा।"

मुझे पहुँचना ही था। दूरभाष नं. भी प्रकाशक महोदय से ही मिला। नं. घूमा, कान में चोंगा लगा मैं पसीने-पसीने हो गई थी। क्या बोलूँगी। तभी उधर से "हाँ, हाँ, बोलिए' की आवाज आई। मेरे मुँह से अभ्यास किए हुए सारे अल्फाज रिसने लगे—"मेरा नाम मृदुला सिन्हा है। मैं थोड़ा-बहुत लिखती हूँ। मैं....मैं आपसे मिलना चाहती हूँ।" हाँ, हाँ आ जाओ। कल दोपहर को आ जाओ। मेरे घर का पता मालूम है न! "हाँ! प्रणाम!"

दोनों ने एक साथ रिसिवर रख दिए थे। कल दोपहर को... दरियागंज पहुँचना था। दिल्ली की गलियाँ मेरे लिए अपरिचित ही थीं। 1977 में ही तो दिल्ली आई थी। मात्र चार वर्ष बीते थे।

समय से मेरी सवारी तो अपने गन्तव्य स्थान पर पहुँच गई। दरवाजे पर खड़ी होकर कॉल बेल बजाने की हिम्मत बटोरनी पड़ी। दरवाजा खोलकर खड़ी छोटे कद की गोरी चिट्टी, ललाट पर बड़ी-सी लाल बिन्दी, लाल किनारे की साड़ी में लिपटी सभ्रान्त महिला के पाँव छूने के लिए अनायास मेरे हाथ तत्पर हो गए। वे मुझे आशीर्वाद देकर मुड़ गईं। एक आरामदेह कुर्सी पर बैठी एक क्षीण काय पुरुष के चेहरे पर मुस्कान के साथ आत्मीयता के भाव भी उभर आए थे। उनकी मधुर आवाज आई—"तुम मृदुला हो। आओ बैठो।"

रिश्ता तो उन्होंने स्वयं बना लिया था। ऐसे पुकारा मानो मेरे ताया, चाचा या पिता ही हों। मेरी धड़कन शान्त होने लगी थी। मिलने को तो पिछले चार वर्षों में (1977-1981) राष्ट्रपति, प्रधानमन्त्री, विदेशी मेहमानों, उद्योगपतियों और भी देशी-विदेशी गणमान्यों से करीब से मिल चुकी थी। एक बड़े साहित्यकार से मिलते समय सम्भवतः अपनी साहित्यिक अज्ञानता प्रगट हो जाने का भय था।

"तुम्हें यह मकान खोजने में परेशानी तो नहीं हुई?"

"नहीं।"

"कब से दिल्ली में हो? कितनी कहानियाँ लिखी?" जैसे प्रश्न पूछते रहे। मैं एक शब्द में ही जबाब देती रही।

उन्होंने पुस्तक हाथों में लेकर उल्टा-पुल्टा। शीर्षक पढ़ा—"ज्यों मेहँदी को रंग"। विषय-वस्तु की जानकारी उन्हें मिल गई। पूछा—"तुम्हारा पहला उपन्यास है। तुम्हारी उम्र भी अभी चालीस के करीब है। उपन्यास के लिए अधिकतर लेखक-लेखिकाएँ रोमांटिक विषय चुनती हैं, तुमने विकलांगों का विषय क्यों चुना?"

मानो पके घाव में किसी ने सूई चुभो दी हो। दोनों आँखों से बह निकली पीड़ा। मेरी दाहिनी ओर दीवान पर उनकी धर्मपत्नी लेटी थीं। बोलीं—"रूला दिया न! क्या जरूरत है सभी सवाल आज ही पूछ लेने की।"

वे इधर-उधर की बातें करने लगे। उन्हें समझते देर न लगी कि उपन्यास का विषय मेरे चिन्तन, मन्थन और भोगे हुए सत्य का विषय था। यह बात तो उन्होंने लोकार्पण कार्यक्रम में कह दिए। उस वक्त तो घर परिवार, बिहार की बातें करके ही मुझे विदा किया। थोड़ी ही देर उनके संग बैठ पाई थी। किसी के साथ अधिक देर बैठने के लिए दोनों के बीच आदान-प्रदान के लिए विषयों की बहुलता चाहिए। दोनों के मानस और अनुभूतियाँ सम धरातल पर होनी चाहिए। हम दोनों के बीच ऐसा कुछ नहीं था। मैंने उनकी कोई बड़ी रचना पढ़ी भी नहीं थी।

मैं विदा तो हुई, पर भरे हुए मन से। मेरे आँसुओं को उनके स्नेहिल शब्द स्पर्श ने सहला दिया था। मैं रीत कर भी भर गई थी।

लोकार्पण के दिन भी मैं सुबह से परेशान थी। दूरभाष पर अन्य अतिथियों से बात भी हुई। बड़े साहित्यकारों के बीच मंच पर पहली बार बैठते भी संकोच हो रहा था। मैं जैनेन्द्र जी की बगल में ही बैठी थी। मेरे कान अपनी प्रथम कृति पर बड़े साहित्यकारों के शब्द सुनने के लिए प्रतीक्षारत थे। तभी राजेन्द्र अवस्थी और डॉ. लक्ष्मीलाल जी के बीच किसी बिन्दू पर बहस छिड़ गया। वाद-विवाद गर्म हो गया। दोनों मंच के दोनों छोरों पर खड़े होकर गर्म स्वर में बोल रहे थे। विचित्र दृश्य उपस्थित हुआ। कहीं रंग में भंग न हो जाए, मैं चिन्तित हो गई। मुझे विचलित होते देख जैनेन्द्र जी ने कहा—"आप शान्त रहिए। इन दोनों के बीच ऐसा ही कुछ होता रहता है। आप इस दृश्य की कारण नहीं हैं।"

मैं शान्तचित होने की कोशिश करने लगी। वे दोनों भी शान्त हो गए। मेरी शान्ति बहाल होने में मेरी बगल में छाया के समान बैठे जैनेन्द्र जी के व्यक्तित्व का

बड़ा हाथ था। उन्होंने अपने आशीर्वचन में वैसे ही प्रोत्साहित किया मानो साहित्य के आँगन में किसी नवोढ़ा ने कदम रखा हो अथवा किसी आँगन में लेखनी का पहला कदम। मैंने अपने नन्हे वक्तव्य में कहा भी था—

" 'ठुमक चलत रामचन्द्र बाजे पैजनिया, धाय माय गोद लेते दशरथ की रनिया।' मेरी लेखनी अभी स्थिति में है। आप लोग ही इस आँगन के धायमाय हैं।"

उनसे गोष्ठियों में कई बार मिलना हुआ। उनके साथ दो पल ही बैठना सुखद लगता था। भारतीय विद्या भवन में कमल कुमार के कहानी संग्रह का लोकार्पण था। वक्ताओं ने (नाम नहीं स्मरण) कहानियों में ढेर सारी त्रुटियाँ निकाल दी थी। जैनेन्द्र कुमार जी की अध्यक्षता थी। उन्होंने अपने वक्तव्य में कमल की लेखनी के प्रयास की सराहना की। मुझे बड़ी प्रसन्नता हुई। तो इसका यह अभिप्राय था कि वे साहित्य के क्षेत्र में पदार्पण किए नवांकुरों को अपने मीठे बोल से सींचते थे। तभी तो वे (खिलेंगें) आगे लिखने लगे।

ऐसे थे एक बड़े पर सहज साहित्यकार। उनकी बीमारी की खबर सुनकर बेहद दुःख हुआ था। उनसे मिलने का मन कर आया। मैं एम्स के उस कमरे के द्वार पर पहुँच गई जहाँ वे भर्ती थे। दरवाजा खुला था। मैं आहिस्ते-आहिस्ते पाँव रखते हुए अन्दर गई। वहाँ कोई नहीं था। न नर्स न उनका अपना कोई। उनकी आवाज चली गई थी। वे गले में आवाज घुमड़ा कर कुछ कह रहे थे। उनके इशारे का मैंने अर्थ निकाला, वे लघुशंका करना चाहते थे। पर मुझे देखकर संकोच का भी अनुभव कर रहे थे। पास ही रखा छोटा पात्र लगाकर मैंने उन्हें लघुशंका करवाया। वे मेरे चेहरे पर ही देख रहे थे।

मैं पास ही रखी कुर्सी पर बैठ गई। पाँच मिनट ही बैठी होऊँगी। नर्स भी आई और उनके पुत्र भी। मैंने उन्हें बताया। जैनेन्द्र जी मुझे देख भी रहे थे। थोड़ी देर बैठकर मैं चली आई। दो दिनों बाद ही उनकी मृत्यु की खबर आई। दुःख तो हुआ। एक परितोष भी, मानो मैंने अपने हिस्से की सेवा कर ली हो। आदमी को जीने के लिए चन्द ऐसे लम्हों और क्षणिक अनुभूतियों के सिवा और क्या चाहिए।

हर कथानक के प्रति ईमानदार नीयत थी जिनकी

साहित्य जगत में स्व. रामवृक्ष बेनीपुरी जी का नाम स्मरण होते ही उनके वृहत्तर साहित्यिक रचनाएँ समाज की नजर के सामने आ जाती हैं। स्वयं लेखक गाँव में पलते हैं। सभी कठिनाईयों से होकर गुजरते हैं। इसलिए गाँव के अति साधारण लोगों की कठिनाईयाँ ही नहीं, उनके मनोविचारों को भी भली-भाँति समझते हैं। इसलिए अपनी पुस्तक 'माटी की मूरतें' (रेखाचित्र) में उन्होंने जिन पात्रों को सँजोया है, वे हू-ब-हू वैसे ही हैं। एक-एक पात्र को पढ़ते समय गाँव का पूरा चेहरा सामने आ जाता है। गाँव के रस्म-रिवाज से लेकर आपसी मेल-मिलाप और ईष्या-द्वेष के भाव भी वे अच्छी तरह समझते थे। इसलिए उनके भाव और व्यवहार बड़ी सफलता से अपने साहित्य में उकेरते रहे।

यह सत्य है कि बेनीपुरी जी का जीवन संघर्षों से भरा था। उनके बहनोई डॉ. सुरेन्द्र नाथ दीक्षित ने उनके बारे में छोटा आलेख लिखा। उसका शीर्षक दिया— 'संघर्षों का ज्वालामुखी'। बहुत सटीक शीर्षक है। बेनीपुरी जी के पूरे जीवन का आकलन हो जाता है। बेनीपुरी जी का बेनीपुर गाँव बाढ़ के पानी में दो-तीन महीने डूबा रहता था। बच्चे से लेकर बुजुर्ग तक बाढ़ के पानी में तैरते थे। तैरना उनके लिए शौक नहीं, मजबूरी थी। बेनीपुरी जी का मानस भी रचनाओं के कथानकों की आई बाढ़ की तरंगों में तैरता रहता था। जीवन में पैसे का अभाव तो था ही। बच्चों को एक सुयोग्य नागरिक बनाने के सपने खूब सँजोये थे। उन्होंने कई जगह स्वीकारा है कि उनकी सहधर्मिनी रानी बेनीपुरी ने उनकी पारिवारिक जिम्मेदारियों को सँभालकर संघर्ष में बहुत बड़ा सहयोग दिया और वे अपनी रानी के प्रति हमेशा कृतज्ञता व्यक्त करते थे। वे राजनीतिक क्षितिज पर भी उपस्थित थे। राजनीति में अपनी अच्छी पहचान बनाई थी। साहित्यकार के नाते संवेदनशील तो थे ही, समाज के प्रति भी सचेत और कृतज्ञ थे। सबसे मधुर और आत्मीयतापूर्ण व्यवहार और बोलचाल उनके बच्चों में भी पैतृक सम्पत्ति के रूप में आ गई। अपने क्षेत्र के लोगों से वे ग्रामीण भाषा में ही बोलते थे। इतना मधुर कि पहली भेंट में ही कोई अपना हो जाए।

उनके पारिवारिक जीवन के संघर्ष का अनुभव उनके राजनीतिक जीवन और

स्वतन्त्रता आन्दोलन में भी काम आया। गाँधी का 'सविनय अवज्ञा आन्दोलन' से प्रारम्भ करके वे आगे ही आगे बढ़ते रहे। जेल की कठिन जिन्दगी के बारे में उन्होंने 'जंजीरें और दीवारों' में विस्तार से लिखा है। इतने सारे कार्यों के बीच उन्होंने पत्रकारिता को नहीं छोड़ा। उन्होंने कहा भी कि पत्रकारिता को उन्होंने अन्त:प्रेरणा से अपनाया था। 'बालक', 'युवक', 'कर्मवीर', 'योगी', 'जनता', 'हिमालय', 'नई धारा', इन सभी पत्र-पत्रिकाओं के सम्पादक रहे। सारी पत्रिकाओं के द्वारा जन-जन में स्वतन्त्रता के लिए संघर्ष के भाव भरे। 'गेहूँ और गुलाब', 'पतितों के देश में अम्बपाली', 'तथागत', 'नेत्रदान', 'संघमित्रा' और 'महेन्द्र' जैसी नाट्य कृतियाँ, 'कारमास', 'जयप्रकाश', 'रोजा लुकेजेम्बुर्ग' जैसे प्रेरक जीवनियाँ लिखी। 'पेरिस नहीं भूलती', 'उड़ते चलो', 'अत्र-तत्र' जैसे यात्रावृत लिखे। सभी कृतियों में वे जिन्दादिल दिखते हैं। उनके आत्मीय संवेदना का स्पर्श भी है।

आजादी के बाद उन्होंने कई संस्थाओं की स्थापना की जो आजाद भारत विशेषकर बिहार को सामाजिक, सांस्कृतिक, कलात्मक और सौन्दर्य की दृष्टि से सशक्त बनाने के उद्देश्य से थीं। गाँधी से प्रभावित होकर आजाद भारत में गाँधी विचार दर्शन को ठोस बनाने के लिए गाँधी भूमि की स्थापना की।

युवकों के वे सदा प्रेरणान्नेत थे। उन्हें रचनात्मक कार्यों में लगाना अपने क्षेत्र में युवा-युवतियों के लिए महाविद्यालय की स्थापना, अपने क्षेत्र की कलाओं को आगे बढ़ाना, उनके जीवन का उद्देश्य था।

साहित्यकार के साहित्य में उसका अनुभव संकलित होता है। स्वर्गीय रामवृक्ष बेनीपुरी जी के जीवन का अनुभव बहुत विस्तृत था। क्योंकि वे वृहत्तर समाज से जुड़े थे। रामवृक्ष बेनीपुरी जी के साहित्य को पढ़ने से ऐसा लगता है कि वे अपना जीवन कम, पात्रों का जीवन अधिक जीते थे ताकि उनके साहित्य सृजन में उनके प्रति उनका ईमानदार नीयत कायम रह सके। इसीलिए उनका साहित्य लोगों को उनसे जोड़ता है। ग्रामीण जीवन की स्मृतियाँ उन्होंने नहीं भुलाई तो उनके साहित्य के पाठक भी उनकी कहानियों को नहीं भुलाते। उनके समय का दस्तावेज है उनका साहित्य। मानो उन्होंने इतिहास लेखन ही किया है। इतिहास के विद्यार्थियों के लिए भी पठनीय है। इसलिए समीक्षक कहीं का भी हो, भारत के किसी भी क्षेत्र का, बेनीपुरी जी के संघर्षमय जीवन और संघर्ष करने वाले पात्रों की कहानियों से जुड़कर अपने जीवन का छोटा-मोटा संघर्ष भी पार करने की शक्ति रखता है।

किसी भी व्यक्ति, विशेषकर साहित्यकार के लिए यह बहुत ही सौभाग्य की बात है कि उनकी आने वाली पीढ़ी उनके साहित्य को सँजोए, सँभाले। स्वर्गीय रामवृक्ष बेनीपुरी जी इस मामले में भी सौभाग्यशाली थे। क्योंकि उनकी पुत्री डॉ.

प्रभा बेनीपुरी और कई वर्षों से उनके पुत्र डॉ. महेन्द्र बेनीपुरी, बहू शीला बेनीपुरी सपरिवार इस पुनीत कार्य में संलग्न हैं।

प्रिय महेन्द्र बेनीपुरी जी के सहयोग से मैंने भी बेनीपुरी जी की अधिकांश पुस्तकों का पुनर्पाठ किया है। उनकी पुस्तक 'कहीं धूप, कहीं छाया' हमारे पाठ्य पुस्तक (1958) में थी। उसी समय से उनकी पुस्तकों को पढ़ने की रुचि जगी। कई कहानियाँ, संस्मरण और वृत्तचित्र आजतक मन पर छाए हैं। इन दिनों 'अत्र-तत्र' पढ़ रही थी। इस पुस्तक में उन्होंने देश-विदेश में भ्रमण करते हुए कई ऐसे स्थानों, महापुरुषों और इमारतों के वर्णन किए हैं, जो जगत प्रसिद्ध है। लेखक ने रोचक ढंग से इन निर्जीवों के वर्णन में सजीवता ला दी है।

रामवृक्ष बेनीपुरी जी का अनुभव संसार बहुत बड़ा था। बेनीपुर गाँव से लेकर सात समन्दर पार तक। इसलिए लेखन में विविधाएँ भी हैं और मानवीय मूलक एकता के सूत्र भी। विदेशों के प्रमुख स्थानों में रहते हुए वे ग्रामीण बन्धु-बाँधवों (निर्धन) को नहीं भूलाते। क्योंकि उनके जीवन जीने के रूपों से उन्होंने अनेकानेक कथानक लिए। वहीं देश-विदेश के प्रमुख और विचित्र स्थानों और व्यक्तियों की कथाएँ अपने ग्रामीण बन्धु-बाँधवों को सुनाते नहीं थकते थे, जो अनपढ़ होने के कारण उनकी रचनाएँ पढ़ नहीं सकते थे।

स्व. रामवृक्ष बेनीपुरी जी अपने काल में उस क्षेत्र के एक मात्र लोकप्रिय लेखक बने। वैसे तो भरथुआ चौर के चारों ओर की जमीन भी चौर के जल से भींगी-भींगी है। धान, गेहूँ और सभी दलहन-तेलहन के लिए उपजाऊ है तो उस इलाके में रचनाकारों की भी कमी नहीं रही है। गाँवों में रहकर या देश के किसी स्थान पर जाकर लिखने वाले उस क्षेत्र के लेखक-लेखिकाओं ने बेनीपुरी जी की तरह लेखन में अपने ग्रामीण परिवेश को सँवारा-सँभाला है। पर बेनीपुरी जी तो बेनीपुरी ही थे। बेनीपुर गाँव का नाम पूरे विश्व में फैलाने वाले।

नन्हे लम्हें, गहरी यादें

दिल्ली मेरे लिए सर्वथा नई थी। बिहार के एक भाग में जीवन के साढ़े तीन दशकों को जीकर जो अनुभूतियाँ बटोरी थी, चलने भागने के सँवल सँजोए थे और जीने की राहें ढूँढ़ी थीं, वे दिल्ली जैसे महानगर में निरर्थक तो नहीं, बेअसर अवश्य हो रही थीं। नई दिल्ली तो नई दिल्ली है। विश्व के सबसे बड़े गणतन्त्र की राजधानी। सम्प्रभुता प्राप्त देश की राजनीति का केन्द्र।

1977 तक क्रमशः कलकत्ता, इलाहाबाद तथा अन्य स्थानों से हिन्दी और साहित्य के वहाँ की मिट्टी में गहरे धँसे कदम खिसक कर दिल्ली आ रहे थे। दिल्ली राजनैतिक राजधानी है। हिन्दी साहित्य का केन्द्र भी बनने लगा। कई गणमान्य साहित्यकारों के रिहाइशी पते दिल्ली के ही बन गए थे। मैं अपने पति के पद के कारण एक बड़ी कोठी में रहती थी, जहाँ मेरा दम घूटता था। सम्भवतः इसीलिए कभी कोई साहित्यिक तो कभी सामाजिक कार्यक्रम में चली जाती। वहाँ वक्ताओं को सुनती, समझने की कोशिश करती। पर उन ज्ञानवर्द्धन से भी अधिक मुझे गोष्ठियों में सहभागिता कर रहे स्त्री-पुरुषों की वेशभूषा, बातचीत, खान-पान और टिप्पणियों का फायदा हो रहा था। मानो दिल्ली में थोड़े दिनों के लिए ही सही रचनदे बसने की सामग्रियाँ इकट्ठी कर रही होऊँ।

मेरे पति के सहयोगी उपेन्द्र कुमार जी के मित्र श्री सुशील कुमार वर्मा (सुप्रिम कोर्ट के वकील) के मुख से डॉ. लक्ष्मीमल्ल सिंघवी और उनकी पत्नी श्रीमती कमला सिंघवी जी के बारे में बहुत सुना था। एकबार कमला जी से मिलने उनके घर गई। उनकी आत्मयीता से प्रभावित हुए बिना न कोई रहा है न रहेगा। फिर मेरी क्या विसात। उनके घर साहित्यकारों का आना जाना भी लगा रहता। पति-पत्नी दोनों लेखन से जुड़े थे और साहित्य और साहित्यकारों का सम्मान करना मानो उनके नस-नस में संस्कार रक्त के रूप में प्रवाहित होता था। उनके घर ऐसे अवसरों पर इसलिए भी जाना सुखद लगता कि वे लब्ध प्रतिष्ठित साहित्यकारों, समाज सेवियों, राजनीतिज्ञों और हमारे जैसे नवसिखुओं के बीच अपनी आत्मीयता पसारने में कोई भेदभाव नहीं करते। अपना कहलाने के लिए और चाहिए भी क्या!

हाँ तो उनके घर से एकबार दूरभाष पर सूचना आई—"महियसी महादेवी वर्मा जी के साथ थोड़े पल बिताने के लिए आप आमन्त्रित हैं।" फिर क्या था। हम दोनों और मेरी नन्ही बिटिया मीनाक्षी वहाँ पहुँच गए। आत्मीयता पूर्ण छोटी-सी गोष्ठी थी। सफेद खादी की साड़ी, खादी के ब्लाउज में लिपटी छोटी-सी काया, बड़ा-सा कद लिए महादेवी जी हमारे सामने उपस्थित हुईं। उनके थोड़े से साहित्य मैंने पढ़े थे। उन्हें देखकर जिह्वा पर 'मैं नीर भरी दु:ख की बदरी' पंक्ति का स्वाद ही उतर आया। हमारे सामने डॉ. लक्ष्मीमल्ल सिंघवी जी के साथ बैठी आपाद-मस्तक भारतीय नारी के व्यक्तित्व का कोई मेल उस पंक्ति के साथ नहीं बैठ रहा था। महादेवी जी किसी-किसी बात पर खूब हँसती भी थीं। उपस्थित साहित्यकारों (नाम स्मरण नहीं) में से कइयों ने अपनी कविताएँ सुनाई। डॉ. सिंघवी की कविताएँ भी सुनी गईं।

सभी को ध्यान से सुनती महादेवी जी अपनी प्रतिक्रियाएँ शब्दों में कम, हावभाव से अधिक प्रगट कर रही थीं। कविता सुनाने की उनकी बारी आने के इन्तजार में सब अपनी कम-कम ही सुना रहे थे।

जब उनसे सिंघवी जी ने आग्रह किया तो उन्होंने कहा—"मैं इन दिनों कविता कहाँ लिखती?"

कई लोगों ने समवेत स्वर आग्रह किया—"हम पुरानी ही सुनेंगे।"

उन्होंने कविता सुनानी प्रारम्भ की। मुझे कविता के न शीर्षक न शब्द स्मरण हैं। बस। उनकी निश्छल स्वाभाविक भाव भंगिमाएँ और कविता के शब्दों भावों के साथ उनके सहज सम्बन्ध। दरअसल, भारविहीन होते हुए भी उनकी सहजता ही स्मृति रेखाओं में गहरी धँस गई थी। उनकी भव्यता और व्यक्तित्व की विशालता की सुधि आती भी तो उन पर सहजता हावी हो जाती। उस आत्मयितापूर्ण अनौपचारिक गोष्ठी में महादेवी जी घर आई बुआ जैसी ही लगीं। मुझे अपना गाँव भी स्मरण हो आया। जब कभी मेरी बुआ ससुराल से आतीं, मुहल्ले की औरतें बच्चे उन्हें घेर लेते। उनके मुख से उनकी घर-गृहस्थी और गाँव के समाचार इतना रस लेकर सुनते मानो उन्हें सुनने के लिए कान तरस गए थे। कई दिनों तक उन समाचारों को गाँव भर में पसारते रहते। आजकल के सुबह-सुबह समाचार-पत्र पर अंकित नीरस और वासी समाचारों जैसे नहीं। जिन्हें जूठे करने में इलॉक्ट्रोनिक मीडिया का बड़ा हाथ है। सुबह-सुबह समाचार पत्रों के पन्नों पर अंकित बड़ी से बड़ी खबरों में वाचक को चौंकाने और रोमांचित करने की शक्ति नहीं बची। हमारी बुआ की बकरी और भैंस के बच्चे देने की खबरें अधिक रोमांचकारी होती थीं।

महियसी महादेवी वर्मा जी द्वारा प्रस्तुत किए गए अनुभव बुआ की खबरों

जैसे रोमांचकारी थे। वे इलाहाबाद की खबरें क्या सुना रही थीं, मानो वही शहर भारत की राजधानी हो। एक और विशेषता थी। महादेवी जी के शहर वाले राजधानी में हमारे गाँव की वानगियाँ भी समाई थीं। उन्होंने कहा—"आपलोग तो स्वतन्त्र भारत की राजधानी में रहते हैं। हम तो इलाहाबाद में। वह शहर उ.प्र. की भी राजधानी नहीं और साहित्यकारों ने देश को स्वतन्त्र कराने, स्वतन्त्र भारत के निर्माण के सपने वहाँ भी देखे थे।"

राजनीतिक क्षितिज पर जो कुछ घट रहा था, उससे वे निराश अवश्य थीं। समाज की घटनाओं से भी चिन्तित। उन्होंने कहा—"राजनेताओं को जो करना है कर रहे हैं, हमें हाथ पर हाथ धरे नहीं बैठना है। उन्हें भी सचेत करते रहना है। साहित्य का स्थान राजनीति से ऊपर होता है। साहित्यकार की बड़ी जिम्मेदारी होती है।"

मैं उनकी बातें और इशारे कम ही समझ पा रही थी। सुखद लग रहा था सुनना। कहा न बुआ जैसी लग रही थीं महादेवी जी। डॉ. लक्ष्मीमल्ल सिंघवी, उनकी पत्नी कमला जी और बेटे अभिषेक सिंघवी बेटी अभिलाषा पर अनुराग छिड़कती।

तीन वर्ष बाद पुनः महादेवी जी का दर्शन हुआ। वे दिल्ली पधारी थीं। उनके अन्य कार्यक्रमों की खबरें समाचारपत्रों में आ रही थीं। दिल्ली की एक स्वयंसेवी संस्थान 'महिला मंगल' के वार्षिकोत्सव पर वे मुख्य अतिथि के रूप में बोलने वाली थीं। मीना अग्रवाल (संस्था की सचिव) ने कहा था, जरूर आना।

उस कायक्रम का मुख्य आकर्षक था पुनः महादेवी जी को देखना और सुनना। दरअसल, दखने मात्र से आधी तृप्ति हो जाती। क्योंकि उनकी जो छवि मेरे मन पर अंकित थीं, उसमें देखने का प्रभाव, सुनने से अधिक पड़ा था। उनकी सहज भाव भंगिमाएँ उनके कथन को सार्थकता प्रदान करती थीं।

सायंकाल हम पहुँच गए त्रिवेणी सभागार में। महिला मंगल की सभी सदस्याएँ भारी भरकम लिवास और गहने में सजधज कर आई थीं। उन्होंने महादेवी वर्मा जी की कविता 'यामा' पर एक नाट्य प्रस्तुति भी की। अधिकांश स्त्री-पुरुष महादेवी जी को सुनने के लिए व्यग्र थे। सजी-धजी चार-पाँच महिलाओं से घिरी महादेवी जी के सभागार में प्रवेश करते ही उनकी सादगी से सभागार आच्छादित हो वजनदार हो गया था। महिलाओं की सजावट में भी उनके प्रतिबिम्ब से निखार आया। जब महादेवी जी बोलने के लिए तैयार हुई, सभागार के कान खड़े हो गए। उन्होंने बड़े सहज और सरल शब्दों में उपस्थित महिलाओं को सम्बोधित करते हुए भारत की महिलाओं की स्थिति का भान करा दिया। वे महिला विकास की दिशा से

सन्तुष्ट नहीं थीं। उन्होंने उन्हें 'वस्तु' बनने से रूकने का आह्वान किया। स्त्री-पुरुष में अन्तर भी समझाया। एक घंटे का उनका भाषण मेरे मन पर शब्दस: अंकित हो गया। कागज कलम लेकर मैं बैठी भी नहीं थी। दूसरी सुबह मैंने उनके भाषण को अपनी ताजा स्मृति चिह्नों से उतारकर कागज पर सजाया।

एक पत्रिका के 'होली' विशेषांक (महादेवी जी का जन्मदिन होली ही है) में छपवाया। शीर्षक था—'नारी: वस्तु नहीं, व्यक्ति बने।' जिसे पढ़कर मीना अग्रवाल ने कहा था—"मृदुला! तुमने बड़ा अच्छा किया। दरअसल, हमने टेप करने के लिए रेकार्डर तो लगाया था, मशीन थी, धोखा दे गई। लेकिन तुमने नोट ले लिया, धन्यवाद।"

मैंने नोट नहीं लिया था। मेरे मस्तिष्क में भी तो रेकार्डिंग हुई थीं। वह मात्र मशीन नहीं है न। वहाँ संवेदना भी थी। स्त्री के प्रति कुछ करने की अभिलाषा भी। स्त्री विकास की दिशा ढूँढ़ने की चाहत भी। एक संवेदनशील कवियत्री के भावों और विचारों में छलके मानवता के लिए दर्द को सँजोने की ललक भी।

महादेवी जी बीमार पड़ गईं। इलाहाबाद में ही थीं। मैं उनके सम्पूर्ण लेखन नहीं, उस भाषण के कारण ही उनसे घनिष्ठाता से जुड़ गई थी। महिला मोर्चा (राजनैतिक मंच) के कार्यक्रम आयोजन, साहित्य रचना और स्वयं के सैकड़ों भाषणों के लिए उनका एक भाषण ही काफी था। मैं मोर्चा के कार्यक्रम के सिलसिले में ही अटल बिहारी वाजपेयी जी से मिली। उन्होंने कहा—"आपको मालूम है, महादेवी जी बहुत बीमार हैं।"

मैंने हामी भरी। उन्होंने कहा—"मैं उनसे मिलने जाने वाला हूँ।" मेरे मन के भाव वे समझ गए। बोले—"ठीक है, आप भी चलिए।" मैं नहीं जा सकी थी। मेरे मन में तो उनके जीवन्त व्यक्तित्व ही वर्तमान है। महादेवी जी के स्वर्गवासी हुए लगभग तीन दशक गुजर गए। लेखनी उठानी हो, आन्दोलन करना हो, या युवतियों और महिलाओं के बीच बोलना हो, अनायास उनके भाषण (1981) की पंक्तियाँ जिह्वा पर तैर जाती हैं। वे मात्र भाषण नहीं हैं, एक सुहागन के मंगलसूत्र में पिरोए काले मोतियों जैसे मोती हैं।

महिलाओं की स्थिति 30 वर्ष पूर्व भी जैसी थी, आज भी वही। शायद आने वाले समय में भी महादेवी वर्मा जी की हिदायतें वही रहेगी—"औरतों का क्रय-विक्रय, जलना-जलाना और उनके साथ पुरुषों के अशोभनीय कुकृत्य की खबरें पढ़कर मेरा मन पीड़ा से भर उठता है। और उसी पीड़ा में उत्पन्न होता है एक क्रान्ति का भाव। नारी के नए निर्माण का भाव भी। परन्तु मैं नया निर्माण करूँ तो कैसे, मुझे सौ ऐसी लड़कियाँ मिलें जो दहेज लोभी लड़कों से शादी करने से इनकार कर दें तो

मैं क्रान्ति ला सकती हूँ। सृजन की क्रान्ति। नारी को 'वस्तु' नहीं, 'व्यक्ति' बनाने की क्रांति। पर मुझे सौ क्या, दस ऐसी लड़कियाँ भी नहीं मिलतीं। मैं बदलाव लाने की पहल करूँ भी तो किसके बदौलत।'' उपरोक्ता पीड़ा भरी उक्ति के अलावा भी अनेकानेक उक्तियों, आदेश, हिदायतें और सीख दे महिलाओं के लिए जो आज भी सार्थक और उपयोगी हैं।

बोले—बोले ना बोले

शैलेन्द्र जी के देहावसान के दो माह बीत गए। उस दम्पती ही नहीं बेटी जूही समर्पिता और वीणा जी के अनुज आलोक कंठ जी के भी अत्यन्त आत्मीय होने के बावजूद इस बीच न वीणा जी से दूरभाष पर बात हुई न जूही से। उस दिन अचानक जूही का ही जमशेदपुर से फोन आ गया। मैं अत्यन्त शर्मिन्दा होते हुए उससे बात करने के लिए साहस बटोरने लगी। अपने पिता की प्रथम प्रिय सन्तान जूही को सान्त्वना देने के शब्द ढूँढ़ने लगी। मेरे मन में संचित शब्द भंडार में ऐसे शब्द थे ही कहाँ। होते तो अब तक भेज न दी होती। पटना और जमशेदपुर जाकर दोनों से मिलूँगी। पत्र लिखूँगी। सब बहाने थे। सच तो यह था कि ऐसे अवसरों पर सान्त्वना देने वाले शब्दों का अकाल है।

पिछले दिनों पटना जाने का एक महत्त्वपूर्ण प्रयोजन था, वीणा जी से मिलना। पर मेरे वहाँ पहुँचने से एक दिन पूर्व वे दिल्ली आ गई थीं। दरअसल, वीणा जी से (पिछले पच्चीस वर्षों में) शायद ही कभी शैलेन्द्र जी के बिना भेंट हुई हो। उनके घर में, ट्रेन में, साहित्यिक गोष्ठियों में, विश्व हिन्दी सम्मेलन में (लन्दन और सूरीनाम) जयपुर, दिल्ली, जहाँ कहीं भी मिली दोनों साथ-साथ थे। यहाँ तक कि पिछले दिनों पार्लियामेंट एनेक्सी में भी स्वास्थ्य जाँच कराने आए दोनों से देर तक बातचीत हुई। संस्कृत की एक उक्ति है— 'संसार विष वृक्षेषु, द्वै एव मधुऐ फले। सज्जन स: वार्ता सुपुस्तक पाठ नम्।' विष वृक्ष रूपी संसार में दो ही मधुर फल हैं। समजन के साथ बातचीत और अच्छी पुस्तकों का पठन। उन दोनों से मिलकर दोनों का आनन्द मिल जाता था। उन्हें सुनना भी पुस्तक पढ़ने जैसा ही अनुभूति देता था। अकसर मैं अपने पति के साथ रहकर दूसरों से मिलते समय में कहा करती हूँ— "हम दोनों साथ-साथ इसलिए रहते हैं कि हमारे दर्शन करने वाले को पुण्य लाभ हो।"

हाँ तो! वीणा और शैलेन्द्र जी हमारे जैसे राजनैतिक, साहित्यिक और समाजिक जीवन में कार्य करने वाले हजारों नेता व कार्यकर्ताओं को पुण्य लाभ कराते रहे।

साथ-साथ दिखे। उस दिन दिल्ली के आर.के पुरम स्थित सरकारी फ्लैट में उनके भाई श्री अशोक कंठ के घर जाकर वीणा जी से मिलना दुस्साहस का कार्य भी था। दर्शन करने वालों को पुण्य लाभ देने की स्थिति में नहीं थी। पर सच तो यह है कि वहाँ हमने दोनों के दर्शन किए। शैलेन्द्र जी वहाँ सशरीर उपस्थित नहीं थे। वीणा जी में अवस्थित तो थे ही। सही माने में एक शरीर एक प्राण हो गया उस दम्पति का। वीणा जी के हर साँस में समाए हुए दिखे शैलेन्द्र जी।

वे बार-बार उनके मृत्यु का प्रसंग दुहरा कर कह रही थीं— "कहीं, कभी तो मिलेंगे।" पूछूँगी उनसे— "ऐसी भी क्या जल्दी थी। क्यों बिना बताए चले गए?" उनके बोल और भाव भंगिमाओं से यह सत्य झलकता था कि अपने जीवन साथी शैलेन्द्र जी से पुनः मिलने का उनका संकल्प पुख्ता है। मेरे मुँह से भूल से भी नहीं निकला— "अब कहाँ मिलेंगे शैलेन्द्र जी।"

यह बात तो उन्हें भी पता है। पर हिन्दी साहित्य और भारतीय जीवन दर्शन की व्याख्याता, दादी नानी बनी डॉ. वीणा श्रीवास्तव जी का यदि यह विश्वास है कि वे अपने स्व. पति शैलेन्द्र जी से कभी-न-कभी जरूर मिलेंगी और उन्हें बिना बताए छोड़कर जाने की अपनी शिकायत भी दर्ज कराएँगी, तो मैं कौन होती थी उनके विश्वास को तोड़ने वाली। वैसे भी हिन्दू धर्म में पति-पत्नी का साथ सात जन्मों का ही माना गया है। क्या पता उनका यह पहला जीवन हो। आगे मिलने की सम्भावनाएँ तो बनी ही हैं।

अपने दाम्पत्य जीवन से वीणा जी की एक शिकायत अवश्य उभर रही थी। और वह दोनों के घर और बाहर सोच, विचार विषय और कार्य का भी एक होना था। दोनों हिन्दी के विद्यार्थी, हिन्दी के व्याख्याता। सामाजिक जीवन में संस्कार भारती के मंच से संग-संग जुड़े हुए। दाम्पत्य जीवन में इस कारण सहजता, सरलता और सुविधाएँ अवश्य आई थीं। परन्तु अब घर और बाहर के उस सहजीवन से ही शिकायत हो गई है। काश! कहीं तो शैलेन्द्र जी से अलग अपना जीवनोद्देश्य और कार्यकलाप रखा होता। शायद उनके बिना उन्हीं कार्यकलापों को आगे बढ़ातीं। वीणा जी कहती हैं— "संस्कार भारती जैसी संस्था के लिए भी उनके संकल्प अधूरे रह गए। उसे ही पूरा करूँगी। उनके काम को आगे बढ़ाऊँगी।"

सहस्तित्व सुख भी देता रहा। ठीक कहती हैं वीणा जी। बची हुई जिन्दगी शैलेन्द्र जी की यादों के साथ ही सरल और सुखमय भी हो सकती है। पिछले दिनों पद्मश्री अलंकरण से विभूषित शैलेन्द्र जी राष्ट्रीय स्वयं सेवक संघ के स्वयं सेवक, भारतीय जनता पार्टी के नेता, सांसद, साहित्यकार, विश्वविद्यालय के उपकुलपति, संस्कार भारती के अध्यक्ष और भी बहुत कुछ थे। उनकी बहुआयामी जिन्दगी के

एक-एक अंश को जीते हुए भी किसी की पूरी जिन्दगी सार्थक हो सकती है। वीणा जी की बची हुई जिन्दगी के लिए वे आयाम बहुत है। और अपने पति के जीवन के उन आयामों को जिन्दगी के इस मोड़ पर अपनाने की उन्हें जिद्द भी नहीं करनी होगी। शैलेन्द्र जी के जीवन के उन सारे आयामों में वे स्वयं परोक्ष या अपरोक्ष रूप से समाहित हैं।

कैसा स्वरूप होता है एक भारतीय दाम्पत्य जीवन का। पचास, साठ, सत्तर वर्षों तक संग-साथ रह-रहकर रूचि-अभिरुचि, ज्ञान-ध्यान, बोलचाल सब एक हो जाता है। एकाकार। शैलेन्द्र जी से वीणा जी का सुहाग सौभाग्य था तो वीणा जी से शैलेन्द्र जी का भी संस्कार सौभाग्य। 'को बड़ छोट कहत अपराधू।'

वीणा जी कहती हैं— "मुझे एक बात का बहुत सन्तोष है। भारतीय जनता पार्टी से जुड़े लोगों ने उनकी अन्तिम विदाई में कोई कोर कसर नहीं छोड़ी। भा.ज.पा के लिए जिन्दा रहे तो भा.ज.पा वालों ने भी उन्हें यथायोग्य विदाई दी। मैं सन्तुष्ट हूँ।"

मैं वीणा जी की बात को कैसे काटती। उन्हें कैसे कहती कि शैलेन्द्र जी जितने उनके थे उतने ही राष्ट्रीय स्वयं सेवक संघ, भा.ज.पा, साहित्य और संस्कार भारती के भी। जिन पदों पर कार्य करने का उन्हें अवसर मिला। उन्होंने उसे भरपूर सम्मान दिया। हर पल पद की गरिमा का ध्यान रखते हुए उन्होंने उसे भरपूर सम्मान दिया। उन्होंने संस्थाओं के उद्देश्य को आत्मसात किया। इसलिए वे सिर्फ वीणा जी, जूही समर्पिता के नहीं थे। हजारों कार्यकर्ता बातों-बातों में 'अपने शैलेन्द्र जी' कहा करते थे।

शैलेन्द्र जी चिड़िया की भूमिका में थे। चिड़िया एक खेत से दाना उठाकर दूसरे खेत में डालती चलती है। सहित्य और संस्कृति विकास के क्षेत्र में देशभर में घूमते हुए जहाँ कहीं संस्कृति का सुपुष्ट बीज मिलता, वे उठाकर दूसरे खेत में डालते रहते थे। विभिन्न क्यारियों से सुसज्जित बड़ा खेत ही तो है। भारतीय समाज। कण-कण में आज भी संस्कार बीज भरे पड़े हैं। शैलेन्द्र जी जैसे चिड़ियों की जरूरत है।

आज साहित्यिक, राजनैतिक और सामाजिक जीवन में शुचिता के अभाव की चुनौती है। शैलेन्द्र जी ने जीवन के इन आयामों को जीते हुए कभी शुचिता भंग नहीं की। संस्थाओं को अपने गरिमामय व्यक्तित्व से सम्मान दिलाया। सही पहचान दिलाई। सच है कि व्यक्ति अपने विचार और व्यवहार को संस्कारित रखकर भी समाज की सेवा ही कर जाता है।

वीणा जी बार-बार अपने दोनों हाथों को पसार, आँखों में आँसू भरकर कह रही थीं— "इन्हीं दोनों हाथों में गिरे।" अन्तिम अधूरा वाक्य था उनका 'मेरा सिर

तो...।' और उनका सिर मेरे हाथों में गिरा। उनके कानों में वह अन्तिम वाक्य अपनी पूर्ति के लिए गूँज रहा है। पैंतालिश वर्षीय वैवाहिक जीवन में न जाने कितने प्रेम गीत गुनगुनाए होंगे शैलेन्द्र जी दोनों के बीच रूठना मनाना चला हो। वे सारे लम्हें अभी विस्मृत हो गए हैं। स्मरण है तो— 'मेरा सिर तो..।' वीणा जी के लिए यह सुखद एहसास है कि शैलेन्द्र जी उनके हाथों में गए। उनके इलाज में कोई कमी नहीं रही। पर यह सब अपनी बची हुई जिन्दगी को चलाने के सम्बल भर हैं। सच तो यह है कि पैंतालिश वर्षों तक संग-साथ चलने का अभ्यासी कदम अब मानो अपनी चाल ही भूल गए हों।

शैलेन्द्र जी की अनेक पुस्तकों के बीच एक छोटी-सी पुस्तक (दोहों के संग्रह) 'बहुत दिनों बाद' के शब्द और भाव मेरी सरसरी निगाह में भी भा गए थे। उसमें एक कविता 'दही बड़ा' भी है। उसे पढ़कर उसमें दही में बड़े के डूबने समान डूबते हुए एहसास होता है कि वीणा जी के संग-साथ रहते हुए उनके कार्यक्षेत्र की बारीकियों और स्वानुभूति में भी शैलेन्द्र जी की गहरी पैठ थी।

भारतीय सभ्यता संस्कृति के विभिन्न आयामों की तुलना वे पश्चिमी सभ्यता से भी करते रहते थे। और दोनों की तुलना में विसंगतियाँ ढूँढ़ते रहते हैं। पाठक और श्रोताओं के ध्यान विषय में केन्द्रित करने के लिए वे व्यंग्य का भी सहारा लेते थे। एक बार भारतीय युवतियों के शरीर पर घटते वस्त्र की मात्रा की ओर इशारा करते हुए उन्होंने कहा था— ''गरीब भारत अपनी ग्रामीण महिलाओं के शरीर पर सात मीटर वस्त्र की व्यवस्था करता आया हैं। समृद्ध अमेरिका के पास इतना भी वस्त्र नहीं कि महिलाओं का तन ढँक सके। पर अब अपनी बेटियों को देखकर भी लगता है कि अमेरिकन सोच की कंगाली यहाँ आयातीत हो गई है।''

स्व. जगदम्बी प्रसाद यादव : हिन्दी के प्रहरी

20 जून। सुबह-सुबह दूरभाष पर किसी ने खबर दी— "श्री जगदम्बी प्रसाद यादव गोड्डा (झारखंड) से भारतीय जनता पार्टी के संसद सदस्य नहीं रहे।" यूँ तो खबर चौकाने वाली नहीं थी। राजभाषा की संसदीय समिति की बैठक के लिए कोयम्बटूर गए जगदम्बी जी 11 जून को मस्तिष्क रक्तस्राव से पीड़ित होकर वहीं के अस्पताल में भर्ती हुए। उनकी चेतना लौटी ही नहीं। चिकित्सक ने प्रथम दिन ही हालत गम्भीर बता दी थी। दो बार शल्य चिकित्सा भी हुई। भा.ज.पा. के कई प्रान्तीय व राष्ट्रीय नेता उनके स्वास्थ्य के लिए सजग सचेत रहे। प्रधानमन्त्री जी स्वयं चिकित्सकों एवं उनके परिवार वालों से निरन्तर सम्पर्क साधे रहे। पर निश्चय ही उनके पूर्ण स्वस्थ होने की सभी की आशा क्षीण थी। शरीर शान्त होने की खबर सुनकर सबकी दुर्बल आशा की डोर भी टूट गई।

तुरन्त उनके दिल्ली स्थित आवास 4, बिशम्बर दास रोड पहुँची। उनकी हमउम्र (लगभग सतहत्तर वर्ष की आयु) साठ वर्षों के वैवाहिक जीवन में साथ रही पत्नी विलाप कर रही थी— "हो रजऊ। जिन्दगी भर के लेल रोते कहाँ छोड़ गेल हो रजऊ।"

उनकी सन्तानें भी पिता की स्नेहिल छत्रछाया सिर से हट जाने को अस्वीकार करने की जिद्द ठाने बिलख रही थीं। बाहर निकलकर मेरे पति डॉ. रामकृपाल सिन्हा ने कहा— "हमारा भी चालीस वर्षों का साथ था।"

भारतीय जनसंघ पार्टी से लेकर आज तक निरन्तर पार्टी के एक कर्मठ सिपाही के रूप में कार्य करते जगदम्बी प्रसाद यादव जी को विधायक, राज्य सभा सदस्य, केन्द्रीय मन्त्री, चार बार लोकसभा सदस्य के नाते हजारों कार्यकर्ताओं, कर्मचारियों, अधिकारियों से वास्ता पड़ा। उनके सम्पर्क में आए सब उनकी स्पष्टवादिता तथा पार्टी और दायित्व के प्रति ईमानदार नीयत के लिए याद कर रहे हैं। तीन पुत्र-पुत्रवधुएँ, पाँच पुत्रियाँ, दामाद, नाती-नातिन भरे-पूरे परिवार के सभी सदस्य अपने सिर से मुखिया का साया उठ जाने से किंकर्तव्यविमूढ़ हैं। भारतीय जनता पार्टी ने एक कर्मठ कार्यकर्ता-नेता खोया है।

परन्तु हिन्दी के सरकारी और गैर-सरकारी पत्रिकाएँ, राजभाषा समिति के कई विभागों के हिन्दी सलाहकार समितियाँ स्वर्गीय जगदम्बी जी को हिन्दी के एक संघर्षशील वीर योद्धा व संरक्षक के रूप में ही स्मरण करेंगी। मानो जगदम्बी जी ने हिन्दी को सरकारी फाइलों, पत्र-पत्रिकाओं से लेकर भा.ज.पा. के दस्तावेजों तक स्थापित कराने का बीड़ा उठा रखा था। हिन्दी की विकास यात्रा में सम्पूर्ण देश में किसने कितना, कब, कैसा योगदान दिया, उन्हें कंठस्थ था। हिन्दी के प्रति सरकारी या गैर-सरकारी क्षेत्र में अवहेलना का भाव वे बर्दाश्त नहीं कर पाते थे। उनका मन पीड़ित होता था। हिन्दी के बारे में वे मस्तिष्क से नहीं, हृदय से विचार करते थे। इसलिए किसी भी अवसर, स्थान और विधि से हिन्दी की अवहेलना से उत्पन्न हृदय-व्यथा तब तक नहीं थमती थी, जबतक वे व्यक्ति या विधान को कड़वे या मीठे लिखित-अलिखित शब्दों में प्रताड़ित न कर लें। कई बार सम्पादक इनके कटु सत्य सँजोए लेख को छापे, न छापे के असमंजस में पड़ जाते थे। लेकिन अन्तत: उन्हें छापना ही पड़ता था। वे सब जानते थे कि जगदम्बी प्रसाद जी हिन्दी के विकास के लिए चिन्तक, विचारक, वक्ता और लेखक भी थे।

भारतीय जनता पार्टी की राष्ट्रीय कार्यसमिति के 1981 से 1988 (जब तक वे सदस्य रहे) का कार्यवृत्तों में एक भी वृत्त ऐसा नहीं, जिसमें जगदम्बी जी के बहुमूल्य सुझाव संचित न हों। विभिन्न प्रस्तावों पर दो-चार उपर्युक्त संशोधनों के बीच प्रमुख होता था हिन्दी के प्रति उनकी निष्ठा का प्रगटीकरण। सभी समितियों में प्रस्ताव की मूल भाषा हिन्दी रखने का उनका आग्रह होता था। अंग्रेजी से अनूदित हिन्दी की भाषा-शुद्धि पर भी उनका ध्यान रहता था। श्री अटल बिहारी वाजपेयी, श्री लालकृष्ण आडवाणी की अध्यक्षता में हुई कार्यसमिति में जगदम्बी प्रसाद यादव को विशेष पहचान मिलती थी, क्योंकि वे नेता होकर भी नेता नहीं बन सके। उन्होंने अपनी छवि और सरोकार एक निष्ठावान कार्यकर्ता का ही रखा। जमीन से जुड़ा कार्यकर्ता। इसलिए उनके सुझाव को अहमियम दी जाती थी।

भा.ज.पा. को राष्ट्र और राज्यों की राजधानियों के राजपथों से निकालकर गाँव, गली, गलियारों व पगडंडियों पर ले जाने में स्वर्गीय जगदम्बी जी की भी विशेष भूमिका रही। ये विचार-प्रवाह उन्हें स्वयं गाँवों की पगडंडियों पर चलने से मिलता था, साधारण जन और कार्यकर्ताओं के बीच आँख और कान खोलकर रखने से आम लोगों की पीड़ा से वे अवगत होते थे। किसानों की समस्याओं को दल के विभिन्न स्तरों पर रखते थे, दूसरे सदस्यों का समर्थन प्राप्त करते थे और दल की नीतियों से जुड़वाते थे। बड़ी संजीदगी और दृढ़ता से रखे गए उनके सुझाव भी यदि मान्य नहीं हुए तो क्या, पार्टी के निर्णय के विरोध में कभी मुखर नहीं हुए। वे अपने

विचार के पक्ष में हठधर्मिता भी नहीं बरतते थे। उन्हें विश्वास होता था कि आज न कल उनकी बात अवश्य मानी जाएगी।

पार्टी में कार्यकर्ताओं से जाति व धर्म से ऊपर उठ कर उनका व्यवहार तब भी अनुकरणीय था और आने वाले समय में भी रहेगा।

अपने पचास वर्षीय राजनैतिक जीवन में उन्हें पार्टी की स्थिति के साथ काफी उतार-चढ़ाव भी देखने पड़े। सड़क से संसद और संसद से सड़क तक की यात्रा में आए विभिन्न पड़ावों पर वे विचलित नहीं हुए। धरना, प्रदर्शन, लाठी खाना, जेल जाना, ये सब उनके लिए दिनचर्याएँ थीं। राज्य और केन्द्र में मन्त्री पद प्राप्त कर 'जल में रहकर विलग जलज ज्यों' ही रहे। 1977 से 1979 तक केन्द्र में राज्यमन्त्री रहे। जगदम्बी जी को मन्त्री पद से हटने पर थोड़ी-सी पीड़ा अवश्य हुई। उस पीड़ा का कारण था— बच्चों का दिल्ली के विद्यालय में नामांकन। मन्त्री न रहने पर पुनः उन्हें गाँव लौटाना। राजनैतिक जीवन में इन उतार-चढ़ावों पर पाँव रखना किसी भी व्यक्ति को दर्द देता है। तीन पुत्रों और पाँच बेटियों को पढ़ाने-लिखाने, उनके घर बसाने और खेती-बाड़ी देखने में उनकी सहधर्मिणी जानकी देवी जी का विशेष सहयोग था।

दो बार राज्य सभा और चार बार लोक सभा में रहे जगदम्बी जी को कई मन्त्रालयों की हिन्दी सलाहकार समितियों और ऑफिशियल भाषा समिति का सदस्य बनाया जाता रहा। यूँ तो वे रेल कर्मचारी संघ, कॉआपरेटिव आन्दोलन, सोना-चाँदी वैश्य सेवक संघ, खाद निगम जैसे जीवन के अनेक क्षेत्रों में बनी समितियों के अध्यक्ष रहे। और इस तरह समाज की विविध जमीनी आवश्यकताओं से परिचित होते रहे। परन्तु उनकी विशेष पहचान भा.ज.पा. के जमीनी नेता और हिन्दी के सच्चे सिपाही के नाते ही बनी। 1945 में राष्ट्रीय स्वयंसेवक संघ से जुड़े जगदम्बी जी 1951 से 1977 तक जनसंघ और 1980 से लेकर 12 जून, 2002 तक भा.ज.पा. के कर्मठ कार्यकर्ता रहे। कार्यकर्ताओं के लिए एक अनुकरणीय नेता रहे। दिल्ली में वर्षों रहकर भी उन्होंने अपनी ग्रामीण छवि उतार कर नहीं फेंकी। जैसी सोच, वैसी भाषा, वैसी वेशभूषा। संसद में प्रखर वक्ता रहे। जीवन के विविध क्षेत्रों के अनुभव के कारण ही उनका लेखन विविधता लिए है। उन्होंने अपने शहर में पुस्तकालय की भी स्थापना की थी। अधिकांश संसद सदस्यों को जगदम्बी जी संसदीय पुस्तकालय में मिल जाते थे। पुस्तकों को ही उन्होंने अपना सच्चा मित्र बनाया था।

उनकी प्रकाशित पुस्तकें हैं—बिहार राज्य सहकारिता भूमि विकास-एक अध्ययन, अन्तर्राष्ट्रीय सहकारिता-एक अध्ययन, परिवार कल्याण-दक्षिण-पूर्व देशों

में तथा गंगा और बिहार राज्य भूमि विकास बैंक। परन्तु उनकी सभी रचनाएँ पुस्तकाकार रूप नहीं ले सकी हैं।

1980 से ही उन्हें रात्रि को नींद कम आती थी। उन्होंने मात्र नींद न आने की चिन्ता करके उस जागृत समय का दुरुपयोग नहीं किया। वरन उस समय में वे चिन्तन करते, पढ़ते और लिखते रहे। दूसरों की रचना पढ़ कर अपने हाथों से पत्र लिखना भी उनकी आदतों में से एक थी। मुझे भी ऐसे पत्र पाने का सौभाग्य मिला। सम्पादकों को भी वे हाथ से लिखकर पत्र भेजते।

कार्यकर्ताओं से दूरी रखना उनके स्वभाव में नहीं था और अपने वरिष्ठ नेताओं के सामने स्पष्ट बोलना भी उनका स्वभाव था। वैसे वे स्वयं भा.ज.पा. के वरिष्ठतम नेताओं में से थे। स्वतन्त्रता-सेनानियों की पवित्र भूमि मुंगेर (बिहार) के गाँव में जनमे जगदम्बी प्रसाद यादव जी गोड्डा से लोक सभा चुनाव (1999) लड़ने के लिए विशेष इच्छुक नहीं थे। उनके क्षेत्र के जिला अध्यक्ष जयप्रकाश जी ने उन्हें चुनाव लड़ने का विशेष आग्रह किया। वे एक लाख मतों से विजयी रहे। जयप्रकाश सिंह द्वारा उस प्रसंग को अभिमान के साथ सुनाकर स्वयं गौरवान्वित होने के पीछे सहज, सरल स्वीकृति है— 'जगदम्बी जी सबकी सुनते थे।'

कार्यकर्ताओं की सुनना भी नेता का एक विशेष गुण होता है। बहुविध प्रतिभा के धनी जगदम्बी प्रसाद यादव जी को पाकर स्वयं भारतीय जनता पार्टी धन्य हुई। उन्हें श्रद्धांजलि देते वक्त नेता, कार्यकर्ताओं और उन्हें नजदीक से जानने वाले हजारों लोगों की आँखें नम हुई हैं। परन्तु उसी क्षण हृदय में एक इच्छा शक्ति भी जगेगी— 'हम भी जगदम्बी जी की राह चलकर हिन्दी और हिन्दुस्तान की सेवा करेंगे।'

संगठन, संघर्ष और संरचना को जीवन का आदर्श बनाए जगदम्बी जी एक बड़े आदमी भी थे। यह सच है कि किसी भी संगठन की छाप व्यक्ति पर पड़ती है, वह अपने संगठन के शील-स्वभाव के अनुसार भी जाना-पहचाना जाता है, परन्तु यह भी सच है कि कार्यकर्ताओं के व्यक्तिगत गुणों का प्रभाव भी संगठन पर पड़ता है। पार्टी के जन्मकाल से सम्बद्ध जगदम्बी प्रसाद यादव जी के व्यक्तिगत गुणों से भा.ज.पा. भी पहचानी जाती रही है। बड़े आदमी की एक विशेषता होती है। वह यह कि उसे बड़ा मानकर मिलने आए व्यक्ति को ही बड़ा बनाकर वापस भेज देता है। जगदम्बी जी के अन्दर बड़ा आदमी कुछ इस प्रकार रचा-बसा था।

सरकारी फाइलों में उन्होंने हिन्दी को कहाँ-कहाँ और कितना सम्मान दिलाकर उपस्थिति दिलवायी, यह तो खोज और शोध का विषय होगा। बहुत सारे उनके सुझाव व्यवहार में भी परिणत हो चुके हैं। इतना ही कहना उपयुक्त होगा कि जल, थल, नभ में वे जहाँ कहीं विचरण करते रहते थे, उनका ध्यान हिन्दी को उचित मान

दिलाने पर रहता था। मान लो हवाई जहाज में चलते हुए उद्‍घोषिका ने गलती से अंग्रेजी में उद्‍घोषणा कर दी। फिर तो उसकी खैर नहीं। मन्त्री तक उसकी लापरवाही पहुँचनी ही थी। राजधानी या शताब्दी एक्सप्रेस में चलते हुए, स्टेशनों पर गाड़ी का इन्तजार करते हुए वे हिन्दी का मान-सम्मान ढूँढ़ते रहते। भारत सरकार के विभिन्न मन्त्रालयों में जगदम्बी जी के सुझाव पत्र अब भी क्रियान्वयन के लिए प्रतीक्षारत होंगे। उनको श्रद्धांजलि देने का एक माध्यम यह भी हो सकता है— सुझावों का कार्यान्वयन।

हिन्दी भाषा के प्रति उनका आग्रह भारतीय भाषाओं के साथ प्रतिद्वन्दिता का नहीं था। वे अंग्रेजी के भी विरोधी नहीं थे। परन्तु वे अंग्रेजी और अंग्रेजियत के प्रति हमारी गुलामी के प्रतीक लगाव-भाव की भर्त्सना करते थे। यह देश, धर्म और दल के प्रति उनके व्यक्तित्व के विशेष गुण ईमानदार नीयत के कारण ही सम्भव हो सका।

स्व. जगदम्बी प्रसाद यादव जी का व्यक्तित्व व कर्तृव्य भा.ज.पा. के कार्यकर्ताओं के लिए चिन्तन, मनन और अनुकरण के लिए है ही, पर वे दल से ऊपर उठ गए थे। इसलिए उनका व्यक्तित्व किसी भी संगठन और पार्टी के कार्यकर्ताओं के लिए प्रेरणादायी बन सकता है। एक साधारण कार्यकर्ता के नाते 1951 से सतत संघर्ष करते जगदम्बी जी ने किसी भी उतार-चढ़ाव में कभी पार्टी छोड़ने का मन नहीं बनाया। पार्टी के सिपाही के नाते कभी, कहीं से भी चुनाव लड़ने का आदेश ठुकराया नहीं। उन्हें श्रद्धांजलि देते हुए मेरा हृदय भी भरता है। अनेकों की श्रेणी में मैं भी सौभाग्यशालिनी हूँ, जिनको जगदम्बी जी का विशेष स्नेह मिला। लेखिका के नाते मुझे उनका भरपूर मार्गदर्शन मिला। वे मेरी रचनाओं की सराहना करते थे। शुभकामनाएँ देते थे और कहीं कुछ कमी रही, उसकी ओर भी इशारा करते थे। श्रद्धांजलि देने का एक यह तरीका भी है। उनके दिखाए मार्ग पर चलना। मेरी ओर से यही श्रद्धांजलि। उन्हें जानने, न जानने वाले कार्यकर्ताओं और हिन्दी प्रेमियों की ओर से भी ऐसी ही श्रद्धांजलि अपेक्षित है।

एक गृहस्थ सन्त

यूँ तो भारत भूमि का कण-कण वन्दनीय और पूजनीय है। कहा जाता है 'जहाँ कण-कण में शंकर है'। द्विआर्थक है शंकर। देव का नाम तो है ही। 'शं करोति इति शंकराः।' अर्थात दुःखों को हरण करने वाला। हर युग में हर कोने में विभूतियाँ पैदा लेते रहे हैं। उन्होंने अपने परिश्रम से भारत माता के मन्दिर को सुगन्धित करने के प्रयास किए हैं। क्षेत्र कोई भी हो। साहित्यिक, राजनैतिक, सामाजिक या आध्यात्मिक। साधु-सन्तों की तो भूमि ही है भारत। पर गृहस्थाश्रम में रहकर भी 'तेन तेक्तेन भूंजिथः के आदर्श' को जीवन में उतारे सन्त मिलते रहे हैं। उन्होंने गृहस्थ धर्म के साथ-साथ समाज और राष्ट्रधर्म निभाया। जीवन के विभिन्न क्षेत्रों में शुचिता लाने के लिए सर्वप्रथम अपने जीवन को शुचितापूर्ण बनाया।

ऐसे ही गृहस्थ सन्त थे श्री गंगाशरण सिंह। उनका जन्म तो बिहार में हुआ, पर हिन्दी को राष्ट्र में प्रतिष्ठा दिलाने के लिए प्रयास करते-करते वे भी राष्ट्रीय बन गए। हिन्दी भाषा को उसका अपेक्षित सम्मान मिलना ही चाहिए था। देश भर में 'गंगाबाबू' के नाम से वे जाने-पहचाने और पुकारे जाते थे। मेरी स्मृति में उनकी पहचान एक ताऊ-चाचा की ही थी। गंगाशरण सिंह, एक बड़ी विभूति हैं, इसकी जानकारी मुझे देर से मिली।

बात 1953 की होगी। मैं बालिका विद्यापीठ, लखीसराय (मुंगेर) के छात्रावास में रहकर पढ़ती थी। उम्र होगी 10-11 वर्ष। हमारे विद्यालय के प्रांगण में हमेशा एक-न-एक विशेष जन आते ही रहते थे। उनके स्वागत में विद्यालय का प्रांगण कुछ विशेष ढंग से सज-सँवर जाता। हमें विशेष तैयारियाँ करनी पड़तीं। जैसे छात्रावास, सड़क और भोजनालय से लेकर अपने कपड़ों और बालों की सफाई। लेकिन उस दिन हमें भोजन भी विशेष मिलता था। सारे परिवेश में उत्सव का माहौल हो जाता। आगन्तुकों में साहित्यकार, राजनेता, समाजसेवी, ऑफिसर, कलाकार सभी होते। हमें उनसे मिलाया जाता। हमें उनसे मिलकर बड़ा आनन्द आता।

एक ऐसा ही दिन आया, जब एक भारी भरकम शरीर में सुमधुर रिश्ता बनाने वाले, हमें स्नेहसिक्त करने वाले व्यक्ति आए। ऐसे महानुभावों के पधारने पर हमारी

माँसी माँ बहुत प्रफुल्लित हो जाती थीं। उनके स्वागत में लग जातीं। आगन्तुक भी बाबूजी (संचालक मन्त्री) से अधिक माँसी माँ (संचालिका) से ही बातें करते। उस दिन आने वाले व्यक्ति के आगमन की प्रतीक्षा में माँसी माँ अधिक प्रसन्न नजर आ रही थीं।

उन्हें स्टेशन से विद्यापीठ लाने के लिए टमटम पर बैठकर स्वयं बाबूजी गए थे। नाश्ते के समय माँसी माँ भोजन कक्ष में आईं। हमें बताया—"आज गंगा बाबू आ रहे हैं। तुम लोग उन्हें चाचाजी ही कहती हो। जब तक वे यहाँ रहेंगे तुम लोगों को बड़ा मजा आएगा। वे बच्चों के साथ बच्चे और बुजुर्गों के साथ बुजुर्ग बन जाते हैं। जवान दिल तो हैं हीं।"

पुरानी लड़कियों की आँखें खिल उठीं। वे उन चाचा जी से मिल चुकी थीं। उन्हें सुन चुकी थीं। मेरे साथ बहुत-सी नई लड़कियों के लिए एक नया अवसर आने वाला था। माँसी माँ ने बताया—"वे विदेश गए थे। रसिया। वहाँ की खबरें लेकर आ रहे हैं। तुम लोगों को ऐसे सुनाएँगे मानो वे गाइड हों और तुमलोग रूस में घूम रही हो।"

ऐसा ही हुआ। जब वे आए तो सभी लड़कियाँ भोजनालय में थीं। माँसी माँ ने उन्हें अपने भवन के सामने कहा—"आप यहीं आराम करिए। मैं खाना मँगवा देती हूँ।" वे नहीं माने। बाबूजी और माँसी माँ के साथ खाने वाले हॉल में आ गए। हम टाट पर नीचे पंक्तिबद्ध जमीन पर बैठी थीं। हमारे सामने रखी थालियाँ, ग्लास और कटोरियाँ चम्मच (हमने अपने हाथों चमकाया था) कर रही थी। उनमें पानी और स्वादिष्ट व्यंजन परोसे जा चुके थे। हमलोग भोजनमन्त्र प्रारम्भ ही करने वाले थे कि तीनों ने भोजनालय में प्रवेश किया। गंगा बाबू को भोजन कक्ष में प्रवेश करते देख हम सब लड़कियाँ एक साथ बोल पड़ीं— 'नमस्ते चाचा जी।' चाचा जी मानो धन्य-धन्य हो गए। एक साथ 70-80 बेटियों ने 'चाचा जी नमस्ते' कहा था। बेटियों को मात्र शिक्षित और संस्कारित करने के लिए बालिका-विद्यापीठ की स्थापना हुई थी। श्री व्रजनन्दन शर्मा और विद्या देवी जी ने अधिकतर उन्हीं लोगों का सहयोग लिया था जो स्वतन्त्रता आन्दोलन में छोटी-बड़ी भूमिका निभा चुके थे। उनमें भारत को समृद्ध, सुन्दर और संस्कारित देश बनाने के सपने हिलोरे ले रहे थे। देश को संस्कारित करने के लिए आवश्यक था उसमें रहने वाले नागरिकों को संस्कारित करना। बेटियाँ तो विशेष थी हीं। तात्कालीन कुछ समाज निर्माताओं ने बेटियों की शिक्षा पर विशेष महत्त्व देकर लखीसराय (मुंगेर जिला) में बालिका विद्यापीठ की स्थापना की थी। शर्मा दम्पती वहीं रहते थे। गंगाबाबू जैसे घूमन्तु समाज सेवक और हिन्दी प्रेमी घूमते-घूमते विद्यापीठ के प्रांगण में आ पहुँचते थे।

चाचा जी ने भोजनालय के एक दरवाजे पर खड़े हो चारों ओर नजर घूमाकर बालिकाओं और उनकी थालियों का निरीक्षण किया।

सभी लड़कियाँ उन्हीं पर नजर टिकाए बैठी थीं। चाचा जी बोले—"तुम लोग खाना प्रारम्भ क्यों नहीं करतीं?"

"भोजन मन्त्र बोलना बाकी है?" सब एक साथ बोल पड़ीं। "फिर बोलो और टूट पर थाली पर।"

"आप यहाँ बैठिए। हमारी भी थाली परोसी जाएगी। फिर एक साथ बोलेंगे भोजन मन्त्र।"

"अरे बाप रे! फिर तो जल्दी करो। हमारे कारण बेटियाँ उपवास कर रही हैं।"

वे अतिशीघ्रता से भूमि पर बिछाए आसन पर बैठ गए। भोजन मन्त्र हुआ। भोजन समाप्ति के पूर्व माँसी माँ ने कहा—"आज शाम को इसी स्थान पर चाचा जी तुम लोगों को रूस की सैर करवाएँगे।"

ऐसा ही हुआ। दिनभर हम विद्यालय की कक्षाओं में भिन्न-भिन्न विषय पढ़ते रहे। हमारा ध्यान सायंकाल की चर्चा पर अटका लगा था। किसी छात्रा ने शिक्षक से पूछ ही लिया—"यह रूस कहाँ हैं?" शिक्षक ने हमें अच्छी तरह रूस के बारे में समझाया। यह बात तो बाद में प्रगट हुई कि उस दिन सभी शिक्षक-शिक्षिकाओं ने अपनी-अपनी कक्षा की छात्राओं को उनके ज्ञान स्तर के आधार पर रूस की जानकारी दी थी। तभी तो रात्रि को चाचा जी की बातें सुनने में भी रस आया। कई छात्राओं ने अनेक प्रश्न भी पूछे। मेरे सहित अधिकांश लड़कियाँ पहली बार किसी व्यक्ति से उनका यात्रा वृत्तान्त सुन रही थीं। वह भी हवाई यात्रा। देश नहीं, विदेश का वर्णन। सच बात तो यह थी कि उन दिनों देश के बारे में भी हमारी जानकारी कितनी थी?

चाचा जी बड़े रोचक ढंग से अपनी यात्रा का वर्णन कर रहे थे। उनके साथ खाने की मेज पर बैठी महिला के विशाल काया, गले और कान में एक ही रंग के पत्थर की माला के साथ उसके फ्रॉक के भी रंग का वर्णन। काँटे चम्मच से खाना, अपने हाथ से ही परोसना, भोजन के बाद एक-दूसरे को धन्यवाद देना, ऐसे बहुत-से व्यवहार जो हमारे लिए बिलकुल नए थे। हमारे बीच माँसी माँ, बाबूजी और शिक्षक-शिक्षिकाएँ भी बैठी थीं। उनमें से बहुतों ने प्रश्न पूछे।

यात्रा वृत्तान्त इतना लम्बा था कि कई छोटी लड़कियाँ वहीं सो गईं। माँसी माँ ने कहा—"गंगा बाबू! ये आपकी बेटियाँ ऐसे सोने लगीं मानो आप कोई लोरी सुना रहे हों या लोककथा। अब यहीं समाप्त करते हैं। इन्हें सुबह पाँच बजे जगना भी

पड़ता है।"

हमारा मन नहीं भरा था। किसी दूसरे देश के बारे में कथा सुनने का मेरा पहला अनुभव था। उस देश से नहीं, कथावाचक से तो अन्तर्मन से जुड़ गई थी। अच्छे लगे थे चाचा जी। उनके साथ घूमना, सुनना और सुनाना सुखद लग रहा था। देखते-देखते चाचा जी के जाने का समय आ गया। उनके जाने पर 100-110 लोगों से भरा विद्यापीठ का प्रांगण एक-दो दिनों के लिए सूना-सूना हो गया था।

चाचा जी के विद्यालय आने का सिलसिला जारी रहा। वे जब कभी आते, हमें उनसे प्रसंग सुनने का इन्तजार रहता। उनके प्रसंगों की पिटारी कभी खाली न हो। हमारी उम्र के साथ उनके प्रसंगों के अर्थ और गरिमा समझने की भी हमारी समझ बढ़ती गई थी। ढेर सारे अनसुलझे सवाल हम मन में जमा करके रखतीं। चाचा जी से पूछतीं। यह जानकर कि हमारे चाचा जी समाज में प्रतिष्ठित व्यक्ति थे, दिल्ली के बड़े-बड़े लोगों से भी उनकी नजदीकियाँ थीं, हम भी गौरवान्वित हो जातीं। वे हर वर्ष होने वाले 'बेटी की विदाई' कार्यक्रम में अवश्य शरीक होते। विदा हो रही बेटियों (मैट्रीक की परीक्षा देकर) के साथ-साथ सुबक-सुबककर रोते। समारोह की समाप्ति पर लड़कियाँ उन्हें घेर लेतीं। खूब रूलातीं अपने चाचा जी को।

चाचा जी हिन्दी प्रेमी थे, हमें मालूम हो गया था। वे दिल्ली की किसी बड़ी संस्था (हिन्दी) के अध्यक्ष भी थे। देश के अन्दर उनका प्रवास हिन्दी के लिए भी अधिक होता था। उन्हें हिंदी की कविताएँ, गजल, गीत बहुत याद थे। उर्दू से भी परहेज नहीं। शेर-शायरी सुनाते नहीं थकते थे। वे हमसे भी गीत और कविताएँ सुनते। गीता के श्लोक और रामचरितमानस की पंक्तियाँ भी। बहुत खुश होते।

वह तिथि भी आ गई जब विदा होने की बारी हमारी कक्षा की छात्राओं की थी। हमलोगों के साथ चाचजी भी रो रहे थे। रोते-रोते कहा—"अब तुम लोग अपने आँसू बचाकर रख लो। तुम लोगों के पिता तुम्हारी शादी के लिए लड़का ढूँढ़े बैठे हैं। जाते ही विवाह कर देंगे। फिर आँसू काम आएँगे। मुझे भी तो आना होगा। दोनों फिर रोएँगे।"

सभी लड़कियाँ हँस पड़ी। चाचा जी बोले—"अरी! अभी विवाह मत करना। कॉलेज में उच्च शिक्षा ग्रहण करनी है।"

विवाह तो मेरा 1959 में ही हो गया। मैंने पढ़ाई नहीं छोड़ी। एम.ए तक पढ़ाई पूरी की। अपनी सहेलियों को गंगा बाबू की बातें सुनाती। वे सुनकर नहीं अघाती थीं। मैंने एक विद्यालय प्रारम्भ किया। प्राचार्या के नाते विद्यालय के संचालन में अपने चाचाजी (गंगाबाबू) की बहुत याद आती। दरअसल, बचपन में उनकी कही गई बहुत-सी बातों को समझने की समझदारी तो तब विकसित हुई थी। मैं 1977 में

दिल्ली आ गई। एक दिन संसद के सेन्ट्रल हॉल में मेरे पति (राज्यसभा सदस्य) की भेंट गंगा बाबू से हुई। वहाँ उनकी मजलिश जमी थी। मैंने अपने पति को गंगा बाबू द्वारा लगातार 2–3 घंटे तक शेरो-शायरी और रोचक प्रसंग सुनाने की बात बताई थी। उन्होंने कहा—''मेरी पत्नी आपको बहुत याद करती है।''

गंगा बाबू चौंक गए। इन्होंने कहा—''लखीसराय के बालिका विद्यापीठ से उन्होंने 1958 में मैट्रीक पास किया। नाम मृदुला सिन्हा है।''

गंगा बाबू बहुत प्रसन्न हुए। बोले—''अच्छा तो मेरी बेटी आपके घर में है। एक दिन आऊँगा उससे मिलने। उसे पता है कि उसके चाचा भोजन प्रिय हैं।'' इन्होंने फ्लैट में वापस आकर मुझे बताया। मुझे बहुत खुशी हुई। मानो 17 वर्ष बाद मायके का कोई अपना अन्तरंग मिलने आने वाला हो।

मैंने बहुत मन से खाना बनाया। माँसी माँ भी याद आईं। वे कितने आदर और आत्मीयता से चाचाजी को पूछ-पूछकर भोजन करवाती थीं। उनकी पसन्द का ही पदार्थ बनवातीं। मैंने भी उस दिन माँसी माँ बनने की कोशिश की। थोड़ी सफलता भी मिली। भोजन करते हुए चाचाजी प्रसन्न दिख रहे थे। उन्होंने कहा—''अब एकबार विद्यापीठ चलो। माँसी माँ तुमसे मिलकर बहुत प्रसन्न होगीं।''

वैसा ही हुआ। उन्होंने साहित्यकार शंकरदयाल सिंह (तात्काली अध्यक्ष-विद्यापीठ) के साथ मेरे विद्यापीठ आने का कार्यक्रम बना लिया था।

पुनः बेटी की विदाई का ही समारोह था।

मैंने विदा हो रही बेटियों को सम्बोधित करते हुए कहा था—''तुम लोगों के लिए प्रतिज्ञा लेने की घड़ी है। मेरे लिए परीक्षा की घड़ी है। दो दशक पूर्व मैंने भी यही प्रतिज्ञाएँ ली थी। माँसी माँ और चाचाजी तब भी उपस्थित थे। आज ये मेरे बोलचाल और व्यवहार से आकलन कर रहे होंगे, मैंने परिवार, विद्यालय चलाते हुए उन प्रतिज्ञाओं को निभाया या नहीं।''

दो दिनों तक विद्यापीठ में ठहरना हुआ। चाचाजी वैसे ही थे। दिल्ली में कभी-कभी उनसे भेंट होती रही। बरसात के दिन थे। समाचार-पत्र में खबर छपी—'हिन्दी सेवी गंगा शरण सिंह नहीं रहे।'

मूसलाधार बारिश हो रही थी। मानो समाज, स्त्री शिक्षा और विशेषकर हिन्दी की सेवा के लिए इन्द्रदेव भी गंगा बाबू को श्रद्धांजलि दे रहे थे। उनका सन्त के समान रूप ही सामने आता है।

खंड : 4

राजनैतिक

भगवान तेरा क्या होगा?

खादी कुर्ता सूती धोती, पैर में साधारण चप्पल, भारी भरकम काया, गोरा-चिट्टा गुलाबी रंग का वह व्यक्तित्व अब फिर नहीं दिखेगा। हजारों कार्यकर्ताओं के दिल में तो रहेंगे ही। बार-बार संगठन का कार्य करते हुए वे स्मरण किए जाएँगे। भारतीय जनता पार्टी का वृहत परिवार का बीड़वा लगाने वालों में से एक थे कुशाभाऊ ठाकरे जी। मानो संगठन का गुर माँ ने घुट्टी में पिला दिया हो। अहर्निश संगठन बढ़ाने की सोचना। संगठन ही उनका ओढ़ना बिछौना, खाना-पीना था। सपना और व्यवहार था। चरैवेति का मन्त्र लिए थे। वे सबके थे और सब उनके थे। वे मीठा नहीं खाते थे (वर्जित था) स्वयं कहते थे— "इसीलिए मीठा नहीं बोल पाता हूँ।" पर उनसे घिरे कार्यकर्ता उनकी डाँट में मिली मिठास में सराबोर होकर ही वापस जाते थे। सहज था उनसे मिलना। कोई पर्ची भेजना नहीं। मिलने का इन्तजार करना नहीं। दरवाजा सबके लिए खुला था।

हर कार्यकर्ता उन तक अपनी बात लेकर जाते हुए सोचता था— "डाँट तो सुननी ही पड़ेगी। चलो सुन लेंगे।" और अपने मन की चाहत उड़ेल आता था उनके आगे। डाँट मिली तो मिली। मन तो हल्का हुआ। खानपान साधारण। पर बहनों के प्रेम पगे ठाकरे जी को हर बहन के हाथ का बना खाने का स्वाद याद रहता था।

"अरे! कितने दिन हो गए। तुमने कुछ खिलाया नहीं?"

और जबतक वह बहन धन्य-धन्य होती, अपनी फरमाइश रख देते। उसके घर निर्धारित समय से पूर्व ही पहुँच जाते। परिवार के एक-एक सदस्य, क्या छोटा, क्या बड़ा सबसे बातें करते। सबकी पूछते। सबको सुनाते। पुरुष कार्यकर्ता हो या महिला, उससे मिलते वक्त उसके परिवार के एक-एक बड़े-छोटे सदस्य के बारे में पूछते। कोई बीमार हो तो उसे डॉक्टर वैद्य का नाम बताते। घरवालों से अधिक चिन्तित हो जाते।

समय के अभाव वाले जमाने में भी उनके पास हम सब के लिए भरपूर समय था। निश्चिन्तता थी। तभी तो हम सब उनसे मिलकर तनाव मुक्त हो जाते थे। पार्टी में अहर्निश काम करने का दर्द उन्होंने ही दिया था। उस दर्द की दवा भी वही बनते

थे। जब हम संगठनात्मक कार्य में आई कठिनाइयाँ उनके सामने रखते, वे राहें सुगम बनाने का गुर बता, पुनः उसी राह पर खड़ा कर देते थे। फिर हम लड़खड़ाते भी नहीं, चलने लगते। पीछे मुड़कर देखते रहना, भूत में उलझे रहना, उन्हें पसन्द नहीं था। आगे बढ़ने की प्रेरणा देते थे।

राजमाता विजयाराजे सिंधिया जी के साथ बैठे हों या साधारण आदिवासी रुक्मिणी देवी की झोंपड़ी में, माननीय अटल जी के संग-साथ या मंडल के किसी कार्यकर्ता से मिलते, उनका स्वयं का व्यक्तित्व ऊँचा-नीचा नहीं होता था। उनके साथ बैठे हुए, राजा हो या प्रजा, एक सन्त के साथ बैठने की अनुभूति प्राप्त करता था।

संगठन का वह सन्त भारत माँ का सच्चा सपूत था। घर नहीं बसाया। एक छत भी नहीं बनाई तो क्या, देश भर में हजारों घर बना लिए। किसी के जाने पर एक घर सूना होता है, इन्होंने तो हजारों घर सूने कर दिए। हजारों कार्यकर्ता इनकी आज्ञा पर दिन-रात अपना घर-दुआर भुलाकर काम करते रहे। इनकी सुनते रहे। गुनते रहे। पर इन्होंने तो एक की भी नहीं सुनी। न राजा, न रंक की। वैसे भी उस सन्त के पास गया कोई व्यक्ति रंक रह ही नहीं सकता था। वे भर देते थे विश्वास से। स्नेह से। आज इन लाखों में से एक की भी सुन लिए होते तो थोड़े दिन और रुक जाते। दरअसल, हमें उनके इतने निष्ठुर होने का आभास भी नहीं लगा था। उन्होंने तो कभी कुछ भी किसी से नहीं छुपाया था। कुछ छुपाने के लिए उनके पास न ताला था, न चाबी, न पेटी, न तिजोरी। सब कुछ खुला। दिल, हाथ और भाव, सब खुले। जीवन ही खुली पुस्तक थी। मिलने वाला हर इनसान पढ़ लेता था जो पुस्तक। स्मरण रखता था। अब बात समझ में आती है। उस उज्ज्वल धवल चाँद से व्यक्तित्व में एक दाग तो था ही। सब कुछ खुला रख कर भी कुछ-न-कुछ कार्यकर्ताओं से छुपाया ही तो था। अपनी निष्ठुरता छुपा रखी थी। इतने निष्ठुर तो थे ही न। तभी तो हमें बिसूरता छोड़ गए।

हमने भी उनकी असाधारणता उनसे छीन ली हैं। उनके पार्थिव शरीर के साथ न जाने दी है उनके असाधारण व्यक्तित्व की स्मृतियाँ। उस व्यक्तित्व में समाए संगठनकर्ता के सारे गुण भी हमने अपने पास रख लिए हैं। समय-समय पर याद करते रहेंगे। बाँटते रहेंगे। वे गुण हमारे थाती होंगे। हमारी विरासत। आनेवाली कार्यकर्ता पीढ़ी को बताते चलेंगे— "एक थे हमारे कुशाभाऊ ठाकरे जी। वज्र से कठोर और फूल से भी कोमल।"

और भी उनकी कहानियाँ। अब तो उनकी कहानियाँ ही रह जाएँगी। आने वाली पीढ़ी को क्या इन कहानियों पर विश्वास होगा? वे कहेंगे— "हमें किसी

राजनेता की कहानी सुनाइए न! साधु-सन्त की कहानी हमें नहीं सुननी।''

कैसे समझा पाएँगे हम उन्हें कि वे राजनीति में रहकर भी सन्त थे— 'जल में रहकर विलग जलज ज्यों' की तरह। ठीक अपने दल के प्रतीक कमल की भाँति। माया-मोह से अलग। तभी तो जाते वक्त एक बार मुड़कर भी नहीं देखा। कहा— ''अब मैं जाता हूँ। मेरा काम हो गया। मेरी माँ बुला रही है। दीनदयाल जी बुला रहे हैं।''

हुँह! क्या काम हो गया। अभी तो आगे बहुत कुछ काम करना बाकी है। जो राह उन्होंने दिखाई है, उस राह पर मंजिल कभी नहीं आती। पड़ाव ही आते हैं। फिर चलते रहिए उस राह। काँटें भी मिलेंगे। कभी-कभी फूल भी। काँटों से पाँव लहूलुहान हो जाए तो अपने कुशाभाऊ ठाकरे के गुणों को स्मरण करिएगा। वे स्मृतियाँ सहला देंगी दर्द को। आपके कान में आवाज गूँजेगी— ''चलो भई! अपन के सामने और भी कठिन काम बाकी है।'' और आप फिर चलने लगिएगा। कभी राह चलते फूल मिल जाएँ, उसकी खुशबू में डूब कर इतराते नहीं रहिएगा। कानों में कुशाभाऊ ठाकरे जी की आवाज गूँजेगी— ''चलो भई! आगे चलो। चलो वहाँ, जहाँ आज भी अन्धियारा है।'' और आप चलते रहिएगा, क्योंकि चलना ही जीवन है। आप चलते रहिएगा तो कुशाभाऊ ठाकरे जी का जीवन भी चलता रहेगा। जीवित रहेंगे वे हमारे साथ।

शत-शत नमन। प्रणाम। अन्तिम प्रणाम के लिए उमड़ पड़ी थी भीड़। हम जानते थे— पैर नहीं छूने देंगे। कहेंगे— ''अरे भई अब पैर छूने का मौसम (चुनाव में टिकट देने का) बीत गया।'' मुस्कुराएँगे भी। आँखों में वही पुरानी चमक। चेहरा गुलाबी। पर फूलों से लदे सोए पड़े ठाकरे जी के पाँव हजारों ने छुए भी तो इस बार उन्होंने नहीं कहा— ''मौसम बीत गया।'' इस बार तो माननीय सुदर्शन जी, अटल जी, भैंरो सिंह शेखावत जी, आडवाणी जी, उनके साथ हजारों ने पाँव छुए। पुष्प चढ़ाए। जो जहाँ था, वहीं से पुष्पांजलि देता रहा।

उनका न बोलना कहीं हमसे उनके रूठने की निशानी तो नहीं। पर हमने तो कोई भूल नहीं की। कैसे कहूँ कि चूक तो उनसे हुई है। हम सबको छोड़ जाने की चूक। चलिए! माफकर दी हमने। भूल-चूक लेनी-देनी। हमने भी तो कितनी भूलें की थीं। उनको कष्ट भी देते रहे। वे कहते थे— ''भगवान तेरा क्या होगा?'' और भगवान की चिन्ता करते हमसे कुछ-कुछ करवाते रहे। यहाँ से वहाँ हमें दौड़ाते रहे। झूठ! आप हमारे थे ही नहीं। आप तो उन्हीं के थे, जिसके बनाए संसार की चिन्ता करते थे। जहाँ से आए थे, वहीं चले गए। हमें और हमारी पार्टी को तो माध्यम बनाया था आपने। बस भगवान का काम जमीन पर भी करना था आपको। भा.ज.पा. के कार्यकर्ताओं से भी ईश्वर का काम करने की ही अपेक्षा थी। एक बार मैंने पूछा

था— "भगवान की चिन्ता क्यों करते हैं?"

"अरे तो किसकी करूँ?" उसी ने दुनिया बनाई हैं। कुछ बुरा होता है तो उसका। अच्छा तो उसका। इसलिए उसी से पूछता रहता हूँ— "भगवान तेरा क्या होगा?" अपना का क्या होना है? चले गए ठाकरे जी। अपनों को छोड़कर भगवान के पास।

नारिकेल फल थे वेदजी

वेदप्रकाश गोयल जी की आयु के अस्सी वर्ष पूरे होने पर मैं भी अपना उद्‌गार व्यक्त करूँ, ऐसी सदिच्छा अनायास उत्पन्न हुई। और अनायास ही नारियल फल की आकृति सामने आ गई। मनमन्थन करने पर यह सत्य हाथ लगा कि उनके अस्सीवीं वर्षगाँठ पर उन्हें नारियल भेंट करने का मन बन आया। सच तो यह था कि नारियल फल के समान ही स्वयं वेदप्रकाश जी थे। ऊपर से रूखड़े-रूखड़े भीतर से शीतल। कोमल। सम्भवत: बहुत लोग उनकी इस शीतलता में डूबे हों। रूखड़ेपन से टकराए हों।

सम्पूर्ण मनुष्यों को उनके स्वभावानुसार तीन फलों में विभक्त किया गया है। बेर, नारियल और अंगूर। कुछ ऊपर से चिकने, मुलायम पर भीतर से सख्त होते हैं। कुछ ऊपर से रूखड़े भीतर से मुलायम होते हैं और मनुष्यों को तीसरी श्रेणी ऐसी है जो बाहर-भीतर दोनों एक समान होते हैं।

वेदप्रकाश गोयल जी को जानने-समझने के लिए थोड़ी देर उनके सान्निध्य में बैठना आवश्यक था। उनकी कार्यशैली से अवगत होना भी। फिर तो थोड़ी देर में ही प्रगट हो जाती थीं उनकी व्यक्तिगत विशेषताएँ। इसलिए उनकी इंजीनियरिंग की डिग्री, उनका इंडस्ट्रीयल हाउस में वर्षों कार्यरत रहकर उसको उन्नति की ओर ले जाने के प्रयास से लेकर अनेक सामाजिक, राजनैतिक दायित्वों का ईमानदारी से निर्वहन, उनके व्यकितत्व की विशेषताओं को उजागर करता है। करनाल (हरियाणा) में स्व. पृथ्वीनाथ गोयल और स्व. कपूरी देवी के दाम्पत्य में अस्सी वर्ष पूर्व जो फूल खिला, वह पतझड़ों व झंझावातों में भी मुरझाया नहीं, यही क्या कम था। गोया इन्होंने जीवन में आए पतझड़ के मौसम को शीतल वसन्त में बदल दिया। यह तभी सम्भव हुआ क्योंकि वे निष्ठावान थे। नियत की शुद्धता और दृढ़ता नियति को भी बदल देती है। मनुष्य जीवन में उसके परिवेश का भी विशेष महत्त्व होता है। यह भी सत्य है कि इन्होंने जीवन में परिश्रम की लागत लगाकर ही सम्मान अर्जित किया। दयानन्द एंग्लोवैदिक कॉलेज (लाहौर) और बनारस हिन्दू विश्वविद्यालय का

संस्कार था ही, राष्ट्रीय स्वयंसेवक संघ के सान्निध्य ने मानो उन संस्कार बीजों को प्रस्फुटन का सुअवसर दिया हो। अवसर बहुतों को मिलता है। पर जीवन में मिले अवसरों को अपने संस्कारों से सिंचित कर जीवन पाथेय बना लेना, वेदप्रकाश गोयल जैसे लोगों का जीवट था।

पिछले पच्चीस वर्षों से वेद प्रकाश जी से मिलना होता रहा था। उनका घर (मुम्बई स्थित) भारतीय जनसंघ और बाद में बनी भारतीय जनता पार्टी के नेताओं और कार्यकर्ताओं के लिए भी ठहरालय रहा है। बड़े-बड़े नेता वहीं ठहरते थे। बहुत बड़ी कोठी नहीं। तीन शयन कक्ष और एक बैठक रूम। उनकी सहधर्मिनी चन्द्रकान्ताजी, वेदप्रकाश जी उनके चार बच्चे और उनकी माताजी के लिए उतनी जगह भले ही कम पड़ती हो, मकान छोटा, घर बड़ा रहा गोयल दम्पती का। दरअसल, मेहमानों को ठहराने के लिए दिल बड़ा चाहिए, दरो-दीवार नहीं।

1980 से ही यदा-कदा उनके घर में मैं भी ठहरती रही। चन्द्रकान्ताजी के कारण। चन्द्रकान्ताजी का घर था। पर वहाँ मुलाकात तो वेदप्रकाश गोयल जी से भी होती थी। शान्त मन, शालीन व्यवहार! अपने काम में उलझे हुए।

मितभाषी वेदप्रकाश जी के बहुआयामी व्यक्तित्व के एक आयाम का पता तब चला जब उन्होंने अपने द्वारा सम्पादित 'निर्भय पथिक' दैनिक पत्र में मुझे लिखने के लिए कहा। भाजपा के शीर्ष नेता अटलबिहारी वाजपेयी जी के साठवीं वर्षगाँठ पर 'निर्भय पथिक' का विशेषांक निकलने वाला था। मैंने अटलजी पर एक आलेख लिखा 'एक संवदेनशील राजनेता'। वेदप्रकाशजी को राजनीति में संवेदना की आवश्यकता पर आधारित मेरे विचार अच्छे लगे। और लगे हाथ मैंने उनके अन्दर प्रवाहित संवेदना के स्रोत को पहचान ही लिया। ऊपर से नारियल का रूखड़ापन ओढ़े हुए, वेद जी के अन्दर अति कोमल और तरल भाव का दिग्दर्शन हुआ। भाजपा की राष्ट्रीय कार्यकारिणी में उनसे कभी-कभी अनौपचारिक बातें भी होती थीं। बैठकों में अन्यान्य विषयों पर रखे गए उनके विचार में भी उनके अन्तर्मन की गहरी सोच का प्रगटीकरण होता था। बाहर से शान्त और शुष्क दिखने वाला व्यक्ति अन्दर से कुछ ऐसा दिखता—''जग तो समझता है यही, पाषाण में कोई रस नहीं, पर गिरि हृदय में क्या न व्याकुल निर्झरों का वास है।''

वेदप्रकाश गोयलजी भावुकता में बहने वाले नहीं थे। समय पर कार्यों की पूर्व योजना बनाने में विश्वास करते थे। उनके व्यक्तित्व कोश में नकारात्मक बातें नहीं होती थीं। किसी भी प्रस्ताव को सकारात्मक बनाने के लिए उसका संस्था के हित में होना आवश्यक होता था।

यह बात भी स्पष्ट हो गई कि वे राजनीतिज्ञ कम, इंजीनियर अधिक थे।

राजनीति की इंजीनियरिंग को समझा, परखा और व्यवहार किया। बातें बनाते तो शायद ही किसी ने उन्हें कभी देखा हो। वे मुकुन्द आयरन स्टील कम्पनी में एक अप्रेटिंस के पद पर काम की शुरुआत कर बड़े अधिकारी के पद पर पहुँचे। वहाँ से अवकाश प्राप्त करने के उपरान्त उनकी योग्यता और क्षमता देखते हुए उन्हें भारतीय जनता पार्टी (मुम्बई) का अध्यक्ष और बाद में राष्ट्रीय कोषाध्यक्ष की जिम्मेदारी दी गई। उन्हें भारतीय जनता पार्टी केन्द्रीय कार्यालय की देख-रेख की जिम्मेदारी मिली। उन्हें वहाँ कार्यरत देखकर उनकी कार्यक्षमताओं और व्यक्तिगत गुणों से रू-ब-रू होने का अवसर मिला। वेद जी जिस प्रकार फालतू शब्दों का इस्तेमाल नहीं करते, वैसे ही फालतू पैसा भी खर्च नहीं करते। कोषाध्यक्ष के नाते वे भारतीय जनता पार्टी का कोश बढ़ाने का नया तरीका ढूँढ़ने लगे। वहीं, पैसा खर्च करने पर भी उनकी निगाह रहती थी। जरूरत का खर्च, एक दिन भी रुके नहीं और बेजरूरत के खर्च की स्वीकृति उनके द्वारा मिली ही नहीं। कार्यालय को नया रूप देने में उनकी विशेष रुचि रही।

मैं महिला मोर्चा की अध्यक्ष रही थी। मेरे पास अपनी सवारी नहीं थी। बाहर से आने-जाने वाली दूसरी महिलाओं को भी परेशानी होती थी। मैं वेद जी के सामने मोर्चा के लिए एक कार की माँग लेकर गई। उन्होंने मेरी माँग पर गम्भीरता से विचार किया, परन्तु उसकी जिम्मेदारी मोर्चे पर ही डाल दी। कहा—"मोर्चा द्वारा पैसे इकट्ठे करो और गाड़ी खरीदों। भीख माँगने की क्या जरूरत है? वह पार्टी से ही क्यों न हो? तब श्रीमती जयवन्ती मेहता अध्यक्ष हो चुकी थीं।"

हमने ऐसा ही किया। राजमाता जी का अमृत महोत्सव मनाते हुए पचहत्तर लाख की धनराशि एकत्रित करने का निश्चय किया। लक्ष्य पूरा हुआ। एक करोड़ रुपये इकट्ठे हुए। बाइस लाख रुपये केन्द्रीय कोश में डाला। मोर्चा के लिए एक कमरा चाहिए। वेद जी ने एक कमरा बनवाया। उसके अन्दर एक टॉयलट भी। हम दूसरे कमरे का प्रस्ताव लेकर उनके पास गये। उन्होंने साफ शब्दों में कहा—"महिला मोर्चा का वही कमरा रहेगा। मैंने जानबूझकर उसमें टॉयलेट बनवाया। आप लोगों को इधर-उधर भटकना न पड़े।"

सबके लिए सोचने की उनकी इस सहज प्रवृत्ति के सब लोग कायल थे। क्या बड़े नेता, या छोटे कार्यकर्ता सब उनके और वे सबके हो जाते थे। उनके व्यक्तित्व में कभी दिखावटीपन नहीं झलका। एक बड़ी पार्टी के राष्ट्रीय कोषाध्यक्ष या फिर केन्द्र में मन्त्री बनकर भी उनमें कोई बदलाव नहीं आया। सबसे बड़ी बात कि अचानक मन्त्री पद छिन जाने पर भी कोई हरकत नहीं। शांत रहे वेद जी। कोई प्रतिक्रिया नहीं। मात्र यह बात अवश्य उन्हें खलती रही कि उन्हें मन्त्री बनाया ही क्यों और

बनाया तो फिर हटाया क्यों? उनके व्यक्तित्व में बड़बोलापन नहीं था। इसीलिए चुप रहे। मान लिया कि पार्टी के नेतृत्व के आगे कोई मजबूरी रही होगी। वरना वेद जी को मन्त्रिमंडल से हटाने की मनसा किसी की नहीं रही होगी। वेद जी के प्रति आदर-सत्कार में कमी नहीं आई। उनकी मौन स्वीकृति ने उनका कद और ऊँचा उठा दिया।

हर पल पार्टी के हित में चिन्तन-मनन और चिन्ता करने वालों की कतार में थे वेद प्रकाश गोयल जी। राष्ट्रीय कोषाध्यक्ष के पद पर आसीन होकर उन्होंने राज्यों की इकाईयों को भी पैसे की दृष्टि से आत्मनिर्भर बनाने की कोशिश की। धन संग्रह के नये-नये कार्यक्रम बनाए। रुपये का आय-व्यय दुरुस्त रखना सिखाया।

एक आयरन और स्टील कम्पनी में और वह भी जनरल मैनेजर का कार्य करते हुए उनके व्यक्तित्व में अनुशासन का कठोरपन तो आना ही था। कई बार वे 'व्रजादपि कठोराणि' दिखते थे। उनका सान्निध्य कार्यकर्ताओं को उनके व्यक्तित्व से नि:सरित स्नेह सरिता में भी डुबोता था। वे 'मृदुणि कुसुमादपि' भी थे। भाग्यशाली थे वेदप्रकाश गोयल जी। घर में उनके मेहमानों को ठहराने, उनके भोजन की उचित व्यवस्था करने के साथ ही राजनीति क्षेत्र में भी सच्ची सहधर्मिनी श्रीमती चन्द्रकान्ता गोयल ने घर और बाहर भी वेद जी के द्वारा अर्जित सम्मान में बढ़ोत्तरी की। वेद जी से चन्द्रकान्ता जी और चन्द्रकान्ता जी से वेद जी। सम्भवत: वैसी जीवन संगिनी नहीं मिलने पर वेद जी के व्यक्तित्व में कहीं कोई रीतापन रह जाता। सम्भवत: यही स्थिति चन्द्रकान्ता जी की भी होती। कहते हैं जोड़ी तो बनकर ही आती है। जिसने भी बनाई, आदर्श जोड़ी बनाई वेदप्रकाश और चन्द्रकान्ता जी की। पति के नाम का प्रकाश और पत्नी की 'कान्ता' एक-दूसरे में समाहित रहा।

सच तो यह है कि भारतीय जनता पार्टी के समस्त कार्यकर्ता ही नहीं, किसी भी संस्था के काम करने वालों को वेद जी की कार्यशैली से सीखने की जरूरत है।

'नारिकेर समाकारा दृश्यते हि सुहृदजना:
अन्ये: वदरिकाकारा बहिरेन मनोहरा'

सुहृदय व्यतित्व नारियल फल के समान होता है। ऐसे भी लोग हैं जो बेर के फल के समान हैं। बाहर से नरम अन्दर से सख्त। हमारे वेदजी तो नारियल फल के समान ही रहे।

जिनका हर व्यवहार अनुकरणीय था

केदारनाथ साहनी जी को मैं सन 1977 से जानती थी, जब मेरे पति डॉ. रामकृपाल सिन्हा जी केन्द्र में मन्त्री थे और वे दिल्ली के महापौर। मैं उनसे मिलने उनके घर गई थी। उस भव्य और शालीन व्यक्तित्व से मिलकर मैं काफी प्रभावित हुई। मैं मानती हूँ कि परिवार में सन्तुलित व्यवहार रखने वाले व्यक्ति ही बाहर में दूसरों के साथ बेहतर रिश्ता बना सकते हैं। इसलिए अकसर मैं कहती हूँ कि 'घर दही तो बाहर दही'। उनमें मैंने यही गुण देखा। वे जितने गम्भीर बाहर दीखते थे, घर में भी वे उतने ही अनुशासित रहते थे। उनके जैसा मीठा बोलने वाला राजनीति में मैंने बिरला ही देखा है।

दरअसल, आप जो कर रहे हैं या कह रहे हैं, सामने वाला भी समझता है। मैं देखती हूँ कि व्यस्त होने और समय नहीं होने के नाम पर अकसर आम लोगों से नहीं मिलने वाले नेता आप ही के सामने अपनी उपलब्धियाँ गिनाने में घंटों गुजार देते हैं लेकिन कहेंगे कि उनके पास समय नहीं है। वे इस बात को समझते थे। वे छोटे-से-छोटे कार्यकर्ताओं का भी काफी सम्मान करते थे। वे उनके छोटे कामों को बड़ा ही समझते थे। समाधान के लिए ईमानदार प्रयास करते थे। इसलिए तो कार्यकर्ता उन्हें अपनी समस्या सुनाकर निश्चिन्त हो जाते थे।

दिल्ली में महिला मोर्चा का सम्मेलन हुआ था। उस समय मैं उसकी सहसंयोजिका थी और राजमाता विजयराजे सिंधिया संयोजिका। सम्मेलन खत्म होने के उपरान्त वे हर महिला कार्यकर्ता से व्यक्तिगत तौर पर जाकर पूछते थे कि सबकुछ ठीक है या नहीं। वे दूसरों का पूरा ख्याल रखते थे। उस दौरान सभी यही मानते थे कि अगर किसी का काम कराना है तो वो दायित्व साहनी जी को दिया जाना चाहिए, क्योंकि वही एक ऐसे नेता हैं जो पूरी जिम्मेदारी के साथ काम करते और करवाते हैं।

पत्रकार वार्ता करते समय जिस प्रकार अटल जी सामने आ जाते हैं उसी प्रकार कार्यकर्ता से मिलने के दौरान साहनी जी का अक्स सामने प्रकट हो जाता है। अटल जी हर पत्रकार का प्रश्न सहजता से लेते थे और उपयुक्त और छोटा जवाब देते थे।

साहनी जी भी पार्टी कार्यकर्ताओं के साथ काफी सहजभाव से बर्ताव करते थे। उन्हें कभी किसी ने उत्तेजित होते नहीं देखा। उन्हें मैंने कभी भी किसी नेता की हल्की आलोचना करते हुए नहीं सुना। जब वे राज्यपाल बने तब भी उतने ही सरल रहे। इन दिनों मैं गोवा की राज्यपाल हूँ। गोवा राजभवन में एक बड़ा-सा टेबल है। जब भी ज्यादा लोग उनसे मिलने राजभवन आया करते थे तो वे उन सबके साथ उसी टेबल पर भोजन करते थे। इसका मैं भी साक्ष्य रही हूँ। इस सन्दर्भ में एक घटना मुझे आज भी याद है। महाराष्ट्र के ग्रामीण इलाके से कुछ कार्यकर्ता आए हुए थे। उन कार्यकर्ताओं के साथ ही उन्हें उसी टेबल पर खाते देखा। बहुत ही सहज भाव से कार्यकर्ताओं से बात करते हुए उनके बारे में जानकारी लेते हुए भोजन करते देख मुझे सुखद आश्चर्य हुआ। उन्हीं की प्रेरणा से मैं भी उन्हीं के पदचिह्नों पर चलने का प्रयास करती हूँ।

गोवा राजभवन में जब वे थे तभी उन्होंने एक आम का पेड़ लगाया था। हालाँकि शुरू में उस पेड़ का ग्रोथ कम था, लेकिन फूल आने से पूर्व मैंने उसकी खूब देखभाल की और उसका असर भी हुआ। पिछले साल ही उस पेड़ में आम लग आए। जब आम निकला तो सोचा कि ये आम उनके पोता-पोती से तुड़वाऊँगी, लेकिन ऐसा हो न सका। समय और मौसम के कारण उनके पोते-पोतियों से आम नहीं तुड़वा पाई, लेकिन वे आम मैंने एक पत्र के साथ उनकी पत्नी विमला जी को भिजवा दिया।

साहनी जी एक नारियल के फल जैसे थे, वे ऊपर से सख्त परन्तु अन्दर से काफी नरमदिल इनसान थे। एकबार हमलोग इन्दिरा पसरीचा के साथ उनसे मिलने गए। वे स्वयं गम्भीर बीमारी से उबरे थे। सभी के बारे में बातें हुई, जब मि. पसरीचा के बारे में उन्होंने सुना कि वे अब नहीं रहे, वे बच्चों की भाँति फफक-फफककर रो पड़े। वे बड़े भावुक व्यक्ति थे।

पार्टी कार्यालय में भी मेरे साथ लोग अकसर साहित्यिक चर्चा किया करते थे। जहाँ ये चर्चा होती थी, साहनी जी का केबिन भी वहीं था, इसलिए वे सुनते रहते थे। एक दिन जब वे केबिन से निकल कर जा रहे थे, मुझे देखकर पूछा—''आपका उपन्यास 'सीता पुनि बोली' कब पूरा होगा।'' उनकी इस उत्सुकता को देखकर समझ में आया कि साहित्य में भी उनका लगाव है। उनकी रूचि किस विधा में थी ये तो मैं नहीं बता सकती लेकिन यह जरूर कह सकती हूँ कि वे पढ़ते काफी थे। वे समाचार पत्र और पत्रिकाओं के नियमित पाठक थे। अपने पास आई हर चिट्ठी का जवाब वे अवश्य देते थे। अकसर हाथ से ही सुन्दर अक्षरों में लिखे छोटे पत्र।

वे जब कभी किसी की मदद करते थे तो उसका ढिंढोरा नहीं पीटते थे, बल्कि वे पहले भी नहीं कहा करते थे कि उसकी मदद कर पाएँगे या नहीं। उनके मुँह से

एक ही बात निकलती थी— "देखते हैं।" लेकिन काम हो जाता था। मदद की एक ऐसी ही घटना आज भी मुझे याद है। एक बार एक महिला नेत्री का बेटा बहुत बीमार था, अगर तत्काल उसका इलाज नहीं होता तो शायद नहीं बच पाता। महिला नेत्री की आर्थिक हालत बहुत अच्छी नहीं थी। मैं समझ नहीं पा रही थी कि इस बारे में केन्द्रीय कार्यालय में किससे चर्चा करूँ या किनसे उस महिला की मदद करने को कहूँ। मुझे भी कुछ दिनों के लिए बाहर जाना जरूरी था और उधर उस महिला की मदद करवानी भी आवश्यक थी। तभी मुझे खयाल आया कि इस बारे में साहनी जी से बात की जाए। मैं उनसे जाकर मिली और उस महिला नेत्री की आर्थिक दशा और बेटे की बीमारी के बारे में बताया। यह भी बता दिया कि उसके इलाज में करीब चार लाख रुपये लगेंगे। मेरी पूरी बात सुनने के बाद उन्होंने दुख जताया और कहा कि आप वहाँ जाइये, जहाँ जाना है। जब मैं अमेरिका से लौटी तो जानकर हैरान हो गयी कि उस महिला को चार लाख रुपये मिल गए थे और उनके बेटे का इलाज हो रहा था। इसकी चर्चा साहनीजी ने किसी से नहीं की। मुझसे भी नहीं। इतना ही कहा— "आपका काम कर दिया था।"

वे पार्टी की नीति को समझते थे। वे नीति भी जानते थे और नियम भी। सबसे खास बात कि उनकी नीयत बहुत साफ थी। अटल बिहारी वाजपेयी और लालकृष्ण आडवाणी जी की तरह ही साहनी जी पद की गरिमा को बढ़ाते थे। जब साहनी जी खड़े होते थे तो सभी लोग मन से नतमस्तक होते थे। वे एक गृहस्थ प्रचारक थे। ईमानदारी से पार्टी और परिवार दोनों को समय देना अगर किसी से सीखा जा सकता है तो वे अनुकरणीय नेताओं में से एक हैं। साहनी जी मेरी किताबों के लोकार्पण के दौरान अवश्य उपस्थित रहते थे।

साहनी जी की गम्भीरता को लेकर तो मैं विमला जी से परिहास (मजाक) भी करती थी। मैं विमला जी से पूछती थी कि क्या वे आपके सामने में भी उतने ही गम्भीर रहते हैं जितने कि वे बाहर रहते हैं। यह भी विशेषता थी कि कार्यकर्ताओं से कभी-कभी मनोविनोद भी करते थे।

वैसे तो राज्यपाल का दायित्व राजनीतिक रूप से संवैधानिक होता है। कार्यकारी के रूप में भले ही सारा काम उनके नाम से हो परन्तु अधिकार सीमित होते हैं। इस सबके वाबजूद भी वे जहाँ रहे अपने होने का एहसास जरूर कराते रहे। जब वे गोवा के राज्यपाल थे, गोवा राजभवन से जुड़ा एक चर्च था। उन्होंने अपनी तरफ से पहल करते हुए उस चर्च में विभिन्न अवसरों पर मास करवाने की शुरुआत की। राज्यपाल के रूप में उनकी यह एक बड़ी उपलब्धि रही। तबसे राजभवन के अन्दर वर्ष में दो-तीन बार चर्च में मास होता है और राजभवन की ओर से आने वालों के

बीच केक और कॉफी का वितरण भी।

राजभवन के पुराने अधिकारी और यदाकदा केदारनाथ साहनी जी के गुणों के बखान कर्मचारियों के मुख से सुनकर मुझे बड़ी प्रसन्नता होती है। मेरे मन में अब भी संकल्प जगता है कि मुझे भी उनके गुणों में से कुछ-कुछ धारण करना चाहिए।

हास परिहास के रंग, राजमाता के संग

हमारे पारिवारिक सामाजिक जीवन व्यवहार में कुछ मर्यादाएँ बना दी गई हैं। बहुत दिनों तक उन मर्यादाओं को पालन करते-करते वे हमारे सहज स्वाभाविक व्यवहार बन जाते हैं। उनमें से एक है अपने हमजोलियों के साथ नजदीकियाँ और भा.ज.पा की वरिष्ठ नेत्री हास परिहास तथा बड़ों के साथ थोड़ी दूरी और शालीन व्यवहार। बड़ों के साथ तो कम-से-कम बोलने का रिवाज रहा है। परन्तु हमारी राजमाता विजयाराजे सिंधिया जो स्वयं ग्वालियर जैसे राजघराने की महारानी और राजमाता रह चुकी थीं, हमारे साथ होने पर सारी सीढ़ियाँ उतर कर हमारी उम्र और हमारी संगति में आ जाती थीं। हमारे साथ जमीन या पलंग पर बैठ जाना, पंक्ति में भोजन करना, पैदल चलना ये सब उनके सहज व्यवहार थे ही। वे कभी-कभी हास परिहास भी हमारे संग-साथ कर लेती थीं। उनके इस व्यवहार से हमारे मन में उनके प्रति सम्मान में कोई कमी नहीं आई। उल्टा उनके ऐसे व्यवहार से आदर सम्मान बढ़ता गया। दूरियाँ अवश्य घटती गई। भय समाप्त हुआ। नेता और कार्यकर्ता के बीच जो सहज सम्बन्ध होना चाहिए, वह बनता गया। राजमाता कोई साधारण महिला थी नहीं। राजघराने का होना मात्र हमारे बीच बहुत दूरी बनाता था, पर वे कब कैसे राजपथ से उतरकर लोकपथ पर चली आई थीं, स्वयं उन्हें भी मालूम नहीं हुआ होगा और जब लोकपथ पर आ ही गई तो हमारे जैसे हजारों महिला पुरुष कार्यकर्ता उनके साथ चलने लगे। यद्यपि साथ चलते-चलते भी हम उन्हें अपने से बहुत दूर (ऊँचा) रखते थे, पर उन्हें दूरियाँ कहाँ कबूल थीं। इसलिए अकसर हमारी हमजोली बन जाती थी।

"देखो! जयवन्ती बेन ने कैसी सुन्दर साड़ी पहन रखी है!"

"देखिए! सुषमा स्वराज की भरी हुई माँग। सुन्दर लगती हैं।" और भी बहुत सी ऐसी बातें, जिनसे हम उनको अपनी हमजोली ही समझें। उनके साथ लगभग दो दशकों तक कार्य करते हुए कई ऐसे प्रसंग आए जो आज भी रोमांचित करते हैं। वे हमारे एकान्त को भी परिहास के शोर से भर देती थीं। राजमाता जी हमारे बीच हमारे जैसी बनने के लिए बातों बातों में कहती थीं— "मैं भी कौन राजघराने की थी।

राजा से विवाह होने से महारानी बन गई।''

1983 में राजमाता जी के साथ मैं राजस्थान के प्रवास पर गई। संग में वसुन्धरा राजे भी थी। शायद पार्टी के कार्यकर्त्री के नाते पहला प्रवास वसुन्धरा जी का था। एक सप्ताह का दौरा था। उन दिनों राजमाता जी का अपने बेटे माधवराव सिंधिया जी से कुछ मन-मुटाव चल रहा था। एक स्थान से दूसरे स्थान तक जाने के लिए दो तीन चार घंटे की हमारी कार यात्रा होती थी। पीछे की सीट पर हम तीनों राजमाता जी, मैं और वसुन्धरा राजे बैठतीं। अकसर मैं बीच में ही बैठा करती। दो तीन घंटे की यात्रा में न जाने कितने विषय हमारे बीच पसर कर हमारी यादगार की सूची में दर्ज हो जातीं। बातों बातों में सास-बहू के कटु व मधुर सम्बन्ध पर बात छिड़ गई। मैंने कहा— ''राजमाता जी! मेरी सास ने मेरा विवाह होते ही सबकुछ मुझे दे दिया। मुझे सचमुच की उत्तराधिकारिणी बना दी।''

राजमाता तुरन्त बोलीं—''देखो! मैंने भी ऐसा ही किया। अपनी बहू के आते ही उसे सबकुछ सौंप दिया। अब मेरी बेटियाँ कहती हैं कि मैंने उचित नहीं किया।''

वसुन्धरा ने कहा— ''नहीं! अम्मा! हम यह नहीं कहती कि आपने ठीक नहीं किया। एक ही बहू थी। सब देना ही चाहिए। दरअसल, धीरे-धीरे देना चाहिए था।''

कुछ देर तक माँ बेटी में उचित अनुचित पर नोक-झोंक होती रही। बीच में बैठे हुए भी बीच-बचाव करना मैंने उचित नहीं समझा। राजमाता जी यह जरूर कहती रहीं— ''देखों मृदुला जी की सास ने भी सब तुरन्त दे दिया।''

थोड़ी देर मैं माँ बेटी के बीच छिड़े विवाद का मजा लेती रही। मैंने धीरे-से कहा— ''राजमाता जी! मेरी सास के पास न बक्शा, न पेटी, न ताला, न चाभी कुछ भी नहीं था।''

राजमाता बोली— ''फिर दिया क्या?''

मैंने कहा— ''सबकुछ!''

दोनो हँसते-हँसते लोटपोट हो गईं। उन्हें पश्चाताप भी हुआ कि नाहक मृदुला जी की सास की उदारता गाथा सुनकर माँ बेटी अपने में उलझी रहीं। मैं क्या करती। यह अधिकार राजमाता जी ने अपने व्यवहार से हम जैसी कार्यकर्त्री को दिया था। तभी तो हम गाहे-बेगाहे उनसे हास परिहास कर बैठते थे।

उसी यात्रा के दौरान हम शिव-पार्वती के पति-पत्नी रूप पर विचार करने लगे। उनके इसी रूप सम्बन्धित लोक गीत की कुछ पंक्तियाँ भी गाकर सुनाईं।

वसुन्धरा ने कहा— ''अम्मा से पूछो न। वे पार्वती की सुहागरात के लिए कभी-कभी बहुत परेशान हो जाती हैं।''

मैंने पूछा तो नहीं पर राजमाता जी कहने लगीं— "हाँ! मैं पार्वती के सुहागरात की सोच कर परेशान होती हूँ। शिव का जो रूप था उसमें साँप, चन्द्रमा डमरू सब उनके शृंगार हैं फिर पति पत्नी का मिलन कैसे हुआ होगा। पार्वती साँप से डर नहीं गई होंगी।"

राजमाता विस्तार से अपनी चिन्ता के बिन्दू व्यक्त करती रहीं। वसुन्धरा राजे ने कहा— "अम्मा! कितनी बार आपसे कहा कि शिवजी सब उतारकर सुहागरात में पार्वती से मिले होंगे। आप क्यों चिन्तित होती है।"

मैंने भी कहा— "हाँ राजमाता जी! लोकगीतों में भी ऐसा ही वर्णन है। पार्वती कहती हैं कि आप अपना सही रूप धारण करिए। मेरी माँ और नैहर के लोग डर रहे हैं। शिव जी उनकी बात मान गए थे। सब उतारकर गए थे।"

"चलिए। मैं नाहक परेशान हो रही थी। यदि ऐसा हुआ तो ठीक हुआ।" थोड़ी देर के विराम के बाद बोली— "आप उनके सुहागरात की साक्षी हैं क्या। तभी तो इतना निश्चय के साथ कह रही हैं कि शिव ने अपना रूप बदल लिया था। लगता है सुहागरात कक्ष के गेट पर ही आप खड़ी थीं। क्या पता आपसे अनुमति लेकर ही शिव वहाँ गए हों।" हँसते-हँसते लोटपोट होने की बारी हमारी थी।

हम तीनों बहुत देर तक हँसते रहे। राजमाता जी से ऐसे विषयों पर बाते करके खुलने का मेरा पहला अवसर था।

भा.ज.पा. का राष्ट्रीय परिषद अधिवेशन विजयवाड़ा में हो रहा था। देश भर से नेता व सैंकड़ों कार्यकर्ता आए थे। राजमाता जी पार्टी की वरिष्ठ नेता के साथ मोर्चा की अध्यक्ष भी थीं और मैं महामन्त्री। साधारण कार्यकर्ता के भी छोटे-से-छोटे गुण जो कभी उनके ध्यान में आ जाए उसे दूसरों को बार-बार कहने की उनकी आदत थी। भा.ज.पा. में पति-पत्नी दोनों को साथ काम करते देख सुनकर भी वे बहुत प्रसंन्न होती थीं। मध्यप्रदेश की एक कार्यकर्त्री कृष्णा अपने पति के साथ ही हमेशा दिखती थीं। राजमाता ने विजयवाड़ा में भी दोनों को साथ देखकर कहा— "महिला मोर्चा के द्वारा हम एक कार्यक्रम करेंगे। ऐसी जोड़ियों का सम्मान कार्यक्रम।" बहुत जरूरी है। क्योंकि दोनों में से कोई एक भा.ज.पा. का काम करें तो दूसरे द्वारा टाँग खींचने की सम्भावना अधिक रहती है। महिला कार्यकर्ता के लिए और भी मुश्किल।

थोड़ी देर बाद सामने आकर उस महिला कार्यकर्ता ने प्रस्ताव रखा— "राजमाता जी कार्यकर्ताओं की जोड़ियों का सम्मान करने का कार्यक्रम यहीं कर दीजिए न।"

सहज सरल राजमाता जी तुरन्त मान गई वे कार्यांवयन के लिए मेरी ओर देखने लगी।— "नहीं राजमाता जी। यहाँ नहीं हो सकता।" मानो मेरा सोचा

समझा जबाव था।

"पर क्यों?"— राजमाता ने मेरे जवाब पर आश्यर्च प्रगट किया।

मैंने गम्भीरता से कहा— "इसलिए कि मेरे पति यहाँ नहीं आए हैं। भा.ज.पा में कार्यरत ऐसी जोड़ियों के सम्मान कार्यक्रम में हमारा भी तो सम्मान होगा।"

"हाँ! हाँ!! ठीक कहती है। भला डॉ. साहब के बिना यह कार्यक्रम कैसे होगा। वे भी तो इतने अच्छे सहयोगी पति हैं।"

कार्यकर्त्रियों से घिरी राजमाता जी विहंसती रहीं। कुछ देर के लिए फिर हम भूल गए कि हमारे बीच राजमाता थीं। मानो हमारी हमजोली ही हों।

राजमाता जी की आत्मकथा सर्वप्रथम अंग्रेजी में छपी। उसका मराठी अनुवाद भी आया। सरदार आंग्रे जी ने उसके हिन्दी अनुवाद की योजना बनवाई। किसी ने मराठी से हिन्दी अनुवाद किया था। परन्तु वह राजमाता जी को पसन्द नहीं था। वे कथ्य में भी बहुत कुछ जोड़ घटाव करवाना चाहती थीं, नये अध्याय भी जोड़ने थे। बोलीं— "अपनी मृदुला जी हैं न! वही करेगी।"

मुझे सौंपा गया वह वृहत् कार्य कई कारणों से मुझे सुख देने वाला था। मैं प्रति शाम एक घंटा राजमाता जी के साथ बैठती थी। हिन्दी अनुवाद का एक-एक अध्याय पढ़कर सुनाती थी। राजमाता उसमें जोड़ घटाव करवाती। भाव व भाषा में परिवर्तन करती जाती थीं। एक दिन इस कार्यक्रम में देर हो गई। राजमाता जी ने कहा— "अब अगला अध्याय कल करेंगे। आज अब घूमने जाती हूँ। शाम होने को आई। सुबह मेरा घूमना नहीं होता। पूजा में अधिक समय लगता है। इसलिए मॉर्निंग वॉक नहीं, इवनिंग वॉक करती हूँ।"

मैंने तपाक से कहा— "राजमाता जी! अगला अध्याय पढ़े बिना मुझे रात को नींद नहीं आएगी।"

"क्यों?"

"उस अध्याय का शीर्षक है— 'महाराज से मेरी पहली मुलाकात।' राजमाता बोली— "आपकी महाराज से मुलाकात वह तो नहीं हुई थी।"

"नहीं राजमाता जी।" आपकी पहली मुलाकात जब महाराज से हुई। शीर्षक ही उत्सुकता पैदा करता है। बिना पढ़े भला मुझे कैसे नींद आएगी।"

राजमाता जी के पचहत्तर वर्षीय चेहरे पर लालिमा गहराई। बोलीं— "अरे मात्र शीर्षक ही ऐसा है। आपको उस प्रसंग में कोई रोमांचक विषय नहीं मिलेगा। ऐसा कोई दृश्य नहीं बना था। उन्होंने तो मेरी ओर देखा तक नहीं।" और फिर वे साठ वर्ष पूर्व का वह प्रसंग हू-ब-हू वैसे ही भाव भंगिमाओं में चित्रण कर गईं।

उपस्थित पाँच-छः लोगों में कौन कहाँ बैठा था। किसने क्या कहा। सजीव

वर्णन। मैं ध्यान से सुनती रोमांचित होती रही। राजमाता जी याददाश्त को दाद देती रही।

मैंने कहा— ''राजमाता जी। मेरी गुस्ताखी माफ करें। आप इन दिनों नाहक कहती फिरती हैं कि आप बहुत भूलने लगी हैं। महाराज के साथ पहली मुलाकात का सारा प्रसंग आपने ऐसे याद रखा है मानो सारा दृश्य अभी-अभी घट रहा है और आप आँखों देखी हाल बयाँ कर रही हैं।''

राजमाता के गुलाबी चेहरे पर लाली की एक और परत चढ़ी। वे स्वयं गदराई बोलीं— ''अरे! वह प्रसंग भी कोई भूलता है। भला मैं क्यों भूलूँ।''

हम दोनों विहंस पढ़े मानो हम दोनों माँ बेटी की उम्र की नहीं, सहेलियाँ हों। उस बीच सरदार आंग्रे आ गए। पूछ बैठे— ''क्या हुआ? आप लोग बड़े खुश नजर आ रहे हो।''

राजमाता बोलीं— ''नहीं बताएँगे हम! हँसने का मन हुआ हँस रहे हैं। आप भी हँसिए। हमारा साथ दीजिए।''

इस परिहास पर सच में साथ दे दिया आंग्रे साहब ने भी। वे भी विहंस पड़े। बिना कारण बताए आंग्रे साहब को हँसाना, यह भी राजमाता जी के वश की बात थी। एक अदा थी। राजमाता विशेष जो थीं।

एक बार भा.ज.पा. के राष्ट्रीय पदाधिकारियों की बैठक हो रही की। कम ही लोग थे। लंच के समय मैं और राजमाता घर जान के लिए फेर्टिको तक आ गए। श्री लालकृष्ण आडवाणी खाने की प्लेट हाथ में लिए वहाँ तक आ गए। बोले— ''आप दो ही महिलाएँ हैं। बिना भोजन लिए क्यों जा रही हैं।''

राजमाता मुड़कर बोलीं— ''मेरा व्रत है। रविवार को बिना नमक का खाती हूँ। मृदुला जी का हरितासिका व्रत है। यह तो आज पानी भी नहीं पिएँगी।''

''ऐसा कौन सा व्रत है।'' आडवाणाी जी ने पूछा।

राजमाता मानो उत्तर के लिए तैयार बैठी थीं। बोलीं— ''हरितालिका तीज है। पार्वती ने शिव को पाने के लिए किया था। हर हिन्दू सुहागन स्त्री करती है। कहीं कहीं कुँआरी कन्याएँ भी करती हैं। ताकि सात जन्म तक वही पति मिले।''

आडवाणी जी मेरे चेहरे पर आँखें गड़ाए थे। बोले— ''बेचारा रामकृपाल!''

राजमाता जी और मैंने भी आडवाणी जी के भाव समझ लिए। वे मेरे पति (रामकृपाल सिंह) के भाग्य पर तरस खा रहे थे। मेरा व्रत सफल हुआ तो मेरे पति को मेरा ही चेहरा सात जन्मों तक देखना पड़ेगा। उनके भाव के प्रति सहानुभूति जताने के बजाए राजमाता जी ने दृढ़ता से कहा—''हाँ हाँ! यदि ये व्रत करेगी तो वही पति अगले जनम में मिलेगा। यह शोध का विषय है कि दोनों के साथ रहने का

यह कौन-सा जनम है।''

विनोदी स्वभाव स्व. कृष्ण लाल शर्मा भी आ गए थे। सारा प्रसंग सुनकर बोलें— ''हम तो चाहेंगे कि यह सातवाँ ही जनम हो।''

हम सब उस परिहास के रंग में सरावोर हो गए। स्वयं राजमाता जी भी।

राजमाता जी महिला या पुरुष कार्यकर्ता को भी जोड़ी में देखकर बहुत प्रसन्न होती थीं। हृदय से आशीष भी देती थीं। इसलिए भी कि महाराज के प्यार में आकंठ डुबी थीं। महाराज के न रहने पर भी उनकी यादें साथ-साथ रखती थीं। एक शाम पुस्तक तैयारी के क्रम में ही राजमाता जी के साथ बैठी थी। बिजली चली गई। वातानुकूलित बैठक कक्ष था। राजामाता जी झल्लाईं, बोलीं— ''कल रात भी बिजली चली गई। बहुत कष्ट हुआ। आपके एरिया में भी जाती है क्या?''

''हाँ! राजमाता जी! बिजली जाने-आने के लिए ही होती है। पर मुझे कोई फर्क नहीं पड़ता। द्वितीय मंजिल पर मैं रहती हूँ। खुली छत भी है। वहीं खाट बिछा लेती हूँ। रात भर चाँदनी में नहाई। गर्मी फटकने तक नहीं आती। खाट के पास के गमले में बेला, गुलाब मोतिया और रात की रानी के पौधे हैं। खूब खिले हैं। उसकी सुगन्ध में डूबी रहती हूँ।''

''वाह! रात का क्या रोमांटिक वर्णन है। और डॉक्टर साहब भी साथ होंगे न!''

''नहीं राजमाता जी। वे तो मुजफ्फरपुर में हैं। हाँ, पिछली पूरी रात चाँद था मेरे साथ। कल पूर्णिमा थी न।''

मैंने बहुत ही गम्भीर होकर अपनी बात रखी। फिर तो राजमाता जी ने माया सिंह (अपनी भाभी और भा.ज.पा. की नेता), वसुन्धरा राजे और भी लोगों को पुकारा। सबको पुनः मेरी बीती रात का वर्णन सुनाकर कहा— ''पिछली रात चाँद था इनके साथ। इसलिए ये बिना पंखे के भी सोती रहीं।'' मेरे सिवाए सब हँस-हँसकर लोट पोट हुए।

अपनी ऊँचाई और उम्र का हमें कभी एहसास नहीं होने देना, उनके व्यक्तित्व का बड़प्पन था। तभी तो हम बहुत कुछ उनसे सीख पाए।

महिला मोर्चा द्वारा राजमाता जी का अमृत महोत्सव सारे देश में मनाया जा रहा था। हर प्रान्त में एक बड़ा कार्यक्रम हुआ। पटना में राष्ट्रीय कार्यकारिणी की बैठक थी। आम सभा भी। गाँधी मैदान में घुटना भर पानी भरा था। महिला मोर्चा द्वारा उसी मंच पर राजमाता का सम्मान किया गया। मैंने उन्हें पहले ही बता दिया था— ''पटना में आपको मखान का माला पहनाएँगे।''

सरदार आंग्रे जी ने कहा— ''क्यों! लोग सिक्कों से तौलते हैं। बिहार वाले

मखान से ही तौल दें।''

दरअसल, राजमाता जी को मखान बहुत पसन्द है। वैसे भी वे बहुत व्रत करती थीं। मखान फलाहार है। पटना की प्रमुख दो तीन बहनें पाँच लड़ियों के मखान का लम्बा भव्य माला लेकर आईं। उसमें थोड़ी-थोड़ी दूर पर लाल गुलाब के फूल भी थे। राजमाता जी खड़ी हुईं। उनका सम्मान हुआ और बहनों ने मिलकर माला पहना दी। राजमाता बहुत खुश। बैठते ही मुझे इशारा किया— ''मैं मखान खाना प्रारम्भ करूँ?''

बिलकुल बच्चों जैसे। और एकबार नहीं कई बार। हम दोनों हँस रहे थे। अटल बिहारी जी पास ही बैठे थे। पूछा— ''क्या बात है। महिला मंच बहुत हँस रहा है।''

राजमाता जी माला उठाकर मुँह तक ले जाकर बोलीं—''मैं खाना चाहती हूँ। मृदुला जी मुझे खाने नहीं दे रहीं। माला पहनने के लिए होता है। पर इन्होंने खाने के लिए दिया है।''

अटल जी भी हँस पड़े।

दल के प्रति उनकी ईमानदार नीयत, समय का पालन, गरीबों के प्रति ममता, अन्य दलों के कार्यकर्ताओं के प्रति भी सम्मान भाव और भी बहुत कुछ हम उनसे सीख पाए, इसीलिए कि वे हमारे बीच आकर हममें समरस होकर अपनी सुगन्ध बिखेर जाती थीं।

हमारे बीच नहीं रहीं। उन्हें हम कई रूप में याद करते हैं। पर मेरी तरह दल से जुड़ी और बहनों को भी राजमाता जी का हास-परिहास गुदगुदाता व हँसाता है। दूसरे ही क्षण हम उनसे विलग होने की स्मृति में डूबकर व्यथित हो जाते हैं—काश! राजमाता जी आज भी होंती हमारे बीच!

भूलें तो कैसे

मनुष्य जीवन को भूलने और याद रखने की शक्ति वरदान के रूप में ही मिली है। बहुत-से ऐसे व्यक्तिगत, पारिवारिक, सामाजिक और सांसारिक अनुभूतियाँ होती हैं जिन्हें स्मरण करना ही सुखद लगता है। इसी के विपरीत ढेर सारे प्रसंग जिन्हें भूल जाने में ही भलाई है। लोग कहते सुने जाते हैं—"अब भूल भी जाओ इन बातों को। इसी के साथ ढेर सारी स्मृतियाँ ऐसे व्यक्तियों की होती हैं जिन्हें आप चाहकर भी नहीं भुला पाते।"

भारतीय जनता पार्टी के एक नेता ऐसे ही व्यक्तित्व के धनी, जिन्हें हजारों कार्यकर्ता चाहकर भी नहीं भुला पाते। संगठन का कार्य हो या संघर्ष की तैयारी, किसी कार्यकर्ता को सहयोग देना हो या सम्मान, स्मरण आते हैं जगदीश प्रसाद माथुर, जिन्हें कार्यकर्ता 'माथुर जी' के नाम से ही पुकारते थे तो अटल-आडवाणी जी 'जगदीश जी' के नाम से। भारतीय जनसंघ की स्थापना के थोड़े ही दिनों बाद पं. दीनदयाल जी के साथ जुड़ जाने वाले एक सुन्दर नौजवान कार्यकर्ता कायस्थ परिवार में जनमे पढ़े-लिखे संस्कारी नौजवान थे।

वह काल था जब राष्ट्रभक्ति से ओतप्रोत पढ़े-लिखे नौजवान डॉ. हेडगेवाल द्वारा स्थापित (1925) राष्ट्रीय स्वयं सेवक संघ के जीवनदानी स्वयंसेवक हुआ करते थे। ऐसे स्वयं सेवक विस्तारक तथा प्रचारक की श्रेणी में आते थे। मेरा ख्याल है कि जगदीश प्रसाद माथुर भी अपने हमउम्र प्रचारकों की भाँति 1947 में ही प्रचारक बन गए होंगे। 1951 में भारतीय जनसंघ पार्टी की स्थापना के समय उन्हें राजनीतिक क्षेत्र में प्रचारक बनाकर भेजा गया होगा।

जगदीश प्रसाद माथुर जी को मैंने सबसे पहले अपने शहर (मुजफ्फरपुर, बिहार) की एक बैठक और उसके बाद अपने घर पर देखा। प्रचारकों के बारे में जो व्यक्तित्व की गम्भीरता और आम लोगों से भिन्न होने के कारण मन में भय का सृजन हुआ था, माथुर साहब के साथ ऐसा नहीं हुआ। वे जनसंघ पार्टी के किसी कार्यक्रम में आए थे। नया टोला (मुहल्ला) स्थित तारकेश्वर बाबू के मकान में

महिलाओं की बैठक रख दी गई। कुर्सी पर माथुर जी के साथ एक-दो स्थानीय नेता बैठे। सामने बैठी अधिकांश महिलाएँ उनकी ओर पीठ करके बैठ गईं। कुर्सी की ओर मुँह करके बैठने वाली मेरे साथ दो-चार महिलाएँ ही थीं। हमारे अलावा सब सिर पर का पल्लू ललाट तक खिसकाकर बैठी थीं।

माथुर साहब हँसने लगे। बोले—"यदि आप लोग मेरी ओर देखेंगी नहीं तो मुझे सुनेंगी और समझेंगी कैसे?" वहाँ बैठे दो स्थानीय पुरुष नेताओं के कहने पर भी कुछ महिलाएँ कुर्सी की ओर पीठ करके ही बैठी रहीं। माथुर साहब ने महिलाओं को देश-दुनिया की बातें बताई। राजनैतिक मुद्दे के सरलीकरण करते-करते स्वयं परेशान हो गए।

उसी शाम कुछ कार्यकर्ता उन्हें मेरे घर पर लेकर आए। उन दिनों मैं भारतीय शिशु मन्दिर की प्राचार्या थी। माथुर साहब प्रसन्न थे। नाश्ते के लिए कई चीजें बनाई थी। उन्होंने खाया कुछ नहीं, चखा सबकुछ। चाय के लिए पूछने पर कॉफी माँग बैठे। मेरे घर में तो कॉफी थी ही नहीं, अड़ोस-पड़ोस और मुहल्ले की दुकानों पर भी मिलने से रही। उन्हें चाय से सन्तोष करना पड़ा।

1974 में मैं दिल्ली आई। मेरे पति राज्यसभा के सदस्य हो गए थे। माथुर जी हम दोनों को इंडिया गेट और उसके आसपास के स्थान दिखाने अपनी एक जीप से ले गए। इंडिया गेट पर हम खड़े थे। माथुर जी ने मेरे पति से पूछा—"परिवार भी दिल्ली लाने वाले हैं क्या?"

"अभी विचार नहीं कर पाया हूँ। दरअसल, यहाँ इतना कम पैसे मिलते हैं कि परिवार चलाना मुश्किल ही होगा। 500 रुपये मासिक में डेढ़ सौ तो भाड़ा पानी-बिजली का कट जाता है।"

मेरे पति ने कहा। माथुर साहब फटाक से बोले—"सोच लीजिए। एकबार परिवार दिल्ली आ जाए तो फिर वापस बिहार नहीं लौटेगा।"

मुझे सुनकर बड़ा अटपटा लगा। दिल्ली मुझे तबतक (और अब भी) भाई नहीं तो यहाँ ढहा जाने का सवाल कहाँ उठता है। माथुर साहब की आशंका सही निकली। मेरा परिवार 33 वर्षों से दिल्ली में ही है। मन बिहार में भले ही रमा रहता हो।

तीन वर्षों तक तो मैं नहीं आई। 1975 में आपातकाल का लगना। आपातकाल में अधिकांश नेता जेल में तो बचे-खुचे भूमिगत (छिपे) थे। मैं भी उन दिनों अपने शहर में सक्रिय कार्यकर्त्री हो गई थी। पति छुपे-छुपे रहते। दिल्ली आने का सवाल ही कहाँ उठता था। एक-दो बार आई तो दो-चार दिनों के प्रवास के बाद लौट जाती। समय ने पलटा खाया। 1977 के जनवरी माह में आपातकाल हटाया गया।

चुनाव की घोषणा हो गई। चुनाव में जनता पार्टी की जीत हुई। इसके ज्यादातर नेता 18 महीने जेल की सजा काटकर आए थे। मेरे पति की तबीयत थोड़ी खराब रहती थी। एक दिन लालकृष्ण आडवाणी जी ने कहा—''परिवार को यहाँ ले आओ। अकेले रहना कठिन होगा।''

मेरे पति ने मुझे कहा—''चलिए! दिल्ली चलने की तैयारी करिए आडवाणी जी ने शायद इशारा किया है। मुझे भी मन्त्री बनाने वाले हैं।'' बड़ी मुश्किल से मैं दिल्ली आने के लिए तैयार हुई। वे मन्त्री भी बन गए। एक दिन कुछ लोगों को भोजन पर बुलाया। उनमें माथुर साहब भी थे। मैंने भोजन के बाद कहा—''माथुर साहब! अब मैं आपको कॉफी पिला सकती हूँ।'' उन्हें स्मरण नहीं था। उनसे मिलना-जुलना होता रहा। वे 11 अशोक रोड (नई दिल्ली) पर भंडारी जी के साथ रहते थे। वहाँ जाने पर भंडारी जी के पास बैठती। उनसे भी नमस्कार पाती होती। बस!

सत्ता भी गई और मेरे पति की राज्यसभा की सदस्यता समाप्त हुई। वे पुनः अपने शहर के रामदयालु सिंह कॉलेज में पढ़ाने लौट गए। बच्चों की पढ़ाई-लिखाई के लिए मैं दिल्ली ही रह गई। मुझे माथुर साहब की बात याद आती। माथुर जी विट्ठलभाई पटेल हाउस में भी आया-जाया करते। वे भा.ज.पा का प्रेस का कार्य देखते थे। मुझे 1980 में ही महिला मोर्चा की सह-संयोजिका बना दिया गया था। बार-बार राजमाता जी (संयोजिका, महिला मोर्चा) का प्रेस वार्ता होती थी या प्रेस विज्ञप्ति तैयार करना। कई बार तो प्रस्ताव तैयार करने होते। राजमाता जी जगदीश जी की सहायता लेतीं। मुझे भी उनसे राय-मशविरा लेने का अभ्यास बन गया। मैं ही क्यों, कोई भी राजनीति का नौसिखुआ जगदीश जी के पास पहुँच जाए वे उसे अच्छी तरह सिखाते थे। अपने अनुभव सुनाते। उनके कमरे में देश भर से आए कार्यकर्ताओं की भीड़ लगी रहती थी।

दरअसल, थे तो वे भा.ज.पा के बड़े नेता, लेकिन सबके साथ उनका व्यवहार दोस्तियाना का होता था। छोटे बच्चों से भी बात कर लेते। मेरी छः वर्षीया बेटी मीनाक्षी उन्हें माथुर अंकल कहकर पुकारती थी।

कई बार वे हम दोनों (माँ-बेटी) को बाजार या किसी कार्यक्रम में अपनी गाड़ी में बैठाकर ले जाते। फिर क्या था मेरी बेटी को लत ही पड़ गई। कभी कहीं जाना हो, वह कहती—''माँ मैं माथुर अंकल को फोन करूँ?''

मैं उसे समझाती—''वे बड़े नेता हैं, तुम्हें बाजार घूमाने के लिए नहीं।''

लेकिन माथुर जी को भी बच्चों का संग-साथ चाहिए था। वे घर में आ जाते। सब बच्चों से उनकी दोस्ती होती थी। बच्चे भी खुलकर बातें करते। माथुर जी की

एक विशेषता थी। वे देश भर के कार्यकर्ताओं की ईमानदार मदद करते थे। किसी ने कुछ कह दिया, पूछिए मत। काम वाला अपना काम भले ही भूल जाए, माथुर जी नहीं भूलते थे। काम सरकारी दफ्तर का हो या हॉस्पिटल का, पार्टी का या अन्य, वे मदद करते थे। एकबार की बात है। बिहार से एक वरिष्ठ कार्यकर्ता राष्ट्रीय परिषद अधिवेशन में भाग लेने दिल्ली आए। उन्हें माथुर जी के एक परिचित डॉक्टर से आँख दिखलानी थी। माथुर जी ने हामी भर दी। माथुर जी के ऊपर प्रेस की जिम्मेदारी थी। उस बीच से भी समय निकालकर वे प्रो. मौआर की आँख दिखवाई। प्रो. मौआर भा.ज.पा के वरिष्ठ कार्यकर्ता थे। माथुर जी के मुरीद हो गए। उन्हें अपने नेता से अपने कार्यकर्ताओं की देख-रेख की भी प्रेरणा मिलती थी।

माथुर जी बहुत कम खाते थे। पर थे खाने के शौकिन। आमिष भोजन भी पसन्द था। पहले तो मुझे ही बनाने के लिए कहते। कई नेता साथ आते। मेरे घर में बहू संगीता आ गई। फिर तो उसे ही कहते—"कब बुला रही हो भोजन पर।" वे रेस्पी भी बताते। एक टुकड़ा ही खाते, पर इतने चाव से कि बनाने वाली की थकान मिट जाए।

उनकी तबीयत खराब हुई। जाँच होने पर जानलेवा बीमारी कैंसर निकल आया। श्री लालकृष्ण आडवाणी जी को जब मालूम हुआ वे 9 अशोक रोड माथुर साहब से मिलने आए। उनकी आँखें भर आई। दोनों का साथ बड़ा लम्बा था। माथुर साहब ने अपनी जिन्दादिली से कहा—"आप क्यों चिन्ता करते हैं। मैंने तो पूरी जिन्दगी (75 वर्ष) जी ली।"

उन्होंने अपनी बीमारी को भी संजीदगी से जीआ। मेरी बहू संगीता से कहा—"मीट कब बनाओगी?"

उसने कहा—"अंकल आप मीट खाएँगे?"

"हाँ, क्यों नहीं।" अरे साला पेट में एक तरफ पड़ा रहेगा। क्या फर्क पड़ता है? उन्हें पीड़ा भी खूब होती थी। फिर भी हँसते रहते।

9 अशोक रोड के बँगले के पीछे वाले कमरे में पत्रकार, कार्यकर्ता और नेता सब भरे रहते। उनका कमरा सलीके से सजा रहता। एक-एक सामान अपनी निश्चित स्थान पर। फूलों के शौकिन थे। इसलिए गमले भी खूब। माली, रसोईया, जमादार, चपरासी, ड्राइवर सबसे बातें करना। उनके घर शादी-ब्याह होने पर कुछ न कुछ उपहार देना, वे पूरे गृहस्थ हो जाते थे।

अपने बड़े भाइयों के बच्चों से खूब लगाव। उनकी चिन्ता करते। अपनी बड़ी बहन के घर (दिल्ली में) अकसर जाते। वे प्रचारक थे। राज्यसभा के दो बार सदस्य रहे। राज्यसभा के अन्दर भी विषयों पर चर्चा के दौरान चुटकी लेते थे। उन्हें शेर खूब

याद थे। अंग्रेजी, हिन्दी और उर्दू के भी ज्ञाता थे। कुछ चुटकले उनके प्रिय थे। वे बार-बार सुनाते। चुटकले सुनाते-सुनाते स्वयं हँसते। हम भी उनके पीछे-पीछे।

बीमारी ने अवश्य उन्हें तोड़ दिया था। पर उन्होंने हिम्मत नहीं हारी थी। अन्तिम क्षण तक नहीं। उन्हें दर्द में देखकर उनको अपना समझने वालों को उन्हीं की तरह असह्य पीड़ा होती थी। थोड़े कठोर हो गए थे। अब उन्हें दूसरों की समस्याओं की परवाह नहीं थी। उनकी मृत्यु की खबर सुनकर मानो राहत मिली हो। दूसरे ही क्षण मन आहत हुआ। अपने लिए। बहुतों को अपना कहनेवाला, कहलाने वाला कहीं छुप गया।

ऐसे नर थोड़े जग माहीं

एक आकृति जो शरीर की अनुपस्थिति में भी आँखों के सामने उभरती रहती है, वह मुस्कुराती, कुछ गुनगुनाती कुछ विचारती, मन को बाँध लेती है। रूप और स्वरुप दोनों ही मन को मोहते हैं। अपने-पराए, अच्छे-बुरे, हित-मित्र, पक्ष-विपक्ष, सबसे मिलते वक्त एक ही छाप छोड़ता है जो व्यक्तित्व, वह है, डॉ. विष्णुकान्त शास्त्री जी का। राम के उपासक, कबीर के भक्त, भारतीय संस्कृति के व्याख्याता शास्त्री जी के लिए तुलसीदास की पंक्ति— 'हानि-लाभ, जीवन-मरण, यश-अपयश विधि हाथ' मात्र पढ़ने-पढ़ाने और सुनाने के लिए नहीं है। मानो सभी सन्त कवियों की वाणियों की तरह इस पंक्ति को भी उन्होंने आत्मसात कर लिया है, अन्तर्मन में उतार लिया है। तभी तो वर्षों से उन्हें देखती, सुनती, निहारती, गुनती, मन-ही-मन आश्चर्य से भर जाती रही हूँ। एक दिन पूछ ही लिया— "आप इतने शान्तचित्त कैसे रहते हैं। आपको कई रूपों में देखने का अवसर मिला। पश्चिम बंगाल भाजपा के अध्यक्ष रहे। राष्ट्रीय स्तर के नेता रहे। साहित्य पढ़ाते और उस पर जगह-जगह व्याख्यान देते रहे। एक साथ कई भूमिकाओं में भी देखा। पर कभी चेहरे पर शिकन नहीं आई। कैसे इतना शान्त रहता है आपका मुखड़ा।"

तनावमुक्त चेहरे पर मुस्कान बिखेरते मुख से कहा— "सब राम पर छोड़ देता हूँ। उसी का काम है। वही जानें। अपना क्या है? सब राम जी की महिमा है।"

जैसे अक्षर-अक्षर अन्त:करण से निकला हो। इसलिए मेरे अन्तर्मन तक पहुँच गया। मस्तिष्क से उत्तर निकला होता तो शायद, विवेक की कसौटी पर कसा जाता। उनके राम के प्रति समर्पण की बात सुनकर आगे कुछ जानने की आवश्यकता नहीं थी।

भारतीय जनता पार्टी की राष्ट्रीय कार्यकारिणी की बैठकों में एक शान्त व हँसमुख सुदर्शन व्यक्तित्व सबसे मिलता चलता था। बैठकों में कभी-कभी कठिन परिस्थिति उत्पन्न हो जाना स्वाभाविक ही होता था। किसी विषय पर मत भिन्नता अपनी मुखरता से सभागार में पसर जाती। अब क्या हो? दबे पाँव धीमा सा तनाव भी पसरता रहता। समय ठहर जाता। समय को ठहरना कहाँ कबूल है। वह तो

चलायमान है और उस बैठक कक्ष में ठहरे हुए पार्टी मन और समय में गति लाने के भाव लिए शास्त्री जी के मधुर कंठ से कुछ पंक्तियाँ नि:सरित हो जातीं। समय की नाजुकता और नज़ाकत को बाँधे हुए। सटीक। मानो किसी राजनैतिक प्रस्ताव पर घंटों चले विचार मन्थन का नवनीत हो। पक्ष-विपक्ष में बैठे सभी सदस्यों को ग्राह्य। सबके लिए विचार रूपी स्वास्थ्य वर्धक मधु। समाज के विकास के लिए हितकर तो होता ही था।

पचासों पूर्ववर्ती कवियों के समग्र काव्य उन्हें कंठस्थ। कविता ऐसे सुनाते, मानो एक-एक शब्द को आत्मसात किए हुए हो। कागजों पर अंकित उन कविताओं को स्मरण करते हुए, निश्चितरूपेण उन कवियों की मन:स्थिति में स्वयं आ जाते होंगे। कविता सृजन की मनोभूमि पर खड़े। इसीलिए श्रोताओं को बार-बार भ्रम होता कि शास्त्री जी की ही कविताएँ हैं। वे स्वयं कवि का नाम बताना नहीं भूलते।

मानो बचपन से पढ़ी, सुनी और स्वयं कंठाग्र की हुई कविताओं से उनका संस्कार बना था। उनके व्यक्तित्व गढ़ने में उन कालजयी साहित्यों का विशेष महत्त्व रहा था। इसलिए आम लोगों के बीच शास्त्री जी विशेष होते ही हो। कुछ विशेषों के बीच भी विशेषतर नजर आते।

विश्व हिन्दी सम्मेलन में लन्दन जा रहे थे हम लोग। मेरे दो बच्चे अमेरिका में थे। लन्दन से मुझे अमेरिका जाना था। उनके लिए खाने-पीने की सामग्रियों से भरी एक अटैची बहुत भारी हो गई थी। जाने से पूर्व घर में ही मैंने उठाकर देखा। मुझसे उठी नहीं। मेरी बहू ने कहा— ''एयरपोर्ट पर आपके कई जेठ देवर होंगे। कोई न कोई उठाकर ट्रॉली पर डाल ही देगा।''

और ऐसा ही हुआ। संगी-साथी तो बहुत थे। पर मेरी दो बड़ी अटैचियाँ देखकर शास्त्री जी मेरे पास आ गए। बोले— ''रूकिए मृदुला जी! आप नहीं उठाइए।'' उन्हें भी उठाने पर बहुत भारी लगी। उनके पूछने पर मैंने उसमें भरे खाद्य पदार्थों के नाम बताए। बड़े प्रसन्न हो गए। बोले— ''माँ हैं न आप! सालभर से बच्चों ने जो अपनी पसन्द के भारतीय खाद्य पदार्थ नहीं खाए, वे सब ले जा रही हैं। माँ होती ही ऐसी हैं।''

इसी बीच माँ से जुड़ी कई कविताएँ भी सुना गए। लन्दन के विश्व हिन्दी सम्मेलन में कुछ अव्यवस्थाएँ भी थीं। एक रात भोजन ठीक से नहीं बँटा। वे उसी होटल में ठहरे थे, जहाँ एक कमरे में मैं और चित्रा मुदगल जी। होटल के स्वागत कक्ष में ही बात हो रही थी। किसे भोजन मिला, किसे नहीं। कई लोग व्यवस्थापकों पर रोष प्रगट कर रहे थे। शास्त्री जी भोजन नहीं मिलने वालों की श्रेणी में थे। पर चेहरा देखने से ऐसा नहीं लग रहा था। वही शान्ति। अवसर के अनुकूल काव्य

पंक्तियाँ भी सुना रहे थे। लोग व्यवस्थापकों पर चिल्ला रहे थे। शास्त्री जी ने होटल वालों से कहा— "कृपया इनके लिए भोजन की व्यवस्था करवा दें।" रात्रि के ग्यारह बज रहे थे।

मैंने उन्हें धीरे-से कहा— "आप तो हमारे कमरे में आइए।" कमरा नम्बर बता दिया। थोड़ी देर बाद वे आ गए। मैंने उन्हें भारत में बहू के द्वारा बनाई पुड़ियाँ, अचार और एक दो मिठाइयाँ खिलाईं। वे खाते-खाते तृप्त हो रहे थे। पेट भरा या नहीं। मात्र दो पूड़ियाँ बची थी। मन भर आया था और उसी भरे मन से उन्होंने मेरा साधुवाद किया। बहू को आशीष दिया। भारत लौटकर भी बहू को फोन किया— "तुम अपनी सास की बहुत चिन्ता करती हो। दूध में आटा गूँथा था। चार दिनों बाद भी पूड़ियाँ काम आईं। मैंने भी खाई। बहुत-बहुत आशीष।"

मैंने उन्हें एक बार कहा— "आप तो मेरे जेठ हैं।" वही प्रश्न भरी मुस्कान थी चेहरे पर। मैंने स्पष्ट किया— "मेरे पति और आप एक ही परिवार (भाजपा परिवार) के हैं। वे आपसे छोटे हैं। दूसरा, जब आप कलकत्ता विश्वविद्यालय में हिन्दी पढ़ाते थे, वे वहीं अंग्रेजी (एम.ए.) के विद्यार्थी थे। बना न जेठ का रिश्ता।" फिर तो ठहाका लगाकर हँसे। उन्मुक्त हँसी। और उन्होंने जेठ पद को स्वीकार कर लिया। रिश्ते को मान देते रहे हैं।

एक लेखों का संग्रह 'आइने के सामने' (1982) के लोकार्पण के लिए मैंने उनसे आग्रह किया था। वे सहर्ष मान गए। उसमें सभी लेख महिलाओं के आत्म-निरीक्षणात्मक थे। उन्हें बहुत पसन्द आए। एक लेख का शीर्षक था— "नखरे सास के बेटे के।" बोलते समय इस पर भी टिप्पणी की। वे मेरी लेखनी का उत्साहवर्द्धन करते रहे हैं। उन्हीं दिनों 'ज्यों मेहँदी को रंग' (उपन्यास) पढ़ने के लिए दिया था। पढ़कर पुस्तक लौटा दी और कहा— "अन्त पर सिनेमा का प्रभाव है। चाहें तो अन्तिम एक वाक्य बदल सकती हैं।" मैंने उनका सुझाव मान लिया।

सहज व सुलभ होते थे शास्त्री जी। बूढ़े, जवान और बच्चों के लिए भी। जहाँ बैठे, स्नेह की चादर पसार ली। कविताएँ सुना दीं। सब डूबने लगते कविताओं में। जुड़ जाते शास्त्री जी से।

जम्मू में जनमे, वाराणसी में पले बढ़े, शिक्षा ग्रहण की, कलकत्ता में पढ़ाए, भारतीय जनता पार्टी के राष्ट्रीय उपाध्यक्ष रहे। हिमाचल प्रदेश और उत्तर प्रदेश में राज्यपाल रहे। एक राष्ट्रीय छवि को सँभालता व्यक्तित्व अत्यन्त सरल, मानो मिलने वालों के घर के अदना-सा सदस्य हों। अगुआ होने का आग्रह भी नहीं। पर उस अति साधारण आत्मीय व्यवहार में छुपा था, सबके हो जाने का गुण। इसलिए उनसे जो मिलता, उसी के हो जाते। वह तो उनका हो ही जाता है। उत्तर प्रदेश में राष्ट्रपति

शासन लगा था। किसी कार्यक्रम में हम दोनों साथ बैठे थे। मैंने पूछा— "मेरी पाँच सौ पृष्ठ की पुस्तक पढ़नी है। समय मिलता है क्या?"

"अरे कहाँ। फाइलों में उलझा हूँ। उन्हें ही साहित्य पढ़ने के भाव से पढ़ता रहता हूँ। राम जी की कृपा।" अपने काम के प्रति कोई झल्लाहट नहीं। राम जी की कृपा से जब जो काम मिला, पूरी लगन और निष्ठा से करते रहे। निश्चय ही इस समर्पण भाव से ही सुखी रहे। भौतिक साधनों से बटोरा सुख, अपने लिए होता है। पर आध्यात्मिक सोच-विचार और वाणी से उपजा सुख, साझा सुख हो जाता है। उनसे जो जब मिलता है, कुछ देर संग-साथ बैठता सांसारिक सुख में डूबा व्यक्ति भी थोड़ी देर के लिए अलग प्रकार के सुख से भर जाता है। शास्त्री जी के आसपास ऐसा ही आनन्द पसरा रहता है। वे मिलने वालों को भी स्वयं आकंठ डूबे सुख-शान्ति में साझेदार बना लेते हैं। इस प्रकार उनके मन का साहित्यिक व आध्यात्मिक सुख साझा सुख बन जाता है।

मेरे बेटे नवीन की शादी का फलदान कार्यक्रम था। समधिन भी आई थीं। भोजन कराते हुए समधी को गालियाँ गाकर सुनाई जा रही थीं। सब सुन-सन कर प्रसन्न हो रहे थे। पर शास्त्री जी अघा रहे थे। भोजनोपरान्त समधिन को विदा करने कार तक गए। पूछा— "जब हम बारात लेकर आएँगे तो आप भी गालियाँ सुनाएँगी।"

मेरी समधिन ने कहा— "हाँ! हाँ!! आइए तो। आपके स्वागत में गालियाँ ही सुनाऊँगी।" सुनकर बहुत प्रसन्न हुए शास्त्री जी। शास्त्रीय सोच-विचार में डूबे रहने के आदी शास्त्री जी लोकाचार में डूब कर भी उतने ही प्रसन्न हुए। हुलस गए।

सामाजिक समस्याओं पर उनका चिन्तन मनन चलता रहता था। एक बार उत्तर प्रदेश के राजभवन में मिलने जाने पर बोले— "बहू और बेटी बराबर नहीं होती है। दोनों के प्रति अलग-अलग व्यवहार होता है। दोनों से अपेक्षाएँ भी अलग हैं। हम देते हैं बेटी को प्यार-दुलार, बहू को अधिकार।"

मैंने कहा— "यह तो नारा हो गया। दोनों की स्थिति की बड़ी सटीक व्याख्या है। व्यावहारिक भी। मैं आपके भाव को समाज में फैलाऊँगी।"

कई भाषाओं में धारा प्रवाह बोल सकते थे। साधु-सन्त, साहित्यकार, राजनैतिक नेताओं, शिक्षक विद्यार्थी से घनिष्ठ सम्बन्ध रहा। पर उनके व्यक्तित्व पर अपने पिता के द्वारा मिले संस्कार भी। चार-चार राज्यपालों को वर्तमान सरकार द्वारा बर्खास्त किए जाने पर उनके मुख से निकला था— "आखिर हमारा दोष क्या है?" इतने सरल हृदयग्राही प्रश्न का जवाब यह सरकार नहीं दे सकती, क्योंकि इन्होंने अपना दोष पूछा, जो कुछ था ही नहीं। परन्तु शास्त्री जी को केवल राजनैतिक वीथियों में

घूमता व्यक्ति नहीं समझ सकता। इनको समझने और सँभालने के लिए आवश्यक है, राजनैतिक राष्ट्र से निकलकर सांस्कृतिक राष्ट्र में विश्वास करना।

शास्त्री जी के व्यक्तित्व में दोष नहीं था, न वे दूसरों का दोष निहारने के आदी थे। दुष्टजनों से भी प्यार से ही मिलते थे। उन्हें भी अपनी सुसंगति में थोड़ी देर के लिए ले लाते। उनसे स्वयं प्रभावित नहीं होते। 'चन्दन विष व्यापत नहीं लपटे रहत भुजंग' की स्थिति में। चन्दन की सुगन्ध तो लिपटे रहे भुजंग के शरीर में आ ही जाती है। थोड़ी देर के लिए ही सही।

हम गौरवांवित हैं कि ऐसे व्यक्तित्व हमारे वृहत्तर परिवार के सदस्य रहे। मेरे तो जेठ थे ही।

प्रेरक प्रसंगों के भंडार

कई दिनों से सुन रही थी— "मुझे भंडारी जी के विषय में कुछ लिखना है।"

सूर्य उगने से पूर्व मेरे हाथ में लेखनी व कागज देखकर ही मेरे पति को भंडारी जी के बारे में लिखने का स्मरण हो आता। मैं कुछ नहीं बोलती। सदा से उनकी अधिक सुनने व कम बोलने की आदत-सी पड़ गई है। मेरी इस स्थिति से उन्हें यह एहसास होता रहा है कि शायद मैंने उनकी सुनी ही नहीं। हर सूचना जवाब के लिए नहीं होती। भंडारी जी के बारे में लिखना भी हमारे बीच न चर्चा का विषय बना न प्रतिकार का। यह स्वीकार का विषय था कि भंडारी जी के सान्निध्य में जो भी व्यक्ति जितने क्षण रहा हो, यदि उसने उन क्षणों को अपनी स्मृतियों में सँजोया है, यदि वे स्मृतियाँ समय-समय पर उसे आन्दोलित करती रही हैं और आज भी उसका मन कभी-कभी उनके साथ कुछ पल बिताने के लिए व्याकुल रहता है तो वह उन क्षणों की स्मृतियों को कागज पर उकेरने का अधिकारी है। यदि सामाजिक, राजनीतिक क्षेत्र में कार्य करते हुए उनकी सीख व उनका व्यवहार स्मृति पर प्रगट होकर उसे वैसा ही व्यवहार करने के लिए बाध्य करता है, उनके विषय में कुछ लिखने का वही व्यक्ति अधिकारी है। उसकी लिखावट ही दूसरों के लिए भी उपयोगी होगी। वरना कागज रँगने से क्या फायदा।

श्री सुन्दरसिंह भंडारी जी के विषय में लिखने के लिए मेरे पति डॉ. रामकृपाल सिन्हा उपरोक्त कसौटियों पर खरे उतरते हैं। इसलिए वे लिखने जा रहे हैं, क्या लिखेंगे कभी हमारे बीच चर्चा का विषय नहीं बना। मुझे विश्वास था कि वे जो लिखेंगे, कार्यकर्ताओं के लिए उपयोगी होगा।

एक दिन उन्होंने कहा— "सुनिए! आप ही भंडारी जी के बारे में लिख दीजिए। मेरे से ज्यादा आप ही उनके करीब रही हैं।"

यह सुनकर भंडारी जी हमारे बीच चर्चा के विषय बन गए। मैंने अपनी स्मृति पर बल दिया। राजनीति का क्षेत्र मेरे पति का था। माननीय अटल जी, आडवाणी जी, नानाजी देशमुख, सुन्दरसिंह भंडारी, जगदीश प्रसाद माथुर, राजमाता सिंधिया और भी उस समय (1965 से 1974) के शीर्ष नेताओं के बारे में बताया करते।

इनके द्वारा उन नेताओं का परिचय सुनते हुए मेरे मन में उन्हें नजदीक से देखने सुनने की भी आकांक्षा जगी। जैसे-जैसे उनसे मिलने का समय मिलता गया मैं उनके व्यक्तित्व में वही गुण ढूँढ़ती रही जो मेरे पति ने ढूँढ़कर मेरे सामने परोसे थे। दरअसल, इन नेताओं को देखने-सुनने समझने का नजरिया इन्होंने पहले ही दे दिया था। इसलिए इनसे मिलते हुए अपनी योग्यता और अनुभव के आधार पर थोड़ा-बहुत ही विशेष गुण ढूँढ़ सकी।

भंडारी जी के सान्निध्य में मेरे ज्यादा या कम रहने का सवाल नहीं उठता। यह सच है कि भंडारी जी का व्यक्तित्व और व्यवहार आज भी डॉ. रामकृपाल सिंह के व्यवहार को प्रभावित करता है और मुझे भी राजनीतिक, सामाजिक और अब शासकीय दायित्व निभाने में मददगार बनता है। हमने चर्चा का विषय नहीं बनाया। भंडारी जी के संग-साथ बिताई अपनी-अपनी स्मृतियों को दोनों अपने आगे पसार लिए। कलम मेरी उँगुलियों के बीच दबी है तो क्या, हमारी स्मृतियाँ भी अब घुलमिल हो गई हैं। हमारे बीच कौन-सी स्मृति या अनुभव किसका है, छाँटना मुश्किल। यह सच है कि वे अब मात्र स्मृतियाँ नहीं रहीं। हमारे व्यवहार में आ गई हैं। अपनी नई पीढ़ी के कार्यकर्ताओं से व्यवहार करते हुए भंडारी जी द्वारा हमारे साथ किया गया व्यवहार सामने आ जाता है। हमें वैसा ही व्यवहार करने के लिए प्रेरित करता है। इसे ही संस्कार कहते हैं।

भंडारी जी की सहृदयता, कष्ट सहिष्णुता और पार्टी के नियम नीति के पालन में उनकी ईमानदार नीयत के बहुत सारे प्रसंगों को सुना-सुना कर घर में ही एक कार्यकर्ता का प्रशिक्षण करते रहते। माननीय भंडारी जी की संसदीय जिम्मेदारी से वे प्रभावित हुए थे। बोलने लगे— "1977 में संसदीय कार्य मन्त्री के नाते मैं भंडारी जी से मार्गदर्शन प्राप्त करता था। संसद की कार्यवाही और उसकी गरिमा पर भी उनका ध्यान रहता।"

—"बेतिया (बिहार) में उनका बारिश में भींगते हुए भी भाषण देते रहना आज भी मुझे आन्दोलित करता है। श्रोता तितर-बितर हो गए। भंडारी जी ने भाषण बन्द नहीं किया। बारिश थमी और फिर श्रोता आ गए।"

—"इस दृश्य ने मेरे मानस पर स्थायी स्थान बना लिया। पार्टी के प्रति ईमानदार होने की प्रेरणा तो मिली ही, कष्ट सहिष्णुता की सीख भी मिली।"

—"1974 के बिहार छात्र आन्दोलन में तात्कालीन जनसंघ पार्टी के कार्यकर्ताओं की भी महत्त्वपूर्ण भूमिका थी। गया (बिहार) में कार्यकर्ताओं की बैठक में कुछ लोगों का मत आन्दोलन को उग्र बनाने का भी बन रहा था। तोड़फोड़ से परहेज न करने का मन बन रहा था।" भंडारी जी ने सचेत किया— "पार्टी लाइन पर ही

आन्दोलन चलाना चाहिए। यदि लाइन बदलना चाहते हो तो इसे सर्वानुमत बनाओ।''

''मितभाषी भंडारी जी के इतने शब्द ही काफी थे। उनकी मितव्ययिता भी अनुकरणीय है। चन्दे से उगाही हुई राशि का इस्तेमाल ईमानदारी से करने, पैसा पानी की तरह न बहाने की आदत उनसे ही सीखी।''

मैंने कहा— ''अब बस भी करें। भंडारी जी के बारे में आप ही सुनाते जाएँगे या मैं भी अपनी सुनाऊँ।'' वे चुप हो गए। पिछले तीस वर्षों से वे सुनाते रहे हैं।

बार-बार मुझे कहा करते— ''भंडारी जी अर्थशास्त्र के एम.ए. हैं और कानून की भी जानकारी है। वे प्रारम्भ में शिक्षक थे। इसलिए शिक्षकीय गुण बरकरार हैं।''

उनसे मिलते समझते हुए शायद मैं अनजाने में उनके सीधे-सादे लिबास, रहन सहन और सहज बोलचाल से उनके व्यक्तित्व को कमतर न आँक लूँ, इस ख्याल से उनके द्वारा भंडारी जी का पुनरावृत्त परिचय होता था। मैं भंडारी जी से मिलने अकसर इनके साथ ही जाया करती। कार्यकर्ता के नाते इनके मन में जब कभी दल की नीति, सिद्धान्त, कार्यक्रम सम्बन्धित कोई प्रश्न उठता या नया विचार आता, ये भंडारी जी के पास जाते। उनके सामने अपना प्रश्न प्रसारते, भंडारी जी बड़ी सहजता से उन प्रश्नों के जवाब दे देते, मानो उन्होंने अपने मन मन्थन के टकसाल पर उन प्रश्नों के उत्तर भी पहले से गढ़ रखे हों। मानो कोई नई नीति या कार्यक्रम के बारे में कार्यकताओं की ओर से उठते प्रश्नों का उन्हें आभास हो। ये सन्तुष्ट होकर लौटते। फिर अपनी सोच और व्यवहार की दिशा भी भंडारी जी के दिखाए अनुसार ही रखते।

उनसे मेरी पहली भेंट उनके आवास 11, अशोक रोड पर ही हुई थी। 1977 में डॉ. रामकृपाल सिंह की पत्नी के नाते। यद्यपि उनका बड़ा स्नेहिल व्यवहार था, मैं उनके प्रति मन में एक भय सँजोकर लौटी थी। व्यक्तित्व कठोर-सा लगा। अनुशासन के पक्के दिखे। कम शब्दों में अपनी बात कह रहे थे। वहाँ बैठी-बैठी मैं उनसे मिलने वालों का व्यवहार का अध्ययन करती रही। बड़बोले कार्यकर्ताओं के शब्द भी वहाँ जाकर नपे-तुले हो रहे थे। कुछ लोग तो नमस्कार करने के बाद अपने मन में उनके सामने अपनी बात रखने के लिए शब्द गढ़ते रह जाते, उपयुक्त वाक्य न बन पाने के कारण बिन बोले वापस चले जाते।

भंडारी जी की यह छवि मेरे मन पर बहुत दिनों तक नहीं रही। 1978 में मेरा पहला कहानी-संग्रह प्रकाशित हुआ। कुछ प्रतियाँ मुझे लोगों को भेंट करनी थी। यह जानते हुए भी कि वे मेरी पुस्तक नहीं पढ़ेंगे, बड़े लोगों को भी अपनी पहली रचना भेंट करने की आकांक्षा हर नवोदित रचनाकार में होती है। मैं अपनी पुस्तक उन्हें भेंट कर आई। मेरे कार्यकर्ता मन को पार्टी और भंडारी जी से जोड़ने का यह बहुत बड़ा

कारण बना कि भंडारी जी ने स्वयं तो पुस्तक पढ़ी ही, उन्होंने अपने पास आए कई कार्यकर्ताओं को बारी-बारी से पुस्तक पढ़वाई। सुनकर मुझे बहुत सुखद लगा। इसलिए 1981 में अपना उपन्यास 'ज्यों मेहँदी को रंग' की पहली प्रति भंडारी जी को ही भेंट कर आई। कुछ लोगों से मैंने हुलास से बताया— "मैं भंडारी जी को अपना उपन्यास दे आई हूँ।"

वे हँसे और बोले— "भंडारी जी को उपन्यास दे आईं? वे उपन्यास पढ़ेंगे?" कहीं से भी वे आपको उपन्यास पढ़ने वाले दिखते हैं! मुझे राष्ट्रकवि दिनकर की वे पंक्तियाँ स्मरण हो आईं— "जग तो समझता है यही पाषाण में कोई रस नहीं पर गिरी हृदय में क्या न व्याकुल निर्झरों का वास है।"

शायद वे सज्जन मेरा उपन्यास नहीं पढ़ पाए। पर भंडारी जी ने उपन्यास पढ़ा ही नहीं, मेरी अपरिपक्व लेखनी से एक-एक पात्र के चित्रण में जो विशेषता या कमी रही उस ओर भी ध्यान दिलाया। उपन्यास में भी अतिश्योक्ति और अतिरेक से बचने का सुझाव दिया। फिर क्या था। मेरा उत्साहवर्द्धन हुआ। और मैं भंडारी जी से मिलते वक्त राजनीतिक प्रस्तावों व कार्यक्रमों की चर्चा के साथ अपनी साहित्यिक गतिविधियों की चर्चा किए बिना भी नहीं रहती।

1980 में महिला मोर्चा का गठन हुआ। राजमाता सिंधिया जी को संयोजिका और मुझे सह-संयोजिका बनाया गया। अतिश्योक्ति नहीं होगी यदि यह कहूँ कि उस क्षेत्र में मेरे जैसे कोरा कागज कार्यकर्ता की उँगुली पकड़कर अनजान रास्ते पर चलाने में अन्य नेताओं में सबसे अधिक भूमिका श्री सुन्दर सिंह भंडारी जी की रही। न संगठन, न संघर्ष के विषय, न कार्यक्रम की रूपरेखा बनाना, कुछ भी नहीं जानती थी। मन में कोई धुँधला-सा विचार आए, अपने पति से पूछती थी— "मेरी सोच का विषय ठीक है कि नहीं। किससे पूछूँ।"

उनका सोचा-समझा सुझाव होता— "भंडारी जी से।"

और मैं अपना अनगढ़ विचार लिए भंडारी जी के पास पहुँच जाती। अपनी घिसी पिटी धोती को तहमत की तरह लपेटे, मानो दादी माँ के हाथ के बुने ढीला-ढाला गरमाहट हीन स्वेटर डाले भंडारी जी की छवि आज भी मेरे सामने है। वे कभी अपनी टूटी अटैची सँभालते होते कभी आलमारी में रखे जमा आठ दस साधारण कपड़े सँजोते। अपनी तख्त पर मुझे बैठने के लिए इशारा करते। पहले ही पूछते— "क्या चाय लेनी है।"

'हाँ' कह दिया तो नौकर को आवाज देते। कभी-कभी स्वयं किचेन में जाकर नौकर को आज्ञा दे आते। 'नहीं' कहा तो नहीं, दुबारा उनके चाय के लिए पूछने की न मुझे उम्मीद होती, न वे पूछते। अपने कमरे में रखी मिठाई का डिब्बा

टटोलते। उसमें एक दो मिठाई होती। किसी कार्यकर्ता के द्वारा लाई एक माह पुरानी भी हुई तो क्या, उसे बढ़ा देते।

मैं अपने विचारों को उनके सामने रखने की कोशिश करती। कभी-कभी शब्द भी नहीं दे पाती। वे उन प्रस्तावों को सुव्यवस्थित कर देते। अपने ही अनगढ़ विचारों को उनके द्वारा गढ़ दिए जाने पर मन प्रसन्न हो जाता।

फिर तो उनके सामने अपनी बात रखने की झिझक समाप्त होती गई। आत्मीयता इतनी बढ़ गई मानो अपने बड़े ताऊ या पिताजी से मिलने जा रही हूँ। मिलने की आतुरता भी बढ़ने लगी। मोर्चा के काम सँभालते हुए अटल जी, आडवाणी जी के सामने कोई भी नया कार्यक्रम रखने से पूर्व भंडारी जी के सामने ही रखती। 1984 में हरिद्वार में महाकुम्भ लग रहा था। महिला मोर्चा द्वारा सर्वप्रथम वहाँ शिविर लगाने का विचार आया। भंडारी जी के सामने रखा। उन्होंने तुरन्त कहा— "कानपुर आ जाओ। उत्तर प्रदेश भाजपा की प्रान्तीय कार्यसमिति की बैठक है। वहाँ उनके बीच अपना प्रस्ताव रखो।"

मन में आकांक्षा भर उठी थी। पर कहाँ से शुरुआत करें, कहाँ मालूम था। भंडारी जी ने सब रास्ते बताए भी और सुगम भी कर दिए। मालती शर्मा जी (तात्कालीन अध्यक्ष, उ. प्र. महिला मोर्चा) को जिम्मेदारी सौंपी। सभी केन्द्रीय पदाधिकारियों को धन संग्रह के लिए कहा। हरिद्वार में मोर्चा द्वारा लगाए जाने वाले शिविर के लिए मैं माननीय भंडारी जी की उँगुली पकड़ी रही।

भंडारी जी की पढ़ने में रुचि तो थी ही। छोटा रेडियो रखकर समाचार भी सुना करते। एक दिन जब उनसे मिलने गई, बोले— "हाँ। आज जवाहरलाल नेहरू पर बोल रही थी। अच्छा था।"

बस! इससे आगे और अधिक पूछने की हिम्मत नहीं पड़ी। उत्साहवर्द्धन अवश्य हुआ। मोर्चा का कार्य सँभालते हुए गलतियाँ भी होती थी। पश्चाताप भी। पर भंडारी जी कहते— "कोई बात नहीं। आगे से ध्यान रखना।"

कभी कोई प्रस्ताव पसन्द नहीं आता तुरन्त कहते— "क्यों! मोर्चा को ऐसा करने की क्या आवश्यकता है।"

राजनीतिक, साहित्यिक और सामाजिक चर्चा करते-करते उनसे ज्यादा ही खुल गए हम लोग। जब कभी उनके सामने जाए, अपने परिवार के बारे में बच्चों की पढ़ाई-लिखाई के बारे में भी सुना आते।

मेरा एक बच्चा बीमार था। दूसरे बेटे को परीक्षा की तैयारी करनी थी। हम लोग विट्ठलभाई पटेल हाउस के एक कमरे में ही रहते थे। माननीय भंडारी जी 10, राजेन्द्र प्रसाद रोड पर रहते थे। पता नहीं कैसे मेरी हिम्मत हुई, मैंने उनसे अपनी

कठिनाई रखी। उनके बेडरूम से लगा एक और कमरा था, जिसे उन्होंने अपने पढ़ने-लिखने का कमरा बना रखा था। उन्होंने कहा— "एक महीने की बात है। उस कमरे में भेज दो उसे।"

उन्होंने अपना सारा सामान एक कोने में रख लिया। बेटा वहाँ उनकी मेज पर पढ़ने लगा। वे कभी-कभी उसे अपने हाथ से चाय दे आते।

उनका सुझाव होता था— "दिल्ली में बैठकर संगठन का काम नहीं होगा। जाओ घूमो। देश भर में मोर्चा खड़ा करो।"

और किस तरह प्रवास करना, बैठक लेना, कार्यक्रम बनाना, सब बताते। एक बार मुझे और मोहिनी गर्ग को राजस्थान के प्रवास पर ले गए। जहाँ हमारे ठहरने की व्यवस्था थी, उसका निरीक्षण किया। थोड़ी देर बाद दो रजाइयाँ लेकर स्वयं हमारे कमरे में आ गए। बोले— "लो! इतने से काम नहीं चलेगा। ठंड अच्छी लगेगी।"

हमारी छोटी-छोटी आवश्यकताओं का भी ध्यान रखते। ऐसे नेताओं के सान्निध्य के कारण ही शायद हम लोग अपने घर-परिवार, नाते-रिश्तेदार को भूल जाते रहे हैं। भंडारी जी जैसे ताऊ या बड़े भाई, शुभ-चिन्तक जो मिलते रहे।

दल की नीति, सिद्धान्त व संविधान बनाने में उनकी महत्त्वपूर्ण भूमिका थी। राष्ट्रीय परिषद के सम्मेलनों तथा कार्यसमिति में संविधान संशोधन का विषय रखना उनका ही काम था। एक बार मैंने पूछा— "अपने संविधान में एक व्यक्ति एक पद का नियम है न!"

"किसने कहा? संविधान संशोधन का प्रस्ताव आया था तो कहा था?"

हेडमास्टर की तर्ज पर भंडारी जी का प्रश्न था। प्रथम सुन मैं सहम गई। पर उनसे भय समाप्त हो चुका था। उनके लिए हृदय में सम्मान भाव आ गया था। आत्मीयता बढ़ी थी। कार्यकर्ता के नाते सजग न रहने की अपनी कमी छुपाते हुए मैंने कहने की दृष्टता की— "आपका वह विषय इतना नीरस होता है कि मैं उस समय कोई कहानी का कथानक गुनने लगती हूँ।"

"फिर जाओ! कहानी लिखो। अब पार्टी की बात क्यों पूछती हो।"

कभी नरम कभी कठोर। 'वज्रादपि कठोराणी मृदुणि कुसुमादपि' पर खरा उतरता भंडारी जी का व्यक्तित्व अपने सान्निध्य के लिए मन में तड़प उत्पन्न करता है। इसलिए पटना में जब वे राज्यपाल होकर गए, पटना जाने के कार्यक्रम में उनसे मिलने का कार्यक्रम निश्चित होता। गाँधी नगर जाकर भी मिलना हुआ। वहाँ जाने के कार्यक्रम का भी एक उद्देश्य उनसे मिलना होता है। कुछ प्राप्त करने के लिए। अपनी गतिविधियाँ सुनाने के लिए। प्रोत्साहन पाने के लिए। कुछ सीखने के लिए।

अकसर पार्टी के संगठन को बिखरने से उबारने की उपाय योजना ढूँढ़ते वक्त

भंडारी जी की सीख उनका व्यवहार सामने साकार होता है। हम दोनों के बीच भंडारी जी अकसर अपने स्नेहिल व्यवहार लिए उपस्थित होते हैं। पता नहीं हम उनकी याद्दाश्त में है कि नहीं।

कई दिनों से लिखने का मन बना रही थी। परन्तु यह निश्चित नहीं कर पाती थी कि क्या लिखूँ, क्या छोड़ूं। आज जब अपने हल्द्वानी (उत्तरांचल) प्रवास पर शहर के गेस्ट हाउस में लिखना प्रारम्भ किया, दो ग्लास चाय ठंडी हो गई। भंडारी जी के संग-साथ बिताई स्मृतियाँ इतनी जीवन्त हो गईं कि किसे लिखूँ, किसे छोड़ूँ, मुश्किल में पड़ गई और जब वे स्मृतियाँ जीवन संगिनी बन गई हों, अपना ही व्यवहार बन गई हों, लिखना कठिन होता ही है।

हम दोनों में भंडारी जी के साथ कौन कितना समय रहा, यह महत्त्व नहीं रखता है। मायने रखता है अपने अन्दर किसने कितना भंडारी जी को सँजोया है। यहाँ भी हमारे बीच कोई प्रतियोगिता नहीं है। दोनों की स्मृतियाँ, दोनों के सरोकार एकाकार हो गए हैं। माननीय भंडारी जी की संगठन की क्षमता, कार्यकर्ताओं से उनका स्नेहिल सम्बन्ध, पार्टी की स्पष्ट नीति हम दोनों के मन में एक ही छवि बनाती है। यह छवि हमारे मन में प्रस्थापित है, रहेगी ताकि आने वाले समय में भी हम उनसे स्नेह प्राप्त कर आने वाली पीढ़ी को देते रहें। उनका सीधा-सादा व्यक्तित्व अजस्त्रधारा है। पुरातन और आधुनिकता का भंडार है। वह भंडार जो देश, समाज और कार्यकर्ताओं को भी सदैव देते रहने से भी खाली नहीं होता।

सादगी और रईसी का संगम

किसी भी व्यक्ति को जानने समझने के लिए उसके बचपन को जानना आवश्यक होता है। जीवन की धाराएँ बदलती रहती हैं, परन्तु बचपन में पड़े संस्कार बीज समाप्त नहीं होते। वे बीज विपरीत परिस्थितियों में भी उगते रहते हैं। उचित जलवायु, हवा और जल सिंचन की परवाह किए बगैर। बचपन में वपन किए वंशानुगत गुण भी ऐसे ही बीज हैं, जो व्यक्ति के व्यवहार में प्रगट होते हैं।

श्री अश्विनी कुमार की आठ दशकीय जीवन यात्रा बचपन का वैभव, यौवनावस्था का संघर्ष, जवानी की कुर्बानी और पौढ़ावस्था की रचनाशीलता का घोल है। दल के दायित्त्वों के साथ परिवार के भी स्नेह सम्बन्धों का मेल है।

श्री शरणदास जलोटा फगवारा के रहने वाले थे। उन्होंने इसी स्थान पर पहली शुगर मिल की स्थापना की। आर्यसमाज के नीति, सिद्धान्त और व्यवहार जीवन में घुले-मिले थे। उनकी पत्नी श्रीमती लक्ष्मीजी एक सुशिक्षित स्त्री थीं। अमीर परिवार की होने के कारण उनका विशेष रूआब था। उनके चार पुत्र और दो पुत्रियाँ हुईं। शान्तिस्वरूप जी जलोटा की ट्रांसपोर्ट कम्पनी थी। 1942 में भारत छोड़ो आन्दोलन में उन्होंने कॉलेज छोड़ दिया था। उनके पिताजी ने उन्हें इंजीनियर बनने के लिए लन्दन भेजा। घर में पढ़ाई का महत्त्व था। बेटी-बहुओं को आदर मिलता था।

श्री शान्ति स्वरूप जी की धर्मपत्नी की गोद 18 नवम्बर 1928 को एक सुन्दर बालक से भर गई। घर-परिवार में हर्षोउल्लास का वातावरण छा गया। अपनी आयु के सात वर्षों तक उस बालक को दादा-दादी, बुआ, माता-पिता और सेवक-सेविकाओं के प्यार-दुलार पर एकछत्र राज मिला। बच्चे के बिगड़ने की पूरी सम्भावना थी। पर ऐसा हुआ नहीं। उस बालक के अस्सीवें जन्मदिन पर हम आठ दशक के उदाहरणीय और अनुकरणीय जीवन की ही समीक्षा करने उपस्थित हुए।

जलोटा परिवार का रहन-सहन अंग्रेजियत में सना था। अपने प्रथम सुपुत्र पर स्व. शान्ति स्वरूप जलोटा को गर्व था। गौड़ वर्ण, सुदर्शन व्यक्तित्व के धनी नौजवान अश्विनी कुमार पढ़ने-लिखने में भी तेज थे। स्वभाव से सुशील, आज्ञाकारी पुत्र को इंजीनियर बनाने के बाद एक सुन्दर कन्या से अपने घर में रौशनी लाने, वंश

को आगे बढ़ाने की तमन्ना हर माँ-बाप की तरह, जलोटा दम्पती की भी थी। पर अश्विनी कुमार से विधि को कुछ और काम लेना था। प्रख्यात बनारस हिन्दू विश्वविद्यालय में केमिकल इंजीनियरिंग के छात्र राष्ट्रीय स्वयं सेवक संघ के सम्पर्क में आए। संघ द्वारा आयोजित शाखाओं में जाना और बात थी। आजीवन संघ का प्रचारक बनने का अर्थ गहरा था। व्यक्तिगत जीवन से जुड़ा था। प्रचारक वही बनता था जो अपना सम्पूर्ण जीवन भारत माँ की सेवा में न्योछावर कर संघ के विस्तार का कार्य करे। और इस जीवन की गहराई में डूबकर स्व. जलोटा काँप उठे। उन्होंने अपने योग्य पुत्र के लिए अनेक सपने सँजोए थे। पुत्र का गृहस्थ जीवन सुखमय बनाने के सपने। वंश वृद्धि से अपना नाम अमर करने के सपने। और वे सपने चकनाचुर हुए। वे उद्वेलित हो गए। नाराज भी। पुत्र को मनाने की कोशिश बेकार हुई और दोनों के अटूट रिश्ते के बीच एक गाँठ पड़ गई। जिसकी चुभन ताउम्र पुत्र को समय कुसमय व्यथित करता रहा। उनके अन्दर उस दर्द को उनकी दोनों बहनों रोमा दी और कुसुम जी के साथ मैंने भी महसूस किए। डॉ. रोमा उप्पल अपने पिता और भाई के बीच के सम्बन्ध को स्मरण कर विफर पड़तीं। आँखों से धारें फूट पड़तीं। उनके भापा जी अब्बल हैं। भापा जी के लिए अगाध प्रेम है दोनों बहनों के दिल में। पर पिताजी से उनकी अनबन उन्हें आज भी सालती है। छोटे भाई का भातृप्रेम देखने वालों को भी प्रेममय कर देता था।

अश्विनी जी के गम्भीर स्वभाव से सभी परिचित थे। वे बाहर से देखने में सख्त लगते थे। उन्हें किसी ने कभी गाते गुनगुनाते नहीं सुना। पर नियमित पूजा के स्थान पर भगवान के साथ माता-पिता के चित्र भी रखते रहे। निश्चय ही पिता की अवज्ञा करने के लिए वे प्रतिदिन उनसे क्षमा याचना करते होंगे। बोलकर नहीं। अपनी मौन मुखरता में ही।

वे 1966 को पहली बार मेरे घर मुजफ्फरपुर में आए थे। बिहार जनसंघ पार्टी के संगठन मंत्री के रूप में उनका प्रवास चलता रहता था। उनके परोक्ष में उनका परिचय कराते हुए मेरे पति डा. रामकृपाल सिंह ने कहा था—"बड़े घर के हैं। इनके पिताजी के डाइनिंग टेबल पर भिन्न-भिन्न प्रकार के व्यंजन परोसे जाते थे। पगड़ीधारी परोसने वाले होते थे। इनका पालन-पोषण एक रईस शहाबजादे की तरह हुई।"

मैंने स्वर दबाकर कहा था—"ऐसे तो नहीं लगते। हाँ! अपने हमसफर श्री कैलाशपति मिश्र की तुलना में इनके कपड़े विशेष लगते हैं। पर यह भी सादा जीवन ही जीते हैं।"

"हाँ! हाँ! संघ के प्रचारक हैं तो सादा जीवन ही जिएँगे। कहाँ चार-पाँच सेवक रसोइए, धोबी होते थे इनकी सेवा में। पर संघ प्रचारक बनकर पूर्वी उत्तर

प्रदेश के जिलों में साइकिल पर ही गाँव-गाँव घूमते रहे। स्वयं स्टोव पर चावल दाल-आलू का चोखा बनाकर खाते रहे। कैसा उतराव है जीवन में। इतने बड़े अन्तराल को जीना कोई साधारण बात नहीं है।''

फिर तो अश्विनी जी को देखने की मेरी भी नजरिया बदल गई। ये हमसे भी बात करते थे, पर मुझे ऐसा लगा कि मात्र उम्र में ही नहीं, सामाजिक स्थिति में भी हमारे बीच बड़ा अन्तराल था। इसलिए इनसे बात करते हुए थोड़ा सा भय भी रहता था। एकबार की बात है। ये मेरे घर आए। दो तीन दिन ठहरे। इनके आने पर लोगों का आना-जाना लगा रहता। तबतक सुबह की चाय (मॉर्निंग टी) के हम अभ्यासी नहीं हुए थे। इनके लिए चाय ही बनाती। नास्ते के बाद भी इन्हें चाय चाहिए थी। शाम को भी। शाम को चाय लेकर मैं इनके पास बैठी थी। ये हमारे घर के इकलौते टी-सेट के कप को हाथ में उठा चारों ओर से निहारते रहे। मैं सहम गई। वे बोले— ''मृदुला जी! यह कप आज चौथी बार हमारे सामने आ गया।''

मैंने उनका आशय नहीं समझा। वे बोले— ''एक ही प्याले में सुबह से लेकर शाम तक की चाय। यानि ये प्याले महाशय सुबह से चार बार आए हमारे सामने।''

कथन के आशय के साथ उनके अन्दर छुपी रईसी भी प्रगट हो गई। पर मैं तो अपने घर उन सफेद कप प्लेट को लाकर बड़ी गौरवान्वित हुई थी। एक कीचन में चार-पाँच चाय के सेट भी होते होंगे, सुबह, दोपहर, शाम और रात्रि को चाय-कॉफी भरकर अलग-अलग टी सेट सामने आते होंगे। तब मेरी जानकारी में यह बात आई भी नहीं थी। तब से मैं सतर्क हो गई। बड़ी मुश्किल से अपने तंग बजट में कटौती कर एक साधारण चाय सेट और खरीद लिया। ताकि अगली बार जब अश्विनी जी घर आएँ तो प्याले अपने रूप बदलकर उनके सामने प्रस्तुत होंगे।

इनके घर आने पर हमारे घर के सेवक भी विशेष सतर्क हो जाते। ये आग्रही नहीं थे। पर सबलोग इनकी जरूरतें पूरी करने की कोशिश करते। बच्चे डरते भी थे। 1966 से ही बिहार के कोने-कोने में प्रवास करते। किसी को डाँटते भी नहीं थे। पर लोग भय खाते थे। ऊपर से सख्त भीतर से तरल व्यक्तित्व। हर कार्यकर्ता की व्यक्तिगत और पारिवारिक कठिनाइयों को भी सुनते। समाधान के सुझाव देते। मानवीय व्यवहार सिखाते। ये अकसर कहते— ''पान खाने के लिए किसने मना किया। खूब खाओ पान। पर बात करते समय, भाषण देते समय मुँह खाली रखो। अपना कपड़ा भी खराब करते हो, बात भी समझ में नहीं आती और दूसरों के कपड़े भी खराब होते हैं।''

श्री नाना जी, कुशा भाई ठाकरे जैसी इनकी भी संगठन शैली रही। इसलिए जिस कार्यकर्ता के घर में दो चार दिन ठहर जाएँ, ये घरवाले और घरवाले बाहर वाले

हो जाते रहे हैं। इसलिए बिहार और झारखंड के हर शहर में इनके दो-चार घर हो गए। वे कार्यकर्ता ही नहीं उनके घर वाले भी अपने को अश्विनी जी के विशेष अन्तरंग मानने लगे।

बिहार में श्री कैलाशपति मिश्र और अश्विनी कुमार की जोड़ी को मैं राम लक्ष्मण की जोड़ी कहती थी। स्वभावगुण भी दोनों के राम-लक्ष्मण जैसे ही। अश्विनी जी को तुरन्त गुस्सा आता था। दूसरे पल शान्त हो जाते थे। इनकी तत्परता और मेहनत से भारतीय जनसंघ पार्टी का फैलाव बढ़ा। डॉक्टर, इंजीनियर, शिक्षक, प्राध्यापक वर्ग से भी लोग दल की सदस्यता ग्रहण करने लगे। अन्य दलों से भी अच्छा सम्बन्ध बना। तभी 1967 में पहली संविद की सरकार बिहार में बनी जिसमें कम्युनिष्ट पार्टी भी शामिल हुई। एक संयुक्त कार्यक्रम बना। भारतीय जनसंघ पार्टी और साम्यवादी पार्टी को एक मंच पर बैठाना इनकी सूझ-बूझ, तालमेल बैठाने की कला और घोर विरोधियों में भी विश्वास जमाने का फल था। बिहार के कार्यकर्ताओं का ढीलाढालापन इनके अन्दर क्रोध भड़का देता। ये बड़े जोर से बोलते, पर दूसरे ही पल डंडे हो जाते। स्वयं व्यवस्थित जीवन था। दूसरों से भी जीवन में व्यवस्था और कुशलता की अपेक्षा रखते। संगठन के साथ जीवन को व्यवस्थित ढंग से जीने की कला भी कोई इनसे सीखे। जीवन की सादगी में रईसी तो घुली ही थी।

पार्टी के लिए धन-संग्रह करने की इनकी विशेष जिम्मेदारी होती थी। वहाँ भी व्यवस्थित प्रयास करते थे। पैसों वालों से भी अच्छे सम्बन्ध। पार्टी के उद्‌देश्य की स्पष्ट दृष्टि।

1968 में मेरे देवर की शादी में ये बरात गए थे। इन्होंने मेरे पति से पूछा— "पार्टी इस बार आपको विधान परिषद् चुनाव के लिए उम्मीदवार बनाना चाहती है। आपकी स्वीकृति चाहिए।"

मेरे पति ने कहा— "मुझे सोचने के लिए दो-चार दिन का समय चाहिए।" दो-चार दिनों में विश्वविद्यालय की नौकरी बरकरार रहने के नियम के आश्वासन के बाद ही इन्होंने हामी भरी। 1971 में कर्पूरी ठाकुर के मन्त्रालय में मेरे पति भी मन्त्री बने। उन्हें अश्विनी जी ने दिल्ली बुलाया। किसी से मिलाया। ये पटना लौटने वाले थे। व्यवहार कुशल अश्विनी जी ने पूछा— "दिल्ली आकर बहन जी के लिए साड़ी नहीं खरीदेंगे?"

इन्होंने सोचा भी नहीं था। इस प्रसंग ने मेरे मन में उनके लिए श्रद्धा की एक और लड़ी जोड़ दी। कार्यकर्ता को जोडने के लिए उसके घरेलू सुख-दु:ख को भी ध्यान में रखना पड़ता है। इनका निरन्तर पठन-पाठन और चिन्तन का कार्य चलता रहा है। इसलिए अपने दल के समुचित विकास की भी दिशा दिखाते रहे हैं।

1977 में हम सपरिवार दिल्ली आ गए। मेरे पति केन्द्र में मन्त्री हुए। उन दिनों मन्त्रियों को कोठी, कार, कर्मचारी और चपरासी तो मिल जाते थे। तनख्वाह बहुत कम। लोगों का आना-जाना बढ़ जाता था। घर का खर्च चलाएँ तो कैसे? कहें तो किसे? कौन विश्वास करता? कौन सुझाव देता?

अश्विनी जी दिल्ली आने पर हमारी कोठी पर भी आते। मैं उन्हें अकेले पाकर अपनी घरेलू समस्याएँ भी पसार देती। वे आर्थिक समस्याओं से निबटने का सुझाव अवश्य देते। एक दिन मैंने कहा— "मुजफ्फरपुर में मैंने जीवन बीमा की एजेंसी ली थी। थोड़ी-बहुत आमदनी हो जाती थी। अब यहाँ आकर कोठी में बैठी रहती हूँ। एजेंसी चलाने के लिए ये मना करते हैं। इनका कहना है कि मन्त्री के बँगले से यह काम नहीं होना चाहिए। मैं कहती हूँ कि मात्र मन्त्री की तनख्वाह से घर का खर्च नहीं चलने वाला। मैं क्या करूँ?"

उन्होंने कहा— "वे ठीक कहते हैं। आप यहाँ से अपनी एंजेंसी मत चलाइए। मेरे एक परिचित हैं। उन्हें कहता हूँ मात्र उतनी संख्या में छोटी-छोटी बीमा ही करवा दें, जिससे आपकी एजेंसी बची रहे। आप बाद में चाहें तो बढ़ा लें।" ऐसा ही हुआ। एजेन्सी से पैसा तो बहुत कम मिला, पर एजेंसी बचने की ही प्रसन्नता क्या कम थी!

1980 में राज्यसभा से मेरे पति के रिटायर होने के बाद अश्विनी जी को राज्यसभा में चुनकर भेजा गया। मेरे पति को बिहार लौटकर अपना अध्यापन का कार्य भार ग्रहण करना ही था। बच्चे दिल्ली में पढ़ रहे थे। मैं दुविधा में थी। इन्होंने पटना में ही अपनी समस्या अश्विनी जी के सामने रखी। उन्होंने तपाक से कहा— "ठीक तो है। एम.पी के नाते मुझे मिलने वाले फ्लैट में वे बच्चों के साथ रह सकती हैं। मेरा तो दिल्ली आना-जाना ही कम होगा।"

ऐसा ही हुआ। विट्ठल भाई पटेल हाउस में तीन स्वतन्त्र शूट थे। एक में मैं रह गई। दूसरा अश्विनी जी के लिए था। तीसरे में मेहमानों की भीड़ रहती। वहाँ बिहार के नेताओं व कार्यकर्ताओं का जमघट लगा रहता। उनके भोजन, चाय-नाश्ता की व्यवस्था मुझे करनी पड़ती थी। मेरे ऊपर महिला मोर्चा की जिम्मेदारी भी आ गई थी। बाहर भीतर निभाना कठिन था। असम्भव नहीं। अश्विनी जी कुशल मेहमानदारी का सारा श्रेय मुझे दे जाते। लोगों के बीच मेरा परिचय 'अपने अभिभावक' के नाते करवाते। सच तो यह था कि उनके साथ रहकर मैंने और मेरे बच्चों ने बहुत कुछ सीखा। उनके अन्दर सदगुणों के बीजारोपण हुए। उन बीजों का ही प्रस्फुटन उनका व्यक्तित्व है। आज बच्चों के व्यवहार यदि मुझे सुखद अनुभूति देते हैं तो उसका श्रेय अश्विनी जी को भी जाता है।

अतीव संवेदनशील थे अश्विनी जी। किसी को दु:खी देखकर उनकी भी

आँखें भरतीं। उसके प्रति कर्तव्य बोध की उष्णता में आँसू सूखता। न जाने कितने परिवारों को इन्होंने ढाँढ़स और आर्थिक मदद दी। वे सब परिवार उनके अपने हैं। बड़े उद्योगपतियों, बुद्धिजीवियों से लेकर आदिवासी क्षेत्र के कार्यकर्ता इनके अपने रहे। आत्मीय।

कभी-कभी अपने प्रति हुई उपेक्षा के आँसू वे पी जाते। अपना दुःख नहीं बाँटते। खुलकर अपनी बातें दूसरों से नहीं कहते। सम्भवतः इसलिए अकसर वे गहरे अवसाद से ग्रसित हो जाते। उन्हें अच्छी तरह जानने वालों की संख्या कम नहीं थी। सब जानते-समझते थे। अपना ईलाज तो स्वयं उन्हें ही करना पड़ता।

प्रचारक रहकर भी वे कई परिवारों से घनिष्ठ रहे। इसलिए व्यवहार कुशल और सामाजिक थे। वे स्वाध्याय प्रेमी थे। स्वाध्याय और सहचर्य के आधार पर ही भारत की समस्याओं को समझने और उसके राजनैतिक हल निकालने के सूत्र ढूँढ़ते रहते। मेरे बच्चों का यह सौभाग्य था कि उन्हें अपने अश्विनी चाचा जी से बहुत कुछ सीखने का अवसर मिला। चलते-फिरते प्रशिक्षणशाला ही थे अश्विनी कुमार जी।

उन्होंने अपना घर नहीं बसाया तो क्या, न जाने कितने घर थे उनके। इन्होंने 'चरैवेति' का अनुसरण किया।

संगठन और सत्ता के शिल्पी

वह कालखंड ऐसा था जब राष्ट्रीय स्वयं सेवक संघ को विभिन्न स्थानों पर खड़ा करने के लिए प्रचारक खोजने में विशेष मस्सकत नहीं करनी पड़ती थी। कठिनतम कार्य तो था ही। किसी नौजवान को आजीवन कुँआरे रखकर, देश सेवा के लिए प्रेरित कर उसे प्रचारक बनाना मुश्किल ही पड़ता होगा। वीर कुँअर सिंह के जिला के ही रहने वाले थे नौजवान कैलाशपति मिश्र। दुधारचक गाँव (बक्सर जिला) के मध्यमवर्गीय किसान श्री हजारी मिश्र की चौथी सन्तान को कोई आजीवन कुँआरा रहने के लिए कह रहा है, वह अपने लिए जीविकोपार्जन भी नहीं करेगा, आश्चर्य और दुःख से भरने वाली सूचना ही रही होगी।

नौजवान कैलाश जी प्रचारक बन गए। माँ को किसी दूसरे व्यक्ति ने ही सूचना दी—''अब आपका बेटा जीवन भर कुँआरा रहेगा।'' बिसूर पड़ी थी माँ। बेटे के पीछे पड़ गई। विवाह करने की रट लगा लीं। इधर धुन के पक्के पर मातृभक्त पुत्र माँ को तो दो टूक जवाब भी नहीं दे पाते। माँ के पास रहने का अवसर भी कहाँ मिला। चरैवेति का संकल्प ले लिया था। अपनी माँ से बड़ी, भारत माँ की सेवा में तन-मन से जुड़ गए। गुनगुनाने लगे—''तन समर्पित, मन समर्पित, और यह जीवन समर्पित, चाहता हूँ भारत माँ तुझे, कुछ और दूँ मैं।''

तन-मन-जीवन के साथ कुछ और देने की चाहत ही नौजवान कैलाशपति मिश्र को—'घुमूँ अब घर-घर घट-घाट, दूँ सुगत गिरा को दिव्य दाय' की स्थिति में रखा। रुपये पैसे से जेब खाली, दिल राष्ट्रप्रेम से लबालब भरा। 1958 में भारतीय जनसंघ पार्टी में संगठन मन्त्री बनाकर पदस्थापित हुए। घरों में जाने पर प्रारम्भ में विशेष स्वागत नहीं होता था। जिस घर में जाते उसके कमाऊ पुत्तर के काम का समय अपने लिए घट जाता था। दल के लिए कार्यकर्ता बनाना कोई आसान काम नहीं होता था। कोई मिल भी गया तो कोरा कागज। अनगढ़ मन। भारतीय जनसंघ के नीति सिद्धान्त के अनुसार उसे गढ़ना, स्नेह जल से सिंचित करके ही सम्भव होता था।

सबसे अधिक परेशानी तो उन्हीं कार्यकर्ताओं में से किसी को किसी विधानसभा से प्रत्याशी बनाने की होती थी। अधिकांश कार्यकर्ता चुनाव लड़ने के लिए तैयार

नहीं होते थे। तैयार हो भी गए तो चुनाव लड़ने के लिए धन चाहिए। हारते थे कार्यकर्ता। हारे हुए कार्यकर्ता को ही नहीं, उनके घरवालों को भी समझाना। आसान काम था क्या? कहाँ तो एक परिवार और तीन-चार बच्चों की देख-रेख में परेशान रहते हैं लोग। श्री कैलाशपति मिश्र के घनेरों परिवार और समस्याओं को भी निपटाना पड़ता था। अन्तरंग बनके सबकी सुनते। सबके अपने बन जाते। 1962 का चुनाव आया। पहली बार बिहार विधानसभा में तीन दीपक (पार्टी का चुनाव चिह्न) जले। 1967 के चुनाव में तो सीधा 26 सदस्य चुनकर आ गए। मानना होगा श्री कैलाश मिश्र की संगठन शक्ति का लोहा। 1965 में उनके साथ उत्तर प्रदेश से एक प्रचारक अश्विनी कुमार जी भी मिल गए थे। प्रकृति के अनुसार दोनों एक-दूसरे के पूरक तो थे ही, स्वभाव से राम-लक्ष्मण की जोड़ी भी लगते थे। एक गाँव तो दूसरे शहरी जीवन के मर्म को समझने वाले। एक शान्त दूसरे तुनुकमीजाजी। गजब का सामंजस्य और पूरकता थी दोनों में।

बिहार में पहली बार कांग्रेस पार्टी की नहीं, संविद की सरकार बनी। श्री महामाया बाबू मुख्यमन्त्री बने। भारतीय जनसंघ पार्टी और कम्युनिष्ट पार्टी, एक-दूसरे के घोर विरोधी थे। 36 का आँकड़ा। कैलाश जी और अश्विनी कुमार की राजनैतिक सूझ-बूझ ने सरकार के लिए न्यूनतम साझा कार्यक्रम बनाकर जनसंघ पार्टी और कम्युनिष्ट पार्टी के साथ सरकार बनवाई। एक नया प्रयोग। संगठन के शिल्पीकार को सत्ता की नाजुकताएँ भी समझनी पड़ी। सफल रहे कैलाश जी।

1971 में मात्र छः महीने के लिए कर्पूरी ठाकुर जी की सरकार बनी। सन 1972 से 74 तक पार्टी के लिए बड़ा कठिन समय था। कैलाश जी घूमते ही रहते थे। 1974 में छात्र आन्दोलन के प्रदर्शन पर लाठी चार्ज हुआ। जयप्रकाश जी पर भी लाठी चली। नाना जी देशमुख ने रोक लिया। 1975 में आपातकाल लागू होने पर दल की योजना के अनुसार कैलाश जी भी भूमिगत हो गए। हमेशा से धोती, कुर्ता और बंडी पहनने वाले कैलाशपति मिश्र ने अपना हुलिया बदल लिया। पैंट-कमीज पहनने लगे। मूँछे बढ़ा ली। कभी-कभी हैट भी पहनते। आपातकाल में भी चैन नहीं। जेल चले जाने वालों को ज्यादा आराम था। कैलाश जी बिहार भर में घूमते हुए जो कार्यकर्ता और कार्यकर्मियाँ जेल में थीं उनके परिवार वालों को सान्त्वना और सहयोग देते-दिलाते रहे।

1971 में ये पटना से लोकसभा का चुनाव लड़े। 1977 में वे विक्रम विधानसभा से चुनाव में विजयी होकर कर्पूरी ठाकुर के मन्त्रिमंडल में वित्त मन्त्री बन गए। 1977 में केन्द्र में भी जनता पार्टी की सरकार बनी। चुनाव में 54 लोकसभा सदस्य चुनकर आए थे। भारतीय जनसंघ पार्टी के भी कई मन्त्री बने। कैलाश जी

और अश्विनी जी अकसर दिल्ली आते। संगठन चलाने वाले हाथों में सत्ता की डोर आ गई थी। अब तो सँभालनी ही थी। जनता पार्टी की सरकार भी गई और पार्टी भी टूट गई। 1980 में भरतीय जनता पार्टी का गठन हुआ। कार्यकर्ता खुश थे।

कैलाशपति मिश्र के हाथ में फिर संगठन की बागडोर आ गई। उन्होंने संगठन को खड़ा करने में सारी शक्ति झोंक दी। 1980 से 1996 का समय पार्टी के उतार-चढ़ाव का था। कैलाशपति मिश्र की उम्र बढ़ रही थी, शक्ति नहीं घट रही थी। उन्हें राज्यसभा का सदस्य बनाया गया। दिनरात बिहार में भा.ज.पा को बढ़ाने की चिन्ता। 1996 में पुन: 1998 में केन्द्र में अटल बिहारी वाजपेयी को प्रधानमन्त्री और अनेकों को मन्त्री बनाने वाले कैलाश जी को राज्यपाल बनाया गया। सड़कों पर चलने वाले नेता राजभवन में कैद हुए। उन्हें अपनी परिपक्वता और कौशल दिखाने का एक नया अवसर मिला। सफल रहे कैलाश जी। राजनीति का लक्ष्य सत्ता प्राप्त करना है। बिना लोक संग्रह के यह सम्भव नहीं। सत्ता में रहकर भी 'लोक' का सम्मान करना जानते थे कैलाशपति मिश्र।

कैलाशपति मिश्र 1964 से ही मेरे आवास (मुजफ्फरपुर, बिहार) पर आया-जाया करते थे। उन दिनों मेरे पति डॉ. रामकृपाल सिन्हा भारतीय जनसंघ पार्टी के जिला अध्यक्ष बने थे। राजनीति में मेरी कोई रुचि नहीं थी। आने वाले नेताओं के लिए भोजन की व्यवस्था करते-करते दो-चार बातें भी उनसे हो जाती।

उन्होंने मेरे घर पर बात की पर कोई राजनीति नहीं। मेरी पढ़ाई-लिखाई, बाल-बच्चे और मेरा विद्यालय। फिर तो उनके आने का मुझे इन्तजार रहने लगा।

1968 में मेरे पति एम.एल.सी हो गए थे, और वे पटना के आर ब्लॉक के आठ नं. रोड, 18 नं. क्वाटर में रहते थे। मैं भी यदा-कदा वहाँ जाया करती। दशहरे की छुट्‌टी में मैं वहीं थी। कैलाशपति मिश्र के साथ दो-तीन नेताओं का भोजन था। मैंने निरामिष भोजन बनवाया था। टेबल पर भोजन की थाली परोसे देख वे कहने लगे— "इस घर में सब घासफूस ही खाते हैं क्या?"

फिर क्या था। दूसरे ही दिन उन्हें निमन्त्रित किया। मछली बनवाई। बड़े प्रेम से खा रहे थे कैलाशजी। अघा तो मैं गई थी। वे जब भी घर आते मछली अवश्य बनाती। उनका जन्म भोजपुर इलाके में हुआ था, पर मिथिला की पहचान पान और मछली उन्हें विशेष पसन्द थी। वे मुझसे भोजन करते हुए घर-गृहस्थी और लोक-संस्कृति की ही चर्चा करते। 1974 में जयप्रकाश नारायण जी के छात्र आन्दोलन प्रारम्भ हुआ। जाने-अनजाने मैं भी उसमें कूद पड़ी। छात्रों पर गोली चली। लाठी चार्ज होता। महिलाओं और बच्चों को लेकर मैं भी धरने पर बैठती। कैलाश जी को जब सूचना मिली, वे बोले—"आप भी? (यू ब्रुश टू ऽऽ)" फिर तो वे मुझसे भी

थोड़ी-थोड़ी राजनीति बतिआने लगे।

मेरे पति के एम.एल.सी होने पर किसी कार्यकर्ता ने यह खोज निकाला कि रामकृपाल सिन्हा, कैलाशपति मिश्र के बहनोई हैं, इसलिए इन्हें टिकट मिली। कैलाश जी सुनकर बड़े मुस्कराए। फिर क्या था। रक्षाबन्धन की तिथि नजदीक आ रही थी। मैंने कहा—"मैं भी आपको राखी बाँधूँगी।"

"क्यों?" उन्होंने पूछा।

"पार्टी के किसी व्यक्ति ने हमारा रिश्ता तय किया है। भाई-बहन का रिश्ता।"

वे अपने अन्दाज में ठहाका लगाकर हँसे। राखी नहीं बँधवाई। अकसर प्रचारक लोग घरेलू रीति-रिवाज और हँसी-मजाक से परे रहते हैं। कैलाशपति मिश्र अपनी माँ के लाड़ले थे ही, चार भाभियों के भी प्यारे। बचपन में भाभियों के द्वारा रसभरी बातें, मजाक और छोटे देवर से छेड़छाड़ वे कभी नहीं भूल पाए। यदाकदा हमें सुनाते। ग्रामीण जीवन के अनेक प्रसंगों में हमें डूबो जाते। घंटों बाते होतीं।

आपादमस्तक राष्ट्रप्रेम में पगे कैलाश जी के हृदय में वंचित व पीड़ितों के लिए अत्यधिक चिन्ता थी। गाड़ी का चालक हो या दफ्तर में चपरासी। घर का सेवक हो या कोई निर्धन कार्यकर्ता। वे उनसे अन्तरंगता से बातें करते। 1970 की बात होगी। मैंने उनके लिए बड़े मनोयोग से एक पूरी बाजू का स्वेटर तैयार किया था। पटना लेकर मेरे पति को जाना था। इन्होंने कहा—"मैं इसे पहनकर ही ले जाता हूँ।"

मैं गुस्सा हो गई। मैंने कहा—"यह कैलाश जी के लिए ही बुना गया है।" सच बहुत सुन्दर बना था। मार्च महीने में वे मुजफ्फरपुर आए। मैंने पूछा—"स्वेटर कहाँ है?"

वे हँसने लगे। बोले—"मैं जानता था कि आप जरूर पूछेंगी। दरअसल, बात ऐसी है कि मैं खूँटी (श्री करिया मुंडा का चुनाव क्षेत्र) चुनाव में था। जीप में ड्राइवर और मैं आगे बैठते थे। मेरे पास एक पुरानी गर्म चादर भी थी। ड्राइवर को ठंड लगती थी। मैंने उसे दे दिया।"

थोड़ी देर के लिए निस्तब्धता पसर गई हमदोनों के बीच। मानो उनकी संवेदनयुक्त मानवीयता को मैं आत्मसात कर रही होऊँ। मेरी तरह हर शहर में अनेक महिलाएँ और बच्चे, जिनके पति और पिता भारतीय जनसंघ पार्टी के काम से भटकते फिरते, कैलाशपति मिश्र को ही दोषी मानते थे। ऐसे घरों में जाने पर उन्हें ढेर सारी शिकायतें सुननी पड़ती। वे सुनते और पारिवारिक समस्याओं के निदान भी ढूँढ़ते। अनेकानेक जरूरतमन्द कार्यकर्ताओं की जरूरतें पूरी करने की कोशिश करते। उनके अन्तरंग कार्यकर्ता उनके मुँह पर ही उनसे अपना गिला-शिकवा सुनाते। उस

वक्त वे साक्षात शिव के अंश लगते थे। उन्हें लोग हमेशा गुनगुनाते सुनते थे। वे संघ गीत गुनगुनाते भाव-विभोर ही रहते। समाज सेवा के लिए उनका संकल्प पुख्ता होता जाता।

1971 का प्रसंग है। वे श्री अटल बिहारी वाजपेयी के साथ दौरे पर निकले थे। मेरे घर पर दोनों ठहरे। वे अपना सामान छोड़कर मोतिहारी चले गए। एक फटी अटैची में फटे-पुराने कपड़े थे। मेरे पति ने कहा—"ये कैलाश जी की अटैची है।" मैं बाजार गई। उनके लिए दो धोतियाँ, बनियान और कुर्ते खरीदकर ले आई। अपने पति की नई अटैची में रख दिया। रात्रि को सूचना मिली कि दोनों नेता मोतिहारी में गिरफ्तार हो गए। दूसरे दिन सुबह एक कार्यकर्ता आकर दोनों का सामान ले गए। उसी कार्यकर्ता ने मुझे लौटकर सुनाया। कैलाश जी सामान देखकर बड़े नाराज हुए। पूछने लगे—"मेरी अटैची कहाँ है?" मुझे तो मालूम नहीं था। बाद में उन्होनें नई अटैची खोली। नये कपड़े थे। पर उनके नीचे अपने फटे-पुराने कपड़े देखकर बोले— "मृदुलाजी की करामात है।"

उन्हें इसका अभ्यास था। कपड़े फटने पर कार्यकर्तागण ही बिना पूछे बनवाते थे। वे समाज के लिए, तो समाज उनके लिए था। हमलोग दिल्ली आ गए थे। 1977 में मेरे पति केन्द्र में मन्त्री बने। कैलाश जी बिहार में वित्त मन्त्री थे। वे अकसर दिल्ली आते। बिहार भवन में ठहरते। उनका भोजन मेरे घर पर ही होता। कभी-कभी बिहार के मुख्यमन्त्री कर्पूरी ठाकुर के साथ आ जाते। कर्पूरी ठाकुर जी ने तो मेरे घर में एक-दो बार भोजन ग्रहण करने के उपरान्त डाइनिंग टेबल पर ही कहा— "इस घर में नेचरोपैथी का सेवन कौन करता है?"

कैलाश जी खुलकर हँसे। दूसरे दिन मैंने दोनों के लिए मछली बनाई। उन दिनों मेरी कहानियाँ पत्र-पत्रिकाओं में छपने लगी थी। कैलाश जी सब पढ़ते। एक बार ट्रेन में बैठे मेरी कहानी पढ़ रहे थे। अचानक हँस उठे। मैंने कहा— "क्या हुआ?"

बोले—"मिल गए रामकृपाल बाबू।" उनकी मान्यता थी कि मेरी कहानियों के पुरुष पात्रों में मेरे पति की छवि होती है। एकबार उन्होंने कहा—"मैं जब सीखने लगूँगा तो कलम रुकेगी नहीं।"

कवि हृदय तो वे थे ही। कार्यकर्ताओं का निर्माण और देश के निर्माण के सपने, वे कवि हृदय (संवेदनशील) से ही देखते थे। लेकिन नव्वे के दशक में राष्ट्रगीत गुनगुनाते-गुनगुनाते उनके कंठ से कविता फूट कर लेखनी द्वारा पन्नों पर उतरने लगी, तो लेखनी रुकने का नाम न ले—"वियोगी होगा पहला कवि, आह से उपजा होगा गान, निकलकर आँखों से चुपचाप, बही होगी कविता अनजान।"

वे मात्र भा.ज.पा के नेता नहीं थे। संगठनशिल्पी कैलाश जी किसी व्यक्ति को नहीं, पूरे परिवार को संगठन से जोड़ते थे। प्रमुख परिवारों के बच्चों के नाम भी उन्हें कंठाग्र रहते। उनके साथ घुल-मिलकर बातें करते। तभी तो पचास वर्षों में 'जनसंघी परिवारों' की तीन पीढ़ियाँ भा.ज.पा में है। कैलाश जी से जुड़े।

नेता तो नेता होता है, समाज को आगे ले जाने वाला। उन्होंने राजनैतिक जीवन में शुचिता, सहजता और संयम का आदर्श प्रस्तुत किया। उनका जीवन ही एक पुस्तक था। कविता थी। रचना थी। सागर था। जो जितना बड़ा पात्र लेकर आए जीवनी शक्ति भर ले जाए। बिहार की बलिदानी भूमि को भी पुनः वैसा देशभक्त पुत्र पैदा करने में समय लगेगा। फिर जन्म लेंगे कैलाश जी। क्योंकि उन्हें यह भूमि प्यारी थी।

कमला आडवाणी : एक पहचान

स्वर्गीय कमला आडवाणी के जीवन को एक कुशल गृहिणी और सजग नागरिक के रूप में देखा जा सकता है। वे श्री लालकृष्ण आडवाणी जी की धर्मपत्नी, प्रतिभा और जयन्त की माँ, गीतिका की सास और नव्या की दादी के रूप में जानी जाती थीं। लेकिन उनका संसार इतना ही बड़ा नहीं था और इतने छोटे परिवार से उनका सम्बन्ध नहीं था। यह सत्य है कि अपने घर-गृहस्थी के संचालन में उनका कुशल नेतृत्व प्रगट होता था। घर के कोने-कोने में रखी मूर्तियाँ और साज-सज्जा के सामान भी बिना उनकी आज्ञा के नहीं हिलते-डूलते थे। ऐसा उनके साथ बैठनेवाले लोगों की अनुभूति होती थी। घर छोटा (पंडारा रोड, दिल्ली) हो या बड़ा (पृथ्वीराज रोड) उनके लिए उनका घर एक संसार था। जिनमें आने वाले बड़े-बड़े अतिथि, राजनीतिज्ञ, साहित्यकार और पार्टी कार्यकर्ता। अधिकांश लोग उनके पति श्री लालकृष्ण आडवाणी जी से मिलने आते थे। लेकिन शायद ही कोई ऐसा हो जो कमला जी के बारे में न पूछता हो। उनसे मिलने की इच्छा न जाहिर करता हो। अकसर वे आडवाणी जी के साथ ही बैठी मिलती थीं। कुछ खाने के लिए आगन्तुकों से आग्रह करती थीं। ना कहने पर भी कहाँ छोड़ने वाली थी। कड़क आवाज में बोलती थीं— "क्यों नहीं खाना। खाओ। चखो तो।" सामने बैठने वाले को उस कड़क आवाज के भीतर छुपे ममता की मीठी धारा छू जाती थी। नारियल फल के समान थीं। ऊपर से थोड़ा रूखड़ा दिखकर भी अन्दर-ही-अन्दर रसवन्ती। अपने पति की चिन्ता करते हुए देखकर वहाँ बैठी महिला कुछ-न-कुछ सीखकर ही जाती थीं। अकसर आडवाणी जी से बात करती वे सिंधी भाषा का प्रयोग करती थीं। हम उनके वार्तालाप का मर्म समझ जाते थे। आडवाणी जी की सुविधा-असुविधा का ध्यान रखती कमला जी उन्हें कुछ भी वैसा नहीं करने देती थीं, जिससे उनके शरीर में थकान बढ़े या मन अस्वस्थ हो। आडवाणी जी सिर नीचा करके हिलाते हुए पत्नी की बात मान लेते थे। एक बार मैंने कमला जी से कहा था— "अब आप हमारे पार्टी के राष्ट्रीय अध्यक्ष पर हुकूम नहीं चला सकतीं।" उन्होंने भी विनोद में ही कहा— "ले जाओ अपने अध्यक्ष को, पार्टी कार्यालय में ही रखो।" कैसे कोई विलग कर

सकता था आडवाणी जी को कमला जी से। अर्द्धनारेश्वर का रूप था।

भारतीय दृष्टिकोण में दाम्पत्य की परिभाषा पर खड़ा उतरता था वह दाम्पत्य। चुनाव के दिनों की भागदौड़ हो या आडवाणी जी द्वारा निकाली कष्टसाध्य यात्राएँ, कमला जी हर वक्त साथ रहती थीं। एक पल श्रम बूँदों से सिंचित उनके लाल चेहरे को देखकर चिन्तित होतीं तो दूसरे ही पल सामने उमड़ी अथाह मानव समुद्र के द्वारा आडवाणी जी को मिले सम्मान को वे स्वयं भी ओढ़ लेतीं। आडवाणी जी को मिले सम्मान की वे सही अधिकारिणी थीं।

अपने पति जनप्रिय लालकृष्ण आडवाणी जी की पार्टी के प्रति निष्ठा, देश के प्रति प्रेम और जनता के प्रति ईमानदार नीयत का उन्हें विश्वास था और अभिमान भी। उनसे मिलने वाले को उनके मुख से अकसर दृढ़ स्वर सुनना पड़ता— ''आडवाणी कोई भी गलत काम नहीं कर सकते।''

सुनने वाले भी गदगद हो जाते। एक सहधर्मिनी का पति के प्रति अटूट विश्वास की छूअन से। दोनों बच्चों को शिक्षा से भी अधिक संस्कार देने में दोनों लगे रहते। प्रतिभा को बचपन से अपने दादा के साथ पढ़ाई करते हुए मैंने देखा था। मैं कहा करती थी— ''दल की बड़ी जिम्मेदारी सँभालते हुए आडवाणी जी ने घर का दायित्व नहीं छोड़ा।''

घर-गृहस्थी तो कमला जी ने ही सँभाली थी। आडवाणी जी उनका सहयोग करने में प्रसन्न होते। प्रतिभा और जयन्त के सुसंस्कृत व्यवहार से उनसे मिलने वाले सभी लोग खुश होते। बोलकर या मन-ही-मन धन्यवाद तो कमला जी को ही जाता था।

उन दिनों भा.ज.पा. के राष्ट्रीय अध्यक्ष आडवाणी जी भी ट्रेन से ही सफर करते थे। एक बार हम दल की राष्ट्रीय कार्यकारिणी की बैठक के लिए दिल्ली से बैंग्लोर जा रहे थे। लम्बी यात्रा थी। दो डिब्बे आरक्षित थे। कमला जी और उनके बच्चे भी साथ थे। प्रत्येक जंक्शन पर पहले से ही आडवाणी जी के भाषण के लिए व्यवस्था की हुई होती थी। आडवाणी जी एक गेट से नीचे उतरते थे। प्लेटफार्म पर जाकर भाषण देते थे। और दूसरे गेट से हमारे लिए ढेर सारी खाद्य सामग्रियाँ अन्दर आ जाती थीं। भाँति-भाँति के भोज्य पदार्थ। मैंने कमला जी से कहा— ''इस यात्रा में हमारे साथ एक ही व्यक्ति हैं जो मजदूरी करते हैं और हमलोग उनकी कमाई खाते हैं।'' कमला जी मेरी बात को कुछ देर से समझीं। फिर अपनी बड़ी-बड़ी आँखें दिखाती हुई बोली— ''अच्छा आडवाणी जी आपके मजदूर हैं?'' आडवाणी जी वहीं बैठे थे। मैंने कहा कि भाषण देकर तो यही आते हैं। उस यात्रा और वैसी कई यात्राओं में काफी मनोविनोद भी होता था। कमला जी को ट्रेन यात्रा में भी आडवाणी

जी की नींद, भोजन और आराम का ख्याल करते हुए देखा था। जब कभी वे स्वयं यात्रा पर नहीं जातीं, सभी सहयोगी कार्यकर्ताओं को हिदायतें देती थीं— ''आडवाणी जी कोई कष्ट नहीं होना चाहिए।''

कार्यकर्तागण उनकी सीख और हिदायतों को पूरा सम्मान करते। प्रतिभा और जयन्त पर उन्हें अटूट विश्वास था। पिता की देख-रेख में उन्हें भेजतीं।

सुखद लगता था। मैं आडवाणी जी के साथ महिला मोर्चा की राष्ट्रीय अध्यक्ष थी। मैं कार्यकर्ताओं को कहा करती थी—''बीजेपी की अध्यक्षता में आडवाणी जी के साथ मेरा 50-50। एकबार हम मथुरा में साथ-साथ भोजन के लिए जमीन पर बैठे। मेरे और कमला जी के बीच में आडवाणी जी बैठे थे। भोजन परोसने वाली ने उनकी थाली में बड़ी दो मिठाईयाँ रख दी। जब तक कमला जी उस कार्यकर्त्री को बड़ी मिठाईयाँ डालने के लिए कुछ कहतीं, मैंने एक मिठाई उठा कर अपनी थाली में रख ली। कुछ ही क्षणों में कमला जी की नजर थाली पर गई तो एक मिठाई गायब थी। मैंने हँसते हुए कहा— ''अध्यक्षता में 50-50 है। इसलिए एक मिठाई मैंने ले ली।'' कमला जी प्रसन्न हो गई। उन्हें आडवाणी जी का उतना भी कष्ट कहाँ बर्दाश्त था।

स्वर्गीय कमला आडवाणी का साम्राज्य बहुत बड़ा था। बहुत बड़ी मित्र मंडली थी। एक बार की बात है। मुझे सुबह नौ बजे ही आडवाणी जी से मिलने उनके घर पर जाना था। तैयार होने में थोड़ी देर हो गई। मैं शीघ्रता से सीढ़ियाँ उतरने लगी। मेरी बहू संगीता ने रसोईघर से ही आवाजा लगाई— ''थोड़ा रुकिए।''

सचमुच कुछ मिनटों में वह एक डिब्बे में गर्म-गर्म पोहा, केला और पानी लेकर आ गईं। कहा— ''रास्ते में खा लीजिए।''

मेरे कमला जी के घर पहुँचने पर दोनों नाश्ते के टेबल पर बैठे थे। मुझे वहीं बुला लिया। मैं एक कुर्सी खींचकर बैठ गई। जब मेरे सामने कमला जी ने प्लेट बढ़ाया, मैंने कहा— ''मैं नाश्ता करके आई हूँ। मैंने उन्हें सारा वृत्तान्त बताया। वे खुश हुईं। आडवाणी जी से सिंधि में कुछ कहने लगीं। आडवाणी जी सिर हिला रहे थे। मैं समझ गईं, वे मेरी बहू की प्रशंसा कर रहीं थीं।

इधर दो-तीन वर्षों से उनका स्वास्थ्य गिर रहा था। फिर भी वे घर में सक्रिय दिखती थीं। गोवा की राज्यपाल बनने पर मैं उनके घर गई। मा. आडवाणी जी से बातें हुई। सदा की तरह कमला जी से मिलने की मैंने इच्छा प्रगट की। आडवाणी जी स्वयं मुझे लेकर अन्दर गए। कमला जी से बोले— ''मृदुला आई है। अब यह गोवा की गर्वनर हो गई है। उनकी नजरें मुझे पहचानने की कोशिश कर रही थीं। नहीं पहचान पाईं। दूसरी बार जाने पर फिर मिलने गई। आडवाणी जी और प्रतिभा मुझे

उनके पास ले गईं। उन्होंने पहचान लिया। कुछ देर बैठकर मैं प्रतिभा द्वारा माँ को बहलाने, खिलाने का दृश्य देखती रही। ठीक वैसे ही जैसे वे अपनी नन्ही भतीजी नव्या को खिलाती है। सुखद लग रहा था। मैं चलने के लिए उठने लगी। कमला जी ने मेरा हाथ पकड़कर बैठाया— ''बैठो अभी।''

मैं बैठ गई। वे अपने पुराने रूआब में आ गई थीं। उनकी झिड़की भी हमें मीठी लगती थी।

तीन वर्ष पूर्व मैं गोवा के राजभवन में आम के पेड़ों पर लगे आम दिल्ली भी भेजे थे। जब आडवाणी जी के घर पर आम भेजना था, मैंने पता लिखवाया— ''श्रीमती कमला आडवाणी, 30 पृथ्वीराज रोड।''

आम का बॉक्स पहुँचा। प्रतिभा ने खुलवाया। मुझे अविलम्ब फोन किया। उसने कहा— ''मम्मी को जब बताया कि आम का बॉक्स उनके नाम आया है तो वे बहुत खुश हुईं।''

प्रतिभा भी प्रसन्न थी। मैंने कहा— ''घर का साम्राज्य तो उन्हीं का है न!''

''हाँ! आंटी। आपने मम्मा का नाम लिखकर बड़ा अच्छा किया।''

कमला जी नहीं रहीं। उस रात को मेरे बेटे नवीन ने बताया—''कमला आंटी जी नहीं रहीं। अंकल बच्चों की तरह रो रहे थे।'' मेरी आँखों से भी धार बह चली। मैंने उनके साथ बिताए सारी स्मृतियों को अश्रु धार से खँगाला दिया।

कमला जी का पार्थिव शरीर पृथ्वीराज रोड, नई दिल्ली पर ही था। मानो उस प्रांगण की जान निकल गई हो। जान ही तो थीं कमला जी। अपने प्राणनाथ और प्रांगण की भी।

अपने वजूद को बचाए रखकर भी वे आडवाणी जी के साथ दो शरीर एक प्राण हो गई थीं। उनके जीवन की कहानी युवा पीढ़ी के लिए प्रेरणा ही बनेगी। दाम्पत्य के इस मर्म को समझना होगा कि एक दूजे के लिए समर्पित जीवन जीते हुए भी अपनी-अपनी पहचान बनाए रखा जा सकता है। कमला आडवाणी जी की अपनी भी एक पहचान थी।

□□□